共话百年奋斗　争做时代新人

上

教育部关心下一代工作委员会　编

广西师范大学出版社
·桂林·

前　言

“读懂中国”活动是教育部关心下一代工作委员会组织开展的一项思想政治教育品牌活动。活动从2018年开始，一年一个主题，聚焦改革开放40周年、中华人民共和国成立70周年、中国共产党成立100周年、党的二十大等重大历史节点，组织青年学生与亲身经历过重大事件的本地、本校“五老”结对，以视频、征文、舞台剧等形式展示传播，旨在通过身边人讲自身事、身边事，感动影响身边人，使广大青年学生在记述和传播老同志的故事过程中接受生动鲜活的“四史”教育和“三观”培养。

2022年，教育部关工委以“共话百年奋斗，争做时代新人”为主题继续开展“读懂中国”活动，全国近千所高校的8.4万余名大学生面对面访谈优秀“五老”2.1万名，撰写征文、制作微视频、排演舞台剧6.9万篇（个），571.5万名大学生通过报告会、讲座等受益。教育部关工委从各地各校上报的近600篇征文中评选出182篇优秀作品收入本书。

本书分为上下两册，共四个篇章，分别为老战士篇、老院士篇、老楷模篇、老专家老教师篇。这里有卸下钢枪扛起铁锹，两次罹患癌症仍坚守雁北苦寒之地，破三代困境倾尽所有筑起“绿色长城”的张连印老将军；这里有终生扎根西北最贫困地区，克服诸多困难培育优良品种，实现哈密瓜南繁北植的“瓜奶奶”吴明珠老院士；这里有勇立军令状，誓要打破国外技术封锁，攻克大飞机制造关键技术难关的全国劳动模范谢东钢；这里有以中国为家，用半生书写旷世情缘，让世界认识中国的“中西方文化交流的红娘”吴雪莉……他们把自己的一生奉献给了党的事业，与党的百年共成长，同时也见证了中国共产党带领全国人民从站起来到富起来的辉煌奋斗历程。他们的故事是鲜活的、生动的、优质的思想政治教育宝贵资源，将激励一代代青年学子以老同志为榜样，更加坚定理想信念，不断锤炼意志品质，刻苦练就过硬本领，脚踏实地地走好人生的每一步。

“读懂中国”活动的成功举办得到了中国教育电视台、中国大学生在线、各地各校关工委和参与相关工作的老师的悉心指导和辛勤付出，本书的出版得到了广西师范大学出版社的大力支持，在此一并表示衷心的感谢！

教育部关心下一代工作委员会

2022 年 11 月

目　录

赤子丹心传薪火　老战士篇

砥志研思谱新章　老院士篇

敬业求实聚力量　老楷模篇

无私奉献育英才 老专家、老教师篇

赤子丹心 传薪火

老战士篇

张连印：共话百年奋斗　争做时代新人

忻州师范学院　郭朝正

荒山、铁锹，风沙、日晒……塞北左云，雁门关下，年复一年，老兵用生命的年轮，把荒滩变为绿野——一排排、一行行樟子松、云杉、杨树、沙棘，漫山遍野……退休十八年来，老兵带领乡亲们已为家乡种下200多万棵树。老兵名叫张连印，已经76岁，是河北省军区原副司令员，少将军衔。他戎马一生，本可以安度晚年，却选择饮风咽沙、倾尽所有，身患癌症仍植树不已，在家乡建起了一道造福百姓的“绿色长城”。“植树造林，防风治沙，利国利民，造福子孙。”张连印说。

2003年，张连印退休后返回家乡山西省左云县。出人意料，卸下钢枪的张连印竟扛起了铁锹。这位从张家场村走出的高级干部，退休后要回乡种树?!“植树可以防风固沙，改善家乡自然环境。我没有万贯家财，植树造林是最现实的选择，有多少钱种多少树。”反复琢磨后，张连印选定了这条路。“吃百家饭、穿百家衣，我才能长大，乡亲们对我的恩情一辈子也忘不了。”张连印参军第二年，由于表现优异，光荣入党，此后，他一路从普通士兵成长为高级领导干部。戎马倥偬四十载，在每个岗位上张连印都成绩斐然：当战士，他年年是“五好战士”；当连长，他被评为北京军区“四好连队”优秀代表。他从团长、副师长，干到师长、副军长、省军区副司令员，被授予少将军衔。2003年3月，张连印退休了。他认真地对老伴说：“我是退休了，没职务了，可我的党员身份还在，这是我一辈子的职务。全心全意为人民服务，也是我一辈子的义务。”

张连印的家乡左云县张家场村，属于京津风沙源治理区。全村土地超过一半都是荒山荒坡，风起沙扬。几十年过去，乡亲们虽然从原先的土坯房搬进了砖瓦房，但光秃秃的荒山野坡却没有改变。“绿化家乡、造福乡亲，就是我‘人生最后一个战场’。”当年10月，张连印带着妻子王秀兰回到家乡，打响了植树事业的“第一战”。但创业的艰难始料未及：左云土地贫瘠，树木成活率低。第一年，张连印从右玉买了一万棵樟子松苗，结果第二年全死了；再栽6000棵树，又死了……“祖宗三代都栽不活，你回来就栽活了？”“发小”胡万金看着他，气不打一处来。树全死了，老汉伤心了，但更不甘心。他购书自学，上门请教专家，还跑去外地的林场学习，每遇到一个会种树的人，就拉着人家打破砂锅问到底。栽了死、死了再栽……和他一起回乡种树的妻子记得，种树的头几年，脸和耳朵常常被风吹得掉皮，嘴上起水泡肿得很高，有时水泡裂开，鲜血就顺着嘴唇流下来。有一次大女儿回乡看望，竟没认出迎面走来的父母，看着被风沙吹打得“面目全非”的两位老人，心疼得直流泪。而张连印有自己的“苦乐观”：“我种树，为党和人民做事不觉得辛苦，反而很快乐。”如今，昔日的荒山，已松涛阵阵。

在挖掘老将军先进事迹的过程中，他纯粹的品质、纯洁的思想、纯净的心灵，让我的精神和思想受到了洗礼。我被信仰的力量震撼并感染着，深深感到处处皆有真情在，树树结满真情果。这真情化作万亩林海，装点江山好风光。风光里有他刻在心间的对党忠诚、举过头顶的人民至上、落到实处的担当作为和模范传承的优良作风。真情爱党奉献，才能浇灌出绚丽的信仰之花。不忘初心，方得始终。张连印同志把爱党忠诚、许党报国作为永恒不变的信仰追求。无论是四十年戎马军旅，还是十八年归乡造林，他始终初心如磐石，一心跟党走，将生命的全部献给了党。其实这些年间，很多人不理解，两次罹患癌症的老人，为啥能够坚守在雁北苦寒之地，生命不息，奋斗不止？但只要了解他成长经历的人，就会读懂一个从靠乡亲们接济长大的苦孩子，在党的阳光雨露滋养下，成长为一名共和国将军的心路历程。“听党的话跟党走，党叫干啥就干啥。”这是老将军信守一辈子的信条和承诺。他把对党最深沉真切的爱，化作十八年的执着坚守和无私奉献，挺立起爱党护党的信仰高地。

（指导教师：王春雁）

魏铁良：十年依旧护忠魂

潍坊职业学院 杨 柳

“一寸山河一寸血，一捧热土一捧魂。”山东省昌邑市龙池镇是一片充满红色记忆的土地，在当地的北白塔村有一座抗战殉国烈士祠，烈士祠中有一位守祠的老人，名叫魏铁良。魏老兢兢业业打理着烈士祠的一切，用自己充满激情、饱含深情的讲解感染着每一位前去参观学习的人，而他自己的故事更是令人感动。

70岁高龄的魏铁良是一名退伍军人，2012年起担任昌邑市抗战殉国烈士纪念祠管理员，并义务担任讲解员。没有舒适的工作环境，没有丰厚的收入，甚至没有一个正式的工作身份，但是从花甲之年的坚定选择，到古稀之岁的赤诚守护，魏老在这个岗位上坚守了十年，讲解了十年，耕耘了十年。魏老当初是如何来到烈士祠的呢？其实是源于军人之间“无形”的承诺。

在魏铁良之前，烈士祠是由一名叫陈光聚的退伍老兵看守的。陈老自1976年开始守祠直到2012年，当时88岁高龄的他已经无法继续胜任这项工作，魏铁良知道后自告奋勇地接过了这个工作。哪怕每个月只有200元的补助，魏铁良也丝毫不在意，他说：“烈士们为了国家，为了后人能过安定的生活，连命都不要了，把英雄的精神传下去比挣钱更重要，就算一分钱没有，我也要守着烈士祠。”于是2012年6月，当时59岁的魏铁良从陈光聚老人手中接过了烈士祠的钥匙，成为第二任“守祠人”。魏铁良的选择遭到了全家上下的反对，家人软硬兼施，要求他辞去这份工作，但是魏铁良坚定地告诉家人：“陈大哥是老复员军人，共产党员，我是新退伍军人，也是共产党员。陈大哥能做的事情，我也能做。这个烈士祠不管你们怎么反对，我看定了。”

魏铁良接手烈士祠后，首先对院子中的杂草进行了清除，粉刷了院内门窗，使烈士祠面貌焕然一新。他说：“要让烈士们在这里住得舒心。”

之后，魏铁良发现烈士祠几乎没什么人来祭拜。这是一座建于1945年的烈士祠，是山东省内建立最早、保存最好的烈士祠，供奉着527位烈士的牌位，有着厚重的革命历史和教育意义。魏铁良觉得这样不行，要把这些烈士的英雄事迹宣讲出去，要让更多的人知道这里的英雄。于是，魏铁良开始搜集烈士们的事迹材料。十年间，他骑着电动车遍访周边数十个村庄，寻访烈士后人及其战友们，对方口述，他做记录。这个只有小学文化的老人带着对烈士的尊崇及弘扬革命历史的坚持，硬是搜集整理出了将近10万字的烈士事迹材料以及跟抗战有关的昌邑史料。2020年疫情防控期间，烈士祠暂时关闭，魏铁良有了大段的空闲时间，他开始搜集有关昌邑《抗战简报》的相关资料，为此专程跑到柳疃镇，寻访陈家庄村陈庆泉的后人，历时两个多月，最终写成数万字的《抗日战争时期昌邑第一报〈抗战简报〉创办前后》初稿。

在魏铁良的不懈努力下，来烈士祠参观祭拜的人逐渐多了起来，再加上魏铁良激情澎湃的讲解，前来学习的人越来越多。随后，烈士祠成了昌邑市重要的党史和党性教育基地，每年的大年初一、清明节和国家公祭日，很多学生和家长、附近的居民都会前来祭拜烈士。魏铁良曾说："这些烈士都很年轻，有的连婚都没结就牺牲了，也没有后代，但他们并不是没有后人，我老魏就是烈士的儿子！"他是这样说的，也是这样做的，每年的大年三十、正月初一，魏铁良都会来烈士祠守着，他的儿子魏永顺也会过来，帮着魏铁良一起登高擦烈士牌位，春节前贴对联、挂红灯笼。从一开始的反对到如今的一起守护，魏铁良用自己激情澎湃的讲解和十年如一日的坚守感动、感染着身边的每一个人。

为了把抗战殉国烈士祠守护好，把烈士的精神传承好，魏铁良每年都会去军营、学校、党政机关做演讲，用实际行动为青少年的健康成长默默地奉献力量，孩子们都亲切地称他为"魏爷爷"。

多年来，魏铁良的守祠、义务讲解工作，赢得了党委政府和广大群众的高度认可和广泛赞誉，其本人先后被授予"山东省优秀共产党员""山东省最美五老""山东省关心下一代工作委员会'先进工作者'""潍坊市模范老人""潍坊市优秀共产党员""潍坊市最美五老""昌邑市最美党员"等荣誉称号。"要让先烈们安心，也要让先烈的后人们放心。"这是他的承诺。魏铁良时刻要求自己，要继续把烈士祠的一切管理好，让英雄事迹、革命历史、红色精神代代传承。

毛俊英：我读懂了毛妈妈的精神世界

江汉大学　陆昕怡

百年征程，从风雨飘摇到海晏河清。从远处望去，党史是一条红色的长河，它蜿蜒流淌；走近看，河床里盛满了星星之火，每一点星火都彰显着信仰的坚守。盛世之中国，离不开其中亿万个平凡的奋斗的中国人。敢将母爱撒天下，无私铸造阳光家，武汉市江岸区劳动街道残疾人阳光家园园长毛俊英就是这样一位闪烁着红色光芒的平凡奋斗者。

无私为人　母爱九年如一日

2013 年，应劳动街道的请求，70 岁的毛俊英担任了劳动街道残疾人阳光家园园长。从此，用母爱温暖折翼天使，全心助力残疾人圆梦成了毛俊英坚定不移的信念。

这件事看起来容易，说起来简单，做起来却遇到了不少的困难。毛俊英坦言：“教学员一句话，就必须从口型开始重复几十遍。教一个动作，更是要手把手教数十次。学员生活无法自理，要帮他们整理衣装、剪指甲、系鞋带、擦洗身体。学员把大便弄到地上，我就用手抓起来，学员被蚊子咬了长疱，我就帮他们抹药。”这样说起来普通、干起来辛苦的小事，毛俊英一干就是九年。普通教学方式有困难，毛俊英运用自己的医学专业知识，通过反复研究和医学论证，精心编创“手指操”，提高了学员的协调能力，“手指操”还被中国残联收录。九年时光，四季更迭，毛俊英的爱心、耐心始终如一，这是一股妈妈般爱的力量，日复一日抚慰了学员们受伤的心，燃起了他们对生活的热情。

“他们都喜欢叫我毛妈妈。每天早晨来家园时会热情地喊‘毛妈妈好’，下午离开时跟我说‘再见’，会像孩子一样抱着我亲吻，鼻涕、口水弄得我满脸都是，但我开心得很，因为他们的情感是真实的。”毛俊英回想起与学员们的日常，脸上洋溢着浓浓的喜悦。这样无私的爱，把毛俊英和残疾学员们紧紧联结成一家人，阳光家园因此真正成为一个家。

尽心尽责　助折翼天使圆梦

授人以鱼不如授人以渔，作为江汉大学退休教师，毛俊英深谙扶弱助残不仅仅是给予他们生活上的帮助，最重要的是帮助残疾人找到自己的人生价值，点燃他们对生活的热情与希望。

为了达成让阳光家园学员自信、健康、快乐生活的目标，毛俊英采用了各种方式帮助学员寻找多彩的自己。2016 年，毛俊英给阳光家园注入了音乐疗法这种创新方式。在劳动街道工委、办事处领导的大力支持下，她购买乐器，成立小乐队，聘请专业乐器老师进行每周一次的教学。毛俊英更是亲自带领学员们克服困难，坚持学习，反复练习，乐队成立才短短三个月，学员们就在惠中社区的春节联谊会上演奏了《社会主义好》。在此之后，毛俊英先后多次组织阳光家园学员参加江岸区残联举办的好声音等比赛和演出，其中，学员程春晓在 2018 年“残艺节”上获得萨克斯独奏优秀奖。每一次演出，每一次登台，都给了阳光家园的学员们莫大的鼓舞。

与此同时，毛俊英致力于在阳光家园实行庇护劳动，手把手教学员剥毛豆、做手工、穿珠子、叠传单、粘信封、做绢花等，全方位地提高了学员们的生活自理能力。近三年来，阳光家园学员们共制作了绢花近万串，获得报酬 5000 多元，毛俊英将所得的报酬按劳分配给每位学员。钱虽不多，意义却弥足珍贵，这让阳光家园里的折翼天使们真正找到了自己的人生价值，感受到了劳动奋斗创造幸福的寻常快乐。

余晖犹在　不改初心跟党走

“我是一名退休教师，也是一名退役军人，今年已经快 80 岁了。我还是一名共产党员，党龄五十七年。前三十年我在部队摸爬滚打，为国防建设奉献青春；退休的二十多年里，我想继续发挥余热，继续为党和人民的事业增添正能量，做出新贡献。”毛俊英是这么说的，也是这么做的。

2020 年，面对突如其来的疫情，毛俊英深知共产党员的责任，守土有责，守土担责，毛俊英决心带着阳光家园渡过难关。疫情防控期间，毛俊英的手机二十四小时不关机，随时随地与学员家长联系，开展网络课程，积极宣传防疫知识，并与老伴一同为抗疫捐款。毛俊英的线上课程也受到了江岸区残联的好评。

一声“毛妈妈”，背后是毛俊英对扶弱助残事业的无私无悔，是一名共产党员的初心不改。走过百年，风华正茂的中国共产党，有无数像毛俊英这样的共产党员默默耕耘，不忘初心，舍个人为他人，舍小家为大家，在最平凡的岗位上做最伟大的小事。九年，毛俊英用一双温柔的手，搭起一个阳光家园，给了折翼天使家的港湾，给了入党誓词真挚的告白，给了我们最澎湃动人的榜样力量。

（指导教师：吴云龙）

朱再保：播种新希望的优秀老兵

常德职业技术学院　黄益洁

抗美援朝老兵朱再保，是湖南省岳阳市军队干休所离休干部，也是湖南省岳阳环境保护志愿者协会会长。2016 年，他入选“2014—2015 绿色中国年度人物”；2019 年，被评为“全国模范退役军人”；2021 年，被授予“全国优秀共产党员”称号。

枪林弹雨，火线入党

1928 年，朱再保出生于湖南岳阳一户贫苦农民家庭，家中一贫如洗。朱再保 6 岁放牛，12 岁做长工，小小年纪就承担起了家庭的重担。1950 年，朱再保参了军，1951 年，身为炮兵侦察兵的朱再保随部队参加了抗美援朝战争。在金城战役中，朱再保所在部队担负排雷任务。战斗中，朱再保的许多战友不幸牺牲，他的右膝盖骨也被炸伤，但他拼死坚持，引导火炮摧毁了敌人一个又一个碉堡和据点。硝烟散尽，我军取得了金城战役的胜利。因为他表现优异，上级批准他火线入党。战场上的入党宣誓，朱再保始终铭记在心，他告诉组织：“保证用生命和鲜血完成党交给我的任务。”

1966 年，朱再保被诊断出胃癌晚期，当时他的主治医生告诉他：“最多能活五年。”朱再保说：“我的生命是 1800 多名战友的生命换来的，只要活一天，就要对得起长眠在异国他乡的战友们！”他在部队的五年间，一天也没有休息，用他自己的话说就是“活一天，干一天”。他抓紧时间深入全团各连队，将侦察技术理论知识和实战经验先后传授给 200 多名侦察兵，被评为“焦裕禄式的好干部”。

退伍不褪色，播种新希望

1971 年，一直与癌症做斗争的朱再保回到老家岳阳军分区离职休养，他总想着还能为人民做点儿什么。闲不住的他走进了岳阳的一所学校义务打扫厕所，不久，满城的人都知道，学校里来了一位全心全意为人民服务的解放军！校长看见朱再保穿着军装打扫厕所，跟他商量由他来担任学生的校外辅导员，朱再保觉得这是件可以教育、引导孩子健康成长的好事，就满口答应了。这是朱再保义务辅导的第一所学校，到现在为止，他已经为40多所学校义务担任过校外辅导员，为培育祖国的花朵倾注了极大的热情和精力。

半个世纪以来，朱再保一直致力于社会公益事业，在青少年中传扬红色精神、播撒绿色种子，为学生们讲过往的红色经历，并带领青少年开展环保、扶贫、救灾、助学等公益活动。如带领孩子们去洞庭湖护林护鸟，开荒植树，教育孩子要热爱自然，保护环境；带领孩子们进行垃圾分类，学习资源的保护与循环利用；带领孩子们捡废品、卖废品、筹善款，培养他们关爱他人、乐于奉献的善心善举；等等。

每次活动，他总是穿着绿军装走在最前面，为孩子们详细讲解，亲身示范。孩子们则整整齐齐地佩戴着红领巾跟在后面仔细聆听，认真实践。那些“绿军装”在前、“红领巾”在后的画面，那些挥汗护家园、善举报社会的场景，成为孩子们成长岁月里一道道最美的风景线。

1989年9月，团中央发出旨在救助贫困失学儿童重返校园的“希望工程”号召。朱再保立即响应，向中国青少年基金会捐出一个多月的工资120元；后来又为全国贫困县平江县的岳阳市首所“希望小学”捐出了自己七个月的退休金。一笔又一笔善款从他手中捐出，犹如一粒粒希望的种子撒向祖国的原野。

为了祖国的未来，为了未来的祖国，多年来，朱再保辅导和资助的孩子不计其数，他那身绿色的军装和胸前的勋章，成为孩子们追寻的目标和梦想成真的力量。

奋斗不停，接力前行

作为一名老党员、老军人，朱再保用自己的一生践行着入党时的承诺：为共产主义事业奋斗终生。他毕生的奉献，青山绿水不会忘记，子孙后代也不会忘记。我们的祖国正是因为有千千万万个像朱老这样不普通的“普通”党员，才历经磨难而屹立不倒，无惧风雨，生生不息。

一个人的奋斗史折射出一代人的奋斗史，一代人的奋斗史推动了一个时代的奋斗历程。曾经，先辈们以命相搏，搏出了一个崭新的中国；现在，作为新时代的青年，我们要学习朱老等革命前辈这种忠诚爱党、无私奉献的精神，全力以赴，接力奋斗，去实现我们共同的中国梦。

（指导教师：姜 欢 龙文静）

安世顺：永葆初心使命，传承家国情怀

首都师范大学　郭子源　高怡凡

2022年是中国共产党第二十次全国代表大会的召开之年，回望来时路，百年的艰辛与奋斗涌动着青春的奋斗力量，闪耀着坚定的信仰之光。作为新时代的中国青年，我们生逢其时、重任在肩，应赓续百年来中华儿女展现的精神风貌，继承并发扬前辈们的宝贵精神，努力成长为堪当民族复兴重任的时代新人。为响应时代号召，提升自身素质，增强爱党爱国意识，我们积极寻找身边的优秀榜样，对曾经是老战士也是老教师的安世顺老师进行了专访。

保家卫国，奔赴前线

20世纪50年代初，朝鲜战争爆发后，年仅18岁的安世顺毫不犹豫地站出来表达了自己参军的意愿。由于年龄较小，安世顺作为第三批抗美援朝部队的一名战士被安排在空军基地学习俄语，预备将来给苏联专家做翻译。刚开始安世顺想不通，积极要求上前线参加战斗。后来经过党组织的思想教育，他明白了保障顺利接收苏联各种武器装备同样是抗美援朝的需要。既然国家需要，那就是自己的使命所在，他开始坚定不移地认真学俄语。

安世顺夜以继日地努力学习俄语，凭借自身的语言天赋，俄语水平进步显著，很快就被安排到某空军基地协助接管苏联飞行大队的飞机。他和战友们一边通宵达旦地翻译说明书，一边为苏联专家做口译，仅用了半个月的时间就顺利接管了一个苏联飞行大队。战时部队的翻译不仅仅承担翻译任务，还要充当苏联专家的保卫员和服务员，随时接受调动去执行各种任务，工作之重可以想见。有一次，他在一架飞机后方给工人讲解说明书，由于过度专注于工作，发动机突然启动他都没有注意到，灼热的气流把他的左眼烧伤。经过军医简单治疗后，安世顺左眼戴着眼罩继续工作。由于当时医疗条件有限，又没有得到充分休息，安世顺的左眼最终因为这次意外而失明。

不忘初心，为学为师

20 世纪 60 年代，安世顺退伍后转业成为一名外语教师，在新的岗位上兢兢业业，在三尺讲台上书写了新的人生篇章。起初，安世顺在中学教授学生俄语。课堂之外，他十分注重培养学生的美育素质，于是组建了一支军乐队，每年都参加“五一”和“十一”的文艺汇演活动。后来安世顺来到首都师范大学任教，给郊区的英语老师提供本科英语教学，同时还教授第二外语——俄语。1993 年，安世顺退休，热爱教育事业的他并没有离开工作岗位，而是被返聘到白堆子外语学院进行教学，教各国留学生汉语。安世顺老师奉献一生，为教育事业发光发热，直到 70 岁才离开工作岗位，深受广大教师和学生们的爱戴。

“山河为证，老兵不老。”退休后的安世顺，仍然积极参加学院组织的各种活动。两会召开之际，安世顺积极学习两会精神，如此高龄的老人还能自己熟练地操作 App 看直播，并使用微信留言发表自己的感想，这都得益于他平时紧跟时代、善于学习的好习惯。作为一名见证国家由贫穷走向富强的老兵，安世顺深知如今幸福生活的来之不易，他经常感慨：“没有大家就没有小家，我们之所以能有今天的幸福日子，全仰仗国家的发展和强大，我见证了我们国家这几十年的变迁，实在是幸运之极。”

心系学子，深情寄语

在采访快接近尾声的时候，安世顺老师用自身的经历教导我们，在翻译中要充分了解双方的文化背景，做到求同存异，既要把内容翻译清楚，还要向外国友人推介中华文化，展现我们国家和人民的精神志气，坚定文化自信。他充分理解俄语系学生的不易和背后付出的努力，也希望能够有越来越多的俄语人才为国家的发展建设和中俄关系的推进做出贡献。

一代人有一代人的使命，一代人有一代人的长征。此次采访我们深有感触，正是由于安世顺老师这辈人的无私奉献，我们才能有今天的幸福生活。虽然我们不曾经历战争年代的炮火，但在和平年代我们依旧会像安世顺老师所期望的那样，将前辈身上忠诚敬业、关爱后代、务实创新、无私奉献的精神传承下去，始终奋进在时代的前列，开拓光明的未来。

（指导教师：李　灵）

佟德贵：保家卫国献青春　桑榆晚晴育后人

沈阳工业大学　韦　玮

中华人民共和国建立之初，他勇敢奔赴抗美援朝、保家卫国的战场；

核基地建设之时，他离别亲人数年转战新疆罗布泊；

桑榆晚霞之季，他俯首躬身育后人、洒余晖。

都说英雄赫赫有名，他却默默地为党的事业奉献了一生；都说英雄就是一座丰碑，他的确是我们前行中的灯塔。

他就是沈阳工业大学离休干部，91岁高龄、党龄七十一年的佟德贵老师。

在全校师生访谈会上，身着绿军装、头顶红五星、行标准有力军礼的佟老用洪亮的嗓音、坚定的目光，向我们讲述了他不凡的革命经历。他参加过抗美援朝及我国核基地建设，曾荣获朝鲜人民共和国勋章一枚、抗美援朝纪念章一枚、解放纪念章一枚，荣立过三等功三次。

1931年6月，佟德贵出生在辽宁省辽中县的一个贫苦农民家里。1948年家乡解放，1949年他怀揣着对共产党的感激之情参军入伍，并于1950年2月加入中国共产党。从此，为党的事业奋斗终生成为他一生的追求。

1950年10月朝鲜战争爆发，佟老积极申请赴朝参战、保家卫国。

在佟老的讲述中，我们知道了在抗美援朝战场上先辈们浴血奋战的艰苦经历：天当被、地当床，冰冻土豆当口粮；头可断、血可流，保卫战地不可丢！

佟老两次参战经历深深印在我的记忆里。

一次是主动请缨参战：1950年12月31日晚，入朝后的第三大战役打响了。佟老当时在机炮连，正在对指挥所的武器、弹药、人员进行军事实力统计。这时团部高参谋长跑来找周营长："情况很紧急，李承晚一个连队在败退时闯入我团炮兵连，将九二钢炮给抄了。你们营要赶快去救！"周营长听了很是心急：现在各连队都还在战场作战，怎么去救？在这个急需参战人员的时刻，负责军械工作的佟老立即向首长请命："请发给我枪，让我也去参加战斗吧！"

初次参战，佟老在班长的带领下向敌人猛冲过去。一时间，十四条冲锋枪喷出十四条火舌射向敌人。战后清理战场时，一共发现了96具敌人的尸体。这意味着我们一个班消灭了一个连的敌人！

另一次是带领全排勇夺阵地：1952年，我四十二军在元山战区作战。中秋时节，佟老所在连的前沿阵地失守了，团指挥所命令连队一定要夺回失去的阵地。当时担任步兵排排长的佟老在连队干部会议上主动请战："把任务交给我们排吧。我们一定夺回阵地！并守住阵地！"连长同意了。

他回到排里立即召开动员会，下达作战指令："天黑后先靠近敌人，形成三面包围，然后突然袭击敌人。""要勇敢，不怕死！"在夜幕降临时，他带领全排战士迅速靠近敌人，没等敌人反应过来，就夺回了阵地。

第二天上午10点，敌人的飞机、大炮轮番轰炸后，又派一个排冲上来。当敌人进入我军火力网大约100米时，佟老大喊一声："打！"随即步枪、机枪同时开火，手榴弹遍地开花。敌人狼狈不堪，败下阵去。

第三天天刚亮，敌人又派一个连的兵力向我军扑来。此时副连长绕到敌人背后，佟德贵从轻机枪枪声判断是副连长抄了敌人的后路，于是大喊一声："打！"一时间双向夹击，子弹雨点似的向敌人射去。佟老一跃冲出阵地，其他战士跟着也个个像猛虎一样杀向敌军。敌人死伤过半后溃逃，阵地又重新被我军夺回。

抗美援朝战争结束后，佟老胜利回国。1958年，中央军委组建核试验基地，正在第四学员营任职的佟老义不容辞接受命令，告别妻女，奔赴罗布泊核试验基地。在这个大漠深处风沙飞舞的地方，等待他们的是艰苦生活和革命重任。

佟老参加了建机场、修路、打井、运水等一系列工作，为我国核基地建设付出了二十二年的心血，目睹了第一颗原子弹爆炸成功。

1981年转业的佟老分配来到我校，于1991年离休。离休后佟老始终把培育下一代作为自己的一项夕阳任务，他常说的一句话是："共产党人是不会退休的，我要为党的事业奋斗一生！"

佟老多次以访谈会、讲座、座谈等形式，为在校大学生讲述自己的革命经历，用他为祖国奉献一生的经历感染着我们，用他对青年爱党爱国的殷切希望指明我们前行的方向。

我们要牢记习近平总书记的一段话："一切向前走，都不能忘记走过的路；走得再远、走到再光辉的未来，也不能忘记走过的过去，不能忘记为什么出发。"

（指导教师：王荣华　白　莉）

刘升启：戎马倥偬岁月稠，报效祖国情殷殷

无锡职业技术学院　管　威

峥嵘岁月气如虹，戎马生涯伴心中；甘作园丁勤灌溉，赤诚献给青少年。

——题记

他是战斗英雄，上甘岭战场上勇立三等功；他是严师益友，校园里人人"敬畏"的"大老刘"；他是吾辈楷模，退休后仍循循善诱——他就是抗美援朝战争的志愿军老战士、无锡职业技术学院退休老同志刘升启。

时光斑驳处，总有荣光在。2020年正值纪念中国人民志愿军抗美援朝出国作战70周年，无锡市老干部局、退役军人事务局、无锡日报社共同开展"庆祝百年华诞，致敬最美老兵"活动，刘升启被评为"无锡最美老兵"。聊起过往，88岁高龄的刘老依然思路清晰、侃侃而谈，激情昂扬地一遍遍向我们讲述着属于他那个年代的青葱岁月。1949年，年仅16岁的刘升启在党的感召下毅然参加革命工作，次年加入抗美援朝队伍，成为中国人民志愿军第12军某营机枪连的一名普通战士，是抗美援朝上甘岭战役的亲历者。

在面积仅3.7平方公里的两个高地的反复拉锯战中，火力的密集程度，最高达到平均每秒6发炮弹，战场瞬时变为焦土。而在坑道战阶段，刘升启和同志们面临着封锁、轰炸、毒烟、断水等困境，生存条件恶劣到无以复加。而要将补给送入坑道，需经过层层封锁线。当时的标准是，能送进一个苹果，就荣立二等功。在这样恶劣的交战环境下，机枪手刘升启立下了三等功！

在上甘岭阵地上坚持战斗二十一天后，刘升启负伤撤下阵地。在担架上，他看着战友们一个个血渍斑驳地擦肩而过，他们有的主动拉响爆破筒，有的握手雷与敌人同归于尽，或舍身堵枪眼、炸地堡……最后，一点点消失在视野中。话音刚落，他眼神微变、目光如炬，摸了摸胸前的徽章："可以

说，美国人认识中国，是从上甘岭开始的。”上甘岭之战，不仅打掉了对手的军事攻势，而且打出了志愿军的指挥艺术、战斗作风和团结精神，简单地说，打出了中国的军威和国威。在上甘岭阵地上坚守的二十一天是刘升启最珍贵的回忆，他时常以此勉励师生：胜利来之不易，必须铭记历史，珍惜当下的幸福生活。

1960 年 8 月，刘升启从部队转业到无锡农业机械制造学校（现为无锡职业技术学院）。从参加工作开始算起，刘升启已经在职业教育管理一线摸爬滚打了三十三年。期间，他坚决服从组织安排，先后辗转，从会计到采购员再到临时保卫科，学生科的工作人员、副科长，始终奋斗在职业教育第一线。在师生们眼里，刘升启工作有魄力、有能力、有思路、有办法。在担任学生科副科长期间，面对一些棘手的“问题学生”，刘升启总结出“不打、不骂、不讲粗话，严格管理”“学生犯了错误，能改就是好学生”等育人理念，并亲身实践帮助青年教师快速成长。同事金湘虹老师这样评价刘老：“他把战士精神用在了工作上。”与此同时，刘升启还始终坚持育人为本、德育为先，把立德树人作为教育的根本任务。尤为可贵的是，他不断提高对自身和对工作的要求，永不停步。他常常利用下班时间开展谈心谈话，勉励青年师生：勤学慎思、明辨笃行、忠诚实践，以坚定的理想信念守初心、担使命。于是，许多学生亲切地称他为“大老刘”。他说，那是对他教育工作“最好的肯定”。

热爱学生就应该为学生谋划将来。“对学生负责到底”成了刘升启的工作座右铭。他说：“学生快乐成长、健康成材，我的工作就是成功的，才不负党和国家的重托。”字里行间饱含着一名教师对育人工作的坚守、对青年学生成长的殷切期盼。

在烽火连天的岁月里参加革命，在和平岁月里悉心执教，刘升启用实际行动见证了党和祖国的峥嵘岁月、勠力前行、强盛伟大。从学校退休后，刘升启的身影依然活跃在学校党史讲座、思政课、新生入学教育等多项活动中，他经常给青年师生讲述那段硝烟弥漫的岁月，告诫青年党员“家是最小国，国是千万家，没有国，何以为家，保家卫国是每一代人的责任和使命”。刘升启常说：“我现在生活得很幸福，这离不开党和学校的关怀，我总想为国家再做点什么。”

如今，英雄虽已迟暮，但他的胸膛里燃烧着的爱国热情永远不会熄灭，肩上担负着的兴国责任永远不会卸下。致敬平凡感动，读懂“中国精神”。一代人有一代人的使命，一代人有一代人的长征。新的时代赋予我们青年一代新的使命与担当——传扬红色精神、赓续红色血脉，始终以“赶考”的姿态，握紧接力棒，做时代接班人！

（指导教师：赵艳华）

胡耿：将红色故事播撒到神州大地

黄冈师范学院　朱江丽　周卉冰　周卉于

初到红安县城，天朗气清，白云飘荡，一切是那么宁静和美丽。作为老当益壮的红色使者，胡耿老人的动人事迹已成为红安一道亮丽的风景，全国 20 多个省（区、市）都留下了他宣讲的身影。3000 多场红色宣讲，200 多万受众……为了更深入了解这位奇人，我们对胡老进行了采访，听他将百年红史娓娓道来。

战火中的演出

抗美援朝时期，胡老作为文艺兵，跋涉在硝烟弥漫的战场上，为最可爱的人送去最真挚的慰问。“当时啊，朝鲜战场上的敌机在我们头顶飞过，我们冒着战火，一边排练节目，一边高喊为战友报仇。那时的我们，为了鼓舞战士们的斗志，是一刻也不敢懈怠啊！”遥想那场景，他的眼睛散发出奇异的光。在他的记忆里，战地演出是常态，前脚刚踏入前线阵地，后脚多半会听到飞机轰鸣声。“敌机盘旋在头顶上空，我们丝毫不感到害怕，只想到保家卫国，宣传有责。”讲到这里，胡老激情澎湃，还动情地哼唱起革命老歌。

红色传家宝

和平年代来临，胡老又主动请缨进行红色宣讲。在红安宣讲馆初见胡老，他穿着一身稍显破旧、缀有补丁的绿色军装，正用那双布满褶皱的手缓慢抚摸着一块记载鄂东革命史的展板。我们在馆外轻轻叫了一声“胡老”，他才回过神来，微笑道：“快来，快来，我带你们去看红安的传家宝！”这神圣的宣讲馆，满目的战旗红，似乎复活了那段战斗的青春，许多牺牲的革命烈士，穿着跟胡老一模一样的绿军装，倔强而坦然，仿佛对我们叮咛着什么。

当走到一座半身铜像前，胡老脸上的表情变得严肃起来，他说：“这是我的战友，当年我们一起去革命，同生共死，相约报国，可是后来他却先走了，他……”讲到这里，泪水不觉滑过他衰老的脸。胡老似乎觉得有些消沉，摆着手说："人老了，喜欢回忆过去，也没什么大事儿。"他迈着稍显沉重的步子，来到一张旧照前，那正是胡老在黄冈师范学院做红色宣讲时的照片：操场上，一群学生围着一位神采奕奕的青年，只见他一手拿话筒，一手激动地比画着。"啊，我还记得啊，你们的学长学姐在现场欢呼我的名字，我当时还有点紧张哩，后来，讲得多了也就适应了。"胡老的眉心慢慢舒展，先前感伤的情绪在回忆中逐渐释怀。他看看我们，手指着那面飘扬的党旗，语重心长地说："你们大学生呐，是祖国的新鲜血液，一定要把这些'为有牺牲多壮志'的红色往事宣传出去，要把革命理想高于天的信念传承下去！"我们明白胡老心之所向，纷纷表态："定不负您的期望！"

在交谈中，胡老表示要继续宣传红安党史，不忘初心，至死不渝。他从一堆破旧的革命图书中翻出早年写下的一首诗来表达自己的决心："吾来红安非为官，告慰英烈作宣传。先辈洒血打天下，后生承志建江山。十万壮士殉国死，一代风范留人间。学习传统讲奉献，不到气绝不下鞍。"

红色接力者

在红安宣讲馆，胡老有属于自己的乐园——他称之为"传家宝库"，这是他整理红色故事的地方。走进宝库，映入眼帘的不仅有那些红色藏书，还有一台贴着红旗标识的电脑。红安的红色记忆与自媒体在这儿得到了奇妙的融合。胡老激动地拍了拍我们，意味深长地说："我现在每天都会通过视频、'学习强国'啊，还有各种网络平台来学习、宣传。不过我现在老了，在这方面的研究不是很深入，如今社会发展日新月异，未来还要靠你们接力啊，希望你们可以继承先烈遗志，利用高科技传承发扬革命精神。"这正是他对新时代青年的殷切寄语。

人生的价值在于奉献。胡老作为军人，始终怀抱着对党和人民的无限忠诚，赤心熠熠，大爱精诚。他既穿越过枪林弹雨，又长年穿云破雾，在浩浩碧海间播撒着红色的种子……

夕阳余晖，胡老的身影披上了一层淡淡的金黄。柳树之下，我们依依惜别。三十余载讲红史，一身戎装报国家，他送别之际的深沉眼神中透露出乘风破浪的坚定。他始终笑着，他好像什么都没说，又好像说了好多、好多。

（指导教师：郭　伟　张婉瑶）

苏社炎：伟大的历史功勋，不朽的英雄业绩

肇庆学院　朱思源　钟芷燕

“作为军人，我的使命在于坚守，坚守住祖国的边疆，坚守住自己的岗位，坚守住国家的信仰；作为新时代的大学生，大家的使命是铭记历史，坚定方向，好好学习，肩负起实现中华民族伟大复兴的重任！”一位名叫苏社炎的老战士在讲台上一字一句地宣讲，如雷贯耳，拨动着同学们的心弦，让同学们对他肃然起敬。我们走近了至今仍在教育下一代事业上发光发热的老战士苏社炎，聆听他的铁血故事和感人瞬间。我们向忠诚卫国、无私奉献的英雄致敬。

五十三年前，苏社炎应召入伍，披戎装，战沙场，舍生忘死，尽显军人英雄本色。

三十五年前，他退役转业，着工装，“战”林场，做宣讲，扬红色精神，初心无悔，坚守党的信仰。

2019 年，他在人民大会堂被光荣地授予“庆祝中华人民共和国成立 70 周年”纪念章。

时任总理李克强专门为“对越自卫反击战一等功臣”苏社炎题词：伟大的历史功勋，不朽的英雄业绩。

已至古稀之年的苏社炎身子骨依然很硬朗，走起路来健步如飞，笑起来真诚又谦和。“这是李总理专门为我题写的。”他指着国务院原总理李克强的题词自豪地说，仿若那是他的珍宝。

十八年军旅生涯：从军行　勇战斗　保家国

苏社炎于 1969 年入伍，17 岁风华正茂的他来到了军旅生涯的第一站广西百色。在壁立千仞和高山峻岭中进行训练和作业，初为新兵的苏社炎感受到了从未有过的艰辛。高山再高，却挡不住少年坚定的步伐；僻谷再荒，却遮不住少年无畏的身影。由于表现优异，入伍的第二年，苏社炎就加入了中

国共产党。1979 年 2 月，他以特殊任务连副连长的身份参加了对越自卫反击战，成为“敢死队”的队长，保卫边疆近八年。他是肇庆市对越作战老兵中参战时间最长、参加作战次数最多的一位。

热血铸军魂，丹心卫祖国。“去前线就是为了保家卫国，不能怕死！”谈及几十年前那一场场惊心动魄的战役，苏社炎仍难掩激动，言语中依然透着坚定。在战场上，他每次都是冲在最前面。他曾经用自己的身体在可能埋有地雷的百米雷场中滚过，为视察部队开路；他和战友们冒着枪林弹雨上山修路，只为帮主力部队争取时间；他们在被暴雨变成大水坑的猫耳洞里，一蹲就是十几天。他参加过大大小小几十场战斗，枪法精准，从发现目标到射击仅用 4.6 秒，成为令敌人闻风丧胆的人物，当时敌军甚至在电台广播中“悬红”五千万越南盾想要他的人头。

1984 年 4 月 29 日下午 6 点左右，苏社炎准备与上级通电话汇报战况。他右手刚拿起电话放在耳边，一发越军炮弹突然袭来，瞬间在距离他右侧 3 米的地方爆炸，密集而锋利的弹片飞速击中了苏社炎的右臂。“弹片把我手臂上一大块肉削走了，带血的骨头裸露在外边，血不停地往外冒。”在缺医少药的情况下，他拿地下的黄土混着尿液敷在了伤口上，就这样继续战斗。“打仗的时候，想的就是一定要取得胜利。有时候受了伤都没感觉，战斗完才感觉到疼。”苏社炎回忆道。除了右臂被弹片留下的伤痕外，苏社炎的膝盖、背部均有大小不同的伤痕。他一脸自豪地说：“这是战争留给我的‘宝贵遗产’啊！”苏社炎荣立了一次一等功和多次三等功。而这些伤痕也像是一个个“军功章”，彰显着中国军人的血性，昭示着他的拳拳爱国之心。

转业后的人生：护农林　宣党史　守初心

历史的画卷在砥砺前行中铺展，时代的华章在持续奋斗里书写。苏社炎转业不转志，从意气风发的勇敢战士，到转业后回到家乡，他坚定的眼神里依然充满着对祖国的热爱与忠诚。

1987 年，在部队服役十八年多的苏社炎转业回到家乡肇庆，在广东省西江林业局工作，开始了另一段人生。脱下军装放下枪，苏社炎投身于自己完全陌生的林业工作中。从头开始，重新学习，他很快就进入了角色，成为当地的生态环境保护专家，还获得全省劳动模范的称号。

退休后的苏社炎，退而不休，发挥着一名老兵的先锋模范作用，时刻牢记自己共产党员的光荣身份，活跃在军史党史学习教育的第一线。2021 年，苏社炎成为“铁军故里功臣讲故事宣讲团”的一员，经常到各单位和各级学校去讲授专题党课，宣传红色文化。他和其他宣讲团成员一起开展了超 100 场的宣讲，用自己的故事引导广大青年学生赓续党的红色血脉，弘扬党的优良传统，坚定信仰，勇毅前行，在新时代的征程上贡献青春力量。

苏社炎还和退休记者彭建基等人一起历经两个多月的努力，驱车上千公里，连续走访了三十多位肇庆市健在的一等功臣。经过耐心细致的策划、撰写和编辑等工作，制作了《致敬，英雄——战火中健在的肇庆一等功臣》纪念画册，将一段段有重要意义的历史生动地呈现在大家面前。一张张照片，一段段文字，仿佛把苏社炎带回了那段“热血染山岳，英魂荡神州”的烽火岁月。

苏社炎最喜欢两句诗，一句是“黄沙百战穿金甲，不破楼兰终不还”，这句诗也是他在战场上不辱使命保家国的真实写照；另一句“一生长为国家忧”则彰显了他作为一个老共产党员的信仰。他始终初心如炬，使命如山，至今仍在教育下一代的工作上尽心尽力。他是人民的英雄，是时代的楷模，是我们最可爱的人！

从弱冠到古稀，苏社炎老人变的是年龄，不变的是奋斗与奉献的初心。时代各有不同，精神一脉相承。作为当代大学生，我们要弘扬先辈的优良作风，传承他们热爱祖国、无私奉献的初心，保持勤奋学习、努力奋斗的恒心，坚定实现中华民族伟大复兴中国梦的决心，砥砺前行，勇敢驰骋，用坚守与担当奏出中华民族的盛世乐章！

（指导教师：侯晓辉）

丁志强：书未陈，温故知新；岁月长，新觉新进

山东大学　高铭霞

“三聚氰胺真的一无是处吗？”丁老的开场白令人猝不及防，无从下手……

“三聚氰胺可是生产密胺餐具的原材料啊，它无味无毒……”丁老聊到三聚氰胺时侃侃而谈。一位从心之年的老人，又为何会对此了如指掌？

思绪回到2008年，三聚氰胺让奶粉蛋白质含量“虚高”，又使婴儿肾功能衰竭的新闻出来后，一时间，人心惶惶，牛奶市场低迷，政府该怎样给人民一个交代？时任该事件省调查组组长的丁老从头到尾、彻彻底底地把三聚氰胺的化学性质学了一遍。“要想三聚氰胺融入鲜奶就需要专用反应釜，但是农民哪里有这么专业的知识和装备。”丁老以此化学原理还了奶农一个凿凿清白，向百姓陈了一个切切实情。

“说实话，一开始真看不懂那些资料啊，理解起来有些难度……”我看着随丁老说话一蹦一跳的眉毛，突然感受到他骨子中的倔强。为什么一定要弄懂那些看不懂的化学知识？为什么要请省领导和市民们去泉城广场当众喝鲜奶？“惟进取也固日新”，丁老日日常新的动力究竟是什么？

讲起了老战友，丁老似有“快走踏清秋”的万丈豪情，以过来人的角度回望当年那个血气方刚的小伙。“部队对我影响最深的并非体魄，而在于精神。”丁老边说边领着我们来到他的书桌前。一卷11米的《毛主席诗词50首》字卷横展在地上，里面涵盖了百印图。“我从在部队开始，就读各种各样的哲学理论图书，最后还是回到了毛主席的著作上。毛主席的诗词啊，常读常新，温故知新。”丁老边展字卷边说。我蹲下来细品又站起来俯瞰，觉得自己不过窥得了丁老五十多年研读心血的一隅。

青年人应以何种气魄面对当今世界？我顺着丁老手指的方向，看到了毛主席早年诗中的“鲲鹏”二字，那时的主席也正当青年。“‘大鹏一日同风起，扶摇直上九万里。’青年人就是要有‘自信人生二百年，会当水击三千里’的壮志豪情！”这样的豪情壮志不应只对一件事或一个人，应该放眼世

界，回落百姓。

“对了，青年人一定要读《共产党宣言》。”豪言壮语引兴至，丁老拍案而起，快步迈向书房，对满屋子的图书如数家珍。汗牛充栋，但丁老常常会翻开那些不知读过多少遍的书再读一遍，一次次在上面写下新的体悟。一本本书被拿起又放下，丁老终于找到了那本已经泛黄的《共产党宣言》。册子不大，纸已然很脆弱，但是书的扉页有颜色不一的标注，一句话，一段词，或是几个字。

“我这个书房啊，叫‘书未陈房’，我就是希望自己‘人老书未陈，温故而知新’。”丁老背着手，上上下下环看了一圈书房，长舒一口气，心满意足。

正当我又要开口叫“丁老师”时，丁老直接抛出了“七零小丁”这个称呼。“我喜欢和青年交朋友，老话说‘三人行必有我师’，但其实‘两人行就有我师’，这一代的青年身上的优点多得很哩！”我视线刚好能和丁老的眼睛平齐，恰好望过去，遂惊觉于丁老眼中的澄澈分明，其间装的是对生活满满的爱，有大爱亦有小爱。

我又想起了最初的问题：丁老的“倔强”到底从何而来？

我想，应是从16岁就在煤矿井下挥镐而来，应是从闪闪的红星和那身绿军装而来，应是从奶农的心痛中而来，应是从反复研读毛主席诗词和《共产党宣言》而来，应是从广泛学习新思想并与广大青年交朋友中而来……我深思方觉，丁老的这份“倔强”其实已深深扎根在党的沃土之中。

“爱国主义，忠于职守，完善自我。”丁老告诫我们的话也被他自己从始至终地践行。这十二个字由面到点，由浅入深，由国家到个人，字字彰显着一代又一代优秀党员的行动准则，回放着百年来的风风雨雨，预告着新时代的新辉煌。

“忘记历史就等于背叛。”但是真正读懂历史却很难。丁老的书房名为“书未陈房”——“人老书未陈，温故而知新。”这又何尝不是我们这一代青年读懂历史的方法。我们常常专注于读过，但很少想到用过。温故即应多多感悟党史、了解党史；知新不仅是“书读百遍其意自见”，还要将党史放眼至现在，坚持初心并与新知识相结合，做出新贡献新运用。

（指导教师：陈　诺　魏鲁鸿）

于新洲：从战火硝烟中走来的地大人

中国地质大学（武汉） 章建阳

在战争年代，他勇往直前，不畏艰险，度过了充满血雨腥风的漫漫长夜，闯过了布满枪林弹雨的道道战壕，穿过了弥漫重重迷雾的层层峰峦。

在和平年代，他躬身教育，诲人不倦，撒下粒粒种子，拨开层层迷雾，发出缕缕光芒。

他就是昌都战役亲历者、中国地质大学（武汉）离休干部于新洲。

冲锋陷阵，为解放战争立下汗马功劳

1928 年 3 月，于新洲出生在山东梁山一个贫苦的农民家庭。在那个风雨飘摇、动荡不安的年代里，全家老小只能依靠仅有的二亩八分地艰难度日。由于家境贫寒，于新洲没有上学，在家帮着父母操持家里家外。在 15 岁那年，他做出了一个大胆的决定——参加八路军。然而部队因为他年纪太小，给了他两个窝头就让他回家了。

这次的拒绝并没有使于新洲放弃参军的梦想，反而让他更加坚定了参军的念头。仅仅过了一年，他又去参军了，这次他终于如愿以偿地加入了八路军。一开始，于新洲被分配到了八路军二野一个被服厂生产麻线，为前线的战士们提供军需。他全身心投入生产，几乎每天都要加班到深夜，却从未抱怨过苦和累。

仅过了一年，于新洲就如愿被编入战斗部队序列。到了战斗部队后，他先后任战士、教导学员、班长等，参加了冀鲁豫根据地反“扫荡”战斗、淮海战役、渡江战役等大大小小的战斗、战役数百场，荣立三等功一次，多次受到嘉奖，并获得淮海战役纪念章、渡江战役纪念章、解放华北纪念章、解放华中南纪念章等。

两次入藏，亲历昌都战役

1950年，于新洲随驻扎在四川的第二野战军第十八军入藏，先后任十八军政委谭冠三中将的警卫员、副政委王其梅少将的警卫班班长。

1950年10月，于新洲所在部队圆满完成了昌都战役中的战斗任务。该战役被誉为“解放西藏的淮海战役”，打开了和平解放西藏的大门。1950年12月，于新洲光荣地加入了中国共产党。

从1950年至1952年年底，于新洲一直在西藏战斗，亲历了西藏的和平谈判和西藏胜利解放，获得解放西南纪念章、解放西藏纪念章、解放奖章各一枚。

1951年，川藏公路开始施工，于新洲再一次踏进了西藏的高海拔地区。他冒着生命危险，每天背着80多斤的东西，和工友们一同努力开辟着一条通往天堑的路，用大锤、钢钎、铁锹和镐头，劈开悬崖峭壁，降服险川大河。在整个川藏公路的修筑过程中，3000多名干部、战士和工人英勇捐躯，一代业绩永垂青史。在他们的努力下，1954年12月25日，川藏公路和青藏公路全线通车，改变了西藏长期封闭的状况，为西藏经济建设和国防建设做出了重大贡献。于新洲荣获中央人民政府交通部（2008年改为“交通运输部”）三等奖军功章一枚，康藏筑路纪念章和川藏、康青两路“筑路纪念”纪念章各一枚。

转战高校，与地质大学共成长

1960年，于新洲被调入北京地质学院。凭借丰富的实地战斗经验、突出的实践动手能力，他被派入学校设备科担任党支部书记，同时还身兼数职。

1974年冬天，于新洲被调到武汉，参与武汉地质学院建设。当时条件十分艰苦，无论是财力还是人力资源都相当匮乏，作为一名老党员，于新洲更是冲在了最前面，不分昼夜地奋战在施工一线。

离休后，于新洲一直关心着国家大事，永葆一名军人和老共产党员的本色，又先后获得了“中国人民抗日战争胜利70周年”纪念章、“庆祝中华人民共和国成立70周年”纪念章、“光荣在党50年”纪念章等一系列荣誉。

“回顾我的一生，无论是在枪林弹雨的旧中国，还是在百废待兴的新中国；无论是在出生入死的部队，还是在教书育人的高校，我一直不畏艰难、勇往直前、一心向党，我将把‘老西藏精神’一直传承下去。”在于新洲老人看来，时代的火炬已经交给了下一代，希望青年们在新征程上展现出青年一代的新气象、新作为、新风貌，以实际行动点亮光荣且伟大的复兴道路上的星星之火。

致敬前辈，高举理想信念旗帜

与于新洲老人做一番交谈后，一股力量充盈着我的身体，我知道，那是理想，是信念。当前，我们正经历百年未有之大变局，中华民族伟大复兴进入关键时期。时代呼唤担当，民族振兴是青年的责任。我们唯有以坚定的理想信念筑牢精神之基，砥砺奋斗，方能成为驱动中华民族迈向伟大复兴的磅礴力量，完成时代赋予的历史使命。

奋斗正当其时，圆梦适得其势。我们作为新时代青年，要志存高远，脚踏实地，勇做时代的弄潮儿，在实现中国梦的生动实践中放飞青春梦想，在为人民利益的不懈奋斗中书写人生华章！

（指导教师：徐　燕）

蒋庆南：穿过革命的火焰望向你，执起时代的火炬奔远方

湖南大学　黄舒兰　张雨薇

一百年的斗转星移、风云变化，一百年的艰苦奋斗、开拓创新，中国共产党走过历史漫漫长征路，始终不忘初心、牢记使命。如今，百年恰是风华正茂，新时代新青年迫切需要学党史、塑思想，把青春丹墨挥洒在建设祖国的壮丽画卷上。

作为亲历抗美援朝的“五老”之一，蒋庆南也曾是一名忘我投身许国的热血青年。革命的担当和使命让他始终铭记战争的残酷与和平的珍贵。

年少奔赴战场

蒋庆南清楚地记得他正式参军的日子是 1950 年 1 月 7 日。“我是‘30’后青年中的一分子，那时候才 17 岁。我和几个同学深感国家兴亡，匹夫有责，要以无私奉献的忘我精神投身报国，捍卫新生的中华人民共和国。于是大家一起投笔从戎。”

1950 年 6 月 25 日，朝鲜战争爆发。同年 7 月，这名第一年参军的 17 岁少年就将奔赴战场，为祖国献上他的赤胆忠心。

凌晨一点，只有脚步声的战斗

蒋庆南的部队进驻在丹东市四道沟大兵营，他是炮兵第一师司令部指挥连的一名战士，主要负责炮兵和地形图的测量。兵营离鸭绿江大铁桥约 20 公里，正前方是鸭绿江入海口，江边有一个停用的丹东军用机场。此前，美军登陆仁川，朝鲜人民军全军覆没。四周后，战火烧到鸭绿江边，美军的四架 F-84 战机轰炸了丹东机场，严重威胁到了我国边境安全，“跨江行动”刻不容缓。

部队白天摸爬滚打，晚上拉练。凌晨 1 时，伴随着外面的枪炮声，战士

们在黑暗中前行。行进途中不能说话、进食和照明，严禁掉队及遗留物件，力求隐蔽快速。10 月 23 日，我军部队正式跨过鸭绿江，进驻朝鲜新义州市。蒋庆南回忆道："那晚天空没有云彩，月光很亮很美。许多朝鲜市民站在街边观看，彼此不说话，只有脚步声。"这次悄无声息的行动直到 10 月 25 日中国正式宣布参战前都不为美国所知。

零下 26 摄氏度，顽强革命没有退路

当时中国最大的困难是没有制空权和制海权，兵援投送能力低下，可谓是以"原始装备"对抗美军的现代化装备。1950 年是朝鲜最冷的一年，零下 26（摄氏）度，战士们缺吃少穿，许多人饱受冻伤、饥饿之苦。"最困难的时候，饿到去吃老鼠，实在受不了还去四处找敌方遗留的食物。"

但革命的种子始终温暖着蒋庆南和战友们的心，他们靠着不怕困难、吃苦顽强的精神熬了过来。战争年代的革命友谊也相互传递着。"那时候天气很冷，班长看我穿的鞋已经破了，就说要跟我换，第二天还给我一条棉裤过冬，我感觉身心都特别温暖。"战士们还积极参与党政课，自觉学习爱国主义和国际主义知识，用昂扬的革命精神武装自己。著名的抗美援朝志愿军战歌——"雄赳赳，气昂昂，跨过鸭绿江……"，就是与蒋庆南同属炮兵第一师的某连指导员麻扶摇所作。

20 万人，日记里的胜利缅怀

近几年，红色电影接连上映，好评如潮。尽管它们免不了一些艺术加工，与真实的战争也略有差距，但都让蒋庆南回忆起了那些流血牺牲、饥寒交迫的场景，"每到有酒喝的晚上，大家你一口我一口，回忆白天战友们是如何牺牲的，那时候很无奈、惋惜、痛苦，但是看着一批批队友向前冲又倒下，还是上！"

这场战争牺牲了很多中国军人，还有许多烈士遗体由于各种原因，无法进行统计上报。"有一次我抬担架送伤员到一个陆战师的战地医院，见到的场景使我痛苦万分，一辈子都忘不了。医院就在一个大山沟里，露天树荫下做手术，伤员一排排躺在地上的担架上喊着口号，而另一边是一排排的烈士遗体。"那天，蒋庆南在日记里写道："此一小段亲身经历，真真切切，不忘初

心的记忆，缅怀牺牲的战友。”

百年奋斗：弦歌不绝，砥砺前行

战争是有数字的，却又不止数字。党的百年奋斗历程中，总有一群“可爱的人”凭着一腔热血，抵死向前、为国献身，用鲜血和生命共同铸就如今日益强大的中国，无愧为一曲英雄赞歌！

一场简朴的谈话和交流，使我深深感受到我辈青年传承革命薪火、投身时代建设、贡献青春力量的重要性。回首过去那个硝烟弥漫、战火纷飞的年代，是多少次战斗才为我们换来了现世的安宁，又是多少次奉献让牡丹盛开在祖国繁荣昌盛的大道上。在这个伟大的变革时代，在重新出发砥砺前行的征程上，满怀青春的我们又能做些什么呢？也许蒋庆南等革命先辈的革命之旅能回答我们——它是穿越百年的红色文化，是你我情感的依托、精神的归宿、前行的动力。

一代人有一代人的长征，一代人有一代人的使命。习近平总书记指出：“只有不忘初心、牢记使命、永远奋斗，才能让中国共产党永远年轻。”青年人要争做时代激流中最美的那朵浪花，刻苦学习，勇于挑战，敢于拼搏，把个人成长与国家命运相联系，在奋斗路上永远焕发新的活力。

（指导教师：蔡婕萍　肖雪芳　肖　遥）

杨清源：宣讲红色故事，传承革命精神，是永不衰退的事业

陕西师范大学　余崔琬

“雄赳赳，气昂昂，跨过鸭绿江……”一位鹤发松姿、精神矍铄的老人，正有力地唱着中国人民志愿军军歌。他身着绿色的军装，别着耀眼的党徽，党徽把他的脸庞映衬得更加坚毅。他的眼神里充满了当年抗美援朝、保家卫国的壮志豪情，那是一股子无可阻挡的气势，是压倒一切敌人而决不被敌人压倒的英雄主义精神，是中华民族优秀儿女坚毅的神色。这位老人就是两次获得“全国教育系统关心下一代工作先进个人”称号、曾参加抗美援朝战争的革命老战士、陕西师范大学退休教授杨清源。

一身军装，保家卫国

“奖章戴在身上，党对老同志的嘱托永远记在心上，我一定不忘初心、牢记使命，忠诚奉献一辈子。”杨清源身着笔挺的军装，反复端详着胸前金灿灿的“中国人民志愿军抗美援朝出国作战70周年”纪念章，他的双眼充满温情、饱含热忱。

1951年，杨清源参军入伍，随部队跨过鸭绿江，到祖国最需要的地方去，参加抗美援朝战争第五次战役。战场上硝烟弥漫，但身为共产党员的杨清源牢记初心使命，砥砺血性胆气，忠诚履行职责，抗美援朝、保家卫国。

“行军路上十分艰苦，气温零下30多（摄氏）度，为了躲避敌机，我们白天在树林里休息，晚上行军。我有两次差点丢了性命，但幸运的是最终活了下来。”多年过去，对杨清源来说，战场上的画面仍历历在目。

1953年，杨清源和战友准备回国，在火车站排着队脱帽，面向朝鲜的大地，向那些长眠在异国他乡的战友们告别，宣誓回国以后继承他们的遗志，把国家建设好，让下一代远离战争，在和平的环境里学习知识。归国后，杨清源继续在部队服役，荣立三等功一次。

一支粉笔，两袖微尘

从保家卫国的沙场到三尺讲台，杨清源的满腔热情从未消减。1956 年，杨清源从中国人民解放军政治师范学校毕业，先后在武汉、南京两所军事院校任政治教员。1977 年转业至陕西师范大学，任马列教研部党史研究室副主任，从事中国革命史、党史的教学和研究工作，后又任民族预科部主任。

在陕西师范大学，教书育人是一种制度、一种传统，更是教师的自觉选择与风范。杨清源坚守宣讲阵地，传播党的理论创新成果。“只要还有明天，今天永远是起跑线。”杨清源说，“我现在已经 92 岁了，但依然有光和热。只要我的身体还硬朗，多活一年就讲一年，多活一天就讲一天。”他牢记教师的责任与使命，秉持“西部红烛精神”，坚持为基础教育服务，用理想、信念和情怀，坚守初心，在薪火相传中培育教育力量，做西部教育的“筑梦人”。

一个故事，坚守初心

“退休之前我就想好了退休后要做什么，我是关心下一代工作委员会和老教授协会的成员，又当了几十年老师，就想继续用我的经历和知识教育下一代，我有责任有义务把革命传统传下去。”杨清源说，现在很多青少年享受着中国革命和建设的胜利果实，却不大了解胜利果实是怎样得来的。作为一名老党员、老干部、老教师，他将党史学习教育和自己的知识、经历结合起来，引导青少年追溯革命的源头，把中国革命、建设的艰苦历程，把无数革命先烈流血牺牲的事迹告诉他们。

从第一次报告开始，杨清源就给自己立下“四个不”原则：不要课时费、不要纪念品、不要吃请、不要接送。他作报告从未迟到，甚至提前一天勘察好授课地点，计算好交通时间。这样伟大的事业，他默默坚守，一干就是三十年。

杨清源在关心下一代工作中的突出贡献感染着一代又一代的青少年，更产生了强大的社会影响力，带动了更多人讲好党史故事，传承红色基因。越来越多的人向他学习，就像他说的那样：“宣讲红色故事，传承革命精神，是永不衰退的事业；关心下一代成长，奉献自己的余热，是矢志不渝的坚守。”

一生信仰，践行使命

作为一名老党员、老干部、老教师，共产党人的初心使命早已融入了杨清源的血液，他的言行反映了不忘初心、牢记使命的时代精神，展示了老同志对党的事业的无限忠诚和革命情怀，体现了老同志对人民江山代代相传的历史责任和历史担当，彰显了中国共产党人崇高的精神风貌。多少像杨清源一样的老干部、老战士、老专家、老教师、老模范，用他们的忠诚与担当塑造了“五老”精神，“五老”精神承载着中国共产党人的初心和使命，是中华民族精神的生动体现，也是社会主义核心价值观的生动表达。身为新时代的新青年，我们要继续弘扬“五老”精神，传承好中国精神的接力棒，以昂扬姿态砥砺前行、接续奋斗，以优异成绩建功新时代！

砥志研思 谱新章

老院士篇

吴明珠：耕耘戈壁六十载　终圆百姓瓜香梦

西南大学　刘佳鑫

初见时，一位羸弱瘦小的老人慈祥地坐在我们面前。当我们说明来意时，她眼神中透露出一丝坚毅和喜悦，嘴里不停念叨着她培育的西瓜王——8424。这位老人就是我们的杰出校友、戈壁滩上的“瓜奶奶”、中国工程院院士——吴明珠。

吴明珠从小立下报国之志，于1950年以优异的成绩考入西南农学院。在选择专业时，吴明珠认为中国的农业技术太落后，于是选择了果蔬专业。1955年，已经毕业分配到中共中央农村工作部工作的吴明珠，听说刚成立的新疆维吾尔自治区急需各类干部人才，毅然向组织请求赴新疆支援那里的建设。到新疆后，吴明珠没有按照组织的安排待在乌鲁木齐地委农村工作部，而是选择去了最贫困的地区——鄯善县农技站工作，这对一个身高只有1.55米、身体娇弱的南方姑娘来说绝对是一个考验。在夏季气温超过40摄氏度的吐鲁番，她要忍受干燥的气候、炽热的阳光，要习惯于吃馕吃羊肉。她到鄯善县几经考察，发现鄯善县尽管贫穷、生活艰难，但有独特的土壤和气候条件，是种植优质瓜果的理想环境，吴明珠暗下决心：要用瓜果产业改变鄯善县贫困落后的面貌。

一到鄯善县，吴明珠就撸起袖子，开始教当地农民采用秋施基肥技术种植葡萄。在她的精心指导下，全乡葡萄大幅度增产。吴明珠为了改变当地种瓜的传统方式，就推广种瓜的先进技术。她在沼泽地开了3亩荒地，与当地种瓜能手开展了种瓜比试。经过当地村民裁判，吴明珠培育出的哈密瓜又大又甜。从此，村民都愿意按照吴明珠讲授的方法种植瓜果。

当时新疆的哈密瓜种植还处于一种自然状态。吴明珠做的第一件事就是在偌大的一个哈密瓜产区，在众多的品种中找到理想的地方品种。当她听说底坎儿乡有一种哈密瓜特别甜，就不顾吐鲁番夏天的炎热和交通的极其不便，和一位同事凭着两条腿从县城出发，穿过火焰山，经过大戈壁，夜晚驻扎在废弃的窑洞边，天亮继续赶路，整整两天才走到底坎儿乡，终于找到了这个特别的瓜种。从此，只要打听到哪里有优良的品种，她都要亲自去看一看，一块瓜地一块瓜地地调查。她跑遍了300多个生产队，收集归纳了农民种植经验材料100多份，手写资料足足500多万字。功夫不负有心人，吴明珠等人整理出优良品种44个，甚至挽救了一批濒临绝种的资源，建立了吐鲁番甜瓜品种基本档案。随后她又从优良品种中选出红心脆、香梨黄、小青皮等品种进行重点培育，其中红心脆品质最佳，瓜果广销香港等地。

她深知培育一个优良品种，需要八年至十年，甚至更长的时间，可人的一生时间有限，能不能在有限的时间内选育更多的优良品种呢？吴明珠提出“异地加速培育”的设想。常规选育一次需要一个生长季，春种夏收，一年就只有一次选育机会。她决定在北方育种，南方繁殖，在鄯善和海南岛两个基地，尝试“北育南繁”。可育种工作还没开始，就有很多人提出了质疑，认为这有违植物生长的自然规律。但吴明珠的目的十分明确，就是要利用海南秋冬季节气温暖湿、光照充足的特点进行种子繁衍、种质研究、新系加代扩繁、杂交制种、种植鉴定等方面的科学实验。她就以海南为试点，提高育种速度与效率，让南方长出北方的瓜，实现甜瓜一年三熟甚至四熟的梦想。在吴明珠的坚持下，她的团队来到了海南。当时的南繁基地设在崖城的一个部队农场，是一块杂草丛生的荒地，仅有的住房是简陋的干打垒房，厕所就是用树枝、芭蕉叶围起来的一个小棚子。她为了让更多人吃到甜瓜，不顾条件的艰苦，每天乐此不疲地在试验田里干活。她逢人就说：“我的人生理想就是想多结几个瓜。”说起来轻巧，做起来却不是那么容易。她每年像候鸟一样，秋冬在海南，春夏回新疆，忙得不亦乐乎，就连丈夫杨其祐想找她说说话，她都没空。

在吴明珠及其团队的不懈努力下，终于实现了哈密瓜的南繁北育，实现了春天新疆种“两代瓜”，冬天海南种“四代瓜”，开创了一年四季快速育种的方法，填补了我国北瓜南移的空白。吴明珠培育的优质瓜销往全国各地，遍布各个季节，实现了中国人民的“吃瓜自由”。

1999年，由于在新疆瓜业发展中的卓越贡献，吴明珠光荣地当选中国工程院院士，她把自治区政府奖励给她的50万元奖金全部用在瓜的培育和青年人才培养上，希望有更多的年轻人继承她的事业。至2017年退休，她在新疆从事瓜的研究整整六十二年，培育出28个经国家审定的优质瓜种，有耳熟能详的红心脆、香梨黄、小青皮、黑眉毛、香妃蜜瓜、皇后蜜瓜、郁金香甜瓜、金凤凰、绿宝石瓜、麒麟瓜，还有西瓜中的“王牌”——8424。

吴明珠院士一直深爱着母校，多次回母校为青年师生作报告、开展学术交流，退休后仍住在母校。2018年，母校为她举行了《吴明珠传》首发仪式，吴奶奶感慨地说：“我之所以能够取得一点成就，是党培养了我，是学校培育了我，使我能够一辈子专心从事园艺工作，这既是我的职责，也是祖国的需要，更是我的光荣！”她的讲话让我们感受到那一代科学家的时代担当和奋斗精神。

如今90岁高龄的吴明珠院士患上阿尔兹海默症，记忆和说话都非常吃力，当听说我们来采访她种瓜的故事，她变得非常高兴，反复地说：“我们的西瓜有大品种，有小品种，你喜欢哪样就选购哪样，我就希望你们多吃。只要大家吃上各种口味的瓜，我心情就很好，也不觉得苦了。”吴奶奶即兴给我们唱起了歌：“我们新疆好地方啊，天山南北好牧场，戈壁沙滩变良田，积雪融化灌农庄……”吴奶奶的歌声仿佛把我们带到了她扎根新疆、热血奋斗的青春岁月，她的奋斗事迹让我们感到学农的自信和骄傲。我们作为当今的农业学子，将以吴明珠院士为榜样，坚定理想，扎根基层，用青春、知识、汗水谱写人生最美丽的篇章。

（指导教师：周厚彬）

周立伟：让黑夜拥有寻找光明的眼睛

北京理工大学　李梦珂　姜　曼

在中国近现代光学事业发展历程中，有这样一位执着的老人，他几十年如一日，在为学为师的道路上始终迎难而上，在黑暗中给人光明，给人希望。在他一步一个脚印的人生路上，留下的是爱国、奋斗、追梦的闪亮足迹。

他就是中国工程院院士、北京理工大学教授、“中国夜视技术的奠基人”——周立伟先生。

“国家需要什么，我就学什么”

1932 年 9 月，周立伟出生于上海一个制药工人家庭，复杂的社会环境让年少的他在中专毕业后就在工厂当起了技术员。无数次地对着国外图纸“照猫画虎”让周立伟看到了中国技术领域的空白，残酷的现实也让他恨极了中国人被奴役的旧社会，于是，科学报国的种子在他心里深深扎下了根。

1953 年，立志“科学报国”的周立伟考入北京工业学院（北京理工大学前身）仪器系军用光学仪器专业学习。在这里，周立伟如鱼得水，主动学习同学们都觉得难的瞄准方向的知识。他主动研习俄文教材，一丝不苟记录学习笔记，成绩一直名列前茅。老师们一致评价：“他的作业做得比你想象的还要好。”直到今天，那些图形规整、宛如印刷的手写笔记依然是青年学子学习的典范。

20 世纪 50 年代，中国还没有掌握夜视技术，更没有军用夜视仪器，在朝鲜战场上，志愿军夜间作战时往往陷入极大劣势。为填补技术空白，培养夜视人才，1958 年，刚刚毕业留校的周立伟就在院长马士修教授的带领下，开始筹建军用夜视仪器设计与制造专业。可是，周立伟遇到了大难题，红外光阴极、荧光屏、电子光学……他对这些专业术语一窍不通，怎么办？——从头学！

“要努力学，哪怕比别人多花几倍的力气，也一定要把新专业建设好!”每每回忆起这段经历，周立伟都掩饰不住内心的激动。那时候，周立伟几乎将所有的时间都用于读书、思考、实验，无人指导，他就努力自学，凡是跟夜视技术相关的书他都找来读，英文的、俄文的、德文的……从中翻译、提取出适合专业使用的原理，先梳理分类，学懂弄通，再总结补充，形成体系。有一次，周立伟对一个问题百思不得其解，茶饭不思，躺在床上还不停思索，半梦半醒之中突然有了奇思妙想，他立刻翻身下床，提笔验证，竟成功破解了难题。

“要搞好实践，让同学们看见真东西。”这是专业组建“三人组”周立伟、邱永林、刘茂林的共同心愿。在夜视技术中，有一种关键核心器件叫变像管，又叫像增强器，能够将看不见的图像变成可见图像，从而实现特殊光照环境下的观测。为了突破生产瓶颈，周立伟仔细研究苏联专家带来的实物，查阅了大量国外技术专利，通过技术解析和创新，最终成功实现自主生产，让同学们用上了“中国制造”。

“只是中等资质，并没有过人天赋和特别聪明的地方。”时常这样自嘲的周立伟硬是凭着对国家的热爱和坚韧不拔的精神点亮了科学之光。1961 年，由周立伟编写的《电子光学理论和设计》一书正式出版，这是我国第一本由国内自行编著出版、脱胎于传统电子光学理论和设计的著作，也是我国电子光学专业重要的大学教材和技术人员的参考书。由此，周立伟被誉为“中国夜视技术的奠基人”。1987 年，以周立伟为首席学术带头人的“军用光学”（后改为“光学工程”）博士点通过评审，被评为国家重点学科。

“我为祖国而来，坚决不改专业”

1962 年，新婚不久的周立伟带着攻克夜视器件电子光学理论与设计的任务被派往苏联留学。周立伟的导师是当时苏联有名的光学专家，他十分欣赏周立伟对学术的钻研能力和领悟能力，提出两人合作研究当时最新颖的领域，并承诺周立伟会是中国该领域第一人。周立伟却认“死理”：“我不是为学这个来的。”因此，他明确拒绝了导师，坚定地表示要遵从祖国的需要，不学成夜视技术就不回去!

“整整三年，我大部分日子是在列宁格勒谢德林图书馆和苏联科学院图书馆度过的，饿了就啃块面包，渴了就喝口冷水，困了就打个瞌睡。”由于研究方向不符合导师的规划，加上当时夜视技术的保密性，周立伟彻底遭到冷落。在寂寞的学案上，周立伟日复一日地读书、记笔记，以常人难以想象的毅力探索着、研究着，一千个异国他乡独自奋斗的日日夜夜，终于换来了静电聚焦同心球系统的电子光学和阴极透镜的像差理论突破。

从理论到实践，在探索夜视技术的过程中，周立伟走出了一条自力更生的道路。从最初的仿制美国像增强管，到带领方二伦、冯炽焘团队自主设计软件包，摆脱对国外技术的依赖，再到 20 世纪 80 年代达到自动设计，周立伟带领团队解决了电子束设计这一关键核心问题，设计的软件在全国广泛使用。他撰写的《宽束电子光学》一书在国内外轰动一时，获得国家图书奖三个大奖，连俄罗斯科学院的科学家们都惊叹：“你的脑子比电子还快！”

自此，周立伟创建了宽电子束聚焦与成像较为完整的理论体系，为我国微光夜视装备的自主研发开辟了道路，他也被公认为创建了自己的科学学派。1984 年，周立伟被授予中国首批国家级有突出贡献专家称号。1999 年，周立伟当选为中国工程院院士。

“我要把所学全部教给学生”

“富贵不重要，最重要的是对国家、对人民做出贡献。”如今，90 岁高龄的周立伟仍坚持关注学科前沿进展，参加学术活动，发表研究论文，开展科普讲座，成为深受广大青年人爱戴的“周爷爷”。他不想躺在“功劳簿”上享受功成名就的喜悦，只想发挥自己的余热，用全部精力勉励青年学子：科学研究要以国家需要为导向，青年科研工作者要以服务国家为己任。在周立伟看来，中国的夜视技术需要一代代人的接续奋斗，才能最终实现那个目标——让黑夜拥有寻找光明的眼睛！

书桌前，那位鹤发老人缓缓翻开最新一期的专业杂志，又一次徜徉在光与电的海洋……

（指导教师：盛 筠 张振坤 辛丽春）

孙逢春："远望号"上的望远之路

湖南网络工程职业学院　汪心怡

"2022年，北京冬奥会所在区域于举办期间实现了新能源汽车全覆盖，这是中国工程院孙逢春院士带领团队科研攻坚的成果。"看到这一报道，作为孙院士的家乡人，我们感到特别自豪。孙院士是湖南临澧县人，1977年考上大学走出大山，一路拼搏成为我国电动车辆工程科技的主要开拓者之一，现在是北京理工大学教授、博士生导师，电动车辆国家工程实验室主任。他率领的团队创造了中国新能源汽车行业的诸多"第一"：制造了我国第一辆电动客车、第一辆燃料电池电动轿车，建成我国第一个电动车辆国家工程实验室、第一个国家大数据监测平台……

"我们中国的事还是要中国人自己干"

孙逢春考入大学时便下定决心，一定要为祖国贡献自己的一份力量。1987年，他有幸成为首批中德联合培养博士的对象，前往德国柏林工业大学车辆研究所深造。但在德国三大汽车公司实习时，设计新产品的造型车间与研究未来技术和车型的新概念车间这两个涉及核心技术的地方不让留学生进入，孙逢春当即意识到："我们中国的事还是要中国人自己干！"

"祖国需要我，我的青春、事业和我的爱属于祖国。"孙逢春谢绝了导师开出的留德高薪，毅然回国。当时没有大的科研项目与经费，也没有先进的实验设备，但他不服输，不甘低头"跟跑"，用3万元回国人员科研基金，从零开始开启了电动汽车的研发工作。

"市场换不来技术，我们必须自主创新"

1992年，孙逢春作为中方代表参加中美联合将军用电驱动技术转为民用大客车的技术项目。谈判历时两年，最终他以过硬的专业素养与创新能力赢得认可，年仅36岁便被委任为军转民电动客车总工程师。他带领团队倾力于机、光、电、化技术开发和创新，终于在1994年造出了我国第一辆纯电动公交车“远望号”，并一举试车成功。

当电动公交车将投入批量生产时，掌握电动车动力技术的美国公司却出尔反尔，坐地起价。难道我们只能任人摆布吗？孙逢春的回答是：“不，我们要做出属于中国自己的‘心脏’！”他和他的团队坚定地走自主创新之路：自己研发电机和控制器。

“当时研发的条件十分简陋，”孙逢春回忆说，“刚开始起步，一切从零开始，我们买了四套桌椅、一台计算机和一台打印机，研发工作就这样开始了。”他们绘制上千张图纸，进行上万次计算，完成整车设计和动力传动系统匹配，按照设计图纸做出电机样品后又进行了数十次的模拟实验。1997年，他们用一年多的时间跑出了“中国速度”，研制出我国第一套拥有完全自主知识产权的电机电控系统和自动变速传动系统，原理上、能效上都超过了国外，获得国家科技发明二等奖。每当谈起这段经历，孙逢春总是感慨万千：“市场换不来技术，我们必须自主创新。”

“我们要告诉全世界，电动汽车应该这样运行”

“奥运中心区实现公交系统零排放”是国家赋予孙逢春团队的一项光荣使命。孙逢春至今清楚地记得时任国家副主席的习近平同志对他的嘱托：“这个车不能出问题。”

孙逢春坚守着这份承诺与嘱托，立誓“一定要把车搞得万无一失”！那几年他几乎天天泡在实验室和调车路上，一个月驾车行驶近万公里。他竭尽全力研制、调试，终于在2008年奥运会期间向全世界展示了中国的科技实力：55辆我国自主研发的纯电动大客车上路，为奥运中心区提供二十四小时服务，实现了奥运中心区“零排放”。孙逢春说：“北京奥运会是一个展现中国标准的机会。我们要告诉全世界，电动汽车应该这样运行。”

孙逢春没有因此而停下前进的脚步。为了使新能源汽车在2022年冬奥会上顺利运行，他率领团队前往零下40摄氏度的内蒙古海拉尔开展研究与试验。没有先例可以借鉴，他们大胆创新，采用新的电池系统改变加热方式。在车辆试用阶段，团队成员在室外一冻就是四五个小时，车辆检测与维修只能靠一名名队员躺在雪地里轮流进行。终于，在海拉尔的雪地里，冬奥实验车顺利运行了 10 分钟、20 分钟……孙院士团队终于攻克了电动车低温安全运行的世界难题，在 2022 年北京冬奥会上实现了新能源汽车全覆盖。

“我们要抢占新能源汽车发展的制高点”

我国新能源汽车产业发展仍在路上。孙院士说，2021 年以来，新能源汽车产业进入了智能网联时代，我们迎来了新的挑战和新的发展机遇，我们要抢占新能源汽车发展的制高点。

当下，孙院士正带领他的团队朝“高效节能、安全舒适、全气候”的新能源汽车研发的新的目标迈进。他们提出的应用深度神经网络的充电曲线估计方法，为智能化电池管理的研发奠定了基础。在多个领域开展的核心技术攻关，正在不断推进新能源汽车技术链、产业链的完全自主可控。孙院士说，希望未来新能源汽车的研发，能够推动中国从“汽车大国”向“汽车强国”转型升级。

“我和团队将始终深怀爱国之心，砥砺报国之志，力践报国之行！”这是孙逢春院士在多个场合说的一句话。孙院士正是因为深深地扎根在祖国的大地上，才能望得远、走得远！他和他的团队的“望远之路”，不也是我们新一代青年大学生应走的为祖国而奋斗的“望远之路”吗？

（指导教师：玻希扬）

罗锡文：建设农机强国　端牢中国饭碗

华南农业大学　于东洋

在华南农业大学西北方向的角落，有一栋不起眼的三层小楼，外表平平无奇。但谁都想不到，就是在这栋不起眼的小楼里，罗锡文院士在农业机械研究领域深耕五十余年，先后拿下了国家技术发明奖和国家科技进步二等奖。推开罗老师办公室的门，里面只有一个齐顶的大书柜、一张办公桌，桌上摆着几代水稻直播机模型，这正是他毕生事业的缩影。这位七十多岁的老人至今仍坚持在科研一线和田间地头，为实现我国农机强国梦想而不懈努力着。

初心之源：国之所需，民之所盼

“锄禾日当午，汗滴禾下土。谁知盘中餐，粒粒皆辛苦。”一首唐诗道尽了农民耕作的辛苦。罗老师同我们讲起他小时候的故事，他的童年也是在这样的环境中度过的。小时候，他跟随妈妈下田劳作，每次弯腰插秧久了，他喊“腰疼”，妈妈总会“训斥”他：“小孩子哪有什么腰，快插！”回忆往事，罗老师说：“那时我就想，什么时候不用人插秧就好了。”在农村长大的他，对农村、农业、农民的感受特别深：“将农民从繁重的劳作中解放出来就是我的初心和使命。”

1970 年，罗老师从华中工学院（今华中科技大学）无线电技术专业本科毕业后，在贵州省铜仁县农机厂工作九年。1982 年获得华南农业大学硕士学位并留校任教，至今已与农机结缘半个世纪。

终身之行：忠诚敬业，务实创新

罗老师常对我们说：“我们研究的农机一定要推广出去，让企业愿意要，让农民喜欢用，否则就是摆在实验室的样品。”从“使农民摆脱手工插秧的辛苦，为农民实实在在做点事情”的初心出发，他提出了水稻精量直播的思路，带领团队成功研制的“水稻精量穴直播技术与机具”获2017年度国家技术发明奖二等奖，该成果在国内20多个省市推广，推广面积达到1000万亩以上，并创造了一批高产纪录。

为了解决我国农村新发展形势下劳动力短缺的问题，他积极推动智慧农业的建设，创建了我国首个水稻无人农场。他主持的“基于北斗的农业机械自动导航作业关键技术及应用”项目获2020年度国家科技进步奖二等奖，为实现“耕牛退休、铁牛下田，农民进城、专家种地”的智慧农业构想做出了重要贡献。

作为国内农业工程的顶级专家，他提出的农业信息化和机械化发展战略，促进了广东省农业机械化的快速发展。2020年疫情防控期间，他通过对广东等六省的调研，向中国工程院提交了关于减少疫情对春耕生产的影响的建议。在疫情最严重的时候，他20多次到全省各地指导春耕生产。2020年3月，一张在广东廉江拍摄的75岁院士在田垄上吃盒饭的照片在网络上走红，感动无数网友。但实际上，罗老师这样“不讲究”的场景我们看得太多了，对我们来说再平常不过了。

思想之光：传建党精神，育时代新人

在实验遭遇困难时，罗老师经常对我们说：“失败是家常便饭，这是好事，没有问题反倒是最大的问题。农业工程的研究对象大多是各种农业生物有机体，品种多、周期长，研究环境复杂多变，这决定了农业工程的科研具有复杂性、探索性、投入高、风险大等特点，这要求我们研究者耐得住寂寞，坐得住冷板凳。”

“计算机可以帮我们更好地种植水稻，但计算机中长不出水稻。”罗老师一直秉承着“实践出真知”的理念，多年来坚持“从农田中来，到农田中去”，每年都用相当多的时间带领我们深入农村和基地考察，了解农业机械化情况，而且经常是半天“切换”一座城市。每到一个地方他总要赤脚下田走走，和当地农民聊聊。“什么是脚踏实地？我们搞农机的，要将脚踩在泥中才知道机器应用效果到底行不行。另外还要多到农民中走一走，多听听农民的意见，才能有所启发，研发出农民需要的机器。”罗老师多次语重心长地对我们说。

2021 年，罗老师被评为广东省优秀共产党员。他五十多年来的奋斗历程，就是“坚持真理、坚守理想，践行初心、担当使命，不怕牺牲、英勇斗争，对党忠诚、不负人民”的生动诠释。在他的影响和带动下，许许多多的师生投入强农兴农事业当中。

罗老师说：“如何培养更多的年轻人献身于农机事业？作为农机教育者，我深感责任重大。”我国的农业机械化总体落后于发达国家，一些关键技术仍受制于人。任重道远、永不后悔，这是罗老师发自肺腑的心声，也是他付诸一生所追求的农机梦想与坚定信仰！我坚信，在罗老师的带领下，我们一代又一代农机人接续奋斗，中国一定能从农机大国变为农机强国！

（指导教师：吴　迪　汪　沛）

马远良：大智大勇书写水声世界的传奇

西北工业大学　吴秀青　向峻雨　左研博

他是我国水声工程与信息处理技术领域的开拓者和学术带头人，他开展的理论探索和创立的多项技术方法，为学科发展和水声学领域技术进步做出了重要贡献。他就是中国工程院院士、西北工业大学教授马远良。

义无反顾，执着追求

1938 年，马远良出生于四川隆昌县的一个乡村名医之家。他自幼聪慧好学，在中学时期就树立起了为理想奋斗、向科学进军的志向。1956 年，马远良被选拔为留学预备生，后因中苏关系恶化，被保送到西北工学院（西北工业大学前身）学习国家急需的“特种专业”——鱼雷设计专业，成为我国普通高校中第一届鱼雷专业的学生。1958 年，西北工业大学（以下简称西工大）要开办水声工程新专业，马远良等 8 名同学又被抽调派往哈尔滨军事工程学院（以下简称哈军工）插班学习，成为我国第一个声纳本科班的学生。

马远良在哈军工期间，时刻谨记寿松涛校长到哈军工看望慰问同学们时的寄语，抓紧一切时间刻苦学习，至今他还保留着一张珍贵的照片，那是贺龙元帅视察哈军工、查看他的听课笔记时被定格的瞬间。第一年寒假，他和同学们还完成了“K4 声管测量装置”的研制任务，被选为哈军工海军工程系“国庆十周年”献礼成果。这是马远良首次自主从事科研工作，提升了他对科研工作的自信心。

从留苏预备生到进入西北工学院学习，从第一个鱼雷班到第一个声纳班，只要祖国需要，马远良就义无反顾，他走上了终生为之奋斗的“水声学生涯”。

小鬼当家，敢为人先

1961 年年初，马远良等 8 位同学提前返回西工大，承担起了专业建设的重任，当时的307教研室被叫作“小鬼当家”。学校安排马远良负责编写统编教材《水声换能器原理》。为了完成这个艰巨的任务，马远良以课程笔记为基础，搜集研读大量期刊和有关电声转换的资料，仅用了不到五个月时间，就出版了《40804讲义》，这本教材不仅解决了本校水声专业该门课程缺少教材的问题，而且被许多兄弟院校采用。

1965年，27岁的马远良开始承担我国第一代直升机吊放声纳的研制任务。在该领域一片空白的情况下，马远良和他的同龄人凭着为国效力的满腔热情，肩负起研究航空声纳装备技术的重任。

在研究过程中，除了遭遇直升机空中悬停坠落的惊心动魄，也有苦中作乐的场景。为了达到“水下噪声要非常低、声音接收要非常灵敏”的要求，马远良带领同事夜以继日地进行测试和研究，经过三四个月的持续工作，声纳的灵敏度大幅提高，并且实现了全部半导体化，适合在执行相关任务的直升机上安装使用。

1976年，马远良主持了我国首台直升机吊放声纳的设计定型试验，实际达到的效果约为设计指标的两倍。该声纳成为我国第一代航空吊放声纳，填补了我国该领域的空白，并直接对我国航空声纳领域的装备技术发展和人才培养起到了奠基作用。1978年，该项目获得了全国科学大会奖，十年奋斗取得初步成效。

攻坚克难，勇敢前行

1978年11月至1979年3月，马远良应邀参加海军赴法国技术考察团工作，详细考察了法国的吊放声纳和空投航行器。通过考察，马远良认为，我们在吊放声纳方面同国外的差距并不大，有条件迅速超越。他提出了一个大踏步跨越式发展的方案，大幅度提高声纳性能，相关项目在1981年初春的海上试验中获得令人振奋的结果，探测作用距离已超过国外公开发表的数据。

1991年，马远良担任西工大航海学院院长，他将目标瞄准国家重大战略，带领航海学院先后取得了两项国家级重要项目研制任务。他不辞辛劳，深入现场，常常奔波于校内外实验室、直升机试验站和海上试验场所，带领研制组周密细致地解决了一个又一个技术难题，使先进的设计方案得以完全实现。在他的带领下，西工大先后于 1998 年和 1999 年完成集数十项预研成果之大成的两型声纳。通过这两个项目的锻炼，一大批新人成长起来，成为主力军。西工大又组织承担了一系列科研项目，4 项国家任务在 2000 年以前全部完成。十年内，西工大获得 4 项国家科技奖和多项部级一等奖，推动了所属领域的进步。

2003 年，由于在工程科技领域的重大成就和贡献，马远良当选为中国工程院院士。

老骥伏枥，壮心不已

面对年轻一代的航海人，马院士对他们寄予厚望。他认为进入 21 世纪，我们要继续发扬敢为人先的精神，向着海洋科学的应用基础和高新技术进军。他希望年轻人放开手脚去干，眼光面向全球，面向未来！

谈到对年轻人的期望时，马远良送给青年人一首小诗：近看小山大，远看大山小；从近走到远，目光日日高。

他深情地说：“我们这一代人老了，我们的时间和精力很有限了。希望年轻的朋友接好我们的班，不但要把没有的变为有、把不可能变为可能，还要把认知的边界推向远方，把知识和聪明才智转变为社会财富。同时，还要发扬团结协作和无私奉献的精神，支撑祖国的科技和国防事业，为祖国交出更漂亮的答卷！”

蔚蓝浩瀚，星辰大海，等待我们去开拓。“公诚勇毅”的校训，“三实一新”的校风，必将迸发出更加辉煌的创造力。期待年轻一代的西工大人和全国科技界的朋友们一道，续写空天海“三航”的传奇！

（指导教师：张　琨　杨　祺）

丁文江：百年奋斗接续力　文江学海思氢镁

上海交通大学　李珊珊　刘承乾　李林威

他是江西老表心中的科技知青，种田养猪带领村民增收致富；他是轻合金研究的先驱者，从铝到镁推动材料研究百年传承；他是教学、科研、管理的多面手，助力国家重大战略产品领先国际；他是富有诗情的工科教师，三尺讲台四十载桃李满堂。他，是中国工程院院士、上海交通大学材料科学与工程学院教授丁文江。

眉间的川字与深邃的目光，都无声地诉说着丁院士坚毅又乐观的性格。谈到过往岁月，丁院士的话匣子不由指向了江西："对化学产生兴趣，最初是到江西插队时开始的。"

孜孜求索，笃行勇毅

1953 年丁文江出生在上海，16 岁就去了江西插队。在偏僻的山村里，有人迷茫有人抱怨，而他想的是"改变"。

插队的村庄地贫活重产量低、猪瘦个小难长膘。看着废弃的化肥袋子上似曾相识的氮、磷、钾，丁文江开始自学化学数理；买不到书的他曾与六人分工，用七天时间手抄了一本科技字典；他在自留地里将知识应用于种田，回奉贤学养殖，并将种地养殖知识教给当地老表，使得村里粮食产量大增，猪壮膘肥。江西老表们惊叹："小丁真是又舍觉又恰噶（又勤劳又厉害）！来我们村两三年，解决了几代人种地不长穗、养猪不长膘的难题！"提及用知识给百姓的生活带来的改变，丁文江有着难以抑制的雀跃与满足。

七年后，他被老表们推荐入党，后担任大队党总支副书记，从此开启了一名共产党员为国为民孜孜求索、笃行勇毅的奋斗之路。

革故鼎新，乘势而上

1975 年，他被推荐进入上海交通大学学习，后考取我国著名有色金属铸造专家黄良余教授的首届研究生，毕业留校。深耕铝合金领域的丁文江为海军解决轻质鱼雷壳体赶超美国的技术难题做出了重大贡献。

他说，从铝到镁的学科方向的调整是一次“意外”。在一次疑似铝自燃的火灾调查中，丁文江发现火灾原因是镁合金产品引起的自燃。当时，我国是镁矿原料出口大国，却是镁合金成品进口大国，原因在于镁有强度差、熔点低、寿命短的三大技术瓶颈，而我国合成技术尚属空白。不攻克这一技术难关，我国将一直受制于人。于是，他从铝到镁，决心攻关。

“创新是很艰难的，设备要自己造，钱要自己拉，经验要一点点蹚。”经过多次实验，他发现国外的镁合金燃点也不高，弯道超车——做高燃点阻燃镁合金的想法跃然纸上！实验中他发现，加入重稀土会让镁合金的性能大幅提高，但两者的熔点相差 600 多度，熔合难如登天，国际上无人做过。实验室里有害烟雾缭绕，镁颗粒比较细的时候很容易氧化，控制不当会瞬间着火，甚至爆炸，十分危险。但他总是站在现场第一线，甚至把办公室放在实验室边上。不知道经过多少次失败，面临多少次惊心动魄的危险，他将镁合金燃点提高至 935 度以上，还大幅增强了其强度和韧性，成功地解除了镁合金在欧美民用航空业的“禁令”。

丁文江笃志科研、革故鼎新，从模仿到与国际镁合金科技前沿并驾再到超越，将自己熔炼成了堪当大任的“上乘之材”。2013 年，他当选为中国工程院院士。

力出一孔，谋强图高

有着卓越的领导能力和开阔视野的丁文江曾担任上海交通大学副校长、上海市科委副主任等要职，但他一直惦念着要争得镁合金的国际话语权。他以国家重大需求为己任，重回“轻镁事业”，制定了“结构与功能材料两翼发展”的十年规划。

结构材料一翼，他把目标瞄准航天重大结构件。针对镁合金在新条件下开裂与流动性差的卡脖问题，他研制出多种新型稀土镁合金材料，开发出系列原创性工艺与技术，使我国在航天超高速领域应用高强耐热镁稀合金成为首创；取得多项发明专利，其中 5 种成为国家标准，2 种进入国际标准，让中国占据了镁合金的国际话语权。此研究也获得国家发明一等奖。

功能材料的发展，让镁材料“脱胎换骨”：与人体相容强韧的医用镁合金专利材料被应用到心血管支架上，成为“救命支架”；让国家急需的氢能源电池电量提高十倍；与能源合作形成镁基储能材料；与农业、健康等领域合作，形成了各种新材料。他谋强图高，接续辉煌，创造了我国功能材料领域的一次次突破与奇迹。

桃李天下，百年传承

三尺讲台存日月，一支粉笔写春秋，殊荣加身的他始终热衷于一线教学。交大校园里至今流传着他讲课引用海涅诗歌的佳话；院士走进本科大师讲堂也成为交大特色；2020 年，他获得校教学成果特等奖。

为党育人四十载，他桃李满天下。30 余名学生成为教授、长江学者、杰出青年等。他创立的国家科研团队“轻合金精密成型国家工程研究中心”多达 500 人，自 2000 年组建以来，获国防科技创新团队等荣誉称号。2022 年年初，“上海交通大学氢科学中心”正式启动，引领国际前沿的氢镁材料新革命悄然展开。

提到青年与未来，他满怀期许：“你们青年学生要把个人发展和国家需求相结合，务实求真，敢为人先，做出成就！”迎着院士的目光，我们深感使命在肩，作为新时代有志青年，我们要将青春融入祖国的山河，与祖国同向同行。百年恰是风华正茂，青春正当扬帆远行。

（指导教师：王培丞　张馨语　陈　泓）

顾诵芬：报国七十载　逐梦铸“战鹰”

上海交通大学　马文斌　蓝　悦　姜心宇

“像静水深流，静水里涌动报国的火；似大象无形，无形中深藏着强国梦。心无旁骛，一步一个脚印；志在冲天，振长策，击长空，诵君子清芬。”在2021年11月的国家科技大会上，习近平总书记亲自为他颁发了国家最高科学技术奖。同年，他还获得全国十大感动中国人物奖。他，就是飞机设计专家、歼-8战机之父、中国科学院院士、中国工程院院士、上海交通大学杰出校友——顾诵芬。

少年立志，赤子追梦航空报国

1937年，“七七事变”爆发，年幼的顾诵芬目睹日寇入侵中华的惨烈场景。“7月28日，日本飞机编队轰炸西苑29军的兵营，我们当时住在成府蒋家胡同，离西苑不太远，那天早上把我给炸醒了。”这段悲痛记忆给他留下深刻印象。“没有飞机，咱们处处受人欺负！我们要发展自己的飞机，造新飞机、好飞机。”这在他心中埋下了那颗航空救国的“种子”，正因如此，顾诵芬在之后的岁月里时刻铭记着空军之于战争及航空之于国家的战略性作用。

为了实现这份炙热的航空梦，高中毕业后的顾诵芬分别报考了上海交通大学（以下简称交大）、浙江大学和清华大学的航空系，皆获录取。因父亲和叔叔都曾就读于交大，最终他选择了交大。在顾诵芬眼里，做学问应有极致认真的态度，而这也和交大严谨治学的学风不谋而合。

在交大的四年中，顾诵芬在航空系季文美、曹鹤荪等一批学识卓越的教授教导下，刻苦学习航空理论知识，努力掌握解决工程问题的方法。他特别回忆道：“我们开始设计飞机时最突出的问题是喷气式飞机进气道怎么设计，学校里没学过。后来我提炼了一些方法，基本上还是运用学校教的方法。”那一套方法论使其受益终生。

矢志不渝，成就歼-8强军梦想

1951年，从交大毕业后，顾诵芬毅然奔赴当时的飞机设计生产一线，也是中华人民共和国航空工业的起步地——东北。彼时，我国第一个飞机设计机构沈阳飞机设计室成立，首项任务是自主设计我国首型喷气式亚型教练机——歼教-1。年仅26岁的顾诵芬任气动组组长，当时的研发工作基本从“零”开始，但他毫不畏难，听说北航图书馆有相关资料，便急切地赶到北京，每晚到图书馆翻阅资料，一点一点地用硫酸纸将有参考价值的插图描下来。

20世纪50年代末，顾诵芬向党组织提交了入党申请书，心中的爱国之情升华为对党的坚信，对共产主义的向往转变为奋力建设的决心，这也使他在后来的工作中不断克服艰苦条件，最终出色地完成了歼教-1教练机的全部气动参数设定。

60年代，美、苏两国都已有超声速战斗机，顾诵芬深感我国也必须有，“而且要设计出飞得更高、火力更强、航行时间更长的战斗机——歼-8”。在那一穷二白的年代里，他坚持自主设计，带领团队攻坚克难，终使歼-8于1969年7月5日实现首飞，开创了我国自主研发超声速战斗机的先河。

但后来，在跨声速飞行中，歼-8却出现强烈的抖振问题，这对高速飞行的战斗机来说简直是个“致命炸弹”。在地面试验无果的情况下，从未受过航空训练的顾诵芬毅然决定“自己上天观察”！当时驾驶飞机的试飞员鹿鸣东回忆：“顾总那会儿已年近半百，却丝毫不顾高速飞行对身体带来的影响和潜在的坠机风险，毅然亲自带着望远镜、照相机，在万米高空观察拍摄飞机的动态，这让所有在场的同志都十分震撼和感动。”更令人震惊的是，他所乘坐的歼教-6与歼-8相距不足10米！谈起当时，顾诵芬只说：“心里想的是国家，而不是自己的事。”正是这连续三次上天“冒险”，帮助团队彻底解决了飞机跨声速抖振的难题。

为创国之重器，将生死已然抛。在随后十五年间，被誉为“歼-8之父”的顾诵芬持续参与了歼-8 Ⅰ型和歼-8 Ⅱ型的设计。双发高空截击战斗机也成为我国自主研制的一代传奇，捍卫中国领空长达半个世纪。

薪火相传，引航强国奋斗之路

完成歼-8 Ⅱ型任务后，顾诵芬调入航空工业科技委、中国航空研究院，进一步研究我国航空事业的战略发展。如今，已 92 岁高龄的顾老依然几乎在每个工作日的早晨按时出现在办公楼里，为国家的航空事业继续奋斗。

他带领的团队迄今共走出一位科学院院士、三位工程院院士、两位型号总指挥以及众多型号总师，真正践行了为党育人、为国育才。他对青年学子始终寄予厚望。“要按照习近平主席的要求，奋发图强，为我们国家的国防建设和航空工业建设做出更大的贡献，”顾老的目光坚毅如炬，“心中要有国家，要永远把国家放在第一位，要牢牢记住历史，珍惜今天的生活。”

正如他在入党志愿书中所写：“我人生最大的意义就是为祖国的航空科研事业做出贡献。”顾老将一切都献给了祖国的蓝天，献给了人民，献给了党！与航空事业共命运七十年，他为航空事业“从无到有”筚路蓝缕，以启山林；他三上高空，置个人安危于不顾，谱写了一位共产党员、一位科技工作者坚如磐石、踔厉奋发的时代华章。

（指导教师：李永久　陶晓红　苏友煌）

林鸣：天桥辟路，心梦成途

上海交通大学　王子衡　梁婷婷　刘　润

港珠澳大桥是世界上最长的跨海大桥，集桥、岛、隧于一体，是近代以来中国在桥梁建造上最为瞩目的成果之一，被媒体誉为“新世界七大奇迹”。其岛隧工程项目总经理、总工程师正是上海交通大学船舶海洋与建筑工程学院讲席教授、中国交建总工程师林鸣院士。十余年来，他带领无数桥梁建设者攻克了一个又一个世界工程技术难题，培养了一批又一批行业技术专精人才，共同缔造了这项属于中国的超级工程。

以梦为马，深耕工程领域

电视剧《理想照耀中国》的《远方，不远》一章，描绘了这样一个场景：小时候，林鸣问妈妈：“远方在哪里？”妈妈祥和平静地说：“在海的另一边。”林鸣说：“那我们就盖一座桥，跨过大海，把我们都送过去。”

如今就在我们面前的林鸣表示，他自己也没想到，他年少时的“口出狂言”会在未来变成现实。

林鸣1957年出生于江苏，即使条件艰难，林鸣的父母也没有放弃对下一代的教育。他的父母不仅会为他们收集报纸和图书，晚上还经常在家举办读书会活动，这样的家庭环境潜移默化地对他产生了影响。1977年恢复高考时，林鸣正在县里的化肥厂担任技术工人。听到恢复高考的消息后，他不顾周围人的劝阻，毅然决然地提出辞职，考入南京交通高等专科学校港口水工建筑专业，从此步入了为之奋斗了大半生的交通建设领域。

经过多年的知识积累和实践，林鸣成了桥梁隧道行业内的翘楚。2000年，林鸣就负责建设了当时中国第一大跨径悬索桥——润扬大桥。施工时，位于长江和基坑之间的土堤如果有所闪失，江水将瞬间灌满基坑，造成无可挽回的损失。面对时刻会有生命危险的情况，林鸣坚持下到施工现场，与基坑底的工人们一起完成作业任务。润扬大桥成功通车时，他也获得了工程施工

"定海神针"的美誉。

攻坚克难，创造中国奇迹

2009年，举世瞩目的港珠澳大桥开始动工。当时的中国，虽然已经有了一定的造桥能力，但是对这座连接香港、澳门两个特别行政区的世界上最长的跨海公路大桥而言，最大的难题在于在深海中建设一条连接两个人工岛、6.7公里长的沉管隧道。中国没有做过，放眼全世界，掌握这项技术的国家也寥寥无几。我国本打算与国外专业公司进行技术合作，但预算差距却高达数亿元。在这样的困境中，林鸣毅然担负起了责任，选择带领大家走上自主攻关的道路。面对全世界的质疑，他率领中国工程师从零开始，用两年多的时间论证方案的可能性，又用了近四年的时间完成了33节沉管隧道的安装，一步步攻克了这项全新技术，让我国在沉管隧道领域一跃跻身世界先列。在第一节沉管安装时，由于泥沙质地松软易淤积，结果与预计差了十几厘米，精益求精的林鸣，在已经连续工作了80小时的情况下，再次带领工人清理安装，又工作了16小时才安装成功，当时的他已经整整五天四夜没有休息了。

八年间，林鸣在建造港珠澳大桥过程中创造了一个又一个"第一"，实现了中国建设从"跟跑"到"领跑"的蜕变。在提到这一点时，他眼神坚定地说："不能说超级工程就超级态度，一般工程就一般态度。人生只有一个标准，只有一种态度，那就是不断奔跑，把每件事做好。"他精益求精的精神深深感染了我们。林鸣心系远方，用数十年的时间将梦想变成现实，真的在海上造出了堪称世界奇迹的港珠澳大桥，他不单单改变了自己的人生道路，更建造了通向中国梦的最新最美的道路。

永不止步，培育时代新人

多年来，林鸣一直保持着晨跑的习惯。当我们问他为什么能坚持晨跑时，他解释道："我常常问自己，如果跑步都不能坚持下来，那为国家建设世界级的工程项目还能坚持下来吗？"2018年的第一天，这位头发已白但步履坚定的老人，在点点灯光的照射下，终于圆了"大桥马拉松"梦，用这种仪式与自己为之呕心沥血了九年的港珠澳大桥告别。

但他的脚步未止于此。港珠澳大桥建设完成后，林鸣也到了退休的年纪。但是作为一名中国共产党党员，他选择继续深耕行业，探索未至之境，为工程建设培养优秀青年人才，为国家发展扫除技术障碍。他的目标只有一个，那就是让我们国家不再像当年那样，因被人把控核心技术而不得不受制于人。如今，他已在漂浮技术领域踏上了新的征途，这将积极推动我国实现生态环境的保护和可持续发展。

在采访的最后，他对我们说道："除了学习，你们还要去关注国家大事，这样才可以明白自己的使命和价值在哪里，你们现在就是在这个关口上的人。"在他慈祥而又坚定的目光中，我们每一个人都看到了林鸣院士对我们这些青年学子的殷切期望，这份期望深深地鼓舞了我们，我们为自己是中国青年，是中国未来的希望之火而自豪。

（指导教师：史舒婧　蒋雨航）

盖钧镒：兴华不歇，奋“豆”不止

南京农业大学　吴溪桐

秋风乍起时，豆香入流云；仰面赞中华，回首谢钧镒。一个人，一甲子，只为那一株豆苗上的一道淡黄色。这是对南京农业大学“大豆院士”盖钧镒一生奋“豆”的生动诠释。

人生充满着偶然。盖钧镒出生于江苏省无锡市一个知识分子家庭，中学时酷爱数理化的他一心想成为科学家，却因体检不合格与心中所属失之交臂。偶然很可能让人怨天尤人、一蹶不振，但盖钧镒的心中藏着为国效力的赤诚，他服从安排改报志愿，考入南京农业大学，从此开启了他为之自豪的终身事业。

欲以兴盛世中华，必怀抱利器志存高远

“作为中国的大豆科研工作者，要担起这个义不容辞的责任。”1957 年，盖钧镒以优异成绩毕业留校任教，随后攻读研究生，师从大豆遗传和实验统计学家马育华。1980 年，他成为首批国家公派出国的访问学者，赴美国艾奥瓦州立大学担任客座助教。在美国，他考察了 12 个州的大豆产区。20 世纪初，美国从中国引进大豆并改良后，亩产多在 400 斤以上，而作为原产国的中国平均亩产只有 250 斤，他震惊了！“在美国，每到一个学校或机构，对方得知我是来自中国的大豆科技人员，都来跟我联系，问我要大豆资源。国外这么重视中国的资源，我们中国人对自己的资源却一无所知。”他惭愧了！不管是研究效果还是重视程度，原产国都不如引入国，这段经历让盖钧镒定下了今后的研究方向：“我第一个要研究中国的大豆资源，通过资源的研究来改进品种。”

回国后，盖钧镒开始收集大豆种质资源。他说：“优良的基因分散在不同的种质资源中，第一步就是要尽可能地收集到所有大豆资源，只有把所有优良的基因集中起来，放到需要的品种里面，才能培育出高产、抗病、优质

的品种。”功夫不负有心人，在国际植物遗传资源委员会和国内相关科研单位的帮助下，盖钧镒和他的学生依靠自身力量走遍长江以南地区，广泛收集大豆地方品种，通过常规育种选育出20多个高产品种，创造了亩产674斤的高产纪录，还培育出氨基酸组成均衡的新品种，其营养价值甚至高于牛奶。他创立的国家大豆改良中心在大豆数量遗传与新品种培育方面取得重大原创性突破。

盖钧镒心中的大豆不仅是农业作物，更是国家粮食战略安全的保证。2022年，中央一号文件专门提到的发展大豆玉米带状复合种植，正是由盖院士牵头的多位专家向中央提出的建议。盖钧镒团队对这一技术进行了十年的实验研究，成果喜人：“如果这个技术得以全面推广，不增加面积，按照亩产100公斤计算，6亿亩就是6000万吨大豆。”“我们要和时间赛跑，提高大豆自给率，力争早日实现‘大豆自由’。”

欲以兴盛世中华，必心怀星空脚踏实地

“中国所有的大豆产区我都去过。”这是盖钧镒对自己收集大豆种质过程最生动、最具体的概括。为收集种质资源，他亲自带领学生到科研单位、市场、农民家里寻找。邱家训教授是他的学生，曾生动讲述这一段经历：“有时我们去的时候，家里男人出去干活了，我们就在门口等，等到家里男人回来，把大豆从坛坛罐罐里找出来给我们。”为了一份份大豆种子，盖钧镒和他的学生不怕踏破铁鞋，不惜耗费时间，用二十多年的坚持换来了1.5万余份大豆地方品种，建成了世界第三大大豆种质综合性状数据库。

收集种子只是育种研究的第一步，解密其遗传基础耗时更长、任务更重、工作更细。盖钧镒带领研究团队从两万多份大豆种植资源中精心筛选出1900份反复种植，日复一日、年复一年地在田间地头观测大豆生长，记下每种大豆的完整性状特征。基于第一手资料，他主持绘制中国大豆育成品种系谱图，为遗传育种研究奠定重要基础。

欲以兴盛世中华，必前赴后继代代赓续

“甘为人梯育桃李，愿化红烛照人寰。”盖钧镒一直关注研究生的成长和发展。不论工作多忙，他都会参加研究生每周的组会。据了解，20世纪60

年代初，从事大豆育种研究的只有盖钧镒和他的导师。如今他培养的 150 多位博士、硕士研究生大多已站在大豆研究领域的前列，成了新一代的领军人才。盖钧镒还为本科生的作物遗传育种学科开设主干课程，为农学院新生上“开学第一课”，他希望学生把专业学习与国家需求紧密结合，思考、解决实际问题，做敢为人先、能做实事的“担起杠子”的人才。如此育才，恰如春雨之后，春笋尽出，中国之大豆有望矣！

如今 86 岁高龄的盖院士依然心系大豆，奔走在全国各大豆产区和实验基地。春寒料峭，他到海南崖州区坝头热带大豆优良品种选育试验基地进行大豆南繁育种；盛夏酷暑，他到安徽省马鞍山市当涂县南京农业大学试验田查看品种长势；秋风萧瑟，他到黑龙江省黑河市与“伙伴团队”一道为当地大豆产业发展“会诊”“把脉”……是什么让这位耄耋老人依旧躬耕不歇？我想，应该是心中的炽热，是那种对国家无私而真挚的爱。

（指导教师：邓昭春）

沈其荣：科学的初心从土壤中长成

南京农业大学　蒋小玉

2021 年 11 月 18 日早晨，2021 年两院院士增选结果揭晓，南京农业大学资源与环境科学学院教授沈其荣当选为中国工程院院士。得到消息时，他正带领团队师生在南京农业大学白马教学科研实验基地里做果树的秋季基肥施用工作。这位曾自称“一生‘粪’斗”的有机肥与土壤肥力研究者说：“真正的科研是靠兴趣和爱好来驱动的，真正的科学家的工作是为了揭示自然界的奥秘。”

走出村庄

1957 年沈其荣出生于江苏省无锡市的一个村子，1975 年高中毕业后，他在中学当代课教师。不久，村里的书记找到他，请他回去做大队干部，他二话没说跟着书记回去了，与生产队长一起，带着生产队社员们抢收抢种，闲时带领大队的青年突击队挖河道、堆有机肥。1976 年春，生产队来了一个在校大学生，空闲时间，沈其荣总是好奇地问他大学里学些什么。沈其荣说，那时候印象最深的，就是“土壤是从石头中风化而来的”，这对沈其荣后来选择土壤化学专业带来了巨大的影响。1977 年，恢复高考的第一年，沈其荣考入江苏农学院（今南京农业大学）土壤化学系，并在这里开启了他研究土壤肥力的科研生涯。

研究有机肥

1988 年，沈其荣博士毕业后，成为南京农业大学的教师，第一个科研项目，就是有机肥改良滨海盐土。沈其荣回忆，当时没有任何科研经费，他们自己承包了 2000 亩滨海盐土地，从这里开始，根据滨海土地含盐量的高低采取不同的方法：重盐渍化土采取围田蓄淡养鱼，以加速洗盐压碱和有机质累积的过程；中度盐渍化土则尝试采用蓄淡种植田菁和鱼麦轮作的方法，最终探索出了一条在利用中改良滨海盐土的途径。1989年年底，沈其荣应当时江苏省化工厅所邀，开始研究鸡粪资源化利用。那时候经费拮据，买不起小型造粒机，他就戴着橡皮手套，把鸡粪搓成一粒粒有机肥，一咬牙搓了三天，手工制造了600多公斤鸡粪颗粒有机肥！

一直到今天，有机肥与土壤肥力都是沈其荣研究的核心之一，他希望将传统的农家肥资源研发成商品有机肥，让农民能够像施用化肥那样方便地施用有机肥。

解密土壤生命密码

近年来，沈其荣和他的团队，一直在关注土壤肥力和果树生产的问题。现在好多人常反映，水果没有以前的果香了。果香与植物的次生代谢有关，主要受土壤肥力影响，长期施用化肥后，植物不容易产生次生代谢，这就会导致果树风味受到影响，因此提高土壤肥力，是使作物高产、优质、口感好的关键。为此，沈其荣院士构思了他今后的研究方向：提高果园一米剖面上的土壤肥力，尤其是生物肥力，是确保果树高产和稳产、提升和改善水果品质和口感的关键。

长期以来，沈院士走南闯北，带领团队人员在全国各地进行考察研究，经过长达七年的技术攻关，让木霉真菌在一个敞开的空间、在基质材料无须灭菌条件下进行生长和产孢，后来又进一步研究筛选快速分解作物秸秆的微生物菌群，研发出大规模利用作物秸秆类植物性原料制造腐熟堆肥的工艺，最终利用病死畜禽酸解获得的氨基酸和作物秸秆研制出了木霉全元生物有机肥。

2008年8月，沈其荣团队在山西省临汾市尧都区县底镇的一个有十四年果龄的苹果园里，亩均施用300公斤他和团队研发的木霉全元生物有机肥。2009年10月苹果收获时，产量比上一年增加了40%。同时，所有老树都增加了很多新芽和新枝。沈其荣团队进一步研究发现，施用了木霉全元生物有机肥的苹果树，其根系当年新根量比对照果树增加了80%，根系活力增加了60%左右，而且土壤微生物区系显著优于对照区土壤。

为何会有这样的变化？沈院士解释：“关键的科学问题就是解密土壤的生命密码。”对于由他提出和其团队实施的“调控土壤微生物区系”新思路，沈其荣院士做了这样的生动解释："我们研发的这种肥料，让土壤中现有的好的微生物生长得更快，另外我们想办法引进土壤中缺乏的其他好的微生物，让它们进入土壤后能够如鱼得水，全身心地投入培肥土壤的工作。"

助力农业绿色发展

当选中国工程院院士，沈其荣觉得这是一个新的起点，他表示，未来的研究计划将放在果树植物根系的调控上。"这是很好的激励和鞭策，将激励我们更多、更好地开展国家和社会所需的科学研究。"

7月盛夏，南京农业大学资环学院开展了一堂以"有机（类）肥料与农业绿色发展"为主题的院士公开课，在场200多名学生人手一只，尝到了院士团队试验基地上当天采摘的桃子，果香四溢、汁水甘洌，同学们大呼"好吃""再来一只"！课上沈院士表示："我们搞农业研究，就应该从生产生活中去找问题。"做农业研究最应该强调的就是围绕国家和社会所需，切实破解农业生产上的难题，持续改善土壤、生态和环境，在此基础上，再去探究背后的科学问题，而不能离开国家社会经济发展这个实际，去探讨所谓的科学问题。真正的科研，是兴趣和爱好驱动的，他希望社会和高校能够共同建立鼓励创新、宽容失败的容错机制，鼓励同学们深耕一个领域、坐稳冷板凳，潜心、精心思考科研问题，在大胆探索中挑战未知。

（指导教师：邓昭春　顾　潇）

唐孝威：戈壁深山献青春 “两弹一星”建功勋

浙江大学 郭登攀 柳 回 黄泽蔚 杨琰斌 周凡帆

在中华人民共和国的发展史上，曾经有一批隐姓埋名的科学家和英雄模范，他们为了祖国的国防事业，怀着满腔的热血，冒着严寒酷暑，奋战在戈壁沙滩和大山深处。他们的名字永远镌刻在共和国的史册上。而在这一串长长的名单中，有一位现已年过九旬的老者，他就是我国著名原子核物理及高能物理学家、中国科学院院士、中国核试验物理测试技术主要奠基人和开创者之一——唐孝威先生。

唐孝威，20 世纪 60 年代曾参加我国原子弹、氢弹的研究工作，在中子点火实验和核试验物理诊断等领域做出了杰出贡献。1952 年，中华人民共和国百废待兴，面对严峻的国际形势，国防力量的增强刻不容缓，一时间相关领域的人才成了紧缺资源。所幸一批留学海外的中国科学家响应祖国的召唤，克服重重困难回到祖国，和在国内的科学家一道，投身到“两弹一星”伟业之中。也就在这一年，唐孝威从清华大学毕业，被分配到北京中国科学研究院高能物理研究所工作。从此，他的人生就和中国“两弹一星”这一响亮的名词紧紧地联系在一起。

攻坚克难研探器 跋山涉水找铀矿

初到研究所，唐孝威的主要工作是制作测量射线的探测器。在老科学家的带领下，他从仪器的设计、制作、安装到调试，闯过了一个个技术难关，终于成功研制出具有国际水平的气体电离探测器。1954 年，唐孝威接到一个秘密任务——用自己研制出的便携式探测仪寻找铀矿。此后，他带领团队跋山涉水，不畏艰辛，几经波折，终于在 1954 年年底，在西南某地找到了我国第一座富铀矿。这一消息很快传到中央。不久，中央便召开专门会议，做出了中国发展核工业的战略决策，这标志着我国核工业建设正式拉开序幕。而唐孝威的“找铀”工作，为我国核事业的发轫提供了不可或缺的“原料”。

参与“草原大会战”“蘑菇云下”近测量

1956 年，唐孝威被派到苏联原子核研究所工作。当他回到北京参加“两弹一星”计划的筹备工作时，已是四年之后了。在北京，唐孝威所在的实验组研制了几种测量脉冲中子的探测器，并且掌握了爆轰条件下脉冲中子测量技术。中子测量技术研制成功后，唐孝威便来到青海某基地，作为中子测量小队的负责人参与了“草原大会战”。唐先生回忆：“那一次测量，我们测到了非常好的数据，‘非常好’的相对标准是对爆炸结果的预期值，而得到这个数据意味着中国终于获得了成熟的中子点火技术，同时也意味着中国自己的原子弹点火技术是成功的。”

1964 年 10 月 16 日，中国的土地上升起了第一朵蘑菇云。唐先生回忆道：“那时我们第九作业队人员都在安全地带的观察点观察核爆炸的实况。观察点离爆心约 60 公里，看不见铁塔，仅大概知道是那个方向。我们听‘倒计时’的广播，从起爆到蘑菇云起来有一段时间，一会儿我们看到蘑菇云起来，还升得很高，就知道原子弹爆炸成功了。”爆炸过后，在核试验基地防化兵的协助下，测量组赶到爆炸现场，打开密封的工号门，取出示波器的照相底片，这是我国第一次核爆近区测量的宝贵一手资料。

团队协作冒余震　辐射测量卫星舱

在研制原子弹的同时，人造卫星的研制也在紧张进行。1970 年，中国自主研制的长征一号运载火箭成功发射了我国第一颗人造地球卫星——东方红一号，中国成为继苏联、美国、法国、日本之后，世界上第五个能独立发射人造地球卫星的国家。四年后，唐孝威又接到新的任务——进行卫星舱内空间辐射剂量的测量。测量团队成立后，他决定采用热释光剂量仪、固体径迹探测器和核乳胶三种探测器，来进行卫星舱内辐射剂量的测量。测量过程中，由于使用核乳胶发生背景太强，唐孝威领导的团队经过多次尝试，最终确定了采取“不充分显影”的办法来抑制这些背景，并且还进行了“不充分显影”下核乳胶性能的专题实验研究，使得这一方法有了可靠的实验数据支撑。

1976 年，大多数人还没走出唐山大地震的阴影，唐孝威团队的探测任务却没有因地震而停顿。唐先生回忆说："当时，所里大楼的走廊和实验室内搭起了安全铁架，大家冒着余震的危险，坚持在楼房里继续加班工作，并及时完成了国家急迫的研究任务。"最后，他们获得了可靠的实验测量数据，为卫星舱内可携带物体的有效容积和重量的改进提供了依据。

为国育才一生计 寄语学子勇创新

从他到"九院"报到至1973年年底调回中国科学院高能所的14年间，唐孝威和他的团队在青海基地先后经历了16次国家试验任务，足迹遍布长城内外。唐孝威不仅在"两弹一星"事业上奉献颇丰，作为教师的他，还为国家培养了许多人才。除了给大学生授课之外，唐孝威院士多年来还在高能物理研究所、中国科学技术大学、北京大学、南京大学等单位指导和培养了一批研究生。特别是到浙江大学工作后，他一直致力于培养交叉学科人才。

作为中物院核化所203室首任主任，作为实验上确证我国原子弹中子点火技术成功的第一人，作为现场试验判断和证实我国氢弹原理试验成功的第一人，唐先生一生有着太多"大写"的故事，但每每谈及当年的事，他总是平淡地说："我只是做了一点儿我应该做的事情。"

采访结束，当被问及有什么话想对青年说时，唐先生思索片刻后，一字一顿地说："第一是热爱科学，第二是重视实验，然后要勤于思考、勇于创新！"

（指导教师：章 晨）

潘垣：追寻“中国太阳”

华中科技大学　储　浩　陈彦秋　肖梦涵

胸怀大志，报效祖国

少年丧父，又逢抗日战争爆发，潘垣的童年是在战乱逃亡中度过的。“我1933年在宜昌出生，1931年九一八事变，1935年一二·九运动，1937年抗日战争全面爆发，所以说我的童年真的是战乱不断。现在回忆起江边、飞机场的爆炸场景，都历历在目。”虽然父亲很早就去世，但母亲经常和潘垣说：“儿啊，没有国，哪有家？”“这句话让我记了一辈子，服务祖国是我的根本追求。”

潘垣就读的中学就坐落在长江岸边，那里有壮丽的峡江，奔腾的江水。联想到老师讲述的有关萨凡奇（一位热心三峡水电工程的美国水利专家）的故事和未来三峡电站的宏伟蓝图，潘垣纯真的心中充满憧憬，他希望将来回到故乡宜昌去建造三峡电站，对祖国的电力事业有所贡献。1951年，潘垣考入武汉大学电机系。1953年，随着全国院系调整，他由武汉大学转到华中工学院电力系继续学习自己热爱的电力专业。潘垣读书时居住在华中工学院西一舍，平常吃饭就在西一食堂，当时的学费、食宿都是国家全包的，给他减轻了不少负担。秉着对专业的热爱和强烈的求知欲，他整日徜徉在电学知识的海洋中，孜孜不倦，精益求精，很多课程考试都拿到了满分。

坚持科研，不忘初心

1958年8月，潘垣被挑选到当时保密的第二机械部，从此开始了一生为之追求的事业——核聚变，他是我国最早从事核聚变研究的主要成员之一。1958年，潘垣先后参加了我国最早的两套核聚变实验装置的研制：代号“雷公”的直线箍缩装置和代号“小龙”的磁镜绝热压缩装置。1966年，他主持制定了代号为“凌云”的仿星器装置的工程物理方案，研制出磁面磁体、环向偏滤器和无极等离子体喷枪等。1970 年后，潘垣参与主持了 451 工程 HL-1 的研制。1983 年，潘垣调至中国科学院等离子体物理所后，又负责完成了该所当时的主要托卡马克装置 HT-6M 的脉冲电源及控制系统升级改造。此外，作为访问学者，他还先后在 JET 和 TEXT-U 两套托卡马克装置上开展了工程与实验研究。

磁约束受控核聚变是高技术集成度很高的综合性大科学工程。潘垣成功地将阶段性聚变技术成果应用于国民经济建设和国防建设。作为技术负责人，潘垣领导了大型同步发电机氧化锌非线性电阻灭磁及转子过电压保护的研究与电站现场的工业试验，解决了最严重灭磁工况的确定、氧化锌多元件均能组合优化及发电机定转子能量耗散分布等问题，终于在白山水电站国内当时最大型 30 万千瓦机组上试验成功。该项成果获中国科学院科技进步奖二等奖，相关技术获国家专利两项。潘垣负责并系统地研究了补偿脉冲发电机 CPA，已完成两台不同机型的研制。后一型 CPA 的脉冲电流增益高出美国同类装置近两个数量级，且具调幅调频功能，不仅紧凑小型，且可依靠剩磁自激起励。这项成果已获中国专利优秀奖。潘垣还提出由电容器建波头、CPA 提供主发射的连发电热炮脉冲电源方案，已经模拟实验验证，并获发明专利。

育人育才，言传身教

在潘垣的学生心中，在对待学术问题时，导师非常严谨；在对待学生生活时，导师则十分关心。学生写的科研文章，潘垣指示副导师一定要严格把关，对于没有创新性的，一律不允许发表。而当学生在生活上遇到困难的时候，他会竭尽全力地给予帮助。每年快过年的时候，潘垣都会将科研经费提成中他应得的那一份拿出来，以奖金的形式分发给实验室团队中的青年教师和研究生，营造了一种团结奋进的科研氛围。

寄望后辈，青出于蓝

“学海无边，我求学是要不断充实知识库。”潘垣表示，科学技术发展很快，国家的政策规划在不断向前发展，所以要及时学习党的路线方针政策、国家规划计划等。“学习的目的是了解国家的重大需求在哪里。”潘垣谈道，求学的目的也是求题，选对了题就成功了一半，国家重大需求才是研究人员真正应该关注的。

与此同时，“求新、求真、求毅、求实、求才、求乐”也是潘垣的追求。作为大学教授，他高度重视教书育人工作，十分重视人才培养。2021年，潘垣以第一作者撰写论文《面向“电气化+”的电气工程本科人才培养体系重构刍议》，文中提到，电气学科是一门传统学科，在新时代的诸多变革形势下，其人才培养体系也存在重大变革需求。“学术之生命在于发展，人才辈出才能青胜于蓝。”潘垣说。

（指导教师：石子倩）

邱冠周：跨“界”院士

中南大学　倖　曾　杨倩倩

听人说，邱冠周教授有点神奇：奇异的成长过程——从工人到院士；奇异的学术成果——本是国际著名矿物专家，但他最成功的学术成果是生物技术；奇异的教学方法——对工科学生用哲学引导。因此，有人称他为“工人”院士、“生物冶金”院士、“哲学”院士。这些，刻画了他跨“界”奋斗创新的传奇经历。

“工人”院士

“寒中山娃勤奋进，报国情怀炼成钢。”

邱老师跟共和国同龄，成长于艰苦奋斗的年代，1966年以拔尖的成绩高中毕业。由于表现好，成绩好，他被破格招工到广东大宝山铜冶炼厂，成了一名冶炼工人。也正是这份工作让他迈出了人生的第一步，开启了他与矿冶的奇妙之缘。从农民成为工人阶级中的一员，他非常兴奋，尽全力投身工作。烧炉工劳动强度特别大，经常抡大锤，他一口气能把25磅重的大锤抡100多下，全厂第一名。他说：“抡不了大锤就不是好工人！”由于表现突出，1972年，他被推荐到广东工学院，成为首届“工农兵”大学生，主攻矿物加工工程。

从此，他迈出了人生的第二步：从体力劳动者变为脑力劳动者。大学毕业后，他没有被广州的灯红酒绿迷住，毅然回到他当工人的冶炼厂。1974年他入了党，可谓是不忘初心。在厂里，他从技术员干到厂长，但他深感自己知识不扎实、不丰富，1978年报考专业对口的中南矿冶学院，以优异成绩被录取为恢复高考后第一批硕士研究生。9年后，他又以优异成绩成为我国矿物工程自主培养的第一个博士研究生。2011年，因为他的卓著成就，他以一项国家科技一等奖、三项二等奖、200多篇论文、15项国家重点研究项目，当选为中国工程院院士。

邱院士诉说着助他成为院士的这一个个“第一”，看得出，他更喜欢说“抡大锤第一”的经历。确实，当工人的经历让他扣好了人生第一粒扣子，助他报国，跨“界”成才！

“生物冶金”院士

1987 年，邱院士学成创业，正赶上改革开放需要矿物资源的时候，也是他大展身手的时候。

我国需求量最大的是铁、铜矿，但其品位低，复杂难处理，矿物资源综合回收率只有 30% 左右，且污染大。我国传统冶金行业“污染大、流程长、能耗高”，拓展资源利用率、支撑国民经济发展，迫切需要新技术！

如何提高选矿新技术？邱院士以时不我待的历史责任感回应：“紧跟祖国需求！”他在研究中领悟到：“生物技术是打开资源利用大门的钥匙。”传统矿物加工回收率不高且污染大，而使用微生物选矿，利用某些微生物的硫氧化特性，从低品位矿物中“吃”掉杂质，留下矿物，这样既能提高回收率，又环保。据说，理论回收率最高可达 100%。生物冶金，关键是找到浸矿微生物。四十年来，他和他的团队跑遍了国内外大大小小几百座矿山，分离获得 1000 多株浸矿微生物，构建了我国第一个浸矿微生物资源库，为生物冶金技术的开发与应用奠定了菌种基础。他的技术在国内外广泛应用，充分展示了邱院士从矿物加工专家到生物冶金专家的跨“界”成绩。

“哲学”院士

邱院士有两个“哲学”实践基地。

在中南大学校本部东西中轴线升华广场对面，有一个以翻开的书为造型、页面上写有“求实”二字的雕塑。这是研究生赠给学校的礼物。邱老师十分看重，他常将学生带到这里进行现场教育，说实事求是是中国传统文化的精髓，是毛泽东思想的核心，也是历届中南学子做人的核心价值观，要做好学问，首先要按“求实”做好人。平时，他跟老伴路过此地，总要清除上面的污垢，摸一摸，在实际生活中做求实精神的守护人。

学院的“和平楼”，是 1937 年清华大学等拟搬到长沙的临时用房。因日本轰炸，又改搬至昆明建立西南联大。邱老师说：“当时偌大一个中国，摆不下一张课桌，西南联大在非常困难的条件下培养了170多位院士，我们要学习联大‘爱国、民主、创新’等办学精神。”按邱院士的建议，在和平楼旁建了一个松韵学术中心（咖啡厅）。他说，做学问应该在一个民主轻松的环境下自由交谈，才能打开思路，“做流出来的学问”。他提醒我们：做人做事讲究水到渠成，学问是自然溢出来的，而不是挤出来和憋出来的。

邱院士守护的“求实”“自由”两个哲学实践基地，是他“求异”创新之路的底蕴啊！

离开前，他语重心长地说：“同学们，从事矿物事业虽然辛苦，但它是我们的责任啊！”

邱院士成功的奥秘到底在哪儿？与共和国同频共振！

我们这一代要像邱老师一样：紧跟国家需求，仰望星空，脚踏实地，做时代新人。

（指导教师：唐建华　朱忠平）

古德生：让矿石自动“流”出来

中南大学　薛子怡　侯惠心

提起我国矿业的腾飞，很多人都会想到金属矿采掘自动化的奠基人、中南大学古德生院士。

“我的第一志愿是采矿”

1955 年，古德生老师高考填志愿，他自豪地告诉我们：“我的第一志愿毫不犹豫地填上了中南矿冶学院采矿专业。”这是绝大部分学生刻意回避的艰苦专业。为什么？采访中我们了解到：

小学五年级时，他在放学路上看见一块石头上有一块闪亮的“金子”，他欣喜若狂地告诉奶奶，后经内行人辨认，只是一块黄铜矿石。这一偶然事件使他与金属矿结缘。中学时他作为少先队辅导员，组织学生到离学校 2.5 公里的地质队学习观摩，一桶桶采集上来的圆柱状岩石让他对找金属矿产生了兴趣。偶尔看见《人民画报》上一幅大型矿斗车上载矿石的油画，让他对矿山机械有种迷恋之情。

中华人民共和国成立后，他被全体人民全身心投入祖国建设的干劲所鼓舞。要在一穷二白基础上进行工业化建设，就迫切需要“工业粮食”——矿石。所以他第一志愿填了采矿！

“中国矿业自动化从我开始”

1960 年，古老师留校任教。在长沙，毛主席那“谁主沉浮……到中流击水，浪遏飞舟”的志向激发他成长为我国矿业发展的重要领军人物。

毕业后第一个十年，他主要是到基层、到矿山去锻炼和调查。他深感我国金属采矿业的落后。当时采煤、隧道挖掘出矿、出碴石都基本实现自动“流”出，只有金属采掘断续出矿，一个台班每小时只出矿 150 吨—300 吨，效率低，劳动强度大，安全缺保障。出矿慢成为金属矿采掘业“卡脖子”的环节，使整个行业不景气，国外称其为“夕阳工业”，国内有“挖矿不如买矿”的呼声，高校有停止采矿专业招生的想法。面对这一切，在大学已入党的古老师，心怀报国志向，暗下决心：“中国矿业自动化从我开始！”

第二个十年，殚精竭虑破难关。古老师与他的团队无数次深入矿井，找出出矿慢症结，确定用振动机械破瓶颈。经多年努力，终于在 1978 年科学技术大会前制造出振动出矿机。他第一批响应叶剑英元帅“攀登科技高峰”的号召，向大会献大礼，出矿从原来的每小时每台班出 150 吨—300 吨到出 1600 吨，效率大大提高，实现了矿“流”出来的理想。

第三个十年，技术推广。为将技术推广应用，他与团队同事跑遍大半个中国，边推广边完善技术，提高机械适应各种环境的能力，使全国 73% 的金属矿企业使用他们设计的机械。1985 年，他晋升为我国职称改革后第一批评定的教授，提拔为系主任，挽救了拟停招的采矿专业，让我国采矿这一“夕阳行业”重焕青春。

后三十年，注重观念、制度创新。1995 年，他当选中国工程院院士。面对祖国采矿事业现代化的发展需要，古院士已从一技一个设备的创新进入宏观理念、制度创新的高度。我国矿业许多理念都是他提出的，如“区域矿山”建设理念，将云锡 300 多个矿区整合成一个整体开采，将这个因资源枯竭濒临倒闭的企业变成世界最大锡矿企业。同事们送给他一个美名：“古麻子”（点子多）。他用心血推进我国矿业的机械化、自动化、数字化、绿色化，并使其逐步朝智能化迈进。

80 岁后，因身体限制，他专注于行业的技术规范化运作的普及，担任我国采矿技术大全《矿山手册》（九册 800 万字）的主编，彰显他作为我国矿业现代化领军人物的实力。

“开始就要让学生热爱专业”

六十年来，尽管他科技成果颇丰：课题三十多项，论文近三百篇，专利十几项，专著十本，获得包括国家科技进步奖一等奖在内的十多项国家省部级奖……然而他时刻提醒自己的话是：“我的职业是教师！”他的教育方法独特，言行贯彻一个主旨：“开始就要让学生热爱专业。”首先，他身教重于言教。除教学外，他大部分时间都在矿山，最多一个矿山去了 20 多次，勉励自己和学生，将学问做在祖国大地上。其次，营造氛围，理念引导。他当系主任期间，在系教学大楼门前立了一个被开采的地球的花岗岩石模，石模上刻下“矿业天下”四个大字。石背面刻着他亲自题写的勉励师生的敬业励志辞：“开发矿业，泱泱中华，屹立于世，壮我矿业，还看今朝。”再者，不重名利，更重育人。一次编写教材，我校完全可以独立完成，但古老师邀请十几所高校专家参加。他说：“他们参与了编写，以后这些教授使用起来就会得心应手一些，教学生方便一些。”

我们再次拜访他时，向他表达仰慕之情，他用不连贯的语言说：“我——没——什么，只是爱国——爱专业——！”他夫人补充说：“中风前，他初步设计建一个无人全自动化矿山，以推动中国矿业智能化走在世界前头，如今，遗憾……”顺着夫人的话，古老师用他那炯炯有神的目光注视着我们，我们明白了，向他点点头，暗暗自语：“我们一定完成您未竟的事业！”

（指导教师：马国荣　唐建华）

赵柏林：为了建设强大的祖国

北京大学　向柯帆　吴伯涵　刘诗琦

矢志报国，钻研气象

1929 年，赵柏林出生在辽宁省辽中县一个普通的农民家庭，但平静的家庭生活随着日军不断侵占，变得颠沛流离。少年时代，他随父母辗转，深深意识到没有国就没有家，只有祖国强大，才能保障人民生活安定。让千千万万个和他一样的少年能够安稳地生活，是赵柏林一直以来在气象科研路上不竭的精神动力。

抗战胜利后，赵柏林在北京师范大学附中就读，喜欢钻研数学的他自学推导出拉格朗日插值多项式，对四次方程解法提出新意，受到了老师和学校的赞扬，这项创新成果被教育部推荐为在墨西哥举办的联合国教科文中学生展览会的展品。高中毕业后他考入清华大学，彼时中国迫切需要发展民航，而发展民航需要地情信息。为了冲破西方国家的封锁，赵柏林毅然决然地选择了气象专业。1952 年，随着院系调整，赵柏林来到北京大学。1954 年，在谢义炳教授的力荐下，他成为苏联动力气象专家阿基诺维奇的学生，并以优异的成绩完成了论文，成为中华人民共和国第一个参加副博士论文答辩的研究生。

1957 年，赵柏林前往苏联科学院应用地球物理所进修，以《云中的电荷》为题开展研究，乘坐氢气球到云中取样，测云中水滴的电量有多少……当时实验条件有限，而且极具危险性，气球飞行 1000 多公里，升空高度 1000—3500 米，全靠简易的操作，结果降落的时候赵柏林从筐里摔了出去。但让他欣慰的是，这是人类有史以来首次乘气球测量自然云中的电。他据此写成论文，发表在《苏联科学院院报》上，并被世界气象组织公告公布，世界公告上罕见地出现了中国人的科研成果。

突破微波技术

1969 年年底，空军派人联系赵柏林，询问有没有办法实现无球探空，以帮助解决战场上炮击时的气象修正问题。当时在世界上，微波遥感还是猜测，赵柏林牢记着建设强大祖国的初心，毅然接受这一挑战，下决心要奋斗拼搏，使之成功。当时，西方资本主义阵营签订了“巴统协议”，对中国实行贸易和技术禁运，赵柏林只能一切从头开始。1972 年，他终于研制成功 5 mm 波段的微波辐射计，与美国同等研究成果几乎同时期发表，这在当时引起了轰动。之后他又陆续研制了 5—30 mm 波段五个频率的微波辐射计系列，使这一研究成果跨入世界先进行列，也受到了世界同行的认可和尊重。这项成果于 1986 年获国家教委科技进步奖一等奖，1987 年获国家科技进步奖一等奖。20 世纪 80 年代，赵柏林受邀参加世界气象组织国际卫星云气候计划的西北太平洋云辐射计划。西北太平洋云辐射计划推动了中日云辐射、气候研究合作，在国际上受到重视和好评，并被评为国家自然科学基金资助优秀项目。

气象预报与水文预报结合

赵柏林的研究始终围绕着国家的建设发展。1994 年，赵柏林又负责带头开展淮河能量与水分循环的实验研究，将气象预报与水文预报结合起来，提高了降水预报，特别是淮河梅雨预报的水平。2006 年，这项世界性的实验成果荣获教育部科技进步奖一等奖，项目的实验研究成果及资料也走出国门，报送世界气候研究计划（WCRP），供研究中国气候使用。

习近平总书记指出：“长期以来，一代又一代科学家怀着深厚的爱国主义情怀，凭借深厚的学术造诣、宽广的科学视角，为祖国和人民做出了彪炳史册的重大贡献。”爱国精神就是赵柏林的灵魂所在，他在学术生涯中始终把个人理想融入国家发展、民族振兴的宏图伟业中，在科学前沿孜孜求索，在气象科学领域不断取得重大突破，为我国乃至世界填补了多项技术空白。多年成长，千里之行，他始终感恩北大的兼容并包，北大就是他学术研究的沃土和温暖的家园，从这里他走向世界，将中国人的研究成果推向世界的舞台。

在培养中华人民共和国一代代的气象科学领域青年科学人员时，赵柏林希望大家不只埋头在实验室里研究，而是要走出来，闯出去，要走出北大、走向全国，进行社会实践，才能孕育出蓬勃的学术力量；其次，在走向全国的基础上，要放眼世界，要有推进全人类福祉的志向和心胸。他说："走出去需要勇气，也肯定有风险，但是世界上是没有零风险的事业的，冒风险才能干成大事！"人生只有一次，要奋斗，要拼搏，要光明磊落、不枉今世，做事要认真到底，绝不能得过且过。我们一定要向赵柏林这样的老科学家学习，坚定理想信念，厚植家国情怀，矢志不渝，笃行不怠，争做时代新人，不负祖国重托！

（指导教师：陈　凯）

胡正寰：士不可以不弘毅，任重道远

北京科技大学　贾丹鹤

胡正寰，湖北孝感人，生于1934年7月，北京科技大学教授，我国轴类零件轧制技术公认的主要开创人。先后获全国科学大会国家发明、国家科技进步等国家级奖励5项，获全国“五一劳动奖章”等荣誉称号。1997年当选为中国工程院院士。

弘毅之心——少年负壮志，奋烈自有时

抗战胜利时，胡正寰小学毕业，全家落户湖北武昌。1949年，中华人民共和国成立，他开始在湖北省立高级中学念高中。谈及高考志愿，他总是热泪盈眶，凝望着窗外的那棵白玉兰树，感叹时间过得真快，感慨那激情燃烧的岁月。

日本帝国主义入侵东北，还不到一岁的他便随父母离开哈尔滨到南京。在多年的颠沛流离中，父亲教他的第一首诗就是杜甫的“国破山河在，城春草木深”。杜甫忧国忧民的家国情怀在他幼小的心灵生根发芽。17岁那年参加高考，在选择专业时，他想起平日父亲的教导：“科技兴国，科教兴国。”要永远把国家的需要排在第一位。“钢铁强则工业强，工业强则国家强。”中华人民共和国成立之初，发展钢铁工业正是国家的当务之急。他毫不犹豫地报考了国家新筹建的北京钢铁工业学院，郑重地选择了“冶金机械”专业。

弘毅之志——千磨万击还坚劲，任尔东西南北风

参加工作的第二年，工业上提出“以钢为纲”的口号，作为一名青年教师，他决心过好教学关，做一名讲台上出色的老师。在翻阅文献资料的过程中，一部1957年苏联出版的轧制技术专业图书引起了他的注意，书中有一节介绍了当时世界上的最新工艺——用轧制的方法生产钢球。当时我国生产

钢球最常用的方法是锻压生产。要敢想敢干！他决定攻克钢球轧制方法这项技术课题，经过日夜奋战，他和几位同事仅用了四十多天就完成了试验轧机的图纸设计，六十多天后机器造了出来。斜轧技术生产钢球实验的成功，让他激动不已。轧机生产出来后，他和同事们进行了对机器的不断调试以及钢球的反复实验，最终开机运转，新研制出的轧机生产出了几个像模像样的钢球。研制成功了！掐指一算，一共一百多天，正好赶上国庆节。他和同事们欣喜若狂，敲锣打鼓地在“十一”献了礼。

在试制出钢球轧机一年后，辽宁抚顺的一家机床厂闻讯而来，希望与学校合作将这项技术用于工业生产。投入生产后不久，他和工人们发现，每批钢球中都存在着一定数量的不合格品。最终，因为轧辊的寿命过短，以及众多深层技术问题未能及时解决，产品合格率无法满足生产要求，生产被迫停止。面对斜轧技术在工业投产上出现的教训，他并没有一蹶不振，面对困难，他坚信“它强任它强，清风拂山岗”，决定继续潜心研究。

包钢斜轧钢球的工业性大生产，满载着他的耕耘和汗水，一晃距离他最初在文献中找到这项技术并发出誓言，已经整整过去了十五年的光阴。中年的他仍是“壮志在我胸”。他和同事们接受了一项军工任务，即开发斜轧成形穿甲弹钢芯的工艺。经过三年的攻关，终于实现了精密轧制、一次成形的高密度穿甲弹芯的技术要求。他从事我国的斜轧零件技术研究，从由无到有、白手起家到国际领先，经历了五十多年的历程。从风华正茂到两鬓苍苍，胡老用自己的一颗“落红之心”，守护着“工业兴国”这方沃土。

弘毅之思——纸上得来终觉浅，绝知此事要躬行

“功崇惟志，业广惟勤。”三十多年的执教生涯中，胡老常将这种注重科技成果转化、“崇尚实践”的精神通过言传身教传承给自己的学生。他常教导自己的研究生：“我们搞研究，就是要用于生产，提高生产率。不能用于实际的成果，即使开了鉴定会也不算数。”他指导自己的研究生时，看重的绝不止于毕业论文和答辩。论文的内容要源自实验，科研成果要有助于实际应用，所提观点和理论要在实践基础上有所升华。他所带的学生都能晓通理论、勤于实践，符合社会对人才的需求。

弘毅之举——滋兰树蕙老骥心，教成宰予作贤人

又是一个白玉兰花盛开的季节，喜迎北京科技大学建校70周年。87岁的胡正寰院士与夫人余雪子向学校教育发展基金会捐赠个人积蓄300万元，成立“胡正寰余雪子教育基金”，以支持学校教育事业发展与人才培养。耄耋之年的胡院士，依然关注青年成长。“青年兴则国家兴，青年强则国家强。”他希望北科学子可以乘风破浪，秉承习近平总书记倡导的“征途漫漫，惟有奋斗”的人生理念，牢记党的教诲，立志于民族复兴，不负韶华，不负时代，不负人民，在青春的赛道上奋力奔跑，争取跑出当代青年的最好成绩。

（指导教师：魏雨昕）

李曙光：攀登者

中国地质大学（北京）王　鑫　陈金熠

在地球化学界，有这样一位标杆人物，他致力于中国地球化学学科的发展，一直奋战在教学科研一线，是我国最早开展大别山超高压变质作用研究的地球化学学者，在国际上取得了一系列有重要影响的开创性成果。岁月流逝使他的步伐不再矫健，却挡不住其探索的热情，年过八旬的他，依然活跃在学术舞台上，奉献着自己的光和热。他就是我国著名的地球化学家——李曙光院士。

矢志爱国心　拳拳报国情

年少的李曙光品学兼优，这使得他在高中时就脱颖而出，成为入党积极分子。当时其介绍人就入党动机与他进行过三次谈话，这对他影响极大，他从最初认为入党是为了寻求个人进步到明白"入党是实现社会团结、凝聚力量，而非仅寻求个人的进步，即使没有被共产党接受，也要为信仰奋斗，要永远跟着共产党"。这三次谈话，使李曙光在最终获得肯定的同时，也确立了自己一生向党、一生爱国的决心和信仰。

大学填报志愿时，李曙光的首选是航空航天专业，但来到中国科学技术大学（以下简称"科大"）报到时却得知被分配到地球化学专业，这对他来说是一个不小的挑战。"自己本想上天，这下入地了。"儿时的航天梦落空，内心难免失落，但他没有多踌躇，毅然选择从国家需要出发，开始培养对地球化学专业的兴趣。实践证明，后来的学习过程中他对地球化学专业产生了浓厚的兴趣，并在这一领域持续深耕，一路攀登，硕果累累。

莫道英姿晚　大器乃晚成

1965 年，李曙光毕业留校，在科大地球化学教研室任教。20 世纪 70 年代中期，恰逢国家重大战略需要，由国家计委牵头，组织了一场声势浩大的全国铁矿科研会战，时年35岁初出茅庐的李曙光勇挑重担，在组织的安排下担任鞍山弓长岭黑富矿科研组组长。他发挥数理基础好的优势，应用多元统计的趋势面分析，成功预测出鞍山弓长岭富磁铁矿床东南区深部富矿体并钻探验证成功，在预测的部位探得13米厚的富磁铁矿。随后李曙光等应用C同位素证明弓长岭富磁铁矿石中的石墨为沉积菱铁矿变质分解成因，据此提出该富铁矿床成因的新模型，该成果于1982年获得中国科学院科技进步奖二等奖。

铁矿会战中的李曙光已初露锋芒，他认识到祖国的需要对一名科研人员的重要性，于是他敛去锋芒，回到科大继续专心执教、潜心科研，决心“将论文写在祖国大地上”。

1983年，刚晋升为讲师的李曙光瞄准大别山的研究方向和国外前沿技术，选择到美国进修访问。虽然对42岁的李曙光来说，此时出国面临年龄、学习能力、家庭生活等诸多挑战，但是他将对科研的追求始终摆在首位，孤身前往美国。学成回国后，李曙光对大别山—苏鲁带超高压变质岩的年代学和地球化学进行了持续深入的研究，并接连在国际上取得一系列颇有影响的成就。1998年，其因研究成果《大别山双河超高压变质岩及其围岩的Sm-Nd和Rb-Sr同位素年代学及冷却史》应邀在国际同位素地质大会上做大会报告且这一成果发表在地球化学顶刊*Geochimica et Cosmochimica Acta*（2000）上，这也宣告了他长期深入的研究终于站在了世界的前沿。

2003年，62岁的李曙光当选为中国科学院院士。对李曙光来说，时间会开出最美丽的花朵，虽然漫长，但他从容不迫，集中精力干好了一件事，并且做到了极致，桑榆非晚，大器终成。

秉凌云壮志 攀科学高峰

2008年，李曙光受邀到中国地质大学（北京）（以下简称“北地”）兼职，并于2012年正式来到北地从事科研与教学工作。同时，为了填补北地在非传统稳定性同位素领域的空白，他转向新的研究领域，从头开始。面对诸多困难，李曙光说：“一张白纸可以画出最美、最好的图画，我要开拓新的领域。”

初到北地，各种条件尚不成熟。没有实验室，李曙光就带领学生筹建非传统稳定性同位素实验室；没有技术，就派人出国学习。他深知独木难成林，在团队发展上，他放手让学生自己去闯，下设五个研究组，每个组长都是独立的项目负责人，带领各自的团队主攻不同的研究方向，这样既避免了团队的内部竞争，又能在最终成果上形成合力。在他的带领下，北地非传统稳定性同位素实验室涌现了一大批优秀人才，多人获得国家自然科学杰出青年称号和优秀青年基金。

十年磨一剑，2022 年李曙光已是耄耋之年，也是他在北地的第十个年头。十年光景，他在北地组建了一个从无到有的团队，实现了北地在非传统稳定性同位素研究领域从无到有的跨越。2012 年和 2017 年，李曙光团队两次获得国家自然科学基金委重点项目的资助，2021 年团队的朱建明和何永胜更是代表北地获批了第一批月球月壤样品，开启了团队新的辉煌时代。

志在峰巅的攀登者，不会陶醉于沿途的某个脚印，李曙光正是如此。年轻时的李曙光立下对党忠诚、为国奉献的初心，尔后几十年，他始终秉持着态度严肃、方法严格、推理严密的“三严”精神在地球化学领域持续深耕。同时，他身为人师，始终不忘为党育人、为国育才、立德树人的使命，一直用实际行动践行着自己的初心。

（指导教师：孟翊洁）

钱鸣高：一生年华探索科学之路，躬耕育人收获桃李芬芳

中国矿业大学（北京）　马国慧

他在国际会议上发表学术报告时提出的理论被称为“鸣高模式”，他在国际上首个提出煤炭“绿色开采”体系，他的研究成果获得煤炭系统第一个国家自然科学奖一等奖，他培养出中国煤炭系统首位采矿工程博士……他就是中国工程院资深院士、中国矿山压力与岩层控制学科主要奠基人之一、中国矿业大学（北京）教授钱鸣高。

九十年的人生历程中，他虽饱经磨难却仍砥砺前行，始终牢记严谨求实的初心，始终奉行担当奉献的使命，一直在科学探索的道路上执着追求，在人才培养的道路上辛勤耕耘，创造了矿山压力与控制领域的数个第一，书写了我国煤炭采矿科技的辉煌篇章。

寒窗苦读终学有所成，立志报国勇攀科技高峰

1932 年，钱鸣高出生在江苏无锡新渎桥镇的一个普通家庭，父亲是锡澄长途汽车公司的职员，薪水不高却也能让家里无衣食之忧。然而他 5 岁那年抗日战争全面爆发，父亲也因患肺结核过早离世，家庭失去了主要的经济来源，至此他的童年便陷入了民族灾难与家庭贫困的磨难中。

1947 年，钱鸣高考入省内著名的苏州中学，这所中学曾培养出很多著名的科学家。这个阶段也培养了他独立思考和解决问题的能力，对其一生产生了很大影响。中华人民共和国成立后，他考入东北工学院（东北大学前身）学习采矿专业。由于大学期间成绩优异以及所表现出的独立探索能力，毕业后他被派到北京矿业学院这一全国矿业界最高学府进行研究生学习，从此开始了与煤矿打一辈子交道的科研工作。

躬耕教坛承时代之任，心怀热爱育得桃李满园

钱鸣高自 1957 年任教以来，一直没有离开三尺讲台。他把对祖国的热爱、对科学的挚爱、对煤炭工业的钟爱融入教育事业，辛勤耕耘数十载，育得桃李满园香：1962 年培养出我国煤炭系统第一位采矿工程研究生，1987 年培养出煤炭系统第一位采矿工程博士……现已培养了 22 名博士和 22 名硕士，很多学生也已成长为院士或者是我国煤炭行业、国内外大学及科研机构的中坚力量。

“从事科学研究要有虔诚的进入科学殿堂的精神，才能排除名利的干扰，才能逐步形成正确的思路。而正确的思路源于实践，创新的灵感源于对前人知识的汇集与现实的碰撞，研究的成果也必须得到实践的检验。因而我坚持认为，科学研究是一个‘实践——理论——再实践’的完整过程，同时要保持勤奋，勤于实践、勤于学习、勤于思考、勤于总结，四方面缺一不可。在科学研究过程中还要注意‘整体—局部’‘森林—树木’‘现象—本质’的关系，这样才能少走弯路，避免钻牛角尖。”钱鸣高院士如此告诫青年学子。

钱鸣高教书育人，始终坚持言传身教、甘为人梯，在为师为范的道路上，他始终坚持包容并蓄、宽厚待人、淡泊名利，对青年教师更是倾力相助、大力提携。他不仅仅为学生们“注满了一桶水”，更为他们在前行的道路上“点燃了一把火”。

矢志不渝守初心使命，情系科研贡献智慧力量

在科学研究的道路上，他始终坚持追求真理、实事求是，“虔诚地进入科学的殿堂”是对学生的告诫，更是他身体力行的真实写照。他经常深入大同、平顶山、西山等矿区，冒着水、火、瓦斯、坠石和气压骤变的危险，观察岩层运动，记录分析变化规律，进行理论试验，测得了 10 余万个岩层的移动数据。五十多岁时还曾经在阳泉矿区的井下连续工作十多天，后因为高压和疲惫而失去知觉，直到被矿工们用担架抬上井才苏醒。

回顾钱鸣高院士的科研生涯，他提出的“砌体梁”学说被收录于《中国大百科全书》并作为基本理论编入教科书。同时，该学说也获得国际高度认可，被学者在论文中称为“鸣高模型”，将中国的矿压研究推进到国际先进

水平。此外，他还编写著作 10 余部，发表论文 140 余篇，获得 1 项国家自然科学奖、2 项国家科技进步奖、17 项省部级奖，并成为国家首批国务院政府特殊津贴获得者……这些成就不仅是他个人的荣誉，更是煤矿开采成为一门科学的见证。

已是耄耋之年的钱老，依旧不忘科学报国的初心，时刻关注我国煤炭工业的发展，关注煤炭科技人才的成长，忧心我国煤炭现代化开采问题且笔耕不辍。在一些重大国际会议上，经常看到钱老积极为煤炭行业的转型发声的身影，拳拳之心令人动容、令人敬仰。

钱老的这种精神必将激励更多的青年为祖国事业的发展接续奋斗。一代人有一代人的担当，一代人有一代人的使命。作为新时代的青年，我们也将始终牢记钱老的谆谆教导，保持平和心态，踏踏实实做好自己的学问，在祖国最需要的地方奏响时代之歌！

（指导教师：左东方）

宋振骐：初心不改献余热，“五老”精神代代传

中国矿业大学（北京） 王 惠

不做“啃书匠”

1935 年，宋振骐出生在湖北武汉汉阳兵工厂的一个工人家庭。宋振骐年幼时就体会到了生活的艰辛。抗日战争全面爆发后，随着国民党的节节败退，兵工厂先后迁往湘西、重庆，幼小的宋振骐跟随父母经历了颠沛流离的逃亡生活。生活磨炼了宋振骐的意志，他从记事起就开始捡煤球、拾柴火，下河塘摸鱼抓蟹，从大食堂饭桌上和剩菜缸中捞取残羹，跟随母亲起早贪黑、走街串巷，挑着担子卖米粉养家糊口，什么样的苦都吃过。他至今还记得，捡煤渣时，滚烫的泛着红红烈焰的煤渣时常触碰到他稚嫩的手脚，像触碰到烙铁一样发出嗞嗞声响，缕缕青烟从手脚上升腾而起。后来，家搬到重庆，父母为了让他读书，认了小学教师做“干爹”，从此随了干爹的姓，改名宋振骐。童年的经历使宋振骐深深认识到国家落后就要挨打，命运也锻造了他不屈的性格和为国贡献的使命感和责任感。

1953 年 9 月，宋振骐怀着对投身煤炭事业的期待，成功考入中华人民共和国第一所煤炭高等学府——北京矿业学院的采矿系地下开采专业，这时他就树立了为煤炭事业奉献终生的志向，在校期间多次被评为优秀学生、“三好学生”，并出席北京市“三好学生”代表大会。

时代是眷顾宋振骐的，1956 年，周总理号召向科学进军，宋振骐参加了学生科学技术小组。大学期间他所在班还自编自演了快板剧《不做啃书匠》，强调独立思考的重要性，这个剧几乎演遍北京市的大学和中学，他也受到了周总理的接见和表扬。

宋振骐求学之路艰辛，他能够顺利成人成才，离不开国家政策的支持，离不开他“不做啃书匠”的努力，离不开时代发展带来的机遇。

实践出真知

志不求易者成，事不避难者进。宋振骐经历许多挫折、困难，却始终不改对党的坚定信仰，不改对教育科研事业的赤诚忠心。宋振骐注重实践，在他看来，生产一线就是最大的实验室，是开展研究的宝地。秉持着“纸上得来终觉浅，绝知此事要躬行”的信念，宋老在矿井采场摸爬滚打了几十年。在20世纪，由于技术落后，煤矿顶板垮塌事件高发。为了使矿工们摆脱这种威胁，宋振骐自20世纪60年代开始在重点煤矿进行实测研究，探索矿压之谜。宋振骐回忆说，经过近百个日夜的奋战，他们抢到了30多万个顶板活动数据，终于摸清了顶板运动规律，找到了控制办法，从此排除了相应的顶板事故。随着压力控制理论的广泛应用，我国百万吨煤死亡率目前不到0.1人。

有一次，在林西矿的地层深处，传来如雷似炮般“咣咣、嘎嘎”的“板炮”声，这是顶板来压的征兆。学生们都被吓到了，当他们同工人们一起撤到安全地点后，宋振骐却向老塘爬去。工人们都大喊阻止宋振骐，宋振骐顾不上回答，仍坚定地往前爬。他一心要得到的正是来压这个关键时刻的数据，这时他心里想的已经不是自己的安危，而是千万个矿工今后的安全。

正是宋老对实践的重视，才使得千千万万个矿工的生命安全得以保证。他深入现场，把论文写在煤炭生产第一线，把党和人民的需要作为自己的选择，把个人的追求融入学校、社会、国家的发展大局，用不怕苦、不怕死的拼搏精神，为祖国建设贡献出自己的力量。

奋斗不止息

“只要中国采矿事业需要我一天，我就会奋斗一天，永不止息。我要再干十年！”宋振骐虽已是耄耋之年，但仍怀揣“莫道桑榆晚，为霞尚满天”的使命感与责任感。当看到煤矿还有很多安全问题等着解决，他心急如焚，身先士卒，走南闯北，在解决了一个个煤矿难题的同时，也带出了一支特别能战斗的队伍。

谈到对于新时代青少年的期许，宋振骐勉励青年学生刻苦钻研，努力学习，砥砺向前，勇攀科学高峰，为人民的幸福和世界的和平发展做出创造性的贡献。宋振骐强调，在知识经济时代，新青年要认识到知识是发展经济的基础，信息是发展的动力，我们要善于抓住时代发展的机遇，在党中央正确领导下，一定要有所作为，也一定可以大有作为！

宋振骐年少求学艰辛，是国家命运的转变为他提供了成长的机遇，使他成为中国煤炭事业发展的见证者。在他的身上我读到了老一辈奋斗者的忠诚与担当，看到了中国矿业奋斗史的发展历程。中国从煤炭事业发展落后到成为煤炭的最大储存国和开采国，这其中是无数个科研工作者的心血，是无数中国人民的共同奋斗。在新时代，当代青年要不忘老一辈的嘱托，走出孤芳自赏的“小我”，融入祖国和人民的“大我”，继承老一辈的信念，砥砺前行。

（指导教师：左东方）

王铁冠：铁心不改报国情，冠绝时辈定标名

中国石油大学（北京） 李馨瑜 林紫豪 阎慧琳 史泽辉

在地球四十六亿年的浩瀚历史中，人类的存在只是沧海一粟。地球如何形成，板块运动如何相互影响，水资源如何循环，海洋潮汐如何变化，矿产资源如何富集……地质科学有太多未知的领域需要人类去探索。于山川中寻真理，在湖海边话古今，这句话是众多地质工作者最真实的写照，中国科学院院士、中国石油大学（北京）教授王铁冠就是其中之一。

严谨治学求实干，师德如炬传薪火

“初中毕业后，我以能参加第一个‘五年计划’的社会主义工作为荣。”王铁冠在读大学做工程师和参加第一个“五年计划”这两个选择中，毅然决然选择后者，用实干助力国家发展。当时有一句话“地质勘探队员是社会主义建设时期的游击队”，因此王铁冠选择了北京石油学院，并于毕业之后来到江汉石油地质学校任教。教学的工作让他时常有知识不足的危机感，读书便成了他工作之余最重要的事。

1961 年，王铁冠回到母校北京石油学院修读学士学位。随着学习的深入，他越来越被石油地质这门学科所吸引。1983 年，已经 46 岁的王铁冠通过国家公派留学考试前往美国交流。年龄并没有成为他停止学习的理由。1994 年，王铁冠来到石油大学（北京）工作，潜心油气地球化学研究，搭建科研平台，建立相关实验室。他建立的实验室成为之后的油气资源与探测国家重点实验室的重要组成部分。2005 年，王铁冠当选中国科学院院士。迄今为止，王铁冠在国内多所院校从事研究、教学近六十年，为国家培养了一批又一批优秀的石油地质人才。

“择业先择师，做事先做人。”凡熟悉王铁冠教授的人，都对他有一个共同的评价：无论是做学问，还是为师、为人，他都堪称表率。他教过的学生无不对他严谨务实、勇于探索的精神留有深刻印象。提到学生培养，王铁冠

这样说道："我历来是主张天道酬勤的，我觉得要成功，必须勤奋地工作。"他要求学生重视动手能力，以实践带动思维，激发科研灵感，做到知行合一。王院士的谆谆教诲和身体力行，就像一盏灯，始终指引着学生们奋力前行。

瞄准国家风向标，矢志不渝报党恩

"我跟着国家'五年计划'走啊，国家需要搞和我专业有关的，我就去搞啊。"这样轻描淡写的一句话，王铁冠却用一生在践行。"七五"计划时他响应国家号召去研究全国煤系地层的烃源岩。1978 年，王铁冠在一块灰绿色碎石中发现沥青，经过十余年的研究，王铁冠团队从中检测到一个国际文献中尚未报道的新化合物系列"13α 正烷基—三环萜烷"，迄今为止，这仍然是由中国学者发现与命名的唯一生物标志化合物。后来，他的团队又鉴定并命名了两个新生物标志物系列（甲基三环萜烷和甲基四环萜烷）。到国家"八五"计划的时候，他又开始转向低熟油理论研究，1995 年撰写出版了理论专著《低熟油气形成与分布》，弥补了国际上盛行二十五年之久的"干酪根晚期热降解生烃理论"在早期生烃研究方面的缺失。"八五"计划结束后，他转向油气地球化学实验室建立的工作。

多年来，王铁冠时刻紧跟国家发展需要，不断转移自己的研究方向，积极发挥党员干部的先锋作用，将自己化为一滴水，汇聚到国家发展的伟大洪流之中，投入实现中华民族伟大复兴中国梦的征途之中。

耄耋之年志不休，甘之如饴心不变

时至今日，85 岁的王铁冠院士仍然活跃在科研一线，乘公交车、步行是王铁冠首选的出行方式，树荫下的中石路上常常有着王铁冠步行的身影。说起开车这件事，王铁冠总是说，驾照虽然很容易考，但是怎么也要用一个月的时间，他认为宝贵的时间还是应该用在研究上。为了节约时间，不论是出国交流还是在国内，他总是选择住在离实验室最近的地方。

"行山踏水洗征容，严寒酷暑化春风。"王铁冠曾带领学生从事长达八年的野外地质调查，那时候的他们在沙漠里工作，喝的水是用汽车从 100 公里以外拉来的半咸水，两三个月不洗脸不洗澡不洗手是家常便饭，吃完饭用沙子来洗碗也是生活有趣的调味。冬天他们住在单帐篷里，戈壁的寒风刺骨，却没有一个人退缩。“这些艰苦，对我来讲称得上是美好的回忆，是永恒的回忆，也支撑着我一直走在地质道路上。”无论何时，回忆起 8 年野外工作的王铁冠院士总是眼中有光，脸上有笑。

他常常笑着说道：“现在很多我的学生都已经退休了，我却还坚持在一线岗位工作。”每当被他人问到为什么不退休回家安心享福时，他都会摇头说道：“什么是享福啊？我认为什么事都不做并不是享福。能够在我这个年龄继续做点工作，做点事情，做一些对国家富强、社会发展、人民幸福有益的事情，就是我最大的福分。”

“青山高而望远，白云深而路遥。”耄耋之年，登高远望，这位在中国石油地质学科发展中有着突出贡献的老科学家，这位众多石油科技工作者学习的榜样，一直在自己的领域默默耕耘。作为一名地质人，他用双脚走遍了祖国一座座山；作为一名科学家，他用奋斗征服了学科研究的一座座大山。与此同时，他也慢慢变成了中国石油地质学的一座高山，让后人得以在他的支撑下继续向上。

（指导教师：杨冀宁　朱　锐）

刘颂豪：追光人生不止，“五老”精神永烁

华南师范大学　王邦耀　林　滨　骆江瑜

在人生这个赛场中，所有人都在奔跑，“追逐”是每个人人生状态的真实写照。有这么一个人，他的一生都在“追光”，将自己奉献给了中华人民共和国的光学事业。他便是已在科研道路上历经七十年风雨的华南师范大学原校长、信息光电子科技学院创院院长、著名光学和激光专家、中国科学院院士、全国“五一劳动奖章”获得者刘颂豪先生。

1930 年出生的刘颂豪，童年是在风雨飘摇中度过的。正是经历了这些苦难，他从小便立下为祖国富强而奋斗的志愿，这也激励着他努力学习科学文化知识，立志投身科学事业。1949 年后，刚大学毕业的刘颂豪毅然决定放弃广州舒适安逸的生活，随王大珩、龚祖同两位光学前辈来到长春，创建长春光机所，开始了光学玻璃的开拓性研究工作。

一切为了国家和人民

正是从那时候起，刘颂豪一直扎根于光学研究领域，将自己的人生和中国光学事业发展紧密联系在了一起。他常常对身边的人说：“科学是无国界的，但科学家是有祖国的。”无论是选择光学玻璃研究，还是后来主动转到激光研究，他的出发点都是为了国家和人民。

怀揣着对党和国家的赤诚之心，1956 年，刘颂豪正式加入中国共产党。这光荣的身份转变，让他更加坚定了心中的信念，更加明确了肩上的责任。为了给国防军事提供先进的激光武器，他毅然放弃在长春的工作条件，离开自己花十年时间建立的科研基地，举家搬迁来到上海进行激光武器的研制。

后来，刘颂豪受邀来到安徽光机所工作，并担任所长一职。在担任所长的五年里，他亲力亲为培育人才，培养出了蔡继业、何克祥、鲍晓毅等一大批后来在国内外光学等多个领域做出卓越贡献的后起之秀。正是这段日子，激发了刘颂豪身上“科教兴国，身体力行”的园丁精神，并鼓励着他在传道

授业的道路上越走越远。1985 年冬，时任广东省副省长的王屏山邀请刘颂豪回其家乡广东工作。受到邀约，他只略微沉思片刻，便当场接受。随后他便与妻子举家迁回广州，开启全新的教书育人之旅。

新征程 新起点

对刘颂豪而言，故乡是原点，亦是新征程的起点。认识到加强青少年科技教育对国家发展有着重要意义的刘颂豪，希望自己的学识不仅能作用在当下，还能在未来绽放光芒。也是从那时起，颇有眼力的刘颂豪便认识到，社会对光电子技术的需求与日俱增，科研和技术人才队伍必须跟上脚步。1986 年 3 月 1 日，刘颂豪被任命为华南师范大学副校长。作为一名科学家，他首先提出要为华师这个传统师范高校注入更多的科研含量。1986 年 11 月，在他的带领下，华南量子电子学研究所正式成立。虽然起步艰难，但刘颂豪深信，只要坚持不懈地努力，它在未来一定会发展壮大。

1999 年 11 月，一则喜讯从北京传到广州——刘颂豪当选为中国科学院院士，这让整个校园都沸腾了，大家都在议论着："华师走出了个本土院士！"所有人都在为这位可亲可敬的老校长感到骄傲。但面对来自四面八方的祝贺，刘颂豪却没有过多的兴奋，因为他知道，这是祖国和人民对他的肯定，也饱含着祖国和人民对他的期望。在他看来，当选院士是一个全新的起点，而创新才是他唯一不变的永恒追求。

创办光电学院

刘颂豪的心中仍有一份执念——他希望能够整合资源，建立一个从本科到硕士再到博士的完整的光电子信息人才培养体系，培养更多的优秀人才。2000 年，他正式提出要组建光电学院。他的想法很快得到了学校的支持，凭借着惜才爱才、求贤若渴的情怀，刘颂豪迅速招来一批得力助手，正式踏上了筹措创办光电学院的道路。

2002 年 6 月 12 日，经过两年多紧锣密鼓的筹备，华南师范大学信息光电子科技学院正式成立。2004 年，刘颂豪个人出资在光电学院设立了"刘颂豪科技创新奖"，目的是引导学生学好光电科学知识，服务强国伟业。他一手创立的光电学院既是科技创新发展的育人平台，也是他身上院士精神的传承载体。毫无疑问，这些精神早已透出纸面，烙印在了每个光电人心里，指引着一代又一代的光电人乘风破浪，奋勇前行。

他是老干部、老专家，也是老教师、老模范，更是七十年如一日的追光老战士。他胸怀祖国、诲人不倦、勇于创新、献身科学的情怀与品质正是对忠诚敬业、关爱后代、务实创新、无私奉献的“五老”精神的完美诠释。追逐光，成为光。刘颂豪用一生去点燃的这束光，愈久愈明，不但照亮了中华人民共和国的光学事业，更指引着一代代的追光后来人在实现中华民族伟大复兴的伟大征程中发光放电，奋勇前行。

（指导教师：谢子婧　匡　杰）

乐嘉陵：心向九霄摘星辰，桑榆为霞尚满天

西南科技大学　陈俊锡　林凡凯　梁益唯　李俊霖

飒飒少年怀明志，踏浪逐风迎曙光

“高中就想研究飞行器。虽然过程曲折，但是兜兜转转还是踏上了这条路。”少年时期的乐嘉陵有着不同于常人的志气，憧憬的航空航天事业就像一个遥远的光点，温暖且明亮，照亮他的人生方向。

1954 年，乐嘉陵成功考入北京航空航天学院。踏入校园的第一天，望着林荫道旁横幅上写着“欢迎未来的红色专家”，仿佛已经勾勒出梦的形状。但是，命运跟他开了一个玩笑，他所修读的材料专业与梦想相距甚远。“如果可以完成梦想，再多坎坷曲折也阻挡不了我前进的步伐。”经过激烈的角逐，他如愿成为学校新增空气动力学专业的第一批学生。

学士、硕士、研究员、院士……身份的不断转变加深着乐嘉陵与航空航天结下的不解之缘，报国梦想的力量催人奋进，星辰大海的明亮指引方向。从选择航空航天事业这一刻，到成功赴约属于自己的星辰大海，这条路，他跌跌撞撞地走了几十年。

逶迤群山浑不惧，披荆斩棘逐朝阳

1971 年，乐嘉陵唱着“毛主席的战士最听党的话，哪里需要哪安家”，背着背包奔赴四川西北小城，去建立大型空气动力试验中心。坐了火车、汽车、马车，乐嘉陵终于到达了目的地。他望了望身前榛莽满地的山峦，掸了掸双袖的尘土，捏了捏手里的文件，一句话也没说。试验设施落后，房子少且简陋，粮食青黄不接，跳蚤怎么都挠不完……没有房子就自己盖，没有设备就熬夜加班。砍柴烧火、挑水做饭，乐嘉陵是砖工、泥瓦匠，是炊事员，也是设计图纸、起草报告的技术人员。

“5 万伏的电压试验，我自己去调试。危险哦！”乐嘉陵回忆起当初亲身

试验获取数据的经历，记忆犹新，仍觉后怕。当时，研究所的危险任务并不少见，但他有初生牛犊不怕虎的豪情，始终冲在危险的第一线。白天工作紧张繁重，晚上还得加班加点干，常常干到凌晨，第二天接着干……回想这段经历，乐嘉陵说："我们就是要在一片荒山野岭中建立一座现代化的试验中心，要在没路的地方闯出一条路来。"

当卫星发射失利的消息再次传来，乐嘉陵陷入了短暂的沉默。他暗暗下定决心：一定要解决问题。当时他所提出的技术方案仅仅是纸上谈兵，从设备到仪器全部要重新研制。"这就是癞蛤蟆想吃天鹅肉嘛。"有人揶揄，有人讽刺，乐嘉陵也十分清楚自己在铤而走险，但是为了完成几代气动人孜孜以求的夙愿，他不为所动，和团队经过了一年的奋战，终于建立了国家第一个水平脉冲地面实验装置，提供了急需的试验数据。紧急关头，他接过时代的火炬，他的学生也开始了他们自己在星辰大海的征程。

老骥伏枥传薪火，育木成林葆初心

"莫道桑榆晚，为霞尚满天。"乐嘉陵多次为西南科技大学开展新生入学教育"院士第一讲"，他崇高的精神品质和渊博的学识深深地感染了在场师生。讲座中他寄语青年学子："愿在座诸君，以党为舵，以勤为桨，不因逆流而止步，不因风浪而搁浅，在时代潮流中，奋勇起航。"

如今，已 86 岁高龄的乐嘉陵院士仍带领着一支由硕士生、博士生组成的研究团队，继续进行着高超声速技术的攻关研究，为祖国航天事业殚精竭虑。他始终以师魂之姿来帮助青年一代在迷茫与浮躁中找到方向，将每一颗小小星火都培养成万丈光芒。

"无论现实社会如何错综复杂，无论个人环境如何变迁，我将一如既往，在认定的道路上，开拓前进。"这是 1999 年乐嘉陵院士在新世纪路口的郑重承诺。新时代青年应秉承以乐嘉陵院士为代表的航天精神，以九死不悔的决心、百折不挠的奋斗、改天换地的豪情，在新时代新征程上留下无悔的奋斗足迹。

（指导教师：雍宛苡　贺红梅）

王正敏：我和祖国共成长

复旦大学　毛佳宝

“一旦患了耳聋，就意味着要生活在可怕的无声世界中，这对患者和他的亲人来说该是一个多么可怕的噩梦啊。”王正敏院士在一次采访中这样说道。人类的交流 70% 要靠语言，失去了听力，人将会生活在寂静、孤独的世界中。长久以来，许多医学家都在探索——什么是听觉？

作为中国科学院院士、复旦大学附属眼耳鼻喉科医院著名的耳鼻喉头颈外科专家的王正敏院士，长期致力于临床听力领域，数十年如一日地刻苦钻研。他领衔的团队实现了“人工耳蜗”的自主研发和国产化，打破了国外产品一统天下的局面，造福了我国广大的聋哑人。他也是我国千千万万爱岗敬业的共产党员中的一员，有着近乎和他医龄同样长的党龄。他是中华人民共和国成长的参与者，也是医学发展的见证人。

不计名利埋头苦干

王正敏院士在 1955 年于上海第一医学院毕业后，就职于母校的附属医院（现为复旦大学附属眼耳鼻喉科医院），师从全国耳鼻喉科著名专家王鹏万教授。1960 年，王正敏院士加入了中国共产党。在一次采访中他回忆道，他年轻时，革命英雄教育深入人心。他曾酷爱苏联小说，《钢铁是怎样炼成的》中的好多句子当年都背得滚瓜烂熟。后来，学校要他作为大队长，带领从各临床医院调集来的 50 多位医师组成医疗队到江西巡回医疗，他毫无怨言接受任务，带着医疗队伍深入江西老区。在这一年中，他为贫下中农、革命军人等完成了大大小小近千例手术。王院士说：“那就是我们那个时代的人。”

20 世纪 60 年代，中华人民共和国成立不久，经济落后，医院基础设施差，王院士所在的耳鼻喉科虽然是全国顶尖的科室，但与国际水准还有很大的差距。可就是在这样的条件下，像王院士一样的许多医生仍不惧困难，团结合作，不计名利地埋头苦干。他们挽救了许多生命，攻克了许多难题，通过与当时的医疗器械厂商、研究所合作，联合研发生产了深低温冷刀、电测听机、喉动态镜和争光霉素等。当时，我国经济、科学远远跟不上世界科学发展的速度，由于西方国家的封锁，我国连最基本的仪器——电测听计都很少。上海有家医疗器械厂为赶制一台电测听计样机，要王正敏院士鉴定。在无数次实验之后，王正敏院士根据调查和研究，在一年的时间里提交了中国听力器零级标准资料给工厂设计。这个标准与日后 1964 年 ISO 国际标准非常接近，可以说，比国际上通用的科学标准还早了两年。王正敏院士在攻克听力障碍的科研上崭露头角。

牢记使命，培养人才

改革开放后，为了学习和引进西方先进技术，国家扩大派遣留学生。王正敏院士由于优秀的表现，于 1980 年被国家公派到瑞士苏黎世大学留学。怀着对发展我国听觉医学的决心，他每天工作学习超过 16 小时。面对周围的轻视和生活的艰苦，他也没有忘记自己肩负的使命。他的求学若渴得到了他的导师和周围同仁们的认可。面对苏黎世大学的多次挽留，他一一谢绝，依然选择回国。1982 年回国后，王正敏院士将自己所学全然回报祖国，开启了他在国内开创耳显微外科、颅底外科和听觉医学的漫漫征程。在实验室的灯光下、在门诊部的对话中、在住院部的病房里，到处都有王院士的身影。正是许多像王院士一样牢记使命、彰显国格的知识分子，为改革开放以后的各行业注入了新活力，乘着改革的浪潮，中国逐渐重登世界舞台中心。

“耳鼻喉科的发展，关键是人才，要培养一流的学科接班人，才能为我国的耳鼻喉科事业做出更大的贡献。”王院士这样认为。为了引进有发展潜力的人才，王正敏院士千方百计地通过卫生部（2018 年改为“国家卫生健康委员会”）做工作留住人才，并把自己的项目基金作为赔偿金。为了引进人才，他酌情委以重任，并选派学生去国外学习。为了让学生能更好地发挥特长，王正敏院士鼓励他们主持全国性的鼻内窥镜学习班，与国外专家共同授课。王正敏院士用博大的胸怀和坚实的臂膀，托起了耳鼻喉科一个高水平、高素质的博士群。为此，王正敏院士曾被评为上医优秀研究生指导教师并获上医优秀教育奖和上海市“育才奖”。王正敏院士尤为希望学生们能把“用

‘心’看病”这个他一直恪守的从医原则传承下去。这些“医德”，通过王院士的言传身教，影响着一届届他教导过的学生。

岁月如歌，跨过去的是困难，流过去的是辛劳。王正敏院士用他的一颗心，鸣奏了一曲“救死扶伤为人民”的人生赞歌。还有许多像他一样牢记使命、彰显国格的知识分子，在工作中时刻发挥创新精神，立足本职，与祖国共成长，为新时期革命事业添砖加瓦。

（指导教师：陶　磊　李树峰）

李杰：默默耕耘的“生命线工程”

同济大学　吕筱菲　周　锦　徐　迟

李杰教授是一位科学家，生命线工程是他研究的重要领域。李杰教授也是一位大学教师，为国家培养建设人才是他的又一项“生命线工程”。

作为恢复高考后的第一批大学生，李杰教授学习的是当时最热门的工业与民用建筑专业，其后四十多年他一直在土木结构工程领域默默耕耘。他不求在雨后春笋般的新建筑上留名，而是选择扎根于结构工程领域的基础理论研究。“板凳甘坐十年冷”，李杰教授带领着他的研究团队，深耕混凝土随机损伤力学，使中国人对混凝土的研究水平达到世界前列；他和学生提出的“广义概率密度演化方程”被国外学者称为“李—陈方程”；他和团队创立的大型生命线工程网络可靠性分析理论，成为国际同行广泛认可的“RDA方法”。凭借这些开创性的研究成果，李杰教授于 2021 年当选为中国科学院院士。

建立大型城市防灾预警系统

2005 年前后，随着我国城市化进程的发展和极端天气的频繁出现，发展服务城市防灾减灾的“生命线工程”已经迫在眉睫。这一年，李老师接任上海防灾救灾研究所所长，从此他的名字便和“生命线工程”紧密地联系在一起。当时关于大型城市防灾预警系统的建设，国内外几乎没有任何参考资料，李老师带领研究团队，经过多年的理论攻关和工程实践，初步建成了上海市多种灾害风险预警与管理系统，将我国的城市防灾预警系统带到了世界领先位置。其中，“供水管网灾害预测系统”准确预测了 2020 年和 2021 年的连续两次寒潮侵袭，为保障上海市供水系统的正常运行做出了突出贡献，更为今后的极端天气应对提供了实用高效的科学对策与减灾技术。李老师常说，不能满足于现象学的规律，更要明确其中的关键问题和物理机制。

基础理论的研究往往是枯燥而漫长的，而怀揣着对我国结构工程事业强大的历史责任感，李老师几十年如一日，带领研究团队取得了国际同行公认的高水平成果，包括数十部学术著作，近千篇学术论文，总学术引用量达到34 000多次，他还成为可靠性领域最高学术成就奖——弗赖登塔尔（Freudenthal）奖章的首位亚洲获奖学者。在充满艰辛和未知的科研道路上，李老师始终对党、国家以及科研事业保持赤诚之心。这份坚持和热爱，正是一位老党员对自己入党誓言的忠贞践行。

甘为人梯

作为学者，李老师锐意进取，成就斐然；作为师者，李老师更是全情投入，亦师亦父，以实际行动做青年学生的知心人、引路人，为了我们国家科研事业的持续发展、后继有人而呕心沥血。他诠释“甘为人梯”的教育理念时说：“作为导师，你自己要先蹲下身子，扶起学生，一步步把他放到自己的肩上，之后你再站起来，把学生推上山峰。”李老师是这么说的，更是这么做的。作为学界泰斗，李老师事务繁忙，但他仍然坚持每天抽出时间与学生们一对一面谈交流、探讨问题，并且都会细心做好记录，整理归档。对在国外交流的学生，他每周一次电话指导，从不爽约。有次他与大洋彼岸的学生因为学术问题“吵”了一个多小时，甚至摔了电话。稍微冷静后李老师就给学生回电，继续循循善诱，小心翼翼地保护着学生的个性。天长日久，办公室的书柜里，整齐地摆满了学生的档案盒，每个档案盒都记录和见证了学生从入学到毕业的点滴成长。迄今为止，李老师指导的72名博士毕业生中，很多已成为相关领域的领军人物，其中18人晋升正教授，2人获得国家自然科学基金委杰出青年基金。李老师以身立教、以德树人的精神也伴随着莘莘学子奔赴五湖四海，在更广阔的天地间生根、发芽。

入党三十六年初心不改，李杰老师的党性修养早已内化于心、外化于行，或身教，或言传，李老师的赤子之心和家国情怀深深打动着每一位学生。李老师的学生、土木工程防灾国家重点实验室副主任陈建兵教授回忆，2006年6月他出国深造前夕，正在北京出差的李老师专程带他来到人民英雄纪念碑前，满怀敬意地向着纪念碑鞠躬三次。夕阳下的侧影，让他感动万分，人生道理尽在不言之中。从那时起，陈教授更加坚定了学成归来、报效祖国的决心。

李杰教授当选院士之后，工作更加繁忙，很多时候连按时吃饭都无法保证，但他依然精心为全校师生准备了一场题为《党史中的科学精神》的讲座，分享自己在党的百年奋斗征程中汲取的精神力量。讲座中他声情并茂地朗诵了自己在井冈山参观时所作的两首诗《黄洋界》和《谒烈士墓》，结合自己的科研经历，联系实事求是、创新精神和自我革命这些党史中的科学精神，鼓励师生们在学习和工作中坚持初心。讲座时间不长，但在同济校园里产生的影响却很悠长。作为一名老党员，李杰院士始终把国家和人民的需要放在首位，为广大青年做出了杰出表率。

（指导教师：李乐燕 许 多 钟 勤 乔建新）

方成：向科学进军，做天文事业的拓荒者

南京大学　黄麒霖　杨小艺

“向科学进军，做天文事业的拓荒者。”方成院士用他的一生践行这句箴言。

筚路蓝缕，创业艰辛，从太阳塔建成到羲和号升空，这一路上承载着以方成院士为代表的南大天文人的无数心血，他们的一生与我国天文事业发展紧密相连，成为立志报国的“拓荒者”。

向科学进军，做天文事业的拓荒者

在与天文结缘之前，方成的理想是成为一名飞机设计师。但在高考前夕，他保送航空院校的机会因为父亲政审而耽误。在班主任的建议下，方成决定报考当时国内唯一一所开设天文系的大学——南京大学。凭借优异的高考成绩，方成如愿被南大录取，由此开启了他探索宇宙、科研报国的一生。

1955 年秋天，方成怀着激动的心情踏进了南京大学的校门。一进校门，一行大字标语映入眼帘——“向科学进军，做天文事业的拓荒者”。这句话从此深深地烙印在方成的脑海中，也成为他用一生时间所践行的箴言。

据方教授回忆，刚入学时，新生们一起参观紫金山天文台，张钰哲台长和龚树模先生等老一辈天文学家热情地接待了他们。通过前辈们的讲述，方成了解到国内天文事业仍处于一穷二白的起步阶段。这样的现实窘境深深触动着年轻的方成，他想起进校时看到的那句标语，万分感慨，于是天文报国的种子在他的心中悄悄发了芽。他决心接过前辈的重担，将国内天文学这片荒原开拓成沃土，“要发展我们国家的天文学”。

有了目标，就有了学习的动力。尽管天文系一周上六天课，课时安排紧凑，课程的难度和要求也很高，但方成和他的同学从未有过半分懈怠，经常把仅有的休息时间也用来自习温书。刻苦努力的学习氛围造就了天文班令人瞩目的成绩——“到三年级的时候，我们全班大考的平均分数是 4.5 分，全

校第一”。方成本人更是以大学四年全部 5 分满分的优异成绩毕业。

繁忙的学习之余，方成和同学们热衷于参加各种课外实践活动。令方成印象最深刻的是在大一的暑假，他和班上同学一同去上海的中小学校进行志愿科普宣传。方成深刻地意识到，发展中国天文事业光靠自己这一代是行不通的，必须从孩子的教育抓起。直至今日，他还践行着这一理念，常常和团队进入中小学举办天文科普讲座，播撒知识的种子，培养青少年的天文兴趣，为培育下一代中国天文人才做好准备，为后来人搭建通向宇宙的天梯。

发展自己的先进仪器设备

毕业以后，方成在领导和老师的盛情挽留下选择留校，一面做教学，一面做科研，为天文领域的人才培养和学科建设而努力。天文班上的 24 位同学，大多数都成为全国各地的天文台的骨干或优秀的天文科研工作者，“他们虽然扎根在祖国的不同地方，但共同为天文事业做出了卓越贡献”。

20 世纪 50 年代初，南大天文系刚刚成立不久，各种仪器设备都很落后，稍微先进一点的望远镜都要从国外购买，这在很大程度上限制了天文研究和教育的发展。因此，发展自己的先进仪器设备就成为当时的第一要务。

1958 年，南京大学天文系师生决心建造中国第一座塔式太阳望远镜，简称太阳塔。谈及当时建设的细节，方教授如数家珍，满是感慨。他们选择的孝陵卫在当时是一片荒无人烟的坟地，没有水电和道路，方成就和其他两位老师在那里轮流值守，“自己盖茅草房，从山下挑水到山上，用小煤油灯烧饭”，用几乎原始的生活方式在那里熬过了一年半的寒冬与酷暑。此外，运输也是一大难题。在一个炎热的夏天，学校从国外进口的一批红松木材要从中华门火车站运到孝陵卫。那时没有汽车，方成就动员整个天体物理教研室的十几位老师，一起用三辆板车把两立方米的红木硬生生地运到了基地。

1980 年，太阳塔终于建成。方教授和团队的艰辛付出没有白费，他们用二十二年的时间实现了我国太阳物理设备的重大突破。回忆那段艰难但充实的日子，方教授感叹道，虽然如今我们经济环境和工作条件好多了，但仍要继续奋斗，发扬“嚼得菜根，做得大事”的南大精神。方成院士更是用他坚定的信念，诠释了自力更生、勇攀高峰的“两弹一星”精神。

建造自己的太阳卫星

迈出拓荒的第一步后，方教授并未停歇，继续向科技前沿和空白领域进军。“国际上专门研究太阳的卫星有 70 多颗，而我们国家一颗都没有。”看到国内外的科技差距，方教授于 2015 年提出建造我国自己的太阳卫星的设想，他尤其强调独立自主的重要性，“基础研究重在突破创新，所以我们不能重复国外的工作”。随后的几年时间里，方教授带领团队摸着石头过河，做了大量的摸索、讨论和研究，克服了种种困难。终于，在 2021 年 10 月 14 日，由方教授担任科学总顾问、南京大学参与研发的我国首颗太阳探测科学技术试验卫星“羲和号”成功升空，标志着我国正式迈入空间探日时代。

对于方教授和他的团队来说，潜心做研究是一个漫长而辛苦的过程，失败是家常便饭，要熬得了艰辛、耐得住寂寞。但他们心中始终有一种信念，那就是发现新知识、做出新成就，开拓前行之路，以科研报效祖国。说到这里，方教授难掩动容之色，他表明团队未来还有更多新的计划：“我们要不断努力，不仅要研制世界上最大的轴对称 2.5 米大视场高分辨率太阳望远镜，而且还要努力争取发射羲和二号、三号卫星。”

陈洪渊：激流勇进天下先，桃李不言下成蹊

南京大学　戴思颜　潘玉琪

化学荣国，悄然埋种

陈洪渊与化学的故事始于 1949 年的秋天。

那一年，陈洪渊进入浙江省三门初级中学学习，在这里他遇到了终生难忘的恩师——沈慎文老师。沈老师教化学，也是陈洪渊的班主任，他很赏识陈洪渊，不仅对他的生活给予很多关心和帮助，还让他担任化学课代表，经常给他介绍一些化学历史典故。有一次，陈洪渊问："为什么教科书上的许多化学元素和化学反应总是以外国人的名字命名？"沈老师沉思良久，回答说："的确，国外近代化学发展很快，但是中国近代也出过著名的化学家，比如学制革出身的侯德榜曾自行设计出侯氏制碱法，惊动当时整个化学界。"开始的那一阵沉默触动了陈洪渊的心，他立志要像侯德榜一样，让中国人的名字载入化学史册。自此，化学荣国的种子在陈洪渊的心中悄悄生根发芽。

1956 年，国家提出"向科学进军"的号召，热爱科学、壮志满怀的陈洪渊热情地响应国家号召，立志投身国防建设，第一志愿填报了核物理专业，希望为国家的原子能事业贡献自己的力量。因为两分之差，阴差阳错，陈洪渊还是来到了那颗种子栽下的地方——南京大学化学系。

"坐下来，钻进去"

1958 年夏，南京大学放射化学专业成立，经过一年多数理课程学习的陈洪渊被分入放射化学专业。

刚刚成立的放射化学专业属于保密专业，学生要与其他专业学生分隔学习，并在课程之余从事国家分配的科研任务。放射性测量和试制低本底放射性测量仪器的科研任务，就这样落到了陈洪渊身上。根据从苏联得到的电路图，陈洪渊开始学习安装放射测量仪、定标器，以及确定允许剂量标准等电

子测量技术实验，不断提升自己的科研素养。此外，放射化学专业除了需要修读放射化学及放射性测量等本专业的主课，还必须学习核物理和应用电子学、脉冲技术等相关课程。

“搞化学的，数理基础一定要过硬。”这些看似非化学专业的课程，为陈洪渊而后几十年的学术生涯奠定了极为坚实的基础。

1960 年，时任南京大学校长的郭影秋提出了“坐下来，钻进去”的号召，着手选留一部分优秀学生作为预备教师提前参加教学活动。陈洪渊被选留校，从学生到教师的身份转变，更激发了他对学术科研执着求索的热情。

当时国内环境的变化颇为复杂，而陈教授始终坚持知识必有用武之时，认定分析测量是科学数据的源泉，而准确、灵敏、选择、快速和自动地获取上述信息和数据始终是分析化学追求的核心目标，并且这种追求永无止境。凭借着一丝不苟的态度和深厚的科研思想积淀，1965 年，既无学生也无助手的陈教授依靠自己的设计和学校仪器厂工人们的帮忙，成功研制出了“线性扫描示波极谱仪”和“双向整流型检测相位可调的振动子方波极谱仪”，被遴选进入中华人民共和国成立后首次在京举行的“教育部直属高校科研成果展览会”展出。

从教不悔，从一而终

1985 年，陈教授被任命为南京大学分析化学教研室主任。至 1997 年年底卸任，他在这个岗位上一干就是十二年，是历来任期最长的室主任，他全心奔跑在南大化学系人才培养和学科建设的第一线。

面对学科人才一度青黄不接的状况，陈教授四处奔波，聘请英才。通过引进具有不同学科背景的人才，加强交叉学科的综合优势，分析化学学科逐步建立起了一支以分析化学为基础、多学科相互交叉渗透、业务素质好、学术结构和年龄结构合理的学术梯队，形成了一个富有凝聚力和创新活力、团结协作的研究群体。

在长期指导和培养研究生的教学实践中，陈教授逐步形成了富有特色的教育范式：第一，将高层次人才的培养与追踪学术前沿发展相结合；第二，将高层次人才培养与承担国家科研任务相结合；第三，将学生业务能力的训练与人的全面素质培养相结合；第四，将复杂的科研创造与宽松学术环境的营造相结合。

同时，得益于年轻时阅读的一大批国学经典，丰富的哲学思想启迪对陈教授的工作和生活产生了十分深远的影响。陈教授在指导学生的过程中始终提倡“无为而有为，天下为之用”的原则，注重对学生进行“无为”式的引导，着眼培养每名学生成为有创新思想、有理念、“有为”的行动主体，而让自己处于“无为”的位置。

迄今为止，陈教授已经培养出 120 多名博士和硕士，指导了 10 余位博士后和多名进修教师……陈教授为社会培养出了一大批在各个领域出彩奉献的“薪火传承者”。

穷究物性，敢为人先。从意气风发的少年，到霜染双鬓的长者，陈洪渊教授就在紫金山下、玄武湖旁辛勤耕耘了半个世纪。时至今日，耄耋之年的陈教授仍在校园里思考着、行走着、忙碌着。由他亲手题写的“厚德载物、励学教行、志存高远、锐意创新”的理念，也正引领着南京大学分析化学学科攀登新的科学高峰。

计亮年：信仰在心　奋斗不止

中山大学　沈金超　刘柳宜　夏小雨

年少历经苦难，逆境立志奋发图强

1934 年 4 月，计亮年出生于上海市一个知识分子家庭，因父亲在报社工作，家境还算殷实。但好景不长，1937 年，日本开始全面侵华，随后上海沦陷，年幼的他亲眼见证了日本帝国主义侵略中国的滔天罪行。而在他 6 岁和 9 岁时，母亲和父亲相继病逝，这给年幼的计亮年带来了沉重的打击。后来为了维持生计，14 岁的计亮年不得不从初中二年级辍学，开始了学徒工岁月，而这一干就是四年多。

一个人的出身是无法选择的，但他的命运却是可以通过后天努力改变的。计亮年遇上了一个战火纷飞、风雨飘摇的年代，饱尝了颠沛流离的战乱之苦，也经历了丧失至亲的痛，但也正是这种苦难赋予了他坚韧不拔的品质，激发了他的爱国主义精神和奋发学习、报国图强的强烈愿望。他在逆境中不断探索，心中对未来充满希望：只要不放弃、不灰心，敢于和命运抗争，相信一定会有收获，一定会有别样的人生。

自学改变命运，抓住机遇快速成长

由于从小受到父母的熏陶，计亮年树立了知识就是力量、知识改变命运的价值观。他渴望学习知识、渴望改变命运。1949 年，15 岁的计亮年深深认识到，党给自己带来了学习的机会。为了弥补以前因做工落下的课程，从 1949 年的下半年开始，计亮年白天做工，夜里赶到补习班学习，从不间断。他拼尽全力和时间赛跑，在三年多的时间里，把初中三年级和高中所有课程都补完，并顺利获得补习班高中理科课程结业证书和初中夜校中学毕业证书。

经过不懈努力，1952 年 6 月，计亮年在全国高等学校统一考试中以华东区化学方向百名录取生中第一名的优异成绩被山东大学化学系录取。大学期间，计亮年更是抓住一切可以利用的时间用在读书上，后来到北京大学、南京大学等高校学习或工作亦没有丝毫放松。计亮年认为，能够吃苦，是人生难得的品格，是一种无形的财富，是前进的不懈动力，这种“安排和利用点点滴滴的时间以便完成预定任务”的习惯，为以后他在科学领域做出巨大贡献奠定了扎实的基础。

孜孜不倦做学问，醉心学术勇攀高峰

1982 年 10 月至 1983 年 11 月，计亮年赴美学习，他和导师以及同事三人共同发现了“茚基动力效应”，给美国的同行留下了深刻印象。其间发生的一件趣事计亮年记得非常清楚。有一次，时任美国化学会主席的导师巴索罗院士不小心将一份文件遗留在办公室。凌晨 5 点钟，巴索罗院士在去办公室路上经过计亮年的实验室时，听到里面的真空泵发动的声音，便以为是新来的中国留学生晚上忘记关马达了，就进入实验室准备帮他关掉。但他惊奇地发现计亮年已经在做实验了。他对计亮年说：“早上好。”当时计亮年误认为打招呼的是搞卫生的清洁工人，于是他头也没抬起来，只是礼貌地回答“早上好”。他勤奋刻苦的精神给巴索罗院士留下了深刻的印象。

1975 年，计亮年作为人才被调入中山大学，之后四十余年，计亮年一直重视和提倡交叉学科的研究方法。他是以配位化学的理论和研究方法去研究生物体系中的配位化学问题、进行交叉学科（生物无机化学）研究的国内最早一批学者之一。他带领的团队在金属酶的研究领域取得了重大突破，这不仅在中国是开创性的，在国际上也是不多见的，使我国在国际生物无机化学领域占有一席之地。因为在生物无机化学领域的突出贡献，计亮年在 2003 年 11 月成功当选为中国科学院院士。

耕耘教学育英才，心怀感恩回馈祖国

教育救国的思想，一直潜移默化地影响着计亮年。他不仅是一名优秀的科研工作者，也是一名出色的教育工作者。他把毕生的精力都奉献给了祖国的教育事业，并为此默默耕耘了六十余年。从基础课到专业课，从大学本科生课程到研究生课程，从理论课到实验室课，计亮年都亲自讲授过。他还多次给教育部和中国化学会主办的全国教师进修班学员授课。

调到中山大学四十余年来，他获得国家和省部级科研奖11项、荣誉奖13项、国家和省部级教学成果奖4项。其中，1997年，计亮年获得广东省教学成果一等奖，同年获国家教委国家级教学成果二等奖；2000年获宝钢教育基金会理事会授予的“2000年度优秀教师”称号；2001年5月，中国科学技术协会授予他“全国优秀科技工作者”荣誉称号。从1983年开始至今，计亮年为国家培养了100多名新型学科生物无机化学和化学生物学专业的研究生。2014年4月29日，广东省委在全省大会上给计亮年颁发2013年度“广东省科学技术突出贡献奖”（个人荣誉），他把个人奖金50万元全部捐赠给中山大学化学与化学工程学院，设立“计亮年奖学金”。

如今，年近九十的计院士仍壮心不已，在化学的神秘王国里不知疲倦地探索着，为祖国的科学教育事业辛勤耕耘，永不停步。他深刻诠释了一名科学家的责任与担当，一名共产党员信仰在心、奋斗不止的优秀品格。

（指导教师：陈　禹）

敬业求实 聚力量

老楷模篇

谢东钢：展翅高飞翱彩翼　金戈铁马乘长风

燕山大学　刘一丹　吴京菁　董择怡　柴行健　王　晨　刘兆禹

2022年夏日，燕山大学的同学们齐聚视频会议平台与校友谢东钢进行了一场网络远程对话。66岁的谢东钢曾任中国重型机械研究院院长兼党委书记。同学们与老校友共话大学时代，回忆中国重型装备为共和国崛起而拼搏发展的历程。

制造属于自己的大飞机

1978年，毕业于东北重型机械学院冶炼专业的谢东钢，背包里装着作为“优秀共青团员”“优秀毕业生”的奖励的笔记本，怀揣着工程师梦想走进了西安重型机械研究所。得益于在东北重型机械学院的学习和自身努力，他28岁担任了研究室副主任，43岁被国机集团任命为西重所法人代表。2006年，中国重型机械研究院成立。这一年，《中国中长期科学和技术发展规划纲要》提出，中国要用15年时间造出自己的大飞机。这项决定在国内外产生了强烈反响。大飞机是工业制造皇冠上的明珠，其国际市场有高达上万亿美元的“大蛋糕”，被美国“波音”和欧洲“空客”垄断。1980年，中国第一台大飞机运10首飞成功，由于发达国家对制造大飞机的关键重型设备实行严密封锁，1985年该项目被迫下马。

21世纪初，国家再次将制造大飞机提上日程。2007年，西南铝业加工厂拟投资近20亿元建立中国第一条大飞机超厚铝板生产线，面向全球招标“12 000吨航空铝合金厚板张力拉伸装备”。

谢东钢闻讯后专门成立科研团队，并在技术方案上进行了充分准备，在投标过程中与国内外对手进行了激烈角逐。当时国内没有设计此类设备的经验，研发难度和投资风险很大，但这个团队有底气。谢院长率领的团队曾成功研制出世界上第一台万吨油压双动铝挤压机，填补了我国重型挤压装备的空白。这套挤压力10 000吨的重型装备，超过德国、日本著名公司的装备，生产出最大断面直径970毫米、长60米的高精度复杂铝合金型材，为高铁国产化做出了重大贡献。2004年荣获国家科技进步奖一等奖。

老牌的外企给出的报价不仅比国企报价高出3亿元，还附加了若干备件和维修保养的苛刻条件，企图控制这套装备的总体技术与产品的生产工艺，进而控制、延缓中国大飞机研制进程。

“西南铝”对投标书进行了参数核对、性能比对、指标实现过程的科学审定，决定把这项关乎中国大飞机命运的关键设备交给中国重型院的研制团队，他们相信谢东钢及其团队会交出令人满意的答卷。大失所望的西方制造商以冷嘲热讽掩饰着投标失败：“你们只能造出一堆废铁。”为此，谢东钢院长向用户立下了“只能成功，不能失败”的军令状，亲自指挥团队完成这项重大使命。

在生产高强度铝合金板材的过程中，拉伸机主要用于消除铝合金坯料中的残余应力。“西南铝”需要的万吨级拉伸机，其拉伸力要达12 000吨，可拉伸板材厚400毫米，板材宽度4 000毫米，板材长度30米。研制这样一台巨无霸设备，将打破西方国家对航空铝合金厚板关键生产装备的垄断与控制，满足我国国防军工、航空航天企业科技进步的需要。

在谢东钢院长的领导下，近百名专业工程师全力攻关，大胆创新，打破了传统的设计方案，建设性地做出了主机全浮动、多段夹紧坯料的创新方案，终于研制出了一套全新的“12 000吨航空级铝合金板材张力拉伸机装备”，于2011年成功投产，当年即生产出21 000吨铝合金厚板。谢东钢荣获2014年度国家科技进步二等奖、国家发明专利6件、实用新型专利7件，还发表论文29篇。

牢记时代使命

谢东钢从东北重型机械学院（现燕山大学）走来，“厚德、博学、求是”的校训在谢东钢身上体现得淋漓尽致。为祖国奉献的责任感时刻提醒着他牢记时代使命。谢东钢担任中重院法人代表十六年，他勇于创新，与时俱进地率领中重院创下了两百多个中国第一，创造了百余项中国企业新纪录并获得了500余项专利、300余次省部级奖励，完成超过10亿的税收和利润。他本人先后获国家科技进步奖一等奖一项、二等奖一项，中国机械工业科学技术特等奖两项，陕西省科学技术一等奖一项，并当选为国务院政府特殊津贴专家、全国人大代表、全国劳动模范。

2022 年，谢东钢为国家工作已满五十年，有一年春节他为中重院题写的春联是“装备中国骄傲属我创新团队，走向世界强国有我自主产权”，这正是他为国奋斗的精神写照。

参加网络视频对话的同学们不但对谢东钢老校友的“奋斗基因、工匠精神、卓越品质、家国情怀”感到由衷敬佩，更深切感受到实现中国梦的历史重任和老一辈对青年一代的殷切期望。

（指导教师：白 靖 杨 尧 白丽丽 腾 跃）

王卫国：三代好家风　红色润传承

长治医学院　刘婉儿　高文青

红色基因与生俱

2003 年，一场突如其来的非典疫情牵动着全国人民的心。王卫国老师清醒地意识到，白衣战士将要在一个特殊战场上冲锋陷阵了。他不顾个人安危，瞒着卧病在床的母亲，积极报名，参加了长治医学院附属和平医院（第一临床学院）“抗非”医疗队。出征仪式上，年过七旬的老母亲坐着轮椅送别王老师的场景，让人感动落泪。

当我们问及当时是什么力量使他冲上了与疫魔短兵相接的前沿时，王老师说道：“这来源于我的父亲。”他的父亲王金全，在革命战争年代是一名战地卫生员。王老师说：“这世界上有两个职业最危险，一个是医生，一个是军人。在我父亲的身上这两样都具备，正是这两样危险的职业注定了父亲的风雨人生，父亲也将冲锋陷阵、救护伤员、勇于担当的精神传承于我。”

父亲冒着敌人的炮火出生入死，背负的“老药箱”也作为传家宝交到了王老师手中。于是有了王卫国老师 2003 年义无反顾投身“抗非”前沿的勇气和力量。

红色血脉赓续传

王老师说，当时母亲送他去太原“抗非”时说过的话他至今未忘：“你怎么不告诉我？妈支持你，不要怕！”家庭的影响、母亲的支持是他一心报国的坚定后盾。他不负国家、不负人民、不负父母，并将这份情怀传承给了自己的女儿。

2020 年，王卫国老师的女儿王婷也像爷爷、父亲一样，积极报名参加长医援鄂医疗队。说起送王婷去武汉，王卫国眼中的坚定亦如父亲母亲当年。他说：“我告诉王婷了，国家有号召，我们就要有响应！援鄂，不怕！

去吧！”无需过多的话语，奔赴前线仿佛是父女内心达成的默契。王婷舍小家为大家，执甲逆行、救治患者。巧的是，十七年前娘送儿上战场的场景被人定格，十七年后父送女逆行的一幕也被人抓拍。十七年的跨越，相似的场景，不同的战场，一样的奉献。他们的故事感动了无数国人，被央视等多家媒体报道。在庆祝建党百年之际，王婷的事迹还被写入中国共产党精神谱系，被央视报道。

时光飞逝十七年，改变的是容颜，不变的是精神，传承的是责任——王卫国三代济世报国的行为，诠释着白衣天使救死扶伤的崇高精神，彰显着白衣世家的奉献和担当。

红色初心永坚守

2003 年“抗非”，王卫国没有告诉老母亲，也没有告诉正在上大学的女儿，他一个人背起药箱，义无反顾地践行自己的初心使命；2020 年抗击疫情，王卫国鼓励女儿王婷第一时间递交请战书，并将自己“抗非”的行李箱送给女儿。他说：“这会儿老了，要是不老我也要上呀，我肯定第一个报名，现在只能轮到姑娘了。”这份坚定，或许就是给王婷最好的鼓励。援鄂送别时一个有力的拥抱，有不舍，更饱含期望。

面对社会上赞扬的声音，王老师说：“这种事情没有什么值得太骄傲的，就是应该的。在我党亲手创建的医院和学校，只要党和国家有需要，每一个大夫、教师肯定都是责无旁贷地上！这不值得自豪，就是你分内的工作！”

三代传承、济世报国，这是一份平凡的坚守，这是一种不平凡的精神！王卫国坚守初心使命，于平凡中书写着忘我奉献、无私报国的医者仁心。

红色使命新担当

当我们感慨王老师一家都是英雄的时候，他笑着摆摆手说：“党和国家已经给了我们太多太多了，国家需要我们，我们就应该义无反顾地冲上去，尽自己的一切力量帮助国家渡过难关，我们也只是把自己会的东西用到该用的地方罢了。”

如今，王老师退休在家，但他始终将学校和医院的发展、将学生的培养记挂心中，只要有需要，就极力响应。2020 年，为了以身边事育身边人，讲好“长医精神”的传承故事，展示厚德精业、济世报国的长医形象，弘扬长医优良传统和深厚底蕴，学校“对话长医”栏目邀请王卫国做客，讲述他们家三代人穿越时光报效祖国的人间大爱，王老师应邀用自己的实际行动为学校立德树人工作做出了积极贡献。

不忘初心，代代传承；党旗引领，济世报国。在长治医学院这方红色热土上，作为一名新时代医学生，我们愿以前辈为榜样，不忘从医初心，牢记医学生誓言，不断拓展自己的专业知识、提升自己的综合素质，为祖国的医疗卫生事业贡献微薄力量，为祖国的伟大复兴做出最大贡献。

（指导教师：郜国叶）

万维明：深山里的一束光

大连交通大学　朱政宇

万维明教授退休前一直有一个梦想：到边远的山区去义务支教，把自己的一生所学奉献给大山里的孩子们。2015 年 3 月，万老师向学校提出这个想法，经相关部门引荐，他只身来到了铜仁市和平乡中心小学支教。2016 年 2 月，万老师正式从大学教师的岗位上退休，又在小学的讲台正式光荣上岗。从海滨城市到西南深山，从大学讲堂到小学讲台，万老师致力于教书育人的本职工作，追寻计划已久的支教梦想。从此，贵州山区的和平乡中心小学便迎来一束温暖的光，照亮大山深处孩子们的生活和求学之路。

"你看，这里是个好地方，山清水秀，空气也很好。"万老师笑着对屏幕面前的我说，然后调转摄像头与我一同分享贵州自然风光的神奇秀美、山水景色的千姿百态。但是我心里清楚地知道，这位于武陵山区腹地的迷人的"天然公园"，正是铜仁市的高温区，而且夏季炎热时间长。就是这个令万老师感觉到"享受"的地方，让他这位身高一米八的东北大汉在一开始支教的半个学期内一下瘦了 17 斤，就连万老师相处多年的同事去看他的时候都一时间认不出他，感觉他像变了个人似的。可想而知，此时满脸笑容的万老师在当时是克服怎样的困难才适应这个让他享受的地方，从而开启他人生的支教生活的。这是一束从不喊苦、从不叫累的光。

思绪悠悠，我不禁在想："生命"究竟是什么？"生活"究竟是什么？"生命"之于"生活"作何言？"生活"之于"生命"作何说？万老师的做法给了我答案。

万老师支教的地方大部分都是留守儿童，他们除了渴望知识，更渴望亲情，因此万老师在孩子们的生活中还扮演着"爷爷"和"妈妈"的角色。当他发现一个女学生生病难受时，马上到办公室自备的药箱里取药递给学生："佳慧啊，快把药吃了，一次三颗，多喝一些水。"当他看到一位女学生因凉鞋带子坏了正被其他同学议论时，万老师拿起坏掉的凉鞋说："我修修看，应该还可以穿。”当他发觉有的同学因缺乏卫生常识长期不洗头而长虱子时，便亲自帮他们抓虱子、洗头发。课间，那些没有妈妈的孩子总是喜欢拉着他的手问这问那，面对此情此景，万老师心中虽有些酸楚，但想到能带给孩子们更多的温暖，就觉得很幸福。没错，万老师哪怕牺牲自己也要保护孩子们，即使自知酸楚也要守护住孩子们内心深处的“一方净土”。正是万老师的爷爷和妈妈式的呵护，才让孩子们有了快乐而充满爱的生活，也正是这样的生活才能使每个孩子在今后朝气蓬勃发展。“授业”更“育人”，这是一束充满大爱、温暖无私的光。

习近平总书记曾指出：“一个人遇到好老师是人生的幸运，一个学校拥有好老师是学校的光荣，一个民族源源不断涌现出一批又一批好老师则是民族的希望。”万老师正是在用自己的一生去诠释“强师报国”的理想抱负，他就是大山里孩子们心中最好的老师，他就是大山深处最平凡而又最耀眼的光。伟大时代呼唤伟大精神，崇高事业需要榜样引领。正是有千千万万束像万老师这样的“五老”之光照耀在中华大地上，我国的综合国力才会不断提升。如今国家对贫困山区的教育扶持力度非常大，我相信，在不久的将来，这些大山深处必将迎来“万丈光芒”！

（指导教师：谷　鹏）

徐近霈：笔著华章，镜鉴未来

哈尔滨工业大学　田笑妍　刘卉玲

于历史洪流中看世事沧桑、察风云变幻；在筚路蓝缕间持矢志初心、奠百年基业。一百年来，中国共产党团结带领人民开辟了伟大道路，建立了伟大功业，铸就了伟大精神。教育战线上的哈尔滨工业大学“八百壮士”正是这种伟大精神的传承代表，他们初心不改、使命必达的教书育人故事和爱国奋斗情怀，一直激励着广大师生牢记初心使命，践行责任担当。

赤子之心不改

1932年，徐近霈出生于浙江宁波一个普通职员家庭。整个少年时代他经历了残酷的抗日战争，目睹了日寇的种种暴行。为了逃难，全家人不停地搬迁，他先后在6所小学就读。当时中国人受尽欺凌和压迫的现实、全家人颠沛流离的生活，让他从小就在内心深处萌发了“民族要复兴，中国要富强”的强烈愿望。

1950年，胸怀报国之心的徐近霈考入东北工学院（现东北大学）电机系，1953年考入哈尔滨工业大学电机系研究生班，1956年毕业后留校任教。徐近霈用自己的行动诠释着“扎根东北、爱国奉献、艰苦创业、矢志不渝”的崇高信仰。

中华人民共和国成立初期百废待兴，急需大量电器工程人才，而国内高校并没有相关专业。1954年，还在读研究生的徐近霈参与了电器专业的创建，并于1956年和同事一起建立了完整的本科生培养体系，为科研和教学奠定了坚实基础。

徐近霈勇于探索、刻苦钻研，于是成为当时一机部高压电器组成员，参与了三峡超高压电器设备的论证。他带领学生与沈阳高压电器厂合作，风餐露宿，奔波于校企之间，研制完成的330千伏罐式空气断路器获得国家二等奖，其相关成果目前仍在应用中。1964年完成的“电器稳定发热计算的新理论——网络矩阵在热工计算中的应用”，至今还在研究生培养领域作为参考。

1962 年，由于国家需求和学校由民转军的改变，电器专业发展方向面临很大调整，徐近霈迎难而上，挑起大梁，于 20 世纪 70 年代成功转向电力电子新方向。

“作为教师和科研工作者，绝不能安于现状，要响应国家号召和学科需求，时刻瞄准学科前沿领域，不断充实自己，与时俱进。”徐近霈说。

家国情怀不变

从电力电子到人工智能，变的是学科专业，不变的是家国情怀！

1979 年，一个偶然的机会让徐近霈再一次半路出家。

当年国际著名结构模式识别专家傅京荪教授到北京讲学，徐近霈和同事舒文豪听完讲座后，敏锐地发现人工智能将是社会发展的未来趋势，信息处理与模式识别技术将在未来的信息社会中占有重要位置，也将是国家未来科技发展的重要需求。

那时舒文豪正在国外做访问学者，师从傅京荪教授。徐近霈和舒文豪商定由舒老师寄回国外各大学模式识别学科的相关资料，由徐老师利用住院时间拟定专业的教学计划和课程大纲草案。

徐近霈一只手打着点滴，另一只手奋笔疾书；医生刚刚嘱咐他按时服药，他却因忘我深思而不顾医嘱……就这样一边住院一边夜以继日地工作，一个新的专业和研究方向——模式识别与智能控制诞生了。

忆起自己在年近半百之时重新选择、从零做起的艰辛历程，白发苍苍的徐近霈百感交集：早起晨读，迎朝霞伴朝露；晚来苦工，看落日戴月归。虽匆忙，却也快意！

每次徐近霈去北京出差，都会泡在图书馆，查资料、整理、复印。当徐老师大包小裹、连背带扛地出现在教研室门口时，同学们立马围拢过来帮忙卸货……此时徐近霈虽气喘吁吁、汗流浃背，但满心欢喜洋溢在脸上，仿佛在说：我们又可以开工了！

“那时候我们到北图复印大量材料带回来研究，整天在实验室里带着学生一起做实验，做到半夜大门已经锁了还要跳墙出去……”徐近霈笑着说。

从科研一线到三尺讲台，变的是育人阵地，不变的是精神传承！

教书育人五十余载，徐近霈可谓桃李满天下。他的学生在社会各领域取得了杰出成就，成为国家的中流砥柱。教育部党组书记、部长、中国科学院院士怀进鹏，中科大副校长、IEEE 会士吴枫等知名校友，哈工大计算学部听觉智能研究中心主任韩纪庆，类脑智能与神经工程研究中心主任、国家重点研发计划项目首席科学家李海峰等一批模式识别和语音工程研究等领域的专家，皆出自徐近霈教授门下。

“莫道桑榆晚，为霞尚满天。”徐近霈退而不休，仍继续从事研究、指导年轻教师及研究生的工作。而在近年陆续举办的光熙精神研讨会、类脑智能与神经工程研究中心党支部成立大会等活动中，90 岁高龄的徐近霈仍然活跃在师生中间，共忆历史、共话传统，用他在教师岗位上恪尽职守、在学术研究中精益求精的精神，引领年轻教师和青年学子沿着前辈的足迹前行。

（指导教师：赵　巍）

施杞：胸怀医者赤诚，矢志岐黄育人

上海中医药大学　卢　盛　千英信　金　鹰

国医大师、上海市劳动模范、上海中医药大学终身教授施杞，为医学教育事业矢志不渝地奋斗了近六十载，在中医事业发展、学科建设、人才培养中注入毕生精力，是“五老”杰出代表之一。2012年他被上海市教育委员会评为上海市“教书育人楷模”，2016年被教育部、国家卫生和计划生育委员会（2018年改为“国家卫生健康委员会”）、国家中医药管理局评为“中医药高等学校教学名师”，获选首批全国高校黄大年式教师团队主要成员。

胸怀大医精诚，心系人民健康福祉

施杞受到广大病人的青睐，这源于他精湛的医术和高尚的医德。为了不断钻研医术，施杞曾先后拜石氏伤科大师石筱山、石幼山教授为师，虚心求教，尽得石氏伤科流派薪传。他还向西医学习，先后赴瑞金医院骨科、华山医院脑外科进修，掌握了外科手术的技术，为衷中参西、中西医结合打下良好基础。如今施杞已85岁高龄，依然坚持每周四个半天门诊，病人来自全国各地和海外。他始终把病人当亲人，让众多瘫痪病人重新站起来，挺起了脊梁。如患者丁华，2011年做了脊髓性颈椎病手术后，他感到浑身肌肉紧绷，犹如被五花大绑了一样，在医院做了多次复查，检查指标都是正常的，而病痛却一直折磨着他。第一次找施杞看病时，丁华就跪下向施杞求救。施杞诊断丁华的病情不是发生在骨头，而是发生在筋。经络不通，表现为广泛的筋的拘紧、痉挛。施杞非常理解病人的痛苦，始终坚信中医能治好很多疑难病症，他安慰丁华说：“你的病会好的。”当时丁华激动得眼泪夺眶而出。经过半年治疗，丁华的不适感完全消失，恢复了正常生活。康复后的丁华将自己与施杞的合影当作手机屏保，他说：“施杞教授就是我的救命恩人，在我人生最绝望的时候，给了我希望！”

胸怀“国之大者”，心系中医事业发展

施杞勇于实践，大胆创新。他把个人对事业的追求与管理上的机制体制改革结合起来。改革初期，上海的市级中医医疗机构只有4家，基层的中医机构几近空白，人才队伍断层，流派的发展与传承停滞，中医事业举步维艰。1983年，他调任上海市卫生局副局长，分管中医药工作。上任之后，他以满足人民群众中医药健康需求为出发点和落脚点，四处奔走，推动区县发展中医药事业，为中医机构进基层铺路。经过多年的努力，实现了全市每个区县都建有中医院的目标，创建了上海市中医药研究院，拓宽了中医学院毕业生的发展方向，解决了老百姓看中医难的现实问题。1992年，市委调施杞担任上海中医学院院长，他积极推动学校各方面工作，提出努力“创建全国一流、世界著名的中医药大学”的奋斗目标，并使学校在全国首批更名为“中医药大学”，聘请我国医药学泰斗吴阶平院士担任名誉校长，总结“一体两翼”新世纪中医药人才培育的理念，夯实科研教学型大学基础，在全国产生了重要影响。

胸怀立德树人，心系杏林薪火相承

施杞在近六十年的从医从教生涯中，强调“教学乃事业发展之根，人才乃事业兴旺之源”，始终重视学科建设和人才培养。他关爱学生，提携后人，探索出“引路、铺路、养路”三路育人模式，并首创中医药复合型人才“六结合培养模式”。他以宽阔的胸怀、精湛的技艺、深邃的目光来看待中医事业的发展，先后培养硕士研究生45名、博士研究生48名，指导博士后5名，有学术继承人和高徒47名；带领团队培养硕博士研究生400余名，选派19名博士到国外名校做访问学者。施杞一直严格要求自己，并告诉自己的学生，要有“六个情”：对党和祖国要忠情，对人民要热情，对事业有感情，对集体有友情，对家庭有温情，对生活有激情。为了让学生王拥军（现为上海中医药大学副校长）顺利出国读书，施杞作担保，让王拥军获得足够的经费出国学习。当王拥军被问及为何谢绝了美方的优厚待遇、善意挽留，毅然回到国内时，他说：“我一直牢记着施杞教授对学生的重托和建议，老师一直鼓励我们：一定要出去，出去了一定要回来；一定要有出息，有出息

了一定要报国。”施杞教授的另一位学生姜宏（现为苏州市中医医院骨伤科主任）想到国外留学、工作，跟国外签订了合同。施杞给姜宏写了一封信："你是一个有进取心的青年，要以清醒的头脑涉足于世，要有劈波横渡的勇气，而不随波逐流……”信中施杞给予姜宏非常高的鼓励和期望。姜宏听取施老师的教诲，决定留下来与施老师并肩作战，用新的生命科学理念来诠解祖国医学的科学内涵。如今，施杞的学生分布全国22个省，其中百余人已成为各地学科带头人。

施杞教授深情地表示："我是在新中国的阳光下成长起来的中医人，目睹了我国中医事业在党的关怀下枯木逢春、获得新生。我少年时期筑梦中医，中青年时期圆梦中医，到老年了依然追梦中医，为中医事业奋斗的人生没有终点！”

（指导教师：张建中　顾家柱　魏晓雯）

梁隆圣："老书记"的助梦情怀

扬州大学　刘香君

在扬州大学校园里，经常会见到一位年过八旬的老者的身影，他精神饱满，眼神温暖，穿着简朴，敦实厚道得像个老车间主任，遇到他的人总会亲切地叫上一声"老书记好"。他就是扬州大学关工委副主任梁隆圣。多年来，他自己过着俭朴的生活，却结对帮扶贫困学子，并带动子女"加盟"，还广泛"化缘"，助力上千名贫困学子顺利完成学业，被学生们亲切地称为"化缘爷爷"、贫困学子的"娘家人"。

"老贫困生"的赤诚初心

"只有经历过贫困，才知道贫困的滋味，才懂得帮助别人多快乐，"梁隆圣说，"其实我也是老贫困生。"校园内口口相传着他的两个励志故事。一个是"5 毛钱的故事"。梁隆圣出生于徐州睢宁农村，8 岁时母亲便撒手人寰。读高中的他路过姑母家，姑母心疼他没钱吃饭，跑了好几家去借钱，却只借到了 5 毛钱。因为没钱在学校吃饭，他每周不得不回家背一趟煎饼用于充饥，他形容那些煎饼"周一周二是好的，周三周四是霉的，周五周六是烂的"。苦于家里条件实在困难，即便煎饼馊了烂了，他也舍不得浪费，而是洗洗晾晾，凑合着充饥。梁老说："那 5 毛钱的事，我一辈子都忘不了。"

另一个是"做棉衣的故事"。"1960 年上大学一年级的时候，我的棉衣破得不能再穿了，一个同学拿出床单做里子，一个同学抽出垫胎里的棉花，我自己买了几尺布，合起来做了一件棉衣，同学之间的互助之情让我终身难以忘怀。"每当回想起这段刻骨铭心的往事，梁老都很有感触，他说："如果国家不解放，没有共产党的领导，我根本上不了学；如果得不到国家和好心人的帮助，我很难完成学业。"学生时代的他对党有强烈的报恩思想，发誓等将来自己有出息、能挣钱了，一定要资助需要帮助的人。用他的话来说："'老贫困生'欠了债，就用爱心来回赠社会吧。"

贫困学子的“娘家人”

他常说：“1 000 元钱，在存折上只是一个数字，不起什么作用，但对于贫困学生而言意义重大，可能会改变他的一生。”2002 年退休后，他勇挑重担，担任校关工委常务副主任，开启了爱心资助的梦想之旅。他联系学生处，一下子资助了 3 名贫困学生，直到他们大学毕业。他用“爱心”培养出了农学院首个博士。吴旭江同学自幼是个孤儿，是社会力量帮助他完成中学学业并顺利考上大学，在梁老的重点资助下，他完成了本科和研究生学业，并获得博士学位。小吴说：“从小到大接受资助不计其数，但像梁爷爷这样的个人资助还是第一人，他不是父亲胜似父亲。”老书记还经常召集资助的学生聚会、加餐，他常用自己“老贫困生”的身份对这些孩子说：“贫穷不是你的过错，贫困不可怕，可怕的是惧怕贫困的心理。要保持一份阳光的心态，将面临的困境转化成战胜困难的力量。”他资助的物理学院 8 名贫困生毕业时为他送来致谢锦旗，亲切地称梁老书记是贫困学子的“娘家人”。

老书记的助学情怀深深地感染了他的儿女们，他们也积极参与到结对帮扶、捐资助学的行列中来，孕育出一个爱意浓浓的温馨家庭。“老爸献爱心，儿女也跟上。”女儿、女婿接过爱心火炬，不仅愉快地接受父亲“摊派”的捐资任务，还主动参加“春蕾行动”，每年捐赠 10 万元助力贫困女童成人成才。他的小儿子大学毕业后有过一段留校工作的经历，受其父亲感染，在年薪仅两万多元的情况下毅然每年拿出 5 000 元用于资助困难学生。一次，梁老去高邮调研，得知有 29 个贫困儿童需要救助，他回来后随即找到女儿说：“老爸献爱心，你的厂子效益还可以，出点力吧。”女儿问需要多少，他伸出两个手指头，女儿二话没说拿出两万。梁老的女儿在扬州大学设立了“扬杰励学基金”，其中首批资金达 76 万，次年起每年 50 万，连续资助二十年。“现在我们这个家庭，在爱心帮扶上心往一处想，劲往一处使。”老书记开心地说。

“化缘”爷爷

一个人、一个家庭的力量毕竟是有限的，为了让更多贫困生得到资助，老书记经常在外东奔西走，积极动员社会力量、爱心人士加入捐资助学队伍。在一般人看来，张口向人要钱是一件难以启齿的事情，可梁老有一个坚持了多年的理念："为了贫困学生，伸手向别人要钱不丢脸；伸手还可能争取到一点，不伸手肯定得不到。"为此梁老拉下面子，去找那些成为企业家、领导干部的学生，让他们出钱出力、牵线搭桥赞助贫困生。为了筹集资金，他倡导设立"扬州大学关爱基金"，经多方努力、多渠道筹资，募得善款 60 余万元。他积极争取扬州市慈善总会支持，利用市慈善总会提供的 12 万元首笔善款于 2010 年 3 月发起设立"扬州大学少数民族大学生慈善助学基金"，并得到定期补充。该基金坚持每年发放一次，已累计发放 70 余万元，惠及 700 多名少数民族贫困大学生。

老书记在外"化缘"的真情影响并带动了许多人，他所在的文汇路校区离退休党总支发动老党员开展爱心捐赠，累计筹资 20 余万元，面向农科贫困学子设立了"菁农"助学金，惠及广大农科贫困学子。校关工委 10 名老教师结成联盟，每人每年从退休金里拿出 300 元，用来资助兽医学院贫困生开妍同学直至完成博士研究生学业。

梁老书记助学圆梦的善举感染并激励了无数人，影响着一批又一批青年学子和老师。他先后获评"全国关心下一代工作先进个人""江苏省离退休干部先进个人""江苏省教育系统关心下一代工作先进个人""江苏省教育系统关心下一代工作荣誉奖""扬州十大好人标兵"和扬州大学"情暖校园十大杰出典型"。梁老虽已年过八旬，但依然坚守立德树人初心，勇担为党育人、为国育才使命，辛勤耕耘在关心下一代工作一线，用一颗炽热的大爱之心，漫步人生夕阳红。

（指导教师：生永明　陈翱翔）

常德盛：田野里的筑梦人

苏州大学　惠欣愉

“穷不会生根，富不是天生。天不能改，地一定要换！”苏州大学敬贤堂内一位精神矍铄的耄耋老人正在述说着五十多年前立下的铿锵誓言。跨越半个世纪的誓言和他的豪情壮志震撼了在场的每一位师生。这位老人就是苏州大学德政导师、江苏省常熟市支塘镇蒋巷村党委第一书记常德盛。

苦干实干挖穷根

“我是逆风时候拼死干，顺风时候拼命干。”年近八十的常书记站在讲台上仍显中气十足，正兴致高昂地向我们讲述他在蒋巷村拼搏奋斗的故事。蒋巷村是位于常熟、昆山、太仓交界之地的偏僻村庄。1966 年，23 岁的他当上了蒋巷村的大队长。面对血吸虫泛滥成灾、土地低洼贫瘠、万木萧疏荒芜的状况，常书记带领村民白天抓生产、晚上灭钉螺，就这样十年如一日，终于把血吸虫消灭了。他全年无休地用一根扁担、两只筐，和村民们一起踉踉跄跄地将千余亩低洼地结结实实地填高了一米。平土地、挖沟渠，治水改土、沤肥养田，昔日的“低洼地”改天换地，摇身一变成了如今的“聚宝盆”。

蒋巷村在他的带领下以辛勤的汗水浇灌着幸福田，这是“社会主义是干出来的”“幸福是奋斗出来的”的真实写照。常德盛对劳动的热爱、对吃苦的忍耐，激励着所有苏大学子立足平凡不懈奋斗，成就不凡。

敢想敢拼育新机

20 世纪 80 年代，蒋巷村刚解决温饱问题，敢于争先的常德胜书记就下定决心要发展乡镇工业，带领全村走向共同富裕。引人才、学技术，他日夜奔波，却由于经验不足反被骗了 200 多万，甚至招来了牢狱之灾。在企业发展命悬一线之时，就是凭借“一直把困难当动力”的这股劲儿，他坚持去一家家原告单位走访说明实情，最终化危为安。“大发展大困难，小发展小困难，不发展难上难！”遭遇失败后的常书记并没有灰心丧气，而是敢为人先地选择了一种更为创新的新型建材产品——彩钢复合板。为了打开销路，他到处奔走，在一次出差的路上，一场车祸导致常书记的左眼缝了28针，可他心里只想着早点出院去工作。就是在这样一位爱岗敬业的书记的领导下，村级工业从无到有，蒋巷村也在磨难中成长壮大。

“困难的最大敌人是自己，自己怕了，就没有办法。”常德盛以他坚韧不拔的拼搏精神、追求卓越的创新精神在危机中育新机，续写了蒋巷强村富民的鲜活篇章。

为民爱民守初心

庭院深深美如画，博物馆、生态园、蒋巷书院、精品民宿林立，新时代的全国文明村迎得来游客、留得住乡愁。村民们常说：“老常还是那个老常，蒋巷村却变了大模样！”常书记振兴乡村的目标要求一直在变，但为民爱民的初心始终不变。滚烫的初心、赤诚的忠心，使他扎根基层却奋力向上生长。

让村民们住进“人间天堂”是常书记一直以来的殷殷期盼，如今蒋巷村实现人人居住别墅花园，而常书记至今仍住在20世纪80年代建造的老宅里。“翻身不忘本，做个农民不容易，当干部不能特殊。”他始终坚守清正廉洁的工作作风，成了蒋巷村率先发展的带头人、人民群众的贴心人。农林牧副渔、工贸文教旅，蒋巷村全面开花，成了党领导下的新时代乡村振兴探路先锋，走出了“农业起家、工业发家、旅游旺家、生态美家、精神传家”的全面发展之路，打造了成功实践新发展理念的幸福窗口。

“让百姓过上好日子是我的终生追求。”常德盛以信仰浇灌初心，怀揣坚如磐石的为民情怀，立足天地间、深耕群众中。一则动人故事是一代人的印记、一个时代的缩影，激励着一代代青年接过奋斗的接力棒，永葆对党忠诚、不负人民的赤子之心，谱写一曲曲壮丽的青春之歌。

（指导教师：蒋　慧）

王安国：生命不息，发挥余热不止

浙江财经大学　汪若雅　张文静

王安国是临安市林业局退休干部，总工程师、教授级高工，从事林业科研工作四十余年，他心系群众，福泽四方，执着于农林科技的推广，先后完成66项研究和推广项目，助力乡村振兴，演绎了一位基层科技专家的人生精彩。他被称为“农民朋友”“科技财神”“临安的袁隆平”。

开启经济发展新篇章

据王安国爷爷回忆，1980年，他毅然决定回到家乡临安。当时的临安还是穷山恶水，经过几年研究，王安国爷爷发展了第一棵摇钱树“山核桃”产业，极大提高了农民的经济水平。1982年，他写了一篇题为《临安经济翻两番，竹子挑重担》的建议稿，为临安发展竹产业提供决策依据，紧接着开启了临安第二棵摇钱树“竹笋”的新篇章。

1999年，王安国爷爷又提出“发展20万株香榧，为临安农民培育第三棵摇钱树”的建议，并亲自参与香榧示范点建设。现在，临安家家户户基本都有这三棵“摇钱树”，日子过得越来越好。

最让王安国爷爷动情的经历是关于白沙村的治理和致富之路，他讲述了如何将太湖源头白沙村等地区的荒山野岭建设成绿水青山的故事。王安国爷爷回忆道，太湖源镇的白沙村，是典型的山区，条件极其恶劣。更糟糕的是，它处在浙江省暴雨中心，过量采伐和连续多年的“毁林不造林”导致水土流失。1990年，在王安国爷爷倡议下，白沙村在全县率先开展封山育林，并着手非木质林产品的开发。之后，他给农民上课，并且推出数个示范户，提倡保护森林，经过六年的时间，生态慢慢变好，白沙村的森林覆盖率超量恢复，村民年人均收入增加。

但他担心农民会二次砍树，因为白沙村的农民收入还是偏少。一筹莫展时，前来考察边远山区林业可持续发展案例的联合国教科文组织官员本诺沙先生笑着说："这个王先生捧着个金饭碗在讨饭，这么好的地方为什么不搞生态旅游?"经其一提点，他下定决心好好搞生态旅游。

走在脱贫致富道路上

1998 年 8 月，浙江省首个生态景区——临安太湖源景区开业。四面八方的人纷纷前来一睹小九寨沟的美景。村民们看到经济增收成果都心服口服，王安国爷爷因此被当地授予了"白沙乡荣誉村民"的称号。王安国爷爷连续三十年与白沙村结对联系，积极引导农民走生态、生产、生活"三生共赢"发展之路，让白沙村成为习近平总书记在浙江时提出的千村示范、万村整治示范村、绿水青山就是金山银山的最好阐释点、国际示范林示范点。

他永远走在帮助群众脱贫致富的路上。2002 年退休后的王安国爷爷开始培育竹种园，从苗圃开始，建成了面积达 1 050 亩的现代林业科技园区——太湖源观赏竹种园，该园区是一个集竹笋产业、竹子加工、休闲旅游、农村电商等多种业态于一体的田园综合体。2006 年，王安国爷爷又用省政府奖给他的 20 万元，创建了临安市现代林业科技服务中心。退休二十年来，他举办了 170 多期培训班，培训农民 8 500 多人次，进村入户下乡指导 650 多次，培养了 150 多名科技示范户。同时，以竹为媒，实现国际科技合作，接待了来自 68 个国家的上千名外宾，举办了多次国际竹培训班，并派出科技人员前往智利、菲律宾、越南等国进行科技合作，希望将临安利用竹子经营致富的模式应用于全球更广泛的地区。

"当干部是要退休的，但共产党员是要为共产主义奋斗终生的。"王安国爷爷笑着谈道，"要为人民服务，尤其作为党员。"虽然已经 80 岁高龄，但是他还在致力于培育第四棵"摇钱树"——建立高科技鸵鸟产业园，为了实现这个目标，他正在忘我努力，风雨兼程。

一个人只要以敬业精神和超强的专业能力点燃执着追求的火把，就能使自己的人生绽放出灿烂绚丽的光彩。王安国爷爷拥有的是全心全意为人民服务的初心，梦想是将荒山秃岭变成绿水青山，又使绿水青山成为金山银山。他的高风峻节，值得我们敬仰；他对生命的感悟，值得我们借鉴；他对事业的热爱与投入，值得我们学习。

（指导教师：豆芹兰）

韩明向：共话百年奋斗，争做时代新人

安徽中医药大学　陈　龙　郭悦悦　陈青照　赵　颍　朱明远
陈婉莹

身为国家级名老中医，他对患者谦谦有礼，对学生有问必答。他热爱科研，曾是安徽第一个中医学重点学科——安徽中医药大学第一附属医院中医内科学的学科带头人。如今，他年近八旬，依然坚持上门诊，为不明病因的疑难病患者解除病痛。他，就是第四届"国医大师"拟表彰人选、首届"全国名中医"、中国好医生和安徽国医名师韩明向教授。

不忘初心，光荣在党五十年

悬壶济世，躬耕杏林一甲子。以韩明向为学术带头人的肺病学科成功申报当时全省唯一的国家中医药管理局首批重点学科，韩明向为安徽中医药事业做出开创性贡献，被评为"全国名中医"、首届"安徽省名中医"、"安徽省国医名师"。韩明向也是安徽中医内科优秀临床人才和学科带头人培育者，是国家中医药管理局第二、四、五、六批全国优秀中医临床人才指导教师。访谈中，韩老多次深情地表达没有中国共产党就没有新中国，没有中国共产党就没有中医药发展的好政策，没有中国共产党就没有中医院校的设立和安徽中医药大学的发展与壮大，也就没有自己学习中医的机会。

德艺双馨，坚持杏林传道

韩明向年逾耄耋仍坚持每周三次门诊、查房及疑难会诊一次，全国病员慕名求诊。在科研课题及成果方面，主持及参与省部级以上课题 18 项，其中主持国家自然科学基金 2 项，获省部级科学技术奖二、三等奖及国家级学会、地厅级奖共 13 项；培养国家名老中医学术传承人 8 人，其中国家重点学科、专科和国家中医药管理局重点学科带头人 6 人，岐黄学者和青年岐黄学者各 1 人，享受国务院政府特殊津贴专家 5 人。《医工论》云："凡为医之道，必先正己，然后正人。”正是韩老在新时代的修身立己，将知识无保留传授出去，才能让中医传承人掌握真本领，把中医学发扬光大。济世救人不能有一丝马虎，可谓是“差之毫厘，谬之千里”，所以他对学生也是出了名的“严”，这正是韩老治学态度严谨的表现，他谨承“至精至诚，惟是惟新”原则，坚持杏林传道。

开拓创新，总结运用百年经验

习近平总书记在十九届六中全会中多次强调，要运用好我党带领中医药砥砺前行的百年历史，要把中医药这一祖先留给我们的宝贵财富继承好、发展好、利用好，创造不负革命先辈期望、无愧于历史和人民的新业绩。韩明向也是中医药防治重大公共卫生事件的倡导和实践者，虽年逾七旬，仍冒着风险参加安徽省首例SARS会诊，赴禽流感、手足口病疫区并参加洪涝灾后中医药防治方案制定。韩明向研究中医内科五十余年，任内科主任二十年，秉承大医精诚的精神，“博极医源，精勤不倦”，呕心沥血，书写各种读书笔记数十本。在医疗中处处以患者为中心，无论贫富，均耐心、细致对待，治疗了大量疑难危重疾患。他始终牢记作为一个共产党员和“全国名中医”的光荣使命，以精湛的医术、优质的服务，回报社会，不负党和人民的重托。

理论联系实际，解决群众热难点问题

习近平总书记“七一”重要讲话精神中明确提出，要坚持理论联系实际，把学习贯彻重要讲话精神与解决本部门本单位问题结合起来。韩明向深切关注广大老年群众的切身需求，致力于血管性痴呆和老年性痴呆的临床和实验研究。创立延缓衰老成方“寿星宝”，参与制定《血管性痴呆诊断、辨证及疗效评定标准（研究用）》，创立了治疗老年痴呆的经验方“智脑胶囊”。韩老始终强调要以人为本，时时刻刻把群众热切关心的难点问题放在心上，发挥我党优良传统。

传承红色血脉，争做时代新人

韩老是家乡最早的大学生，依靠国家助学金才读完大学。他告诉我们：“共产党帮助穷人完成学业梦，这个时代是最好的。”他曾有机会留在美国交流学习，但是他拒绝了，问到原因时他说，中国是生养他的土地，是党让他达成了今天的成就。韩老用亲身经历向我们描绘了解放战争时期中国共产党的优良作风，他在艰苦的年代里顽强生长，告诫广大青年们今天的生活多么来之不易。韩老还嘱咐我们，以后走上工作岗位一定要坚守底线、廉洁奉公，还要坚持多读书，读好书。

韩老寄语青年学子：要坚定理想信念，在今后的工作中要先学会做人、后做事。他叮嘱同学们树立正确的政绩观和得失观，还为师生们赠送了图书《肺系疾病临床方药臻萃》和《中风临证臻萃》。

“高山仰止，景行行止；虽不能至，然心向往之。”韩老高尚的道德情操、无私的奉献精神，深深感染了我们每一位。初心传递责任，使命呼唤担当，榜样引领时代，通过与韩老的零距离接触，我们深切感受到榜样的力量。韩老践行初心使命，在坚守中绽放党性的光辉。

（指导教师：李国转　孙孝洞）

李振华：赓续薪火，雕刻生命年轮

潍坊学院　吴楷文

历史车轮滚滚，时代浩瀚无边。鲁迅先生曾说过：“我们从古以来，就有埋头苦干的人，有拼命硬干的人，有为民请命的人，还有舍生求法的人……这就是中国的脊梁。”

布鞋校长

1953 年，一个冬日的晨曦下，博山通往沂源县的山路上，一位肩背铺盖卷、双手提行李的小伙子冒雨艰难地行走。山路很滑，很崎岖，他无人陪伴、无人同行，却步伐有力，走得很坚定。他就是老干部、老模范、老教师，情系沂蒙学子的“布鞋校长”——李振华。

德高为师，身正为范。李振华扎根基层教育六十八年，个人累计捐款 145 万元，资助沂蒙山区学子 2300 多名，奖励优秀学生和老师共计 1000 余人。在退休以后，李振华老师倾其所有，把半生仅存的 1.5 万元和国务院政府特殊津贴分为三份，分别捐赠给他工作过的韩旺中学、张家坡中学和沂源县实验中学，并成立了“振华奖学扶贫基金会”。

献身沂蒙，豪情壮志。半个多世纪的漫漫时光中，这位普通的人民教师把爱融入了沂水蒙山之中。那段在沂蒙山区支教的日子里，他白天上课，晚上走五六里夜路给学生补课。为了改善办学条件，他用篮球胆、旧报纸做地球仪，画上经线、纬线，讲地理时展示给学生看哪里是大西洋、太平洋，哪里是欧洲、亚洲。他用大皮球、小皮球、乒乓球制作三球仪，讲日食和月食。工作之余，他还把精力重点放在资助留守儿童和孤儿上，筹资 10 万元为他们建起“希望小屋”，营造更好的学习环境；成立振华公益使者——“希望小屋”志愿服务队，引导受助学生学习并参加社会活动。

用爱心认真雕刻生命的年轮

人活着，就应该用爱心去认真雕刻生命的年轮。2021年暑假，在参加沂源县青鸟计划启动仪式时，我们参观的最后一站是李振华纪念馆。在展厅讲解老师的解说下，我们阅读了满墙丰富的图文资料，观看了李振华老师情洒沂蒙山的实际影像和珍贵实物。在纪念馆展厅内，有李振华老师自制的简易教具、条理清晰的教案、领口磨破的衣服，通过这些简单且朴素的细节，我可以想象到在那个艰苦的年代，他是怎样一步步克服困难，担负起支教的任务。透过一张张黑白的老照片，我走进了李振华老师的那个时代，我看到年轻时的他，从繁华的南京毅然来到偏僻的沂源支教，陪伴他的是半山腰的三间破庙、破洞一样的窗户、透风的四壁、玻璃瓶制的煤油灯，所谓的课桌和板凳都是用石头做成的，一张旧床、一只泥炉子就是全部家当。然而贫穷落后的教学条件、苦涩不堪的山村生活并没有挫败他的意志。他关爱学生、安于清贫、乐于奉献。对自己，他处处精打细算、生活简朴；对他人，他无私奉献，不求任何回报。正如李振华老师在日记本中写下的一句话，如今虽笔记浅淡却依旧发人深省：人活着，就应该用爱心去认真雕刻生命的年轮。

李振华是如此，千千万万的老教师、老干部、老模范亦如是。他们把青春和热血留给了自己所热爱的事业，并为此投入全部，这种牺牲与奉献精神怎能不令人动容？

桐花万里丹山路，雏凤清于老凤声。生逢和平年代，我们青年一代不更应该如此吗？我们当以“五老”精神为魂，逐梦新时代！

（指导教师：于丽杰）

孙炳章：泱泱华夏人，续写中华魂

潍坊职业学院　刘琪慧

在一个下雨天的夜晚，一位满身是泥、眼镜摔碎的老人一瘸一拐地走回家。见状，老伴儿既担心又埋怨，那位老人却欣慰地笑着说："只要把这些娃当咱孙子看，你啥怨言都没了。"老伴儿无奈地笑了。

多年来，这位老人跑遍15个村组及各家各户，了解各家实情，经常回家很晚，始终把关教工作当作自己的责任和义务。这位老人就是军庄村关教组常务副组长——孙炳章。他所在的军庄村关教组2015年获省关心下一代先进集体称号。

帮困助学

孙炳章经过努力，对军庄村各户情况有了具体的了解。军庄村一村民的孙子突发疾病，因患先天性智障，十多年未报户口，故在西安无法入院，家长情急之下，给他打电话。他即刻到村组，又到街办开了各级证明，又赶到派出所，办理了户口证明，返身又打车赶往西安，才使孩子入院治疗，家长感动得热泪盈眶。对于残疾青少年杨卓等几人，他也经常登门谈心，鼓励他们要乐观向上，要热爱生活，要有身残志坚的斗志，要努力为国家贡献自己的力量。他亲自奔波，给他们办残疾证、申请生活补贴。他们看着这位老人的帮助，对生活、对现状不再抱怨，能更加客观地面对生活。

前几年军庄村一个六年级的学生辍学。孙炳章闻讯后，及时到该生家里了解情况，得知这个学生与年迈的爷爷相依为命，但因爷爷卧病不起，无法支付学费，而且自己需照顾年迈的爷爷。他安抚好这个懂事的孩子后，先后几次携物看望老人，并和关教组成员请来当地医生给老人看病，让孩子能放心去上学。他又亲自跑到学校，和校领导协商，最后以特困户免去学生的所有费用，使这名学生重返课堂。他还多次联系老师，给孩子补课，并自费买学习用品，经常到孩子家里去询问学习情况。孩子的爷爷老泪纵横，万分感激地说："娃能上学，多亏你啊！"他又配合村学校做好减免扶贫工作，村南北二校先后免去学费的贫困生有 12 人，全免的贫困生 4 人，其中一名学生已送到临潼全免公办学校。

每逢“六一”他都要去学校，向孩子们宣讲雷锋精神，激励孩子们好好学习，长大建设更加美好的家园。每年清明节，他都协同学校祭扫白文范烈士陵园，请老同志讲述先烈事迹及先辈的英雄事迹，使青少年能继承先烈遗志，学习先烈为建立新中国抛头颅洒热血的崇高品质，完成先烈交给青少年的时代重任，共同建设更加美好更加富强的中国。

军庄村有两名失足孩子在省少管所劳教。他常劝父母与其孩子倾心交谈，配合劳教所教育孩子，让孩子能认真改造，做对社会有用的人。他又向上级关工委请示，要求看望孩子，给他们送去衣服和学习用品，并鼓励他们努力学习，改造思想，争取立功受奖、早日回家。少管所的领导也给予极高评价。他送去的不仅是这些物品，他送去的是温暖与爱心，是他让这两个少年拾起了勇气与信心。现在失足孩子早已释放回家，他们都有了自己幸福的小家庭，并为社会主义建设做出了贡献。

老有所依，老有所乐

孙炳章真诚的爱心和顽强的精神无不感动着人们。现在他又担负起了幸福院老年协会的重任，使村民老有所依、老有所乐。几年来，他同老年协会成员多次看望高龄老人，得到了群众的同声赞扬。

孙老现在虽然八十多岁了，但仍保持党员本色，甘当人民公仆，始终辛苦勤奋地工作，孜孜不倦地学习，无私无悔地奉献，被村民誉为“孩子的路灯”“人民的公仆”。孙老真正做到了为人民服务。榜样的力量，始于感动，在于带动，成于行动。孙老以自己的实际行动，以有形的正能量影响并带动着身边的人，让他们在新时代新征程的实践中锻炼，在无形中成长，为社会贡献着自己的智慧和力量。

鲁迅先生说过：“惟有民魂是值得宝贵的，惟有他发扬起来，中国才有真进步。”“五老”精神应植根于每个华夏人心中，生逢盛世定当不负盛世，吾辈青年应赓续“五老”精神，共筑神州大地的辉煌！

（指导教师：牛文欢）

王忠祥：丹心育新苗　为霞尚满天

聊城职业技术学院　颜　畅　杨欣瑶　黄一苗

筹建公益夏令营、冬令营，三轮车上创办“党史国史”教育流动课堂，走街串巷，就是这位七十多岁退休爷爷的日常。挖掘整理154名烈士资料，创办全区第一个红色村史馆……数十年如一日，他用自己的丰富学识和亲身经历，向人们讲述着一个个红色故事，传播着党的理论政策。这一系列公益事业的践行者就是被孩子们亲切地称为“故事爷爷”的聊城侯营镇关工委副主任、侯营村关工委常务副主任王忠祥。

红色基因植心中

1949年，这一年不管对中华人民共和国来说还是对王忠祥爷爷来说，都是极为重要的一年。1949年6月，历时四十二天的渡江战役取得胜利，为解放华东全境和向华南、西南地区进军创造了重要条件。而在这场战役中，王忠祥的父亲壮烈牺牲。三个月后，在中华人民共和国成立前一个月，王忠祥出生了。他从未见过父亲，但父亲的革命历程深深地影响着他，一颗爱国的种子早早地种在了他的心中。参加工作后的王忠祥没有忘记自己的初心，他感恩国家因为他的烈士后代身份给他安排工作。为了报党恩、报国恩，他在工作中吃苦肯干，任劳任怨。由于表现优异，他被批准为中共预备党员。王忠祥当年在写给党组织的一封信中说：“当我站在鲜红的党旗下向党宣誓的时候，我想起了很多，我想到我是烈士的儿子，我想到是党安排我参加了工作……”1987年3月，他自愿从多年的积蓄中拿出1000元作为入党后的第一次党费上交给党组织。这一行动彰显了一位烈士后代的感恩之心、一位青年共产党员的赤诚热忱，也为他今后的人生选择埋下了种子。

三轮车上建课堂

如果说一个人入党后上交千元党费是一时冲动，那么，他入党后三十余年一直不间断地做公益、报党恩，则体现了一个真正共产党员的初心和本色。退休后，酷爱历史的王忠祥就走上了四处讲述红色故事、弘扬革命精神的宣讲之路，这一讲就是十几年，他成为当地无人不知的“故事大王”。王忠祥说：“侯营村是红色革命老区村，得把红色精神和红色基因传承下来。”这里有他的根和魂，他有义务有责任把村里的红色文化传承下去。为此，他卖掉自己的一处房产，并在党委政府、社会各界人士、志愿者、村民的齐心协助下，建起了高规格的宣传栏，用心打造侯营村百米文化长廊，累计张贴红色宣传教育画报200余幅，张贴村规民约80余幅，让侯营村的群众不出村就能接受红色文化教育。除此之外，他还自费制作了108块中国革命史展板。这位七十多岁的爷爷，迎酷暑、战严寒，骑着三轮车，载着他的108块展板走遍了侯营镇64个村庄，建起了三轮车上的红色教育流动课堂。这样的讲授方式，得到了百姓认可。很多人说，平时身在福中不知福，这样一讲他们明白“确实是享了共产党的福，感恩共产党、感恩政府”。王忠祥感慨地说：“一开始带着展板进村讲课是求着老百姓帮忙卸车，现在老百姓都主动帮着装车，热情地回家端水让我喝水，老百姓都变了。”王忠祥克服了很多困难，讲课越来越有经验、越来越有影响、效果越来越好。

追寻英烈足迹

王忠祥在搜集资料的过程中，意外发现了侯营镇在解放战争中的68位革命烈士的资料，仅在开封战役中就有9名烈士来自侯营镇，他推测还有其他众多聊城籍的烈士牺牲在开封战役中。于是，他决定搜集、整理在开封战役中牺牲的其他聊城籍革命先烈的事迹。然而，由于年代久远、信息不全、行政区域调整等，困难重重。为了核实烈士信息，王忠祥骑着电动三轮车走遍了聊城市122个行政村，跑遍了聊城各县区的民政机构和烈士纪念馆。不会用手机导航，他就专门买了一张聊城地图，每走过一个地方就画一个圈，直到地图上全被圈圈填满。历时四年时间，总行程超5000公里，他共收集了有据可查的154位聊城籍烈士的信息。2020年“八一”前夕，王忠祥在聊城市、区退役军人事务局的帮助下，终于将这154位聊城籍英烈的名字补刻在了河南开封烈士陵园的石碑上。

王忠祥在红色公益路上越走越宽，他还举办爱国孝亲感恩国学夏令营和冬令营，组织当地孩子参观红色教育基地、唱红色歌曲、观看红色影片。通过这些活动，他教育孩子们把当地的红色故事讲给同学听，讲给父母听，讲给社会听，传承红色基因，成为时代新人。几十年来，王忠祥始终牢记初心使命，永葆党员本色，这种坚贞如一的爱国情怀和爱党之心令人深深动容。

习近平总书记强调：越是伟大的事业，越是充满挑战，越需要知重负重。祖国将接力棒传给了我们青年一代，中华民族伟大复兴的中国梦需要我们接续奋斗。我们当不辱使命、不负众望，坚定不移听党话、感党恩、跟党走，矢志不渝强信念、担使命、圆梦想。愿以青春之责任点亮民族之希望、助力国家之繁荣，勇担民族复兴之大任！

（指导教师：张　婷　韩　停　韩秀婷）

杨兆勤：传承“五老”精神　照亮前行之路

河南中医药大学　张　月

神针济世

杨兆勤教授已经八十多岁了，退休前她一直在河南中医药大学第三附属医院从事教学和临床工作。1975—1978 年，杨教授作为援外医疗队专家远赴埃塞俄比亚为当地受灾患者治病，那里医疗资源落后，药品极其短缺。在处理当地群众膝关节积液时，8 个国家的医疗队进行会诊，其他 7 个国家的专家束手无策，杨教授称其他国家“这个也没方儿，那个也没方儿，我们有方”。杨教授的针灸治疗取得了良好效果，获得了当地群众的信任和称赞。小小的银针体现出中医简便廉验的特点，展示出了中医的智慧和力量。

1994 年退休之后，她继续留在医院临床一线，人们常常可以看到一位满头银发、身着白大褂的医生，八十多岁高龄仍然在各个病床之间穿梭忙碌。网上经常能看到病友的留言，有的病人说：“杨大夫八十多岁了，还守在治疗一线，亲自诊疗每一位患者。每天 7 点多就到诊室开始工作，是一个负责的医生，一位让人尊敬的老人。”有的说：“我有很严重的腰突，经杨大夫治疗两个疗程就好了。杨大夫品德高尚，医术精湛。”有的说：“杨大夫态度很和蔼，替患者着想，天天出诊，医术高明。”简单几句话，让我们读懂了一位德艺双馨的老专家。

杨教授的诊室有一块“神针济世”的镜匾。我进一步了解到这块镜匾背后的故事。河南省巩义市刘进境 12 岁的儿子被诊断为进行性肌营养不良。医学上讲：“进行性肌营养不良的患儿 10—12 岁不能行走，躯干和四肢肌肉明显萎缩，肌肉挛缩致关节无法伸直……”该病预后很差，刘进境一家陷入绝望。当他们慕名找到杨教授后，杨教授用她的银针，历时三个月，使患者可以正常下床走路。从坐轮椅和卧床不起到可以正常行走，刘进境一家欣喜和感动交织，请人书写“神针济世”牌匾送给这位妙手回春的大夫。

像这样的疑难病例还有很多，无数患者从杨教授这里收获了希望，走向了康复。她常告诫学生，孙思邈的大医精诚是对医者的基本要求，无论何时都要做到“安神定志，无欲无求，恻隐之心”。她讲到一位小患者嘴巴歪斜严重，在看病期间一顿饭吃一个小包子，家人拿一袋干馒头泡水当饭吃。面瘫患者需要抓紧时间治疗，见到小患者的家庭情况如此拮据，杨教授给小患者多买了几个包子，已经延迟下班的她再一次执起手里的银针，坚持为这位小患者做完治疗。

关爱后辈

在学生眼里，杨教授是一位严格的老师，也是一个贴心的家人。在教学期间，她严格要求同学们必须熟记十二经络和腧穴等基本知识，要求年轻医生必须扎针技术过关。她告诫同学们，只有经络穴位烂熟于心，技术到位，才能下针快准，得心应手。同时杨教授又像妈妈一样，大家有工作和学习上的困难都愿意找她倾诉，她不厌其烦地为大家答疑解惑，语言像和煦春风，像涓涓细流，涤荡内心杂念。有一名进修生不会处理人际关系，没有科室愿意接收，杨教授了解情况后和这名学生推心置腹地进行交流，通过润物细无声的方式让这名学生收敛锋芒，认真工作。

传承“五老”精神，照亮前行之路。“五老”们的身影似块块铺路石，镶嵌在中华民族的复兴大道上。一代代红色基因的传承，需要我们青年一代初心不忘，像杨兆勤等老教授、老党员一样忠诚敬业、无私奉献，将医者的“工匠精神”赓续绵延，将党员对党的赤诚浸润在平凡的岗位上。

“共话百年奋斗史，争做时代新人。”作为新时代中国青年，我们生逢其时，海阔凭鱼跃，天高任鸟飞，我们又重任在肩。我们一定要谨记“厚德博学，承古拓新”的校训，将无私奉献的精神薪火传递，追风赶月莫停留，把握好青春年华，传承弘扬“五老”精神，在矢志奋斗中书写青年一代的责任和担当，好好学习、天天向上，学有所成报效祖国。

（指导教师：孟长海　张羽萍）

易幼儒：杏林春满园　心正药自真

郑州大学　杜慧敏　余婧怡

“党恩伟大，党恩无边，养我育我铭记心间，我爱中国共产党，我永远做你的好党员，为你工作为你贡献，共产主义事业万寿无疆。这就是我的心愿。”86 岁的易幼儒在谈到中国共产党时如是说。从学医开始，易幼儒老师就坚定了治病救人、为党付出、为国奉献的人生目标。行医路漫漫，她夜以继日地向着心中的那一面党旗进发，并戴上了属于自己的那一枚党徽。易幼儒的一生就像那枚金灿灿的党徽一样耀眼，她用自己的光芒照亮了无数身处黑暗的人们。

医术精湛　妙手回春

1975 年，鹿邑暴发致命洪灾。得知鹿邑洪灾的那一刻，易幼儒和她所在的医疗队就积极响应党中央的号召，马不停蹄地买好了去往鹿邑的车票。“那天下了好大的雪，火车上密密麻麻全是人，我拼尽全力也没能从火车门那儿上去，还是医疗队的其他几个人把我从火车窗户那里拽了上去，我终于坐上了去往鹿邑的火车。”

刚到鹿邑，她就被眼前的景象震惊：无数灾民患有流行性脑膜炎，满身红疹，高烧不退。她强忍着内心的难过与心疼，立刻着手对病人进行医治。“青霉素、磺胺、氢化可的松配合中药金银花，就这样治了好多天，我治好了 600 多例流行性脑膜炎患者。”

救治病人对易幼儒来说永远都是不能耽搁的头等大事，面对数以百计的病人，她一刻也不敢停歇。高强度的工作，恶劣的环境，让劳累过度的易幼儒也病倒了。“我也得了流行性脑膜炎，身上起红点、发高烧，不过最后抢救回来了。”她用十分轻松的语气讲述着这段沉重的遭遇。虽然险些失去性命，但她从未因此后悔过。当医疗队要离开鹿邑时，病人送的牌匾实在太多，她差点没能都拿住。

在鹿邑的一年里，易幼儒用自己的医术救治病人，凭借自己的仁心打动病人，以自己的生命为笔，在每一位病人的人生中留下了浓墨重彩的一笔，向党和人民、向自己的人生交上了一份满意的答卷。

援外两年 一心向党

1977 年，她接到国家卫生部（现为“国家卫生健康委员会”）的援外工作部署，得知自己要即刻出发，参加埃塞俄比亚医疗队为期两年的援助工作。

在埃塞俄比亚的这两年，她和当地居民建立了良好的关系。“病人都愿意找我去治病，我还帮着他们种了红薯和绿豆芽。”回忆过往，易幼儒提到一位破伤风患者，在注射破伤风抗毒素无效后，她以丰富的药理知识，开方抓药，妙手救治了这名身患重病的患者。“当时，他的家人送了我一盒子黄金首饰，我跟他说我绝对不能收。”作为一名医者，最重要的是恪守医德。平日里，易幼儒对患者耐心细致，对工作一丝不苟，备受业内外认可与赞誉。最后，她只收下两本赠书，一本送给同事，一本至今还存放在家里的书架上。

自工作以来，易幼儒向党组织递交过多次入党申请书。在此次援外医疗工作结束之后，她如愿获批成为中国共产党正式党员。“那时候我是‘火线’入党，没有候补期。”铿锵有力的话语，让面前这位白发苍苍的老人更加精神矍铄。

特殊党费 抗疫在行

2022 年 9 月 8 日，易幼儒坐着轮椅来到郑州大学医学院校区离退休活动室为四川泸定地震捐款 1 万元。“我做得还不够。我看了伤亡情况，心里特别难受，于是我捐了 1 万块，这是我的心意。”提及这笔特殊的党费，她从随身携带的包里取出一张纸条，上面是亲笔书写的捐款记录：2008 年汶川地震上交特殊党费 1000 元……2020 年武汉疫情交纳特殊党费 2000 元。“因为多年前出车祸，我的膝盖粉碎性骨折过，我没办法长时间站立，也穿不了工作服，我就捐了 2000 元，支援武汉的医护们。”

迄今为止，易幼儒一共获得三次“优秀共产党员”称号，特别是在建党 100 周年之际，“病人们的感谢信送到我们第六党支部，堆了一堆。”她感慨地说道。那时她退休在家，不能到抗疫一线尽自己的绵薄之力，但她真心为前线的医护人员们感到骄傲和自豪。

疫情之下，不少青年学子被白衣执甲的医护榜样打动，秉持生命至上的理念，投身卫生健康事业，为守护人民健康贡献一份力量。“年轻人要好好学习，一心为病人、为党、为共产主义事业做贡献，我一辈子就是这样想的，哪儿有困难我就去哪儿。咱们做医生的就是这样，不能选择。”这是易幼儒对自己、对病人、对党的承诺，也是对年轻一代的期许和希望。

“顶风冒雨进山谷，出诊路遥人乏饥。得将留名非我愿，但愿世上少疾苦。”治病救人的这几十年里，幼儒老师一直秉持着为党、为民的理念，兢兢业业做好每一份工作。党旗迎风飘扬，党旗下的人心怀感恩，用自己的一生让党旗上那片耀眼的红更加闪亮。

（指导教师：刘　迎　李雪娟）

王景晨：一生耕耘忙，万亩稻花香

信阳农林学院　陈桂珍

他看起来就像一个平平无奇的农民，但他有着六十余载潜心水稻杂交育种研究的历程。他自嘲是“跟着太阳走的人”，说起水稻研究总是不禁嘴角上扬，享受回味。他就是王景晨——信阳农林学院退休教师、研究员，曾任信阳农林学院水稻研究所所长，兼任河南省生物工程学会理事、中国特种稻研究与开发协会理事。

“把论文写在祖国大地上”

那段扎根农田、从青丝到白发的匆匆岁月，是王景晨不可磨灭的记忆，也是生命中难得的精神财富。春夏季节，气候温度适宜，便在内地育种；秋冬季节，内地天气变冷后，他又到海南加代育种。如同候鸟一样，一年四季，随着太阳的直射变化而迁徙。几十年的研究经验，王景晨练就了一身的绝活：一株稻穗用手掂量掂量就能估测产量高低，一粒稻谷只要放在嘴里咀嚼咀嚼，就能分辨出品质优劣。

对于王景晨来说，第一次看见自己的研究成果发表在重点学刊《昆虫研究》上，从事科研、致力于农业的初心便在心底生根发芽。前有值得瞻仰的袁隆平前辈，后有继承者们，王景晨始终记得自己内心所想，行之所趋。团队成员、校农学院教师周强叙述道：“王老师整天想的就是水稻育种，其他的都是小事。有时候想想，他一不图钱，二不图名，默默奉献了这么多年，这些精神确实值得我们年轻人学习。”虽没有浮夸艳丽的辞藻，但句句皆表现了后继者对王景晨的敬仰。

“农民需要啥，我就研究啥”

“农民需要啥，我就研究啥。信阳作为水稻主产区，农民不仅要吃饱，还要吃好，现在我们正在研究彩色稻米和超级特种水稻。”说到研究方向的转变，王景晨觉得做科研就要从实际出发，从农民的需求出发，要真正把科研论文写在祖国的大地上，完成科研成果的转化，这才是做科研的意义。

团队成员、农学院教师卫云飞介绍，水稻开花期正是杂交授粉的黄金期，通常也是阳光照射最强、气温最高的时候。为不误水稻开花的最佳时机，他们常常 11 点至 13 点守在稻田里，进行水稻授粉工作。“为了赶时间，顶着大太阳在稻田里待上一整天是常事。那种辛苦，没有下过田的人是体会不到的。而王老师一坚持就是六十余年。”言语中，卫云飞露出了敬佩的眼神。

水稻育种不仅是一门高度严谨的科学，而且是一项争分夺秒的工程。在信阳育种，只能一年一熟，而在海南，由于光热充足，可一年多熟，更便于育种加代。基于此，王景晨每年 11 月份就会转战海南。水稻研究是王景晨的事业，更是他一生的追求，他不祈求靠研究事业来大富大贵，只求便民利民，这是永不磨灭的无私无畏的无产阶级精神。

“什么时候爬不动了，什么时候就不搞了”

如今，回想起在海南育种的日子，王景晨依然记忆犹新。“在海南，我们去的都是偏远的农村，在那边租地、租房，从播种到收割的各个环节都是自己完成，还要自己买菜做饭，一住就是四五个月。”王景晨说，“不知道在海南过了多少个年。那时候也没感到寂寞，可以和其他专家交流，每天忙并充实着。”

“那您还会继续研究吗？”

“当然还要研究，我要从头再来，除非什么时候爬不动了，什么时候就不搞了。”说到这儿，王老一改刚刚回忆时的黯然，眼神变得坚定起来。

凭着六十余年的坚持和默默付出，王景晨先后育成水稻新品种（系）30 个，其中 5 个新品种通过了河南省农作物品种审定委员会的审定。他研究育成的高产、优质香米新品种香宝 3 号，超高产水稻新品种豫籼 5 号、豫籼 8 号等曾大面积推广应用，取得了显著的经济社会效益。

“剩下的时间就是培养接班人”

落红不是无情物，化作春泥更护花。“如果不是腿部受伤，王老师这个时候肯定是在稻田里。我们的大片试验田位于平桥区甘岸镇和浉河区太阳坡村，由于路途遥远，今年我们就没让他过去。”王付娟说。

已到耄耋之年的王景晨仍然没有放弃水稻研究，在院里添加了小试验田以方便观察水稻长势。但岁月不饶人，这个长久的研究事业仍需要后来者继承。“在2018年以前，我没有固定的研究团队，也曾想过建立一支自己的团队，但学生们忍受不了科研的辛苦，都没坚持下去，所以只能‘孤军奋战’了，这也是我感到最遗憾的事。”提到团队建设，王老不免有些遗憾，但总有人为王老的坚韧精神所动容，现在，越来越多的年轻人愿意投身于此，继续发扬上一代人的科研精神。

“现在好了，在学校领导的支持下，我在农学院挑选了几名优秀的年轻人重组水稻研究所，有三个还是博士。我的挑选条件也很简单，只要耐得住寂寞，热爱水稻研究，不怕苦不怕累就行。”王景晨欣慰道。

“我对自己的研究从来没有满足过，只要身体还允许，我将继续研究下去。如今有了自己的团队，这些学生都很勤奋好学，我希望带领他们取得新的成就。”王景晨笑着说，“等将来有一天我干不动了，我将把毕生研究、保存下来的这3500余份材料交给我的学生，希望他们能做得更好，将这项研究继续传承下去！”

莫道桑榆晚，为霞尚满天。唯有热爱可抵挡岁月漫长，王景晨在自己热爱的领域发光发热，听党令，跟党走，撸起袖子加油干，便会永远年轻，永远热泪盈眶……

（指导教师：沈立平　马　骁）

易茂先：丹心浇筑扶贫梦　赤忱书写桑梓情

黄冈师范学院　谢泽雨

初见易茂先老人，仿佛见到自家慈眉善目的爷爷，一股亲切感扑面而来。他拄着拐杖，步伐不怎么稳健，一双黝黑粗糙的大手格外醒目，就是这双拿过锄头也握过笔杆的手，为大别山老区脱贫发展铺出了一条条的幸福之路。

乡村扶贫的“一毛钱”

中华人民共和国成立后正是社会主义建设的艰苦关头，大别山农村贫穷落后。目睹乡民们过着缺衣少食的苦日子，自己都没鞋穿的易老萌生了一个志向：长大后一定要让村里人都能过上好日子。18 岁的他当上了村干部，从公社团委副书记到公社书记，从县长到县委书记，直至市人大常委会副主任，职务的转换和地位的提升，始终没有改变他对农民的深厚感情，他把帮助农民脱贫致富作为自己最大的工作。

易老主政过的英山、罗田两县，曾是国家级重点贫困县。易老到任后，深入调查研究，每到一处，徒步走访每一户，踏遍所有田地，并去经济发达的地区实地学习。在他的带领下，英山的种茶和养蚕业蒸蒸日上，罗田的板栗种植、山羊饲养渐成规模。易老的扶贫工作做得非常细致，他带茶农申请品牌专利，教栗农施肥打药，帮养羊户当“羊医”……两县陆续摘下了贫困县的帽子，1997 年罗田县被国务院评为全国扶贫先进县。1999 年，易老离开罗田时，全县板栗种植面积达 50 万亩，年产量 2500 万公斤，成为闻名全国的板栗基地。

时任国务院总理温家宝视察罗田时，汇报工作的易老不太会讲普通话，总理将他的名字听成了“一毛钱”，从那以后，“一毛钱”的外号被叫开了。易老笑着对我们说：“这个名字好记！你们青年人，以后要当革命的一块砖，我就继续当农民的一毛钱，哪里需要补哪里！”

兢兢业业的实干家

易老常说："我是农民的儿子，什么时候也不能忘了自己是谁，要始终把老百姓装在心里。"他用实干精神诠释着对老百姓朴素深沉的爱。

在茶园公社时，首要任务是解决农民吃饭的问题。易老带着村民开田、挑土、背沙，不管多累的活儿都和大家一起干。山区农作物天晴怕旱灾，下雨怕山洪。为了解决这个关系到农民生计的难题，易老决心建一座水库大坝。没有技术员就自己设计，没有图纸就自己画，没有计算机就用算盘，凭着这股好学肯干的拼劲儿，易老只用了三天时间就拿出了水库设计图。如今他主持修建的跨马墩水库依然在造福当地百姓，无声地记载着一段艰苦奋斗的历史！

改革开放初期，易老听说安徽小岗村实行家庭联产承包责任制后，生活极大改善。为了尽快改变贫困的现状，他顶住多方压力，率先将上门河公社的田地包产到户，农民的生产积极性很快调动起来了。他又钻研种子改良和耕种技术，引进先进设备，学开拖拉机，学用脱粒机，和村民一起投入热火朝天的生产中。

在工作实践中，易老深刻地感受到，农民最需要的是知识和技术，要带着他们学，自己要先学。20 世纪 80 年代，他专门到华中农业大学进修。平时，利用一切休息时间，以报纸、科普书为伴，群众需要什么，他就学什么。易老还自费参加一些农业研讨会，学习先进的农作物栽培技术，把自己变成了一个"土"专家。他包里总装着一把剪刀，到了田间地头，就手把手教栗农板栗嫁接技术。他随身总带着一盒卡片，见了农民就发，卡片正面印着"栗农的朋友——易茂先"和自己的联系电话，反面印着他编写的板栗种植技术要领的顺口溜，如"幼树不修剪，长成钓鱼竿。长期不修剪，产量年年减"等，通俗易懂！一对老夫妻打电话请易老给自家板栗"看病"，易老走了十多公里的山路赶到栗园，给他们分析"病因"和修治方法，夫妻俩的栗园喜获丰收。

大别山区的守护者

如今头发花白、步履蹒跚的易老依然守护着他热爱的大别山，在这片土地上继续发光发热。

他回到农村，参与精准扶贫工作，帮扶对象不计其数。易老发现中草药有市场，他带着贫困户开荒地，指导他们种植铁皮石斛、虎杖等，收入的增加让村民种植中草药的热情越来越高；他通过各种渠道帮助失学儿童2000名，捐助资金200万元；他发起大学生帮扶帮教活动，成功挽救“三失”少年820多名；他募集捐款，在英山县白石坳建立小学，解决山区农民工孩子的读书问题；2016年大别山遭受特大洪灾，他组织赈灾晚会，为受灾儿童募得资金370多万元。易老语重心长地对我们说：“你们要珍惜幸福的生活！农村有些留守孩子条件很差。扶贫还要扶智！你们大学生要利用寒暑假，多帮助山区儿童。”

大别山区全部脱贫后，易老又加入了乡村振兴队伍。他率先响应“能人回乡、老干回乡、助力乡村振兴”的倡议，在村里成立了乡村振兴小组。易老主张乡村振兴要抓好基础设施建设，他亲自主持家乡公路建设，紧盯排水沟质量。他还注册抖音账号，科普农业知识，做起了带货主播，宣传家乡特色农产品，成为农民心中的“网红”。

已过杖国之年的易老，皓首不忘初心，蹒跚仍在前行，将爱民为民的情怀演绎到了极致。在他身上，我看到了一位真正的党的干部的赤诚，一个真正的共产党员的光芒！迎着光芒，我们也应该努力成为一束照亮别人的光！

（指导教师：夏　慧）

毛相林：敢将天堑变通途

重庆三峡医药高等专科学校　蒋　坤

群山连绵，绝壁横立。重庆市巫山县深处的下庄村一览无余，这里四面峭壁，宛如一个难以冲破的铁屋，将下庄人紧紧锁在里面。他们似乎已被世人遗忘，被时间抛弃。

出山之路

下庄的人们，怀着对外面世界的憧憬与向往，可下庄有的，仅仅是一方用以遐想外面世界的深邃天空。时任村委会主任的毛相林说："许多人一辈子都没能走出大山一步。"一条出山的路，成为下庄人的奢求——几乎没人相信这里能修出一条路来。

1997 年，毛相林当选村党支部书记，他做出一个惊人的决定：修一条通往山外的路。他深知没有路就没有出路，要想富就必须修出一条通往外面世界的路。他在村民大会上鼓舞大家："山凿一尺宽一尺，路修一丈长一丈。我们这辈人修不出路来，下辈人接着修，抠也要抠出一条路来！"毛相林立下誓言："为了我们的子孙后代，就算我们这一代人穷十年、苦十年，也要让下一辈人过上好日子。"他带动村民，带头卖猪卖粮，捐出自身的所有积蓄。在他的动员下，全村终于挤出了近 4000 块的启动金。

修路远比想象中困难。将近 90 度的峭壁，让人望而却步，而毛相林总是带头向前，有危险情况他先上，有重活累活他先干。没有炮眼系绳凿，没有挖机双手挖，渴了喝山泉，累了便睡在山洞里，以地为床，以天为被，他们用最原始的方法开凿希望，对抗贫穷。

可这只是困难的开端，修路的第三年，噩耗还是传来了：接连有两名村民被巨石砸入深渊……毛相林看着他们悲痛万分的家人，深感愧疚，这也让曾立誓要带大家修通路、过上好日子的毛相林，第一次有了动摇。

"大家今天表个态，这路咱们到底还修不修？"毛相林惭愧地问大家。

“修！”这坚定的声音正是来自为修路而牺牲的黄会元的老父亲黄益坤，“这条路必须修下去，我儿子不能白死！”老人的话铿锵有力，撼动着每一个下庄人的心。顿时，大家纷纷举手，人群中此起彼伏的一声声“修”也成了他们的约定。

苦战七年，毛相林带领村民凭借双手，不惧艰辛，百折不挠，硬是“凿”了一条路出来。2004年4月12日，一条与外界相通的羊肠小道嵌在了大山之中。那一天，毛相林找来一辆车，沿着这条路走了一遍，后面跟着的是自发成队的村民，走到尽头后，毛相林大声向村民说：“我们今天修通了这条路，我们没有辜负牺牲的兄弟们！”声音在山谷里回荡，泪水在全村人眼眶里打转，仿佛要将七年的艰辛在此刻全部倾诉出来。

下庄这条8公里的狭长的小道，是下庄人的脱贫之道。闭塞百年的下庄村从此找到了新的“希望”。不少青壮年劳动力走出了村子，只有毛相林初心不改，矢志不移：“我要在这片土地上开出一条脱贫路。”毛相林又一次站了出来，向贫穷发起了挑战。

致富之路

毛相林带领乡亲们到处学习，汲取经验，寻找适合自身的致富路。他听说旁边乡镇的柑橘跟西瓜种得好、卖得多，就带着村干部化装成来往进货的客商，打探情报，打听销路。他请来专家对下庄村进行考察，最后根据下庄村条件，确定了发展柑橘、脆梨、西瓜等产业，村民们也通过县里派来的农业专家学会了栽培。通过不懈努力，2015年，下庄村在所在县率先实现全村脱贫，村民的脸上洋溢着幸福的笑容。

如今的下庄村，每家每户都有产业，乡村旅游也发展起来。村民们用勤劳的双手创造幸福的生活，下庄村的面貌也在潜移默化中变化着。

不忘初心，方得始终。毛相林带领下庄人坚定地守护着他们的家园，倾尽所有让下庄一点点变好，他们身上展现的，是不畏艰险、敢教日月换新天的精神根脉，他们以英雄般的壮举开创了伟大的事业。2021年2月25日，毛相林被授予“全国脱贫攻坚楷模”荣誉称号，为众人所熟知。

毛相林对大家说：“下庄人就是有着不信天、不认命的精神，我们不等不靠，不甘贫穷，我们用自己的双手改变生活，创造幸福人生。”一句句掷地有声的话，昭示着他的脚步不会止于此，会向着更为美好的方向继续前进。

前浪汹涌波澜阔，吾辈励志当自强。作为新时代的青年大学生，我们要向毛相林学习，学习他坚持不懈、不甘落后、志拔穷根的精神。他坚定不移的奋斗历程，让人热血沸腾，鼓舞我们积极投入时代的洪流中，书写各自的青春华章。

（指导教师：蔡红桃）

赵则胜：田间地头的“匠心”与“初心”

上海交通大学　马文静　李嘉仪

“我在农业领域干了一辈子，和大自然斗争了一辈子，能为农业做一点贡献，是我最自豪的事情。”这位年近九十的老人头发花白，身体瘦弱，但谈起农业，他铿锵有力，掷地有声，满眼尽是骄傲与自豪。他就是全国“五一劳动奖章”获得者、上海交通大学农业与生物学院“泥腿子教授”——赵则胜。

结缘田野，化“兴趣”为“使命”

赵则胜从小就迷恋大自然，中学时期的兴趣小组更加深了他对农业的热爱，他对田野产生了深厚的感情。高中毕业后，“立志当农民”的赵则胜响应党的号召，来到广州市郊一个菜粮兼种的地区务农，成为我国第一批到农村插队的有志青年。他带头兴办小型青年农场，成功引进高产萝卜新品种，使大队萝卜产量翻一番。同时积极改良当地西红柿、黄瓜品种，大大提升了单产，获得“广州市建设社会主义青年积极分子”的荣誉称号。三年的农村实践让赵则胜坚定了学农的志向，也意识到自己理论知识的缺乏。于是他抓紧时间补知识，1960 年考入北京农业大学。在这里，他一边如饥似渴地汲取理论知识，一边结合在农村获得的实践经验，首创了甘薯与月光花、牵牛花的“双重嫁接法”，并获得专家高度认可。

“国家培养了我那么多年，我要去祖国最需要我的地方，真正为农业做出一些贡献！”1964 年，大学毕业的赵则胜，放弃了北京科研院所的工作机会，主动要求分配到边远的贵州省兴义地区，从事种子培育及推广，这一干，就是十五年。在这里，你总能在田间地头看到赵则胜。他立志用农业科学技术击败饥饿威胁，将外来高产玉米与本地优质玉米进行杂交选育，成功培育出两个优质的高产玉米新品种——“兴单一号”和“兴单四号”，将当地玉米单产提高近 300%，累计推广种植面积 30 多万亩，为当地创造了巨大的经济收益。同时，赵则胜观察到当地的甘薯品种退化，产量低、品质差，他着手对其进行改良，使甘薯增产 40%，切切实实改善了贵州兴义地区的农业发展水平，解决了当地百姓的温饱问题。“贵州省科学大会奖”“贵州省农业先进工作者”的荣誉和称号是对赵老所做贡献的极大肯定。

情牵稻米，从“吃饱”到“吃好”

1979 年，赵则胜调回上海继续农业研究工作。他注意到上海市口粮主要依靠外进，存在米质差、主食品种单一的问题，而特种稻米更是购买无门。看到这种情况，赵则胜深感重任在肩，经过多方考察，他决心在上海进行特种稻的选育与开发，丰富上海市民的“米袋子”。

1981 年 10 月的一天，地头的几株穗大、香味浓、茎秆粗矮的变异稻引起了赵则胜的注意。多年的育种工作经验告诉他，这几株变异稻的母本正是古老的农家品种“青浦香粳稻”，随后猜想便被证实。第二年春天，他迫不及待地把分离得到的种子栽到试验田。那个时候他的双胞胎儿子仅仅两岁半，家中还有一位七十多岁的老岳母需要照顾，可为了尽快培育出特种稻，他每周上完课后便匆匆赶往崇明育种，头顶烈日忙碌于田间地头是家常便饭，赤背光脚站立于稻田之间更是司空见惯。规划、播种、插牌、育秧，直至收割、脱粒、收种，每一个步骤赵则胜都亲力亲为，最终成功培育出上海第一个具有优质高产特性的特种稻米——“上农香糯”。据不完全统计，“上农香糯”先后推广种植十多万亩，经济效益超 5000 万元。在他的感召下，学院 77、78 级学生中，90% 选择耕耘在农业第一线。

结合城乡人民的生活需要，他把科研目光又投向了具有养生保健作用的黑色稻种，并完成“上农黑糯”和“乌贡一号黑糯”的选育，开启上海地区的“黑稻时代”。1992 年 12 月，中国首届特种稻学术研讨会在上海隆重召开，来自全国 20 多个省（区、市）的 100 多名专家、学者对赵老的特种稻研究给予高度评价，一致推选他为中国特种稻研究与开发协会的首任会长。同期，袁隆平院士与赵老就粮食培育问题亲切交流，高度肯定了赵老的研究成果：“我是让人们吃得饱，你是让人们吃得好啊。”赵则胜也先后被评为“全国支农扶贫为农服务先进个人”“全国优秀教育工作者”“上海劳动模范”等，被授予全国“五一劳动奖章”。

余热不熄，以“匠心”致“初心”

退休二十多年来，赵则胜依然改不掉奔走于田间地头的习惯，活跃在农业研究一线，将学问做在大地上，将论文写在土壤里。他时常走进交大课堂，开展劳动教育课程，手把手教授农业实践技巧。他毫不吝啬地向后人分享自己培育特种稻的经验和心得，并时常邀请新一代农科学子前往金山基地实地实践，深入了解特种稻的选育工作，正确认识现代农业，接过时代的接力棒。“年龄大了，就希望把这么多年一直坚持的研究继续传承下去，培养更多接班人，学农爱农，为农业农村现代化建设贡献力量。”

鹤发银丝映日月，丹心热血沃新花。六十载扎根田野，披星戴月只为强农兴农；四十载桃李芬芳，呕心沥血以期赓续传承。时代是出卷人，赵老以一生做笔，将答案书写在祖国大地上。奋斗百年路，忠诚印寸心，新时代的考题再次列出，赵老等老一辈科学家激励着我辈青年学子起而行之，履践致远。

（指导教师：郑　浩　李　明）

李宏塔：一根红线系三代，一种家风传初心

合肥工业大学　吴泽城

遇·再逢

青葱6月，淡蓝的天空云卷云舒，煦日透过街道两旁的梧桐叶洒落一地光斑，循着光照的方向，头顶的几只鸟儿正勤勤勉勉地喳啄。

我与同窗乘坐校车，前往安徽省大剧院，参加“传承清廉家风，弘扬清风正气”的主题报告会。本次报告会的讲解者是“七一勋章”获得者、安徽省政协原副主席、合肥工业大学杰出校友、李大钊之孙、李葆华之子——李宏塔先生。

“一根红线系三代，一种家风传初心。”这是关于李宏塔先生的故事，也是关于李大钊先生家风的叙括。怀着激动的心情在偌大的报告厅中坐定，等待李老到来，我的思绪不觉神游，不由想到观看电视节目《面对面》时和李老的“初识”。

忆·初识

在记者采访中，我的目光随着节目镜头步入李宏塔先生的家中，一屋整洁摆设呼出岁月绵长的气息。

映入眼帘的是两行五字对联——“铁肩担道义，妙手著文章”。这副对联是李大钊先生亲题，是大钊先生短暂而辉煌一生的秉持，是他坚持理想追求的政治本色，更是他面对山河飘零时的坚定初心。初心百年，恒守十载，不染一尘。

李大钊先生，李家家风的创始人，铸剑护国，矢志不渝，他是中国共产主义运动的先驱，伟大的马克思主义者，杰出的无产阶级革命家，也是中国共产党的主要创始人之一。“黄卷青灯，茹苦食淡，冬一絮衣，夏一布衫。”先生清俭一生，把自己献给民族解放事业。“为庶民求解放”是李宏塔的精神

补给，更是我们的赓续指向。

李宏塔将这副对联挂在目光所及之处，三省己身，明志启行。在祖父李大钊和父亲李葆华的言传身教下，李老洁己奉公，在单位组织分房的时候，数次将自己放在最后；李老淡泊名利，在工作调动的关口，举贤选能将机会留给他人；同时他更是爱民如子，在抢险救灾的一线，一市一县地奔走，将安危置之度外……把人民的利益放在心上，把党员的责任扛在肩上。

先后担任安徽省民政厅厅长、安徽省政协副主席的李宏塔，曾先后四次主持厅里的分房工作，“先群众、后干部”地“错过”了近两百套住房。在55平方米的两居室里，李老“工作高标准，物质低要求”地“蜗居”了十六年。任职多且重，房子旧且窄，大相径庭，“矛盾”的李宏塔跃然眼前。

为人清廉正直，做官坦诚朴实，对党的事业忠诚，对人民用情至深，这就是我对李宏塔的“初识”。

知·传承

“就像我父亲一样，所以叫家风传承。”修竹有节，幽兰澹泊，白梅凌霜，清荷玉立。肩负着党和时代的责任，以最高的标准要求自己，以极低的标准满足生活，他们便是这修竹、幽兰、白梅、清荷。随着对李宏塔兄弟采访的结束，我深刻感受到：对于他们，清廉正直，已铭记于心；奉献终身，已镌刻入骨。简易的住所、严实的作风不仅是李宏塔先生廉洁志向的压实一线，更是对家风坚守的深刻彰显。

1969年，退伍后的李宏塔回到合肥，从合肥化工厂到合肥工业大学，从技术员到团市委副书记，李宏塔先生的职位调动并不鲜见。1987年，38岁的李宏塔已经在团省委副书记的职位上工作了四年，组织有意让他再上一个台阶，但他把机会让给了安庆市一中校长。“脑袋里对官位没有思考。”这是在大钊先生革命家风沐浴下成长而来的“人民干部”李宏塔先生，对为人民服务的纯粹追求。

李宏塔始终把人民的利益放在第一线。心在人民，原无论大事小事；利归天下，何必争多得少得。2003年夏天，淮河发生水患，李宏塔带着民政厅有关人员来到安徽省颍上县建颍乡箭井村和王岗镇金岗村察看灾情。那时已经有了救灾帐篷，还搭了简陋的庵棚，可一些受灾群众依旧露天睡在淮河大坝上。他走进帐篷，顿感热浪滚滚，暑气灼人。他叫工作人员用温度计测量，帐篷里的温度超过了 40 摄氏度。他和工作人员随即建议当地党政机关带头腾出办公室对受灾群众进行二次安置。几天后，当地就动员党政机关腾出办公室，妥善安置了数万名受灾群众。

一部家史也是中国共产党人前赴后继英雄史诗的缩影，一种家风也是中国人民信仰传递精神启迪的延续。从“铁肩担道义，妙手著文章”的李大钊，到“把自己的一切交给了党，为党的事业奋斗了一辈子”的李葆华，再到视孤寡老人为父母、视孤残儿童为子女、视民政对象为亲人的李宏塔，一家三代，坚守初心，赤心为民，家风在传承中绽放芳华。

启·力行

随着大厅中爆发出经久不息的掌声，我的目光落在坐定在讲解台的银发老人身上。老人面容精神矍铄，说话铿锵有力，我透过他的目光，看到了他对加官晋爵的淡然，看到了他对清廉正气家风的延续，看到了他眼中岁月不羁的沉淀。

一根红线系三代，一种家风传初心。我想到百年之前，李大钊受尽严刑拷问，大义凛然面对生死时的从容；想到李葆华传承清正勤谨、克己奉公的家风，对节俭生活的坚守。三代人的身影在恍惚间交叠，对家风的坚守在岁月中一脉相承。

随着最后一个字音落下，报告会也到了尾声。我看向窗外，阳光依旧灿烂，斑驳的光影在交错的枝叶中辗转，树荫下边仍有几只鸟儿在啮啄。骄阳闪烁，永恒不息。

（指导教师：李丽鹏　刘开阳　闫志伟）

王运章：晚霞映红的希望

西南大学　郝锶谣

他是晚霞中一抹金色，托起了明日的朝阳。

“党组织的需要在哪里，我就在哪里”

1991 年，西南大学关工委紧随全国关工委步伐，首批成立校级关工委组织。然而一切工作都是从零做起，工作如何开展是未知数。“党组织的需要在哪里，我就在哪里。”带着这样的信念，刚从学校党委副书记任上退休下来的王运章义不容辞接下了这份沉甸甸的重担，担起校关工委常务副主任一职。

万事开头难，尽管王运章饱含热情，却无相关的工作经验。“关工委是什么，怎么做”是王运章遇到的第一个难题。为打开局面，王运章苦苦思索，无数次走访、调研、考察，首先提出关工委的“六个关系”，对老同志把握关工委的性质、定位和任务有了一个初步的认识。

清楚关工委定位后，王运章由此开始了艰难的探索之路。

他认为关工委工作要落实，重点在基层。1996 年，为了推动基层关工委工作，王运章向学校党委提出了建立二级关工委的设想，得到了学校党委的大力支持。当年 26 所学院全部成立了二级关工委，工作重心下移至院系，并以文件的形式明确了在职领导主导与老同志主体的关系。在他看来，二级关工委建立只是一个良好的开端，初步搭起“五老”与青少年沟通的桥梁，真正为青少年办实事、解难事才是做好了关工委工作。

关爱青少年，从己做起

他说：“关爱青少年，首先要走近青少年，了解青少年。”2004 年，为了使关工委工作有的放矢，已因病住院逾一个月的王运章老师，不惜违背医生的嘱托，带领秘书处老同志、相关部门负责人开展一个学期的基层调研，亲自走访了十几个学院，穿梭于学生之间，看遍学生们的宿舍，走遍学生们的食堂，走进一间又一间教室，不断与各专业的学生亲切交谈，充分了解学生们的学习生活和思想状况。在学生宿舍，大家都称他“王爷爷”。他说：“总要知道孩子们的生活到底是什么样子，才能够真正关心他们。”长期的辛苦操劳终于压垮了这位老人，他又一次住进了医院，可王运章老师并没有歇着，躺在病床上坚持学习有关文件，整理调研资料，撰写理论探索报告，关工委的工作思路逐步在他头脑中清晰起来。

出院后的王运章结合调研情况，率先向学校党委提出了关工委改革发展的设想，他的想法又一次引起了学校党委的高度重视。在他的亲自筹备下，2004年10月，西南师范大学关工委志愿者服务团正式成立，动员了200余名老同志参加，工作覆盖学生党建、形势讲座、勤工助学、心理辅导、课外指导、科技服务、学生园区、社区教育、网络服务等九个方面，几乎涵盖了学生学习生活各个方面。志愿者服务团的成立推动了关工委体制和机制的创新，通过典型案例介绍，在全国高校关工委中产生了很大的影响。

使关心下一代工作充满活力

“如何充分调动老同志和在职干部两方面的积极性，使学校关心下一代工作永远充满不竭的动力和活力”是王运章日常思虑最多的问题。他作为学校关工委工作主要组织者和推动者，很清楚自己肩上的责任担当。他做事总是亲力亲为，心底无私，时刻为老同志做出表率。为动员老同志参加关工委工作，不管白日的烈阳、雨后的泥泞、路程的遥远，他只要了解到有合适的人选，都亲自登门邀请。一次不行便两次，两次不行还有第三次，他都不记得去过多少老同志的家、讲述过多少次关工委工作的重要意义、帮助了多少老同志解决后顾之忧。他的执着和耐心终于打动了无数老领导、老专家、老教师，心悦诚服跟他一起开展关工委活动，使学校“五老”队伍扩大到500余人。他总是对老同志说：“关心下一代是最好的老有所为，让贫困的孩子能够依靠勤工助学继续读书，内心困惑的孩子得到心灵的慰藉，也算我们关工人工作做到家了。”他是这么说的，也是这么做的，忠诚践行一个共产党员的初心和使命。

王运章老师不但工作勤勤恳恳，还极具理论思考能力，总是从长远谋划关工委工作。为推动学校关工委工作跨越式发展，凝练自身的发展特色，他在做好日常工作的同时，积极从工作实践中总结关工委工作发展经验和规律，撰写了大量的理论探索和经验总结文章，并付诸实践。2004 年在志愿者服务团成立之初，他首次提出关工委“一二三”工作思路，2006 年又增加了“四个坚持”，2011 年又总结出关工委五点工作经验。他为学校关工委“一二三四五”特色发展思路，贡献了他晚年的全部精力和智慧。

在王运章老师亲自带领和大力推动下，学校关工委工作的影响力和地位显著提升，先后两次荣获“全国关心下一代工作先进集体”、三次荣获“全国教育系统关心下一代工作先进集体”；他本人于 2003 年被评为“全国教育系统关心下一代工作先进个人”，2019 年荣获重庆市关工委终身成就奖，2021 年荣获全国教育系统关工委突出贡献奖。

（指导教师：周厚彬）

王辉：麦田追梦者

西北农林科技大学　解竣清

滚滚麦浪中，一顶草帽，一个记录本，一支笔，年近八旬的王辉教授，在试验田中一待就是一天。

这是小麦生长的季节，也是育种家最辛苦的季节。

起风了。风吹乱了他的头发，也把他的影子扯散了。但他的眼里只有麦子，弯着腰像寻宝一样找寻心仪的材料，赶紧记下来，做上标记。

小麦也是我的娃

1943 年 9 月，王辉教授出生于陕西杨陵的一户农家。

亲身经历了三年严重困难的他曾饱尝饥饿的痛苦，树皮、草叶……那个年代的人尝试过一切能充饥的食物。艰难的日子，激发了他“学农业技术，不再让乡亲们挨饿”的宏愿。

这颗珍贵的种子深深扎在他的心中，生根发芽。从西北农学院毕业留校，成为赵洪璋院士的学生，他将自己的全部精力投入小麦的育种工作。

20 世纪 80 年代的科研条件艰苦，经费紧张，实验用品大多都由王辉教授自费，缺少实验工具就从家里拿。他自带干粮，投身于小麦地里，过着日复一日与土地打交道、与太阳为伴的日子——哪管风吹日晒，一待就是一天。

随身携带的记录本，记得密密麻麻，记录着每一个样本、每一颗麦穗，记录着每一种小麦的生长周期，同时也记录了王辉教授在田间辛劳的每一天。

观察、记载，杂交、授粉，收获、晾晒，分类、考种……忙起来常常是没时间吃饭，没时间回家，更别说节假日了。看似普通的工作，在年复一年的实践中却有说不尽的艰辛。

妻子和女儿们大多时候只有来麦田才能见上他一面，不免有些抱怨。尤其是四个女儿，看到父亲对小麦这样重视，就问她们是不是他的孩子。王辉很认真地回答道："你们是我的娃，小麦也是我的娃。"

好品种必须变成大品种

育种工作的艰辛，体现为"种一大片，收一小把"：播种一片麦子，真正收获的优质基因寥寥无几，大多数都是被淘汰的。

大田育种不像实验室的实验，失败了能重新来过。小麦育种的重复周期是以年度为单位，从得到优良变异到基因稳定更是需要近十年的时间，需要持之以恒的毅力和耐心。

"选出品种，干出名堂。"风霜雨雪，酷暑严寒，阻挡不了王辉前行的脚步。他的热爱，他的坚持，终于结出丰硕的果实。1991 年，王辉的第一个小麦品种"西农 84G6"诞生。这时，他搞小麦育种已经 18 年了。此后，"西农 1376""西农 979""西农 9718""西农 585""西农 20""西农 235"等一个个小麦品种相继诞生，并频获陕西省科技进步奖和国家奖项。

从选育到审定，从品种到良种，从科研到生产，这是一条很漫长的路。让品种变成生产力，才能发挥作用。王辉教授背着新研制的小麦种子，一家家公司拜访，在经历不知多少困难后，终于有一家河南的企业决定推广它。

王辉教授感叹道："好品种能不能推开，能不能成为大品种，不在育种家，而在于政府的引导，要靠企业、社会的认可操作，靠农民来种。缺了哪一环都不行。"

作为"西农 979"推广首席专家，王辉教授在秋播前、小麦起身拔节期和小麦灌浆期，每次 15—20 天跑遍"西农 979"推广区，调查"西农 979"生产中的实际问题，并进行现场技术指导，开创了"以品种为依托、科技为支撑，学校、政府、企业、农户相结合，示范推广与产业化并举"的成规转化模式，使"西农 979"成为同期审定品种中推广速度最快的品种。

每天不摸摸小麦就浑身不自在

"西农 979"的培育，从田间选择到人员配置，每一步都充满了汗水：于 1987 年开始组合配置，1997 年完成组合配置，到 2005 年经过一路过关斩将最终通过国审，历时 18 年育成。该品种很好地协调了"冬性与早熟、优质与高产”的特性，成为黄淮麦区的主栽品种，并荣获国家科技进步二等奖。

据统计，王辉教授主持育成的12个小麦品种累计推广面积1.5亿多亩，累计社会增效近百亿元，为保障国家粮食安全做出了重大贡献。

付出总会有回报。王辉教授先后获得“陕西省优秀共产党员”“亚农杯农业贡献奖”“陕西省年度经济人物”“感动陕西人物”“中国敬业奉献好人”“时代先锋”“三秦楷模”等殊荣。

王辉教授曾有多次调去沿海高校工作的机会，但他都放弃了。听到有人劝他，他说道：“科学研究具有连续性，挪窝要另起炉灶，个人的得失怎么能与事业相比！”

荣誉有了，地位有了，79岁高龄了，该颐养天年了吧。但王辉教授仍旧像年轻时一样，踏实地躬耕在麦田里，追逐着他的育种梦。

王辉说：“每天不进大田，不摸摸小麦，就浑身不自在。育种团队还需再扶持，‘西农979’的潜力还有，我还想培育出更优质更高产的小麦品种，这也需要你们这代人和我们共同努力。培育出优质高产的种子，这是我们这代人和青年一代人共同的责任，我们西农人应该有这样的责任和担当。”

（指导教师：张　晴）

陈瑛：接续百年硕果　谱写时代新篇

山西农业大学　林智慧

种子是希望之始，是收获之母，只有攥紧中国种子，才能端稳中国饭碗。陈瑛先生在黄土高原坚守半个世纪，将培育出的优质种子撒向了山西、甘肃、内蒙古等十多个省份，开启了山西种子发展史上的新纪元。陈老胸怀报国之志，秉承为民情怀，勇攀科研高峰，她所主持育成的高产优质、抗旱抗病、适于不同生态区种植的谷子品种多达14个，在多个省市进行了推广。其中晋谷21号的育成，是我国优质谷子品种选育的一座里程碑，其在中国农博会上连续四次夺魁，被誉为“中国小米之冠”。“汾州香”“沁州黄”等50多种小米品牌上市，把山西小米打造成了现代特色农业的一张“黄金名片”。她曾荣获“庆祝中华人民共和国成立70周年”纪念章、首届“山西省优秀人才突出贡献奖”。

扎根田间地头　坚守“三农”情怀

选择了育种，也就选择了一条披星戴月、风雨无阻的挑战之路。陈老说：“三年熬出个好买卖人，一辈子难练出个庄稼汉。如果想要名利就别做这个，搞农业肯定苦，我这一辈子没做什么大事，就是踏实地做事，不断地实验、观察、记载。”

因为多了一份执着和坚守，陈老所在研究所喜报连连，先后培育出多个高产优质品种。“高粱晋杂4号、晋杂5号、晋辐1号是牛天堂院长带领课题组每天在田间挥汗如雨进行调查、论证、鉴定，累积多年育成的品种，取得国家科学大会奖。我们所已故老先生任天佑，为了总结王继成植棉经验，长年累月和农民吃住在一起，白天与农民一起劳动，夜晚思考、总结，最终大幅度提高了特早棉区的产量，获得重大科技成果二等奖。”陈老动情地说。

从研究所工作人员的话语中得知，数十年的一线常规育种生涯和取得的成就并没有多大程度上改善他们的生活条件，更没有给背后默默支持的家人带来丰厚回报。常规育种者的回报率与他们带给社会的经济效益和社会价值不成正比。很多育种项目都向大宗作物及杂交种倾斜，再加上科研单位行政科研不分，分到常规育种者手里的项目资金就更少。面对艰苦的环境与外界的诱惑，陈老及其团队扎根田间地头、坚守“三农”情怀，数十年如一日地为我国“三农”事业发展贡献力量，在谷子育种上走出一条新路。

科技强农兴农　赋能乡村振兴

“做科学研究是要靠自己的，要是没有真本事，农民也不会信任你。”陈老说道。陈老年轻时，跟随考察队前往柳林，当时农民不懂得科学防治，一旦发生病虫害（秋粘虫），就杀公鸡祭祀，祈求丰收。陈老与团队成员在当地开展调研，结合当地实况使用了当时最新的喷雾杀虫技术，在收获季，有无杀虫形成了鲜明的对比，最终农民信服，摒弃了先前的迷信方法。西山地区种植工作没有在科学合理的生产指导下进行，使得种植密度低，土地效率低。而技术人员去指导时却遭到了农民的反对，甚至部分农民拿着农具武力驱逐技术人员。但技术人员以更加细致、谨慎的态度开展试验，最终秋天作物产量翻了一番。在成果面前，农民改变了看法。

“农业专家的成果就是要体现在广阔的土地上，把科研创新转化为实践成果。”每每想起习近平总书记的话语，陈瑛就铆足干劲，未来将努力推进谷子育种核心技术攻关，为全面推进乡村振兴贡献智慧和力量。

寄予青年希望　匠心筑梦未来

“搞科学研究不能脱离实际，研究成果更要与时俱进。”这是陈老给我们的第一个忠告。陈老当年开始研究谷子育种时，中国人还填不饱肚子，研究方向是高产和抗逆，选育出了高抗谷瘟病晋谷 6 号，很快大面积推广应用。而到了 20 世纪 70 年代末，经过大规模的生产调研后，发现老百姓需求已经从“吃得饱”向“吃得好”转变，因此，育种也以优质为主要目标。最后选育成目前大面积应用的晋谷 21 号。

“科研过程要严谨务实。”这是陈老提出的又一忠告，“现在年轻的技术员，只在田边上走走看看，下地前把自己裹得严实，要不就是搬凳子坐一边，这怎么能发现病虫害嘛。”重大科技成果的取得，离不开艰辛的付出和吃苦的精神。同时，搞农业科研，第一手资料必须亲自掌握，不能当甩手掌柜。

最后，陈老说："搞医学实验的是在人身上实验，一个搞不好就要出事儿。但我们搞农业的鼓捣那些植物，可以大胆地去想，大胆地去设计，亲自去实践，从思想上重视起来，跟农民一条心，努力搞好'三农'服务。"陈老对年轻一代农业人寄予深厚的期望，她期望青年们能以强农兴农为己任，立志做一名强农兴农的时代先锋，让中华民族伟大复兴的中国梦，通过我们每个人的奋斗中成真！

艾荫谦：无法割舍的一抹红

中国农业大学　桂舒阳

惠风吹放陌上花，满园红樱出墙来。在醉人的春日里，我们有幸迎来了艾荫谦——艾老的讲座。艾老是中国农业大学的老书记，也是老工院人，如今已经接近 90 岁高龄。在热烈的掌声中，这位耄耋老人大步走向讲台。岁月虽然爬上了他的脸颊，但是从未消磨他的心志，在他那爽朗的笑声中，我们渐渐穿透历史的尘埃，与那高大的身影一起，去点染那抹红色。

那是一抹浸透汗水的红色

在中农还被称作北京农业工程大学的时候，学校物资紧缺，学习条件差，但最令人头疼的是缺少宿舍，这让艾老操碎了心。为了给同学们更好的住宿环境，艾老把原本的教师宿舍让给同学，自己却带领教师住到棚屋里。每到盛夏，蝉鸣淡淡地勾勒祝融的身影，烈日无情地灼烧着大地上的一切活物。结束了一天的教学与奔波后，艾老带着满脸的灰尘，拖着一身的疲惫回到家中。同学们纷纷进入梦乡，万家灯火也都一一熄灭。但是艾老还不能睡，他还要准备第二天上课的教案。

他左手拿着一把蒲扇，右手执笔，双脚泡在用来降温的水桶里。汗液很快从每一个毛孔中渗出来，刚开始还只如同零零星星的雨点，将衣服黏在身上。很快，教案上的字也被沾湿了，一朵朵“墨梅”迎风绽放，肆意宣泄着夏天的气息。但艾老全然不觉，他用毛巾拭去汗水，在万虫的争鸣声中，继续一笔一画地写着。渐渐地，汗珠重重地砸在地上，滚烫的液体早已浸透衣襟。飞虫再也受不了热浪的侵袭，虫鸣声渐渐稀疏起来，但是艾老的身体依旧直立在桌前，还是那么挺拔，那么坚定……

待艾老合上教案，万籁已停，唯有月光洒满书桌。

即使在这样的环境和条件下，艾老也从来没有削减一分对教书育人的热爱，更没有削减一分对党的忠诚。正是他，以及无数像他一样的老同志、老党员在党的领导下不断奋斗，中国农大才一点一点地壮大起来，育天下之英才，解民生之多艰；中国农业才一步一步地强健起来，盛四海之五谷，养神州之万物。我知道，那抹红色之所以鲜艳，是因为它浸透了汗水。

那是一抹整齐划一的红色

1964 年 8 月，学校接到组织民兵伞兵方阵的要求，校党委则把这一重任交给艾老。同学们从来没有经过专业的军事训练，平时也几乎没有见过伞兵，更不用说训练时间只有一个月。艾老作为方阵的主要组织者、右翼指挥员，向着困难毫不犹豫地发起了冲锋。在训练场上，每人背着降落伞包，腰挎八斤重的冲锋枪。在训练场下，艾老还需要做思想工作和组织工作。每天回到家时，腿已经抬不起来了，需要用手抱住大腿才能上床。为了训练，他甚至错过了自己孩子的出生。

在中华人民共和国成立 15 周年的阅兵仪式上，准确无误而又整齐划一的表演是对努力最好的答案。那奔涌不息的队列，也是腾飞的中国最好的验证！我知道，那抹红色之所以鲜艳，是因为它整齐划一。

那也是一抹不断传承的红色

即使时隔数十年，艾老也清楚地记得那个午夜，那个聆听周总理讲话的午夜。

周总理高声对台下的青年们呼喊道："同学们，中华民族的危险还没有过去！"这句话让艾老刻骨铭心，是啊，中华民族依然面临着重大的风险和危机。艾老把这句话记了一辈子，也践行了一辈子，始终严格要求自己，为了国家而不懈奋斗。

突然，讲述戛然而止，我们从回忆里走了出来。我看见艾老激动地站起来，挥动着双手，向我们高声说道："同学们，今天我把周总理送给我的话再转交给你们，中华民族的危险还没有过去！"

在活动的最后，艾老还亲自把团旗传到了我们手中——把那抹红色传到了我们手中。我知道，那抹红色之所以鲜艳，是因为它不断传承。

遍看百年波澜，这抹红色如同奇迹一般绽放在中国的大江南北，化天堑为通途，幻高峡为平湖。这抹红，是日出东方的霞光，普照大地；这抹红，是遥挂天际的彩虹，连接未来；这抹红，是辛勤赤子的热血，浇灌希望！这是无法割舍的一抹红！

红色之所以灿烂，是因为无数“五老”的付出与奋斗。它无法割舍，需要我们更加珍惜。

作为新时代的青年，我们正应该像艾老一样，谨记“中华民族的危险还没有过去”，不惜血泪汗水，不怕苦累风霜，不以山海为远，不以巉岩为艰，以拳拳赤子之心抵岁月漫长，以殷殷碧血丹心守使命梦想。

（指导教师：王松杰）

孙玲：青春育桃李　无悔献芳华

江苏农牧科技职业学院　秦文菲

“孙奶奶，您好！好久没见到您了，真的很想您。告诉您一个好消息，我已经考上研究生啦！我一直铭记您的教诲‘要自立自强’，在校期间，您给了我温暖和力量，更给了我人生指引。虽没有父母，但因有了您的关心，我很幸运也很幸福。”这是一名孤儿学生写的信，收件人孙奶奶是江苏农牧科技职业学院关工委常务副主任、原党委副书记孙玲。

结“三农”情　立园丁志

20 世纪 70 年代，18 岁的孙玲高中毕业后，积极响应党的号召，下乡插队。在田间地头，她农活累活抢着干，劳动竞赛几乎次次小红旗。乡亲们都传开了：“这泰县城里来的姑娘真是一把好手！”

艰苦并没有阻止孙玲追求知识的脚步。劳作之余，她不忘拿起书本，充实自己。1977 年高考恢复后，她顺利考上了中国药科大学。毕业后，被分配至泰州市药监局。人生新开始，她继续在新岗位抒写新奋斗。因工作突出，1987 年 8 月光荣加入了中国共产党。

1994 年，一个偶然的机会，孙玲的人生轨迹发生了改变。江苏省泰州畜牧兽医学校（现江苏农牧科技职业学院）首次开设药学专业，科班出身的孙玲作为药学专业人才，应邀担任外聘教师。因教学成绩显著，学校领导希望她能调至学校工作。当时学校在农村，药监局在城里，但是自小有着人民教师梦想的孙玲，毅然放弃了令人艳羡的机关工作，蹚过泥泞的乡村小道，来到偏远的白马村，成为一名人民教师，开启了农业职业教育之路。

就这样，她从一名讲坛新手逐步成长为学校首届“教学名师”，主编、主审了 10 多本国家级药学专业教材，发表了 20 多篇专业论文，2006 年晋升正高职称；她由担任仅有 100 多名学生的药学专业的教研组组长到成为有 2000 多名学生的药学系主任，药学系也多次获评全国、全省各级荣誉称号。

因综合能力突出，2005 年，孙玲调任学院党委办公室、院长办公室和对外交流办公室主任，成为学校历史上首任女“三办”主任。2008 年，她开始担任学院副院长，成了学校历史上第一名女性院级领导，继续为培养农牧技术技能人才奉献着。

发“桑榆”热 育青年人

莫道桑榆晚，为霞尚满天。2017 年退休以后，孙玲被学院党委聘为关工委常务副主任，继续在新岗位上发光发热。在她办公室醒目的位置一直挂着一块牌匾“关工伟业世代相传”。

在关工委工作中，她充分发挥退休老领导老党员的政治优势、威望优势、经验优势和专业优势，积极寻找社会资源，筹措资金帮扶困难学生。开创“双菜单”制，深入学生教室、宿舍、食堂，主动对接学生班主任，实时了解学生所思所想所需，将学生“需求菜单”与老同志“资源菜单”一一结对，实现精准帮扶。

她号召“五老”担任兼职党建组织员，既要成为学生的引路人，还要成为学生的忘年交。她帮助大学生端正入党动机，与入党积极分子谈话，并一直坚持事先预约，以不影响学生学习为原则。她语重心长地告诫学生：“要扣好党员生涯的‘第一粒扣子’，要老老实实做人、踏踏实实做事、勤勤恳恳工作、默默无闻奉献。”对每个谈话的学生，她都会认真记录，厚厚的一沓笔记本，每一页都密密麻麻写满了谈话内容。红色字迹记录的是问题，黑色则是对学生的肯定。在她的带领下，学校于 2017 年、2018 年先后获评江苏省教育系统关工委先进集体、关工委优秀工作团队，学校成为全省高校关工委工作的排头兵。

话奋斗史 筑青年魂

“为党育人，为国育才”一直是孙玲的座右铭。无论在何岗位，她始终坚持以立德树人为己任，以理想信念教育为核心，以社会主义核心价值观为引领，以培养“懂农业、爱农村、爱农民”的新农人为重点，多次组织大学生以访谈等形式积极开展生动而富有成效的“老少共话”活动。

她从学校 70 多名退休老同志中，挑选 10 名“五老”骨干组成思想政治教育讲师团，通过集中备课，提升讲座效果，广泛开展党史学习教育系列讲座，鼓励学生党员与老同志进行理论探讨和思想交流，引导青年学生颂党恩、听党话、跟党走，培养“五育并举”的时代新人。先后组织了“老少共话中国梦”“老少共话中国共产党成立100周年”“老少共话‘请党放心 强国有我’主题活动”“老少共话‘献礼二十大 启航新征程’”等10余场共话活动，引导学生赓续红色血脉、弘扬优良传统，坚定信仰、勇毅前行，在新时代新征程上踔厉奋发、贡献力量。

最美不过夕阳红。常有人问孙玲，退休在家含饴弄孙多好，为啥还要来关心这么多学生。她总是微笑着回答说：“我是一名党员，党员就要讲奉献，奉献是快乐的更是幸福的。对我来说，能够帮助到学生就是莫大的快乐和幸福。”无论是呵护党员学生，帮助孤儿、贫困生，还是纠偏网瘾学生、学业困难学生，孙玲成了学生成长道路上的知心人、热心人、引路人。鬓角染霜，桃李不言，孙玲把自己最美好的青春都献给了教育事业。她说，下一代是祖国的花朵，一切为了花朵的绽放，要继续把工作做下去，而且要做得更好，为青年健康成长撑起一片温暖的蓝天。

（指导教师：钱学智）

陈章明：全心全意干事业，无怨无悔铸春秋

浙江海洋大学　童梦瑶　雷　薇

陈章明，退休前担任浙江海洋学院（今浙江海洋大学）党委副书记、纪委书记，大家都亲切地称呼他为“陈书记”。

逐朝阳，风华正茂追理想

初见时，伴着《新闻联播》的播报声，陈章明将他年轻时的生活娓娓道来。出生于1941年的他在童年经历了抗日战争和新中国成立两个时期，1941年到1945年正是抗战最困难的阶段。陈章明感慨道：“那个时候，全国到处都是硝烟弥漫、枪炮不断，我就出生在那个年代。上学的路上我常常能看见日本人的飞机从头上‘轰轰’地飞过。”

他的家乡六横岛位于舟山南部海域，总面积仅93平方公里。“生活靠捕捞，出行靠舟楫。”童年时期的陈章明一直生活在一种原生态的、闭塞的环境中，感受着岛上的海风、海浪，品味着岛上的风土人情。海岛上的环境，既培养了他淳朴、正直的性格，又赋予了他奔涌向前的品质，并使他萌生了“想要出去看一看”的念头。

为了实现这一看似不可能的“念头”，即使在如此艰苦的条件下，陈章明仍然坚持读书。解放战争的胜利和新中国的成立铺就了他的逐梦之路，他如愿考取杭州大学的政治专业，开启了省城求学之途。

大学毕业后，陈章明作为一名优秀学生留校任教，教的是党史。可谁也没料到，工作几年后，他向组织递交了请调报告，申请回到家乡舟山。当被问及原因时，陈章明毫不犹豫地回答道：“家乡的建设太需要我们添砖加瓦了！‘飞出去’是为了觅食，‘飞回来’则为反哺，我生在舟山，家在舟山，所以要回来回报舟山。”

“飞出去还得飞回来！”原来陈章明的心中常怀有鸿鹄之志啊！

迎骄阳，呕心沥血为教育

1978 年回到舟山后，陈章明便来到了位于平阳浦的浙江水产学院，继续他的教书育人事业。据他回忆，当时的浙江水产学院在全省高校中是一个“苦孩子”，有好几次都面临着被撤销的风险。好在浙江属于沿海省份，并且学校有着全省所有高校中唯一的关于海洋方面的学科，地理位置和专业学科的特殊性，使得学校挺住了。

陈章明见证了从“浙江水产学院”到“浙江海洋学院”再到“浙江海洋大学”的转变，作为一名亲历者与实践者，他的感受颇深。他看到学校的排水系统不断完善，教学设备持续更新，一栋栋教学大楼、实验大楼、图书馆大楼拔地而起，特别是看到一批批毕业生都成了社会的有用之才，心中觉得欣慰和美好。这份美好，体现了一名教师最无私的一面。

胸怀一颗大爱之心，陈章明曾任关工委副主任，在关心下一代的工作上倾注了一腔热情。作为一名政治教师，长期以来他被学校、学院业余党校请去为学生上党课；在史志办工作时，他为身边实习的学生提供了具体的指导和帮助；抗疫期间，他为定海区智障儿童捐款捐物……他在浙海大的每个角落都留下了属于他的最深刻的一笔，纵使一切都会随风而逝，这些时刻也早已成为永恒。

伴随着学校前进的步伐，陈章明将自己的青春、热情、才华、智慧全部献给了教育事业，可谓“敬业如牛，爱生如子”。

沐夕阳，散发余热撰校志

2018 年，校志校史编纂办公室成立。年近八旬的陈章明欣然接受了学校的聘请，成了校志编写组的组长。

“老牛亦解韶光贵，不待扬鞭自奋蹄。”作为一名有着四十多年党龄的优秀共产党员，陈章明始终用实际行动践行着这句话，以饱满的热情投入到校志编撰的工作中去，四年来已写校志 145 万字。

陈章明始终认为：“写校志就是把过去发生的事情完整地、准确地记录下来，把学校的建立过程、发展过程交代清楚，给后人看。”因此，为使校志所记述的内容更加真实、完整，在筹备阶段，他便带领校志办的同志一起赴上海海洋大学史志办取经；在撰写过程中，他始终坚持严谨的原则。陈章明坦言道："查资料是很困难的，如何找到这些资料也是一门学问。"过去的资料数量少，比较难找；现在的资料多，一份电子档案就有几百万字，而从几百万字的资料中筛选出所需要的那部分，如同大海捞针。陈章明负责的是水产学院和海洋学院校志的撰写，为了寻找年代已久的资料，他多次来到区档案馆、市档案馆，同时也常常请一些老同志来校做面对面的交流、回忆、核实。所有的这些繁杂对他的体力、精力都是一种挑战，但他总是步履稳健，精神抖擞，信心满怀。

陈章明说："我既然接受了这项工作，就一定要把它做到最好！"事实也正是如此。

采访接近尾声，陈章明在小记者的笔记本上深情地写道："中华民族绵延五千年，顽强不屈、发奋图强的精神代代相传。"这是从教半个世纪以来陈章明一直坚守的高尚品质，同时也是他对后代的殷切期望。我们会永远牢记他的教诲，接过他手中的接力棒，迈好人生的每一步，做一个无愧于时代的人！

（指导教师：华海坤）

高星斗：一颗赤子心，半生为民族

滁州学院　叶　颖

20 世纪 80 年代初电子计算机刚刚问世时，曾有谬论称“汉语是低级形态的语种，提议废汉语兴西语”，这无疑是要让我们几千年来的中华文化的尊严荡然无存。好在，这种“文化灭亡”言论的蓄意攻击最终没有得逞。当时滁州市一对年轻的夫妇，以他们的研究成果，打响了民族语言的保卫战。“语言是民族的，捍卫语言尊严就是捍卫民族尊严。”如今已经 86 岁高龄的高星斗老先生这样说道，眼中带着坚毅的光芒。

顽强坚毅，是他的人格底色

1936 年出生于安徽太和的高星斗幼时曾目睹日军在老百姓家中吃西瓜的场景：日军用刺刀随意地砍西瓜，稍有不满意就挥舞刺刀砍杀无辜百姓。这件事在高星斗心中留下了不可磨灭的印记，爱国的种子深植于心。

13 岁时，高星斗在上海一家玻璃制品厂做童工，每天工作时间长达十几个小时，高温的玻璃将他的手烫起一层层黑皮，即使在今天，高老手上的黑疤仍旧清晰可见。

正是这样的成长环境，磨砺了高星斗的意志，塑造了他面对困难坚强无畏的品质。1949 年，14 岁的他加入了中国人民解放军，在部队卫生所做看护工作，在解放舟山群岛战役时，他还因抢救伤员表现突出而荣立了三等功。舟山群岛解放后，他所在的部队担任守岛任务。当时的高星斗正值年少，却同成年战士一样扛木料、修碉堡、战台风、护理伤病员……艰苦的战斗与劳动从不曾击垮他，他的生命中始终涌动着蓬勃向上的朝气与力量，这也为他后来从事母语教育科学化研究打下了基础。

孜孜以求，是他的赤子之心

在部队长大的高星斗，深谙党的科学性与先进性，更坚定了追随党的决心，刚满18岁的他便加入了中国共产党，此后他开始一边参加生产劳动，一边自学文化课。毛主席曾说："没有文化的军队是愚蠢的军队。"在文化兴邦的理论指导下，高星斗在学习上不遗余力，孜孜不倦地汲取着知识的甘霖。高星斗表示，那时，想读书的动力始终推动着他，即使是在带新兵、修营房时，也时时把书带在身边。

1956年，高星斗从部队复员，同年，他以语文、政治的高分被淮南师范学校录取。在校学习期间，高星斗以优异的成绩和出色的表现担任学生会主席，还负责文艺宣传工作。之后被保送至合肥师范学院进修，从此开始了系统地学习中国语言文学的道路。

在被问及从事母语教育科学化研究的缘由时，高星斗表示，最初只是因为对知识的强烈渴求，由于自学收效甚微，语言方面的积累较少，他希望寻求到一个高效的语言学习方法。毕业后，高星斗被分配至淮南教书，也是在此期间，他开始正式研究语言的教育方法，总结出一套"以词带词，分类集中"的学习方法，通过将字词分类，以一个词带出一类词，来提高学习效率。这一方法经过在教学中的实验，收获了良好的效果，于是高星斗与妻子将教科书中的语词分类出来，汇编成册。

此后，他们又写出了50万字的母语教育学书稿，该书稿历时三年，三易其稿。他们怀着对汉语的热爱、对民族的挚爱、对国家的大爱，对母语教育方法孜孜以求，发扬了中华语言的独特魅力，让其生生不息，传承有序。

捍卫母语尊严，是他的毕生追求

高星斗说，电子计算机刚出现的时候，西方就预言中国语言不科学、要消亡，这让从事汉语教学研究的高星斗很生气，于是他们夫妇二人一头扎进汉语教育科学化的研究中。1988年2月16日，他们所撰写的《母语教育及其科学化》一文发表在《光明日报》上，《新华文摘》也于同年4月全文转载，这无疑是驳斥西方的汉语消亡论的有力一击。

高星斗回忆道，钱学森先生在他人生的后期提出要帮助国家造机器人、智能机，为此高星斗曾多次给钱老写信，提出用语言来实现的思路。1985年，高星斗收到了钱学森先生给他回复的一封亲笔信，信上写道：

高星斗同志：

希望你和杨春鼎同志诸位语言文字专家们能促使智能机的出现。

这令高星斗激动不已。

2021 年，高星斗将钱学森亲笔信捐献给了他退休前任教的滁州学院，他说：“希望通过这些资料让更多的人了解中华母语，了解滁州学院，丰富校园文化底蕴，促进学校持续发展。”

高星斗与妻子的母语教育科学化研究是在没有国家立项、没有经费支持的条件下进行的，在此期间也曾屡屡碰壁，不被人理解。但正如高星斗所说，贯穿始终的是“坚持”二字，以坚强的决心、顽强的意志创造出语言学研究的新领域，表达了捍卫中华民族与中华文化生存发展的坚定决心和意愿。他在滚滚物欲的大潮里，潜下心来做研究，静下心感受着中华母亲给予的力量。

这份为国家、为民族的初心，高星斗数十载未曾相忘。同时他也呼吁青年，要秉持着初心，为了民族的事业、为了民族的复兴不懈努力，要向着党，跟党走，让民族的精神生生不息、代代相传。

（指导教师：夏斌文）

朱训：部长是我们老校长

中国地质大学（北京） 夏清萍

一位共和国的部长任内兼任部属高校的校长，在中国没有先例，也许以后亦不会有这种机缘。1987年，时任地质矿产部部长的朱训出任了中国地质大学的首任校长，在地大师生中传为佳话。

磨砺宝剑成　为国成轮台

朱训的经历带有传奇色彩。1940年，年仅10岁的他加入了儿童团并担任团长。一次放哨时，他遇到了正在散步的刘少奇同志，少奇同志和三个小朋友亲切交谈，还摸着朱训这个小团长的头说："噢，你是猴子王。"1942年，朱训在家乡入读了由少奇同志倡议举办的盐城阜宁联立中学初中部，并参加了徐以达老师领导的化工研究小组。1946年，16岁的少年朱训加入了中国共产党。后来盐阜联中被改建成苏北工业专科学校，老师有一半来自新四军，其附属化工厂为苏北抗日根据地和苏北解放区生产日化用品，朱训在这个工厂一直工作到1950年年初，从普通的车间技术员做到车间主任，再到厂团支部书记、党支部副书记、代理书记。烽火岁月里，小小少年便有了顶天立地之志。

1950年年初的一天，正在工作的朱训突然接到通知，北京新成立的中国人民大学要从解放区的干部、工厂的劳模、军队有文化的官兵中挑选一部分学员，组织上推荐他去参加考试。就这样他踏上了北上的火车，来到中国人民大学工厂管理系，投入紧张的学习中。

1952年，组织上决定派遣朱训等一批学员前往苏联留学。他无比珍惜此次机会，然而，却未曾想到，一到苏联他就收到通知，让他转学地质。对他来说，这是一个陌生、全新的专业。没有抱怨，没有诉苦，朱训从头学起，将其职业生涯融入新中国地矿事业的开拓与发展中。

功夫不负有心人，勤奋刻苦的朱训取得了"优秀生"的毕业证书和工程师称号。1957年回国后，他服从组织安排，来到了江西省地质局赣东北地质大队，扎根基层一干就是二十五年，从普通的技术员做到了会战总工程师、省地质局副局长、总工程师。他参与和主持编制了江西上饶地区地质矿产图件，成功组织了德兴铜矿会战等几个大型铜矿的地质勘探，在中国找矿史上留下了浓墨重彩的一页。

1982年，工作成绩突出的朱训被调往北京，担任地质矿产部副部长、党组副书记兼政治部主任，1985年出任共和国第三任地质矿产部部长、党组书记兼全国矿产储量委员会主任。他任内重点实施的“采宝计划”“减灾计划”开启了改革开放前期地矿工作的新篇章。

1994年3月24日，中央决定调他到全国政协任秘书长。又一个意外！“我已经60出头了，干了一辈子地矿工作，政协的工作可能干不了。但作为一名共产党员，当然无条件服从。”就这样朱训又在全国政协工作了9个寒暑。

开拓天地　积厚流光

朱训部长推动中国地质大学成立与发展的故事，一直流传在学院路29号的校园中。

朱训先生说：“中国地质大学是由北京地质学院演变发展而来的。北京地质学院是1952年适应国家建设对地质人才的需要而建设的一所高等地质学府。中国地质大学不完全等于北京地质学院。”

北京地质学院1975年迁址武汉，改名武汉地质学院。1978年9月，在邓小平同志的亲切关怀下，以留守北京的人员为基础，武汉地质学院研究生部获准在北京建立，同年开始招生。中国地质科学院在北京地质大院内同时办了一个研究生部，地矿部也用原北京地质学院的资源办了让在职干部深造的干部管理学院。

1985年，朱训先生在地矿部上任伊始，中央制定并发布了《关于教育体制改革的决定》，国家经济建设正在兴起，地质事业不但要跟上，而且要先行，首先是人才，是地质教育要上去。地矿部党组决定把大力发展地质教育作为本届党组任期内的一项重要目标任务。而教育资源分散，北京地质大院内几家办学，还有十余个局级单位分别占据着不同楼宇，不仅严重影响到办学效果，也使广大教职员工深感不安。因此，地矿部党组研究决定从整合分散的教育资源入手，妥善处理迁校造成的不利因素，改变多头办学的不利状况，以形成一个拳头，为国家培养更多、更好的地质人才。

决策容易实施难。朱训先生重视人才，是一名具备远见的学者部长。他力排众议，亲自耐心地做各办学实体领导和教师的思想工作；他亲自找国家教委领导商议推动，并得到了他们的大力支持；他经过深思熟虑提出南北一体各自独立办学的构想，并集思广益使之逐步深入细化；他积极推进各办学实体的建设，并积极不断地解决他们之间的矛盾，推进改革与发展。为了更好地协调工作，朱训部长亲自出任首任校长，明确提出了“要把中国地质大学办成在国内外享有广泛声誉的高水平地质学府”的发展目标，这才有了如今京汉两个进入国家“双一流”建设的地质大学。

听着老校长的娓娓道来，身处现在地质大学的美丽校园，朝向新时代“双一流”的奋斗目标，我们真真切切地看到了一位科学家与领导者的成长历程，也看到了一位不忘初心、忠心爱国、关心下一代的地质工作者的朴素情怀。

（指导教师：杨光坤　耿　然）

熊家琅：嘉庚心，奥运情

集美大学　马晓旺

癌症是人类医学史上最可怕的敌人之一，但有这么一位传奇“五老”，她足足战胜了两次癌症。古稀之年的她在饱受癌症折磨的情况下，仍然参加了奥运火炬手的预选，并最终成为一名优秀的奥运火炬手。她就是“奥运奶奶”熊家琅老师。

熊家琅老师现在已经有83岁高龄了，几十年如一日地创作，她的手工作品足足有三百多件。回首往日岁月，熊家琅老师始终秉持着创新创造精神，将传统工艺与现代结合，所制作出的手工作品颇受大众喜爱。她在其任教期间，深受学生爱戴。

宣传奥运精神

谈起熊家琅老师，宣传奥运精神对于她来说是伴随一生的事业。1998年，60岁的熊家琅躺在病床上等待手术，对于她而言，这场手术十分重要。奥运精神和女排精神支撑着她成功地完成了这次癌细胞的切除手术。2001年中国申奥成功，正从事工艺美术研究的她亲手编制了名为“申奥情”的珍珠镶画竹帘壁挂。对于当时的她来说，制作这样一个壁挂是十分困难的，很难想象一个大病初愈的人是凭借怎样的毅力去完成这件事的。2005年，奥运吉祥物揭晓，她开始日夜制作福娃，前前后后总共制作了五六十个福娃，样式多种多样。熊家琅老师正是靠着她那自强不息的奥运精神支撑着，去完成了几十个福娃的制作。2008年，她如愿成为厦门站的奥运火炬手，将奥运精神进行了传递，让更多的人了解奥运。

熊家琅老师在成为火炬手后的十几年里，在数十所学校上课、宣讲。她还经常在社区开展活动，将自身所学传授给大家。她用自身的行动来告知世人奥运精神是什么——就是这种不向生活低头的顽强拼搏精神。2022年冬奥会，已经83岁的熊家琅老师仍然在为奥运做宣传，她不仅手绣了冰墩墩的电视罩，还亲手制作了冰墩墩和雪容融公仔。她认为，只要她还有一口气在，就一定要为奥运宣传事业继续努力下去。

宣传嘉庚精神

熊家琅老师对于青年一代是寄予厚望的，她在宣讲中多次告诫当代青年，要听从党的指挥，要跟着共产党走，贯彻教育方针，德智体美劳全面发展，要努力让自己成为新时代的建设者和保卫者。同时熊家琅老师认为，当代的青年应当诚实守信、艰苦朴素、革故鼎新，特别应该学习一下嘉庚精神，了解陈嘉庚先生的爱国华侨心。熊家琅老师虽然一直从事手工业的制作，但是她对科技发展也十分重视。当她看到现在有很多机械可以代替手工，并且做得更加完美，她内心感到十分自豪和幸福。她希望当代的年轻人具备探索精神和创造精神，通过自己的努力，实现我们祖国的伟大复兴。同时，熊家琅老师本人也十分重视生态与道德建设，她曾将一些废弃物品重新变废为宝，编织成各种手工艺品。她希望当代的年轻人能够爱护和保护环境，绿水青山就是金山银山。她希望当代青年人能够弘扬党的精神，不断地提升自己。

在悠长的岁月中，熊家琅老师多次与死神擦肩而过，她那顽强拼搏的奥运精神值得所有人敬佩，她的事迹也将被大众广为流传。

（指导教师：许耀根）

李学礼：砥砺三牛谱华章　赓续红色育新篇

东华理工大学　刘蓉阳　马蕴慧

在祖国核工业战线群英谱里，有一颗耀眼的明星，他就是在2020年我国核地矿事业创建65周年之际，荣膺“中国铀业功勋榜”的东华理工大学（原华东地质学院）的李学礼教授。

他与许许多多的老一辈核工人一道筚路蓝缕、披荆斩棘，经艰险、历磨难，将青春和热血奉献给祖国，谱写了我国核工业的锦绣华章；他用一辈子去诠释“为民服务孺子牛、创新发展拓荒牛、艰苦奋斗老黄牛”的“三牛”精神；他用一生去展现人民教师赓续百年红色血脉、为党育人为国育才的如磐初心。

谱写核工业的锦绣华章

他是中国学术界出了名的“硬骨头”。校长孙占学介绍说：“李学礼教授自20世纪60年代从苏联留学归国，主动要求分配到穷乡僻壤的江西抚州，从核地学领域白手起家，一干就是四十年，成为享誉中外的水文地球化学学科的开拓者和资深专家。他85岁身患重病，但仍坚守实验室，指导学生、设计方案、分析数据、整理报告，一切都亲力亲为，用实际行动书写了‘老树开新花’的传奇……”

李学礼艰辛探索突破世界性难题。他留学回国任教四十余年，退休后也一刻没有停止过在科研道路上的攀登。他克服疾病困扰，带领科研团队到100公里外的721矿采集菌种、开展室内生物浸铀试验和野外现场生物堆浸试验。经过一次次试验，他们发现了一种被称作“721矿嗜酸性氧化硫铁杆菌”的菌种。他们利用该菌种使花岗岩高氟铀矿、火山岩中的高钛难浸铀矿铀的浸出率达90%以上，并大大缩短了周期，降低了酸耗，实现了该类铀矿石的高效浸出，解决了高氟铀矿、钛铀矿常温下难以化学浸出这一世界性难题。研究成果获国家系列发明专利，走在了国内外同行的前列，部分成果已转化产生了良好的经济、社会效益，为满足高效利用铀资源的国家战略需求、促进我国铀资源开发领域的科技进步起到了显著的推动作用。

他的学生刘金辉教授告诉我们："李学礼教授退休后，由于早年长期的野外作业，两个膝盖的半月板完全磨损，行动时需要拐杖，而他还身患严重的糖尿病。但他依然坚持在科研第一线，在条件艰苦的试验现场上，一待就是一个多月。在他影响下，科研队员无人叫苦、无人喊累，他硬是靠一己之力，拉起一支40多人的微生物浸（地浸、堆浸）科研团队，带领团队攻克一个又一个科研难题，填补了相关领域的一个又一个研究空白。"核矿地质工作是光荣而伟大的，但也是极度辛苦和危险的。他们住羊圈、打钻机、锯矿石、吸矿粉。有了核工业人不怕苦不怕死的精神，才有了今天国家核事业的辉煌。

"我们的命运与中国核军工事业紧紧地连在一起，国家需要就是我们努力的方向！"在一次初心寻访座谈会上，以李学礼等为代表的老一辈核军工人发自肺腑的心声，激起了师生们强烈的情感共鸣。

为党育人风范高

人民教师担负着为党育人、为国育才的责任，李学礼作为一名教师，他的一言一行就是鲜活的教材。不忘初心，从风华正茂到两鬓如霜，在学校工作的四十年里，李学礼一直坚守在教学一线。他瞄准国家重大战略需求育人，带出来的团队中的22个人，犹如22道光束，一次次点燃创新和超越的引擎，为我国铀资源勘查与开发领域的人才培养和科技创新做出了重大贡献。

近几年来，他们团队承担了国家"863计划"、国家"973计划"、国家国际科技合作计划、国家自然科学基金重点项目、国家国防科工局核能开发项目等科研项目40余项，在铀矿深部找矿、复杂难处理铀资源开发等方面取得了一批创新性成果，获得了国防科技进步特等奖、江西省科技进步奖一等奖等省部级以上奖励10余项。

初心如磐红灯传，为党育人风范高。从亲自担任班主任、与学生面对面交流、每年为全体大一新生开设"开学第一课"，到退下领导岗位后仍然带领学生实习实践，李学礼在繁忙的教学、科研工作之余，全力承担好塑造学生人格与灵魂的“工程师”的角色，激励青年学子把握时代机遇，发挥聪明才智，努力成长为担当民族复兴大任的时代新人。

“三寸粉笔，三尺讲台系国运；一颗丹心，一生秉烛铸民魂。”这是习近平总书记对教师的高度评价，也是殷勤的期盼。面向未来，李学礼带出的团队成员将一代接着一代继续以黄大年同志“心有大我、至诚报国”的高尚品格为指引，脚踏实地、开拓创新，以踔厉奋发者的姿态谱写好新时代东华理工人的优异答卷。

（指导教师：刘　胜　游　艺）

张毅敏：传承红色使命　坚守党员本色

河南中医药大学　孙秀梅

有一位95岁高龄的残疾老人，从2016年开始，每年在党的生日这天，她都要缴纳不低于5000元的特殊党费。2020年为支持抗疫工作又捐献了15000元。2022年，为庆贺党的二十大召开，她又捐献了20000元。

这位老人叫张毅敏，是河南中医药大学第一附属医院的离休干部。

牢记誓词享受在后“不忘本”

1927年，张毅敏出生在革命家庭，她的父亲张蕴华于1931年在安庆被反动派杀害，临刑时他高呼“中国共产党万岁”，时年32岁。1948年，刚参加工作的张毅敏，受父亲的影响积极向党组织靠拢，为追求理想，于1949年光荣加入了中国共产党。她要继承父亲的未竟事业，跟党走，为人民谋幸福。

在漫长的工作生涯中，张老始终坚持党性。她说，作为一名共产党员，永远要吃苦在前享乐在后。她刚参加工作的那段日子，没工资，只发卫生费：女同志三毛，男同志两毛。当年张毅敏单位的人事部部长生病了，她代理他的工作，有机会给自己定工资，但她却给自己定最低一等，让同志们先拿高的。

单位有一位姓胡的同事，是老红军，家里穷，他爱人没工作，身体又不好，他没文化，只能给人家干重活。张毅敏想到他跟着红军经历风雨，为保卫国家牺牲了那么多，怎么也得帮他把家“捧”起来。她说干就干，不顾单位同事的冷嘲热讽，帮老胡向组织反映，最终帮他爱人谋到了炊事员的岗位。

“这人呐，不管咋样都不能忘本，当初那入党宣誓词是怎么说的？你是一丝一毫都不能忘！只要有那么一口气，你就不能忘！”张毅敏这样想着，工作遇到困难不抱怨、不叫苦，相信党和组织。无论在什么岗位，她都默默兑现当初的承诺，爱党、信党、感恩党。

年纪虽高学无止境“求知者”

院墙斑驳，满眼绿植，阳光洒在简朴的卧室。从门口到窗户有五六米长的距离，摆放着用三张桌子拼成的长台，上面层层叠叠、一摞挨着一摞都是报刊，旁边书架上则整齐罗列着《党的十九大报告辅导读本》《习近平谈治国理政》《习近平的知青岁月》等图书。

几十年来看报纸杂志是张老生活的重要组成部分。《人民日报》《健康报》等多种报纸杂志里都夹着小纸条，注明学习时间和主要内容，这是她几十年的坚持。她工工整整地写满了一个个笔记本，一页页已经泛黄的纸张，记录的是“十九大习近平总书记的金句”“学习十九大报告精神”等，字迹清晰、笔画有力，条理清楚、重点突出，仿佛能够看到在岁月光影中，老人端坐在桌前，一笔一画认真书写着日期和标题，将学习内容按条罗列分类……

在一个个悉心收藏的笔记本里可以找到张老书写的一些片段：

我是1948年12月入的党，宣誓是在元月1号！

我爸爸张蕴华参加革命牺牲得早，他是我的榜样，永远的榜样！我加入共产党后，党对我培养太多太多，可是我对党服务太少太少！现在老了，学的东西帮不了国家了，前些年能动能走的时候还能给居委会的人读读报纸，现在楼都不能下了……这让我的心愧得很！

我就只有努力学习啊！我，永远是党的女儿！

信念坚定不忘党恩“践行者”

“感恩共产党对我的培养、感恩共产党对我们的照顾。2022年是中国共产党成立101周年，又是党的二十大召开之年，我如今年老体弱，不能身体力行地为党的事业多做贡献，自愿交纳党费20000元，以表感恩之情。”朴实的语言诠释了张老对党的无比忠诚和不渝初心。

张毅敏的人生见证了在党的坚强领导下，国家日益繁荣昌盛，老百姓生活越来越幸福的历史进程，让人更加深刻感受到中国共产党的光荣和伟大。2016年起，她就下定决心每年在党的生日这天，缴纳不低于5000元的特殊党费。她说："我因病少了一条腿，身体虽然残疾了，但理想信念不能残疾，党性修养不能残疾。这么多年，我多次病重，多亏组织、领导和同志们的关心，才有我的今天。别的我做不了什么，只能在这个特殊的日子表达一下自己对党的感恩之心，通过组织把党费用在需要的地方，也是我为党尽一份微薄之力。"

万千波澜蓬勃东流，汇聚成澎湃汪洋；一颗红心执着坚守，写就党员风采。简朴的房间里，已过耄耋之年的张毅敏眼神明亮而纯净，她虽然年事已高，行动不便，但她要用自己的微薄之力为党和国家的建设、为中华民族的伟大复兴做出自己的贡献。那应该是她心中沉淀几十年，坚定而忠诚的信仰的光芒。

（指导教师：艾国军）

王清连：不坠吾辈青云志，赓续精神勇担当

河南科技学院　冷豆豆　王　洁

有这么一个人，曾被新乡市科学技术协会评价为“花开天下暖，教书育桃李”，也在《科学中国人》上被评价为“棉丝孕育强国梦，衣被天下唱新曲”。这个人，就是河南省棉花产业技术体系首席科学家、河南科技学院教授——王清连。

爱岗敬业，恪尽职守，传承“百农”精神

作为一名老教师，王清连不断从老一代“百农”人身上汲取精神和智慧，博采众家之长。他曾有幸聆听袁隆平院士开设的水稻育种与生理生化系列专题讲座，杨永光教授去“高稳低”示范田途中也告诉他：“我们要为农民吃上‘白馍’多做贡献。”从这些老前辈身上，他学到了教书育人、爱岗敬业的无私奉献精神。

在教学中，他还独创出一套自己的教学体系，把生物化学、植物生理生化教材里难以理解的代谢途径用画图、做模具和板书三维一体的方式呈现给同学们；他制成可用于农学、园林、植保三个专业的新知识卡片；为了防止专业脱节，他带领曾为园林学院班干部、现为河南省副省长的武国定所在的班级到辉县后庄那棵被当地称为“山楂（爷）王”的山楂树旁测“水势”“光合”等数据，将测定结果充实到教材中去，让学生能够更直观地理解。

教育是天底下最光辉的职业，也是天底下最清贫的工作，正是他的高尚的职业道德、勤奋务实、忠诚敬业和对“百农”精神的传承，使他成为独具一格的人民教师。

学农爱农，务实创新，发扬“百农”精神

出身农民，来自农村，挚爱农学，研究农业，与“农”结下不解之缘。“衣被天下、以粮为安”是他毕生追求。王清连看过太多人因缺少棉花挨冻

受穷，决心用科技让乡亲们不再挨冻。1990年前后，学校科研经费十分紧张，为节约经费，他把家里所有的盆都拿到实验室，做棉花发芽和抗性研究的盆栽试验。

在科研上，他对学生要求严格，对自己要求更严格，要求学生对棉花的统计要严格依照农艺性状的标准调查记载。虽已高龄，但他仍早出晚归，一站一整天，泡在棉花试验田里调查数据。在国家和河南省相关部门的支持下，他带领团队培育出以百棉1号、百棉985为代表的百棉系列棉花新品种（系）18个，并在我国黄淮棉区以及吉尔吉斯斯坦共和国等中亚国家大面积推广种植，其品种较当地品种增产40%以上，提升了中国棉花品种的国际影响力。他还培育出特优长绒棉新品种（系）3个。

无私奉献，银发生辉，再续“百农”华章

作为一名老干部，他是科院重要发展时期历史的见证者。从延安自然科学院生物系到平原农学院到百泉农专再到河南科技学院；从早期农学系的助教、讲师、副教授、二级教授，到国家有突出贡献专家；从农学系秘书、办公室主任到处长、校长助理、副校长、校长、校党委书记……四十多年里，他为学校的发展与声誉的提高付出了心血。从他身上，我们看到了“科院人”的禀赋与尊严，看到了“自强不息”和“崇德尚能、知行合一”的“百农”学人精神。

经王清连与班子成员同舟共济，学校在转型、硕士学位点建设、国家级重大科研教学成果奖、新科学院申请获批建设、国家与河南省协同创新中心建设高校、入选中西部高校基础能力建设工程等方面取得了重大突破，在教育部本科教学水平评估中获得优秀，并获评全国中高职职教师资培养培训基地建设、农林卓越技能人才培养和卓越职教师资培养单位。

关爱后代，寄予厚望，为“百农”精神增光添彩

莫道桑榆晚，为霞尚满天。作为老专家，他时刻关心学校和国家的发展，不忘初心、默默奉献，努力发挥着自己的余热。

在忆往昔中看今朝，听故事中树远志。王教授告诫我们青年一代，要善于学习，勇于实践；远大的理想要和现实结合，脚踏实地把小事做好，把平

凡的事做好就是不平凡；要牢记党的宗旨，不忘初心，坚定自己的目标，学会积淀，要像竹子一样学会前期的积淀，才能有后期的厚积薄发；人生阶段若遇逆境，要在逆境中崛起，你可以痛苦，但不要使自己一蹶不振。他希望大家能够正视自己，不忘初心，为学校尽力，为“百农”精神增光，为祖国建设添砖加瓦。

作为新时代青年，不坠吾辈青云志，赓续精神勇担当。要乘新时代春风，在祖国的万里长空放飞青春梦想，以社会主义建设者和接班人的使命担当，为全面建设社会主义现代化强国而努力奋斗，让中华民族伟大复兴在我们的奋斗中梦想成真！

（指导教师：李盼盼）

张中印：三十“蜂”名探与索，八千农“路”学与践

河南科技学院　靳梓聪

张中印教授提到：“在多年的养蜂实践中，研究得越深入就越能体会到，新乡地区的养蜂技术仍然处于比较落后的阶段。”这一现状让从小热爱蜜蜂的他对新乡蜂业萌发出强烈的责任感，他立志要改变基层养蜂事业的旧面貌。

坚持不懈　与“蜂”同行守初心

从儿时起，他便清楚地记得，每逢刺槐、油菜、芝麻等植物开花的季节，村里的养蜂人就像等待归巢的候鸟一样，准时将蜜蜂送来采蜜。那“嗡嗡嗡”的声音在幼小的张中印心里，仿佛是最悦耳的旋律。儿时的记忆让他产生了深入了解蜜蜂的想法。

大学期间，他毅然决然地选择了自己热爱的蜂学专业。张中印教授与蜜蜂的缘分，自此拉开了帷幕。毕业后，他走出校园迈向实践，开始跟随学识渊博、经验丰富的李书禄教授做养蜂实验。张中印教授对蜜蜂的热爱及研究兴趣，再加上老师的指点，为其后来“甜蜜”事业的发展奠定了坚实的基础。

三十年与“蜂”同行，从探索养蜂奥秘，到总结经验，不断提高养蜂技术，再到将养蜂技术传递下去，张中印教授的人生答卷上，处处都留下了与蜜蜂有关的痕迹。

科技攻关　潜心研究揭“奥秘”

小蜜蜂有大学问。学得不精，技术不到家，蜂农非但不能发家致富，甚至可能“颗粒无收”。众所周知，生产蜂王浆的工作量极大，步骤也极为烦琐，要想扩大规模、提高养蜂效益，更是难上加难。为了突破技术瓶颈，他带领课题小组，深入蜂场实地调研，成功设计出成排的移虫针和成排的挖浆

器，与原来相比，蜂王浆生产效率提高了十倍以上。此外，他的科研团队还研制出世界上第一台真正将蜂王浆手工操作程序完全变成机械生产的多功能取浆机，大大减轻了养蜂人的劳动量，更为养蜂机械化生产和扩大规模奠定了基础。张中印教授表示，“蜂王浆机械化生产技术集成研究”是蜂业界的一项重大发明创造。

“将科研应用于实践，从实践中来，到实践中去。”这是张中印教授在蜜蜂研究中始终坚持的准则。2017 年年初，辉县市山区大面积发生中华蜜蜂“烂仔病”疫情，造成短期内中华蜜蜂养殖量锐减。位于宝泉景区的东寨中华蜜蜂养殖基地发生疫情后，张中印教授带队会同中国农科院蜜蜂研究所吴黎明博士亲临东寨养蜂一线，搜集病料、诊断疫病，开出了一系列切实可行的疫情防控方案，最后又赠送给东寨一批防控药品。在两位蜂业专家和东寨养蜂户的共同努力下，疫情很快得以控制。

追求卓越　扎根基层助“三农”

栉风沐雨三十载，青春无悔献蜂场。张中印教授长期深入基层，不辞辛劳。他积极参加“三区”人才计划等科技支农服务行动，全心全意服务群众，将新成果、新技术、新方法应用推广到生产一线，带领周边村民和贫困户养蜂酿蜜，增收致富。在担任平原示范区科技特派员期间，张中印教授建立了养蜂合作社，将当地的养蜂产业做了新的提升，得到了河南省及周边省市广大养蜂专业户的广泛赞誉，也开创了自己的“甜蜜”事业。2017 年，张中印教授获得国家技术发明奖二等奖；2019 年，他被河南省教科文卫体工会委员会授予“中原标兵”称号。

在张中印教授看来，自己是大学老师，教的是农业知识，无论技术还是教学，只有服务群众，才会实现其最终价值。三十载风云岁月，初心酿就甘甜，基层养蜂事业有了质的飞跃，他用努力换来了万千蜂农的真挚笑容。

关爱后代　乐学善教出真知

除了是一位科研工作者，张中印教授更是一名奋斗在教学工作第一线的师者。教学上，他组建了全省唯一的养蜂教学团队，主讲“养蜂学”和“蜂产品加工与应用”。张中印教授注重理论联系实际，认真备课，创造条件，亲自带领同学们到实验蜂场以及辉县、郑州、卫辉、林州等中试示范基地现场教学，手把手地教学生检查和管理蜂群，教学效果受到历届学生的高度称赞。

三尺讲台之上，他呕心沥血，种得桃李满天下。如今张中印教授指导过的众多学生也于祖国各地生根发芽，或为国家农业的发展继续做着科研工作，或为国家的教育事业奉献着自己。

“青年学生要身体力行，无愧于时代，做一个真正的知识分子。”这是张中印教授对青年学生的谆谆教诲。“仰之弥高，钻之弥坚。”我们要以张中印教授为榜样，学习他不怕吃苦、脚踏实地、无私奉献、勇于探索的精神，用青春为人民不懈奋斗，担当起时代使命，在中原大地上谱写出一曲曲厚生丰民的不朽篇章！

（指导教师：张　慧）

谈朝阳：退而不休乐奉献　尽洒余晖铸辉煌

武汉职业技术学院　曹语彤

“退而不休乐奉献，尽洒余晖铸辉煌！”用这句话来形容武汉职业技术学院退休老党员谈朝阳是再恰当不过了。2008 年正式退休后，他依然在学生思想政治教育工作战线上发挥余热，一如既往地做学生思想的“引路人”！

立德树人，为党育人

“我这一辈子，大部分时间都是在做学生思想政治工作。”作为一名深爱学生的老教师，谈朝阳一直积极投身青年学生的思想政治教育工作，如同一盏灯塔，始终指引着一代代年轻人的前进方向。

退休之前，无论是在下班之后，还是在节假日，谈朝阳总是习惯于在校园里转转，和学生进行交流，以便及时发现学生的问题，提供切实的帮助，还会参与学校的各类学生活动。他总说：“和学生在一起，既放心，又开心！”

如今，他依旧坚持每学期为全校师生上 20 次“形势与政策”课，参与学生党员的培养和教育工作，定期与入党积极分子及发展对象交流。对于新时代的青年学子，他寄语道：“青年学子要从中国共产党辉煌的百年奋斗史中，汲取智慧和力量，坚定‘听党话、跟党走’的信心和决心，要‘观大局、看大事’，做好人生规划，老老实实做人，踏踏实实做事，努力做一名积极向上、昂扬向前的新时代青年，在未来发展的道路上走得更加坚定和扎实！”

以身作则，乐于奉献

作为分管学生工作的学校副书记，“领导就是要干事”“管理就是服务”是谈朝阳时常挂在嘴边的两句话。服务于基层工作，服务于学生和家长，服务于办好人民满意的高职教育——他是这么说的，也是这么做的。在工作中，他秉持“为党委分忧、为群众服务、为学院发展做贡献”的工作理念，时刻以一名党员的身份严格要求自己，坚信清廉自律是领导权威的基石，真正做到“三不”，即“不以权谋私、不拉帮结派、不盛气凌人”。

“他这个人，总是把别人摆在前面。”这是与他共事过的领导和同事、与他有过交往的学生和家长对谈朝阳的评价。1998 年 8 月，百年不遇的洪水冲击武汉的江堤，在汉大中专学校的师生纷纷组成防洪大军赶赴抗洪前线。谈朝阳时任省电子工业学校校长，也是该校的防汛指挥长，他带领三十多人的队伍驻扎长江大堤，队员们还经常换换班，但他坚持不下“火线”，一住就是四十多天。当时，省电子工业局正组织干部前往美国考察学习，他也在前往之列，单位叫他抽一点时间回家办护照，他宁愿放弃这个一辈子也许都难遇的机会，硬是没有下堤。问他是不是有遗憾，他也只是摇摇头说：“学习的途径多得很，不一定非要花那么多钱到美国去。”

与时俱进，不断学习

任职期间，谈朝阳非常注重理论学习，学校党委中心组的学习，他总是积极参加，认真思考、仔细领会并带头宣讲，先后在各种学习会上做多项主题发言。他总说：“党员，就要不断学习，永远与时俱进。作为党员领导干部，更是要做到学习在前，领会在前。”

理论的威力并不仅仅体现在思想中、口头上，更重要的是用理论指导工作和实践。作为分管学生工作的副书记，为了建立学生教育管理工作新的运行模式，探索学生教育管理工作的新方法、新举措，谈朝阳带领相关部门的同志深入调研、发现问题、总结经验，明确“教育就是服务”“学生就是我们的服务对象”的工作理念，使学生教育管理工作更加民主化、科学化、规范化和人性化。

谈朝阳保持着每天看书锻炼、关注时事政治、做读书笔记的习惯，每次讲课的课件和讲稿坚持亲自制作和撰写。他认为，备课的过程就是非常好的学习过程。他也时常勉励青年教师和学生：“组织上入党一生一次，思想上入党一生一世，马克思主义理论是与时俱进的，作为一名共产党员，要坚持理论学习，提升理论素养，只有思想上跟得上，行动上才能跟得上！”

（指导教师：毕忠宜 张振坤）

程仪：红心向党 “仪”世情缘

黄冈师范学院　王蓝青　甘洪瑶

爱有很多种，哪种是特别的模样？有这样一位老人，他爱常人所不爱的“冷板凳”，潜心研究红色文化数十年，从青丝到白发，初心不改、矢志不渝；他爱动人的党史故事，年过古稀仍坚守讲台，只为播撒红色火种，传承红色基因。他就是黄冈市原党史办公室主任——程仪。

微光成炬　红星照耀砥砺行

1948 年，程仪出生于湖北浠水一个小山村，幼时随父上山砍柴，下田种地。眼看着村里的小孩背上了书包，母亲一咬牙卖了家中唯一的鸡帮程仪凑齐了学费。可每年的学费对于这个连吃饭都困难的家庭来说是一座难以翻越的大山，于是仅读完小学二年级的程仪就辍学了，拿起了那根比他还高的锄头。然而，现实的困苦并没有浇灭他对读书的渴望。闲暇时，他借来同学的课本，将课文一字一句地抄下来，没有纸写就捡别人不要的烟盒、包装纸，没有笔就找来树枝石头，一笔一画地在地上写字。“为了攒钱，我常常吃得很少，用省下来的钱去镇上买书读，像《红岩》《西行漫记》就是我当时买的，读书的时光是我少时最快乐的时光！”程仪拿出一本泛黄的《西行漫记》，上面密密麻麻地做了不少批注，墨迹有些模糊，隔着厚厚的纸张，我们感受着那段青春时光中他对读书的如饥似渴。书中党的革命故事和精神给了程仪莫大的勇气和力量，激励着他克服种种困难，他凭借着锲而不舍的精神和超乎常人的毅力，自学完成了小学、中学的学习，自考进入湖北大学。程老对我们说：“读书、学党史是一件多么幸福的事，是党和国家给了你们大好的读书学习机会，你们一定要倍加珍惜，勤奋读书，莫负韶华！”

不忘初心　赓续精神葆本色

1974 年，程仪担任浠水县梅河公社党委副书记，兼任青山大队党支部委员。一本本工作笔记见证了他为群众办实事、解民忧的点滴。这段扎根乡村的经历，让程仪明白决不能做浮在水面的“葫芦”，而要做扎进大地的“根须”；不仅要有书卷气息，还要有泥土芬芳。只有共产党才能带领人民过上幸福的生活，他更加坚定了永远跟党走的信念，这也为他后来做党史研究打下了坚实的基础。

一纸调令，改变了程仪的人生。1994 年，程仪调任黄冈市党史研究办公室主任，并主要承担黄冈地方党史和鄂豫皖苏区史的研究任务。然而，在查阅史料的过程中，程仪发现很多革命故事的具体时间、地点、内容等重要史实，众说纷纭，莫衷一是，让他无从下笔。他决定先去考证。可是做起来谈何容易，当时没有先进的网络技术，就连电话也很少有，信息资料收集全靠实地走访，很多知情者可能已经搬家或者联系不上。“做事情一定要实事求是，做党史研究更是要实事求是，不能有半点马虎。”程老始终秉承着对党负责的态度，力求还原历史的真面目。从此，程仪的身影时常出现在黄冈市档案馆、资料室、图书馆等一切存放有关文献材料的地方。对于没有资料记载的细节，他便寻访健在的亲历者和知情人，掌握更多“活”资料。程仪正是用这些“笨办法”啃下了一个个工作中的“硬骨头”，练就了严谨求实的治学态度和研究考证的治史方法。

久久为功 党史学习教育薪火传

莫道桑榆晚，为霞尚满天。退休后，程仪被红安干部学院聘为党史宣讲专家。从中小学生到厅级干部，越来越多的人在他的宣讲中感受红色文化的独特魅力和精神力量。路漫漫其修远兮，这条宣讲之路程仪走得并不容易。如今他已年过古稀，每年依然有几十场宣讲，这对身体是个莫大的考验。有时候，两场宣讲相隔时间很紧，程仪就在车上一边吃点饼干垫垫肚子，一边熟悉宣讲内容。为了提升宣讲效果，程仪开始学习使用电脑，从打字都不会到能够独立制作 PPT 课件，背后是他日日夜夜伏于案前，慢慢摸索，反复练习的辛劳。作为大别山的儿女，程仪热爱着这片红色沃土。他希望用宣讲的方式，让更多人了解大别山红色文化，让大别山精神激励一代代共产党人沿着革命前辈的足迹接续奋斗，把红色江山世世代代传下去。

一代人有一代人的使命。程仪的故事还在讲，年轻一代也已经走上历史的舞台。如今，程仪时常在各大高校、中小学宣讲，让青少年了解大别山红色文化，让党史故事“走近”并“走进”青少年。程仪感怀地说道：“我已经七十多了，只要精力允许，我会把我热爱的事情继续做下去，并努力做好，这是我的心愿，也是我的责任。”

一心信党、一心向党、一心为党，程仪始终牢记入党时的铮铮誓言，用行动践行着对党的拳拳之心。“我的一生都坚定地跟党走，人的一生有信仰是多么重要，所以我要把这些告诉下一代。”程老的话语萦绕耳旁。作为新时代青年，我们必将心怀家国、砥砺奋进，承民族复兴之志，担世界文明之责，谱青春绚丽华章，筑盛世之中华。

（指导教师：陈永典）

袁镇涛：助人为乐德之范　亮剑清风正气扬

中央财经大学　凌　核　李雨鑫　于小涵

袁镇涛已经91岁，六十五年党龄的他初心不改，坚持一辈子做好人好事。他曾入选“重庆好人”，其家庭被评为“全国最美家庭”，他获评第八届全国道德模范提名奖，并入选“全国助人为乐模范”候选人。

进京求学财经梦

袁镇涛回忆起当年赴中央财经大学的求学经历，十分激动，这对他来说是极为难得的一次机会。“一听说到北京进修，心情格外兴奋，因为这是毛主席在的地方。”

忆起往昔，袁镇涛感慨道，中财大带给他最宝贵的东西是三句话：实事求是、为人民服务、加强体育锻炼。一直以来，他将其当成自己的人生格言，并用一生去践行它。时至今日，91岁的袁老仍然身体健康、思维清晰、心怀大爱、关心国家大事和人民疾苦，令人非常敬佩。

坚定初心踏征途

即将踏入工作岗位的袁镇涛听说自己被分配到税务局，思想很不积极，他不愿意当遭人嫌恨的“税棍子”。上级领导了解后对他说：“你恨的是横行霸道的国民党税官。现在共产党需要你去收税，你干不干？”袁镇涛沉思片刻：“共产党需要我，我可以干。”随后，领导郑重地说：“共产党的税官，欺压盘剥老百姓的事不能干，共产党也绝不允许你干！”这句话让袁镇涛确立了干好税务工作的初心，成为他一直以来的指南针、航向标。

1950年前后，袁镇涛和几名税务局干部打赢了一场惊心动魄的税款保卫战。他们乘船护送税款时被土匪堵死了上山的路，土匪又威逼利诱船老板停船，船老板坚决不肯，土匪便一直开枪。为了保护税款，袁镇涛和同事冒着枪林弹雨坚持划船，终于到达对岸。当时事态紧迫、局势惊险，但任凭敌人如何穷凶极恶，也动摇不了他们保护税款的决心。“我们是人民政府的干部，税款属于人民政府，我们不能退，也不会退。”之后袁镇涛一行人带着税款赶路，从天黑走到天亮，没喝一口水，没吃一粒饭，终于将税款平安送到税务局。

舍己救人情谊深

1958 年的一个雨天，袁镇涛和同伴在农场劳动，在撬动一棵约 13 米高的大树时，树枝推动了另一棵大树的树干。在这树干砸下的危急时刻，他猛地将同伴推开，自己却被砸到悬崖下，左手四个手指受伤致残。袁镇涛回忆说，整个过程不过几秒钟，当时他的脑子里只有救人的念头，根本没想自己。

江清景秀见变迁

嘉陵江被誉为重庆的母亲河，但在 1996 年，这条美丽的河流却污染严重。已经退休的袁镇涛看到此景，倍感心痛。他积极向市政府反映情况，并连续十四年定点拍照，见证了嘉陵江从污染到治理的情况，被《重庆晨报》誉称为“嘉陵江的守望者”。2010 年，曾有人高价收购袁镇涛定点拍摄的照片，被他果断拒绝，因为被收购的照片会被筛选整合，或许不能清晰体现嘉陵江的改变过程。事后，他主动找到重庆市城市建设档案馆，将照片无偿捐赠。127 张照片，见证了滚滚江水从浑浊到澄澈，也见证了我国生态优先、绿色发展的道路。

反腐倡廉示后人

退休后的袁镇涛坚持每天看报。1998 年 5 月，他从报上看到他熟识的一个很正直的人涉腐败案落马，这让他十分震惊，他深感“救一个人，就是救一个家，就会影响整个社会的风气。劝人不搞贪腐，抵制贪腐，反对贪腐，是最大的好人好事”。

从那时起，袁镇涛开始将报纸上刊登的有关反腐倡廉的报道剪下来，依案例汇集。他意识到，要想根治贪腐，必须让群众知道贪腐危害之大、之烈，从而抵制贪腐。那一刻，他决定编写一本宣传反腐倡廉的“劝世文”。

他克服了年岁已高、手指残疾又不懂电脑操作的困难，用“手写板”将剪报的内容一一抄入电脑，这一编就是十三年。终于，他在 80 岁之际编出第一本《反腐倡廉警世录》，献礼中国共产党的九十华诞。党的十八大以后，他又两次扩编，并分送给有关单位和个人。

2015 年，总计 48 万余字、收录 518 个大案要案的《反腐倡廉警世录》第三辑被重庆市国家税务总局作为“三严三实”专题教育的学习资料印发。中国社科院杜萌昆教授写信给他说：“你做了一件功德无量的大好事。”袁镇涛还多次向基层群众讲廉政教育党课，他用通俗的语言、鲜活的案例、互动宣讲的方式宣传反腐倡廉，大家亲切地称他为“最美反腐倡廉宣传员”。

在采访结束时，袁镇涛向奋斗中的青年提出了期待与寄语，他希望年轻人做事不要前怕狼、后怕虎，优柔寡断就会错失良机。他强调要坚持不懈，要有中国人的气概，即使受到挫折也要保持初心，去建设我们的国家，去为人民服务。盛而承之泱泱文化，载而记之星星魂志，困心砺之继天大任，耐积淀之传承不灭。生逢盛世的我们，定将不负期望，传承前辈精神，努力奋进，一往无前，为祖国建设和社会发展贡献力量！

（指导教师：齐雪莹）

尹彦征：他以“中国红”惊艳世界

湖南师范大学　毛怡洁　刘嘉怡

红色，中华民族精神气质的象征；瓷器，英文单词中代表“中国”的表述。赋大红于瓷器，是中国人千百年的梦想。2002年5月，一个叫尹彦征的人，成功破解高温红瓷技术这一世界级难题，让与五星红旗同色的中国红陶瓷惊艳世人。

从技术难题到国际领先

1960年，尹彦征出生于湖南省长沙市一个南下干部家庭。他从小喜爱钻研科学技术，念高中时成为一名无线电测向运动员。1982年，尹彦征从湖南师范大学化学系毕业，分配到航空部第三设计院工作。两年后，他被调入湖南省分析测试研究所，适逢省科委召集人员攻关大红釉项目，从此他便与大红釉研发结下不解之缘。

24岁的尹彦征挑起了大红釉陶瓷研发课题组负责人的重担。出身于化学专业，对陶瓷不甚了解，毕业于师范院校，科研能力备受质疑，但尹彦征没有退缩，决心用行动证明自己。他带领团队成员通过反复实验，搞清了大红颜料硫硒化镉高温分解机理，采用“基础釉保护法”，于1989年在实验室研究出耐1200 ℃高温的红色釉料并烧制出耐高温红色陶瓷。

尹彦征和同事们在随后六年多时间里，辗转全国40多家瓷器厂，开展高温红瓷规模化批量生产试验。这期间，他每天连轴工作十几个小时，守在闷热如笼的瓷窑旁，观察记录，加煤掏渣，尽管挥汗如雨，仍寸步不离岗位。他与工人一样大缸喝水，粗嗓门说话，在师傅们的倾囊相授下，练就了一双观测炉温的火眼金睛，成为一名技术过硬的陶瓷专家。

1996年，大红釉课题因工业化生产无果而宣告下马。此时尹彦征做出了一生中最困难也是最重要的决定：停薪留职，借钱搞研究，一定要攻破高温红瓷批量生产技术难关！他每天独自在租用的污水泵站车间做实验，房内臭气熏天，蚊虫密布，他却看上此处无人打搅，可以专心工作的环境。他利用自己的电学知识自行设计烧制高温大红釉电窑，一次次失败，一次次重来。他个人举债300多万，试验4 000多种配方，改建20多种电窑炉，烧制10 000余件样品，多少泪水混着汗水，多少心酸伴着失望！1999年年初，他终于突破了从实验室研制到工业化生产的瓶颈，实现了高温红瓷的批量生产，并为它起名“中国红陶瓷”。

2002年5月，湖南省科技厅主持召开中国红瓷器技术鉴定会，12位国内顶级陶瓷专家一致认定，该研究成果居国际领先水平，科研成果应用选项为“最具价值”。十八年的艰辛与坚持结出了鲜红硕果。

从普通红瓷到艺术名片

朋友们称尹彦征为“中国红”先生，他与他的红瓷一样周身散发出浓郁的艺术色彩。他酷爱红色，因为红色承载着信念和梦想，给予他不断前行的力量。他痴迷于中国红陶瓷艺术研究，希望以红瓷为载体，实现中华优秀传统文化与现代美学的有机融合，让传承梦想与时代精神在中国红瓷器上展现独特风采。

2004年，尹彦征着手研究釉上彩绘，并将此用于高温大红瓷器的装饰，开辟出中国红陶瓷展示人文精神的新天地。历代名画、书法名篇、诗词名句都是瓷器图案的主题，斑斓绚丽的色彩成为瓷上舞动的灵魂。一批具有鲜明中国文化特色的红瓷艺术珍品应运而生，如“楚韵”“花语”“国运鸿昌”……

尹彦征的中国红陶瓷成为湖湘“四宝”之一；他的“红瓷之梦”被制成电视专题片，在中央电视台新闻频道、科技频道、英文频道播放；中国红瓷器以陶瓷极品身份，在2010年上海世博会上展出，成为国家级文化艺术名片并参与一系列国际文化交流活动。

走进中国红瓷器展示厅，一件件高贵典雅、精妙绝伦的大红瓷器让人目不暇接。文创展台上一组姓氏茶杯吸引了参观者的目光，每个大红茶杯上印制不同姓氏，并以小楷介绍姓氏起源及该姓的杰出人物。他希望每个人都能饮水思源，不忘根本，传承红色基因，为民族振兴奉献一份力量。

从中国红到中国心

尹彦征常说，中国红陶瓷的诞生是个人努力的结果，更是国家科技发展、党和政府大力支持的成果。时代造就了“中国红”，他必以赤子之心相报。2003年，他成立长沙大红陶瓷发展有限责任公司，将经营理念定位为“中国红·中国心”。

尹彦征以“中国心”引领企业做大做强，同时不忘回报社会，温暖他人。他热衷公益活动，关心残疾人事业，与省市残联及特教学校建立联系，长期为聋哑人提供就业岗位。公司本部员工70余人，残疾员工最多时超过50%，在这个温暖的大家庭里，聋哑人学得一技之长，不少人成为彩绘技术能手。红瓷不语，温润吾心；工匠无言，尽在丹青！

2020年，受国家有关部门委托，尹彦征着手研发永远不会褪色的红瓷国徽。他构想：“在未来十年之内，让永不褪色的红瓷国徽，悬挂在天安门城楼上，嵌入祖国边境的界碑中，标志在我国驻外大使馆以及每一处海关、港口、码头上。”他说：“完成这件事，我这一辈子就心满意足了。”以永不褪色的红瓷国徽守护祖国大好山河，不仅象征着华夏疆土不容侵犯，同时也展现了升腾在尹彦征心中的赤子情怀。

尹彦征走过近四十年的红瓷岁月，从一名年轻科技工作者，到高温红釉技术发明家、陶瓷工艺专家，再到一名成功的企业家，时光变迁，身份变化，没有改变的是他至正至刚的品质，还有那一抹印刻在心底的“中国红”！

（指导教师：欧阳唯一　何国萍）

章以武：书改革新貌，发时代先声——从广东故事到中国梦

广州大学 林淑锋 肖婷婷

章以武，岭南文学名家、广州大学人文学院教授、广东省作家协会原副主席、广州市作家协会原主席、中国作家协会会员，获第二届广东文艺终身成就奖及广州突出贡献文艺家称号。1957的秋天，章以武来到广州求学，当时19岁的他没有想到，羊城会成为其书写“中国故事”的出发点。

改革故事的发掘者

1978年，改革开放的春风吹化了计划经济的坚冰，在热闹的市集中，章以武凭敏锐的目光捕捉到“活鱼”背后隐藏的广州人奋斗史。当大多数人仍戴着有色眼镜看待“个体户”时，作为时代“书记员”的章以武已开始创作有关个体户的作品，记下其拼搏闯荡的身姿，录下改革开放政策利好落实到千家万户的一幕幕。这就是获得1984年文化部（2018年改为文化和旅游部）优秀电影二等奖，并参加了柏林电影节的《雅马哈鱼档》。

电影一经上映，反响热烈，红遍大江南北，被誉为“广东改革开放第一张亮丽的名片”，被认为是“一次观念的前驱式发现，是以小说和电影，为一个时代立言”。正是这部电影，让“章以武”这个名字响彻广东乃至全国。《雅马哈鱼档》改编自章以武的同名小说，电影剧本也由其亲自执笔，讲述20世纪80年代初，几个广州青年把握改革开放带来的机遇，经营一家鱼档创造美好生活、实现自我价值的故事。作品不仅展现了改革前沿的瞬息万变，也歌颂了小百姓、小人物的美好奋斗历程。

这部影片吹响了广东改革开放的号角，已然实现的中国梦鼓舞着奋斗者的心！作品的一字一句无不体现着章以武心系国家发展、情牵市井民生的人民情怀。也是从这一部电影开始，章以武从岭南大地源源不断地汲取创作灵感，开始书写这片土地上关于时代发展的那些故事。

改革进程的记录者

“记录伟大的时代，为时代放歌，光辉思想的引领对一个有责任心、有使命感的作家来说是何等重要。”文艺是时代前进的号角，广州又是改革开放的前沿阵地，面对珠三角这片发生历史性巨变的热土，章以武不仅有热情，更认为自己有责任歌颂这里坚韧的人民、奋斗的故事。

面对“如何才能书写好中国故事”这一问题，章以武给出“心向上，脚向下”的答案。所谓“心向上”，就是把准时代脉搏；而“脚向下”，则是深入社会第一线。章以武以岭南故事书写时代先声，用优秀作品推动人民与时代同步伐，坚持将文章做在大时代的节点上，善于捕捉时代中的前沿信息和生活中的热门题材。从20世纪80年代的《雅马哈鱼档》，到90年代的《南国有佳人》，再到21世纪初的《情暖珠江》……从鱼档个体户到农民企业家再到青年创业者，在章以武的笔下，广东改革开放的历程得到生动而纵深的书写，珠江儿女在社会主义市场经济浪潮中拼搏闯荡的形象也得到立体且丰富的刻画。

时至今日，章以武仍履行着“改革进程记录者”的职责。他的作品曾被誉为“南国生活先行一步的新潮时尚流行风标”，深受市场及读者的欢迎。近年的中短篇小说集《朱砂痣》被评为“2020年书香羊城十大好书”，于85岁高龄创作的散文集《风一样开阔的男人》依旧在文坛取得高度评价。可见，经章以武谱写的“时代之歌”牢牢扎根进了读者心田。

改革梦想的传播者

“创作者唯有关注时代，关注当下社会发展动向，关注生活与人民，才能创作出更为经典的文学作品。”八旬老人铿锵有力的一段话为其赢得了阵阵掌声。虽然成名于小说与影视创作，但章以武挂念的仍然是那三尺讲台。作为广州大学人文学院的老教授，现虽处耄耋之年，但他始终不忘师者本心，重视青年文艺工作者的培养，经常参加各种会议、讲座，分享创作心得与经验。

虽已85岁高龄，章以武依旧精神矍铄，表示仍要扛着“舢板”寻找时代“河流”。“生逢这么美好的时代，我没有时间老，我还要写点东西，还要做春天的梦。”在谈及未来作品创作时，他的语气更是充满憧憬。章以武几十年如一日，用他家常般平实朴素的语言，在散文、小说、剧本等不同领域笔耕不辍地进行创作，同时以亲身经历告诫年轻学子要保持创作的初心和本心，鼓励学子扎根生活、与时俱进，勇敢投身于歌颂时代和关注人民的洪流当中。

扎根羊城，深谙市井民情；寻心所向，以笔抒深厚民族情怀。章以武站在羊城的土地上，放眼全国乃至全世界，抱着对创作、对生活、对人民的真挚热爱，用文字谱出一曲新时期赞歌，以岭南故事书写时代新声，以细腻笔触共圆中国梦！

（指导教师：张 立 陈志明 邓海涛）

冯荣兆：初心向党未觉老，百年树人育英才

五邑大学　邓秋妍

“我的工作证编号，是001号！”一位老人自豪响亮的声音在屋里回荡，右手轻轻地抚摸着那个已经泛黄的工作证，脸上满溢着骄傲的笑容。他就是五邑大学的开拓者之一——冯荣兆。

决心踏平荆棘路，立“侨”办学开新篇

20世纪80年代，在改革开放的浩荡春风里，广东省开始谋求高等教育体制改革，强调地方办学。与此同时，五邑地区的海外华侨、港澳同胞也强烈呼吁创办一所侨乡人民自己的大学。1984年1月，五邑大学的筹建工作在省、市政府以及海内外侨胞的共同支持下如火如荼地进行着。同年3月，“五邑大学筹建委员会”成立，时任江门一中校长的冯荣兆被江门市委市政府委以重任，担任五邑大学筹建办公室副主任。身为一名共产党员，冯荣兆以时不我待的紧迫感和责无旁贷的责任感积极投身五邑大学的创办之中，义不容辞地肩负起重任，从零开始，踏上了艰难跋涉的建校办学之路。

回忆往昔，当年的艰辛冯老历历在目：一间借来的办公室，三张桌子，再加上一辆自行车，所有的家当，便是如此。办学条件虽然艰苦，但筹委会成员们的决心并没有被浇灭。“当时有人登报称，江门有那么多土地，建议我们办个拖拉机培训班。但我们始终坚定办大学的信念，在大学里培养具备更高学历、更高层次的人才，侨乡才有希望。”冯老铿锵有力地说道。

克己恒为桑梓情　诚信开出花满园

为提振各方支持办学的信心，筹委会的每一个成员都在紧锣密鼓地筹备兴建教学主楼的事宜，但资金严重不足成了最大的“拦路虎”。为了筹措资金，冯荣兆与叶家康校长等人，多次往返奔波于五邑地区、阳江、阳春和港澳等地，向当地政府官员和乡贤们逐一细说筹办高等学府的迫切性以及重要

意义。靠着大至一个县、小到普通民众的支持，一点一滴的捐款集腋成裘，经过一年多的努力，4000余万元的第一期工程资金到位。1987年6月13日，当时全国高校中最大的教学楼——南区教学主楼终于落成，前来参加主楼奠基仪式的各方人士都骄傲地称赞："五邑大学真的办起来了！"

五邑大学因"侨"而兴，因"侨"而盛，三十多年来的建设发展离不开广大海外华侨、港澳同胞的鼎力支持。以冯荣兆为代表的老一辈侨务工作者"知侨、爱侨、重侨、护侨"，在与侨胞日积月累的真诚交往中赢得了信任和尊重。

曾经担任五邑大学外事处处长的郑长春和港澳台办公室主任邓宝林，是冯荣兆的两个得意"徒弟"。他们说，冯老在工作上的制胜法宝有两样：第一，尊重侨胞，注重同广大侨胞的日常联系。他对所有侨胞一视同仁，不论对方是否捐款、捐款多少，他都用真心和真情去接待。他也是学校的"宣传员"，经常向广大侨胞传递学校发展进步的成绩和良好的师生风貌，增进侨胞捐资助学的信心。第二，以身作则，节俭清廉。据"徒弟"回忆，冯老总是"小气为己，节约为众"。他衣食住行从简，去港澳出差，吃的是路边摊，从未要求专车接送。他把乡亲们捐出的每一分钱都悉数交给学校，并且把开支情况都交代得一清二楚。所以，乡亲们将"清清白白做人，两袖清风为公"的冯老当成"老大哥""好知己"，相信他能办好事，也相信五邑大学会越办越好。

道阻且长，行则将至。在多方支持下，起于泥沼之地的五邑大学逐渐形成规模，海内外乡亲捐资办学的热潮日益高涨。一栋栋以五邑地域名命名的楼宇、镌刻着捐建侨胞姓名的建筑在校园内拔地而起，形成一道独特的侨乡文化风景线，成为全国闻名的侨乡特色教学楼群。

我辈当承前人志，继往开来续新篇

如今，已过耄耋之年的冯老仍关心学校发展，关注侨务工作，关爱青年一代，为党的教育事业发挥余热。他的"徒弟"表示，五邑大学每年平均接待逾2000人次、140多批次的海内外港澳乡亲回校参观，而冯老在退休后每年还至少参与几十批次的联系和落实工作，尽心尽力做好侨胞和学校的服务工作。

离岗不离党，退休不褪色。冯老认为自己还有很多事情没有做完。目光如炬的他坚定地说：“身为共产党员是没有到了某个时候就可以不工作的说法的。党员必须奋斗到底，我还没有到底，怎么能停止呢？”在冯老悉心整理的相册中，珍藏着许多珍贵的老照片，它们无声地定格了建校史中的众多场面，记录了他过往工作的点点滴滴。峥嵘岁月中，冯荣兆等老一辈建校者燃烧着昂扬奋发的斗志，在艰苦卓绝中耕耘出欣欣向荣的侨乡教育事业，绽放出“以小我融入大我”的奉献之花。

（指导教师：吴小霞）

陈万鹏：用信仰铸就忠诚　以奉献诠释使命

广州大学　莫晓娴　梁颖仪　王家慧

“我是党和国家培养教育出来的，党和国家需要我去哪，我就在哪！”这是陈万鹏一直坚守的铮铮誓言。几十年来，他初心未改，充分发扬孺子牛、拓荒牛、老黄牛精神，为广州城市建设、为教育事业发展、为青少年健康成长默默奉献，用信仰铸就忠诚，以奉献诠释使命。

“七一”前夕，学院党委邀请陈万鹏书记为我们讲授毕业前的“最后一堂党课”。他以一名老党员的身份，给我们分享了自己在党的百年奋斗历程中所亲历的感人故事和人生体验，以及和教育事业结下的不解之缘……

当好“老黄牛”，把工作做到群众心坎上

陈万鹏说，作为“生在旧社会、成长在红旗下”的一代，“感党恩、听党话、跟党走，努力做一名合格的党员，尽己所能多为党做点事，积极为人民服务”是他当初入党时最纯朴的想法。

而当好为人民服务的“老黄牛”，把工作做到群众心坎上，则是他一直坚守的工作理念。从 1983 年起，他先后担任广州市教育局党委副书记、书记、市政府副秘书长、教育工委书记等重要职务，始终牢记为人民服务的初心使命，一心扑在工作上，积极为广州城市发展建设贡献智慧和力量。

广州是一座具有二千二百多年历史的“岭南古城”，现代化城市建设和旧城改造的任务很重。1998 年，广州提出“一年一小变，三年一中变，2010 年一大变”的城市建设管理目标。其间，全市在清拆“两违”（违法建筑、违章搭建），特别是拆除防盗网的过程中，有不少群众想不通，提出了不少意见。倾听到群众的心声后，陈万鹏及时组织开展调查研究，并向市领导反映社情民意，得到了市委市政府的高度重视，并及时出台了整治防盗网的相关规定，使得清拆“两违”工作顺利进行，广州市容市貌从此发生了明显变化，昔日的脏乱差，变成了绿化美。

可以说，广州这座城市的巨变，有着陈万鹏的一份艰辛付出。

勇做“开荒牛”，推动广州高等教育创新发展

2000年，新广州大学合并组建成立，陈万鹏奉命调任广州大学党委书记，挑起办好新“广大”的重任。二千六百多个日夜，他以校为家，与广大师生同舟共济，艰苦奋斗，较好地完成了市委市政府交给学校的三大任务，进一步推动了广州高等教育的创新发展。

陈万鹏刚上任时，市委、市政府对学校工作提出了三点要求：一是建设一个好班子，二是建设一座新校园，三是办学水平上一个新台阶。在陈万鹏和全体师生的共同努力下，学校领导班子经受了考验，建成了大学城新校园并率先整体搬迁，获得博士学位授予权，顺利通过本科教育水平评估，办学整体水平得到了显著提升。

可以说，新广州大学实现了从无到有、从有到优、从优到强的嬗变，陈万鹏作为主要参与者和见证者，为学校迈入国内百强高校行列奠定了坚实的基础。

甘当“孺子牛”，投身关心下一代事业

2008年退休后，陈万鹏闲不住，就任广州市关心下一代工作委员会第一副主任。他说，工作着是美丽的，为社会奉献就是他的快乐，就是他的幸福！

十四年来，他全身心投入，默默耕耘，将满腔热血倾注在关心关爱青少年健康成长上，将立德树人贯穿关心下一代工作全过程，打造了“党建带关建”、“关工+社工+义工”三工结合、“广州红色课堂”、“羊城好家风”等一批富有广州特色的关爱帮扶品牌，受到广大青少年和家长的欢迎。广州市关工委被评为“全国关心下一代工作先进集体”，陈万鹏也获评“先进工作者”。

人生轨迹虽千回百转，但初心使命不能变

在交流环节，我把自己对未来的困惑和迷茫告诉了陈书记，希望他能给我一些建议。他说，人生轨迹虽千回百转，但初心使命不能变。当前，党中

央高度重视乡村振兴教育，需要一大批有情怀、有担当、肯奉献的老师扎根乡村，用爱心和智慧点亮万千乡村孩子的人生梦想。作为新时代大学生，无论从事哪种工作，都要立足新时代新征程，明确自己的奋斗目标和前行方向。“归结到一点，就是坚定不移听党话、跟党走，努力成长为堪当民族复兴重任的时代新人。这个要求应作为自己今后的座右铭。”陈万鹏说。

陈万鹏书记以自己的亲身经历给我们上了一堂特殊的党课。我深切感到，他几十年来初心未改，怀着对党、对人民的无比忠诚，用奉献诠释誓言，把初心使命扎实地写在了敬业奉献中，这是一名共产党员最为宝贵的政治品格。作为新时代青年，我们要不忘初心，砥砺前行，使个人理想与国家发展同频共振，履行“请党放心、强国有我”的青春誓言，为实现中华民族伟大复兴的中国梦贡献力量！

（指导教师：杨春荣　郭翠敏）

周晓辉：手持相机冲锋，传承公安情怀

广东警官学院　王　苇　林嵩杰　邹良驹

“我叫周晓辉，今年70岁了，是公安厅的一名退休干部。我在公安厅宣传工作岗位上，战斗了整整三十六年。”周晓辉自我介绍道。一反人们对警察持枪的刻板印象，周晓辉被称为“持相机冲锋的警察”，他用相机记录人民警察打击犯罪、保护人民的各项工作。他的照片反映着真实的公安工作，传递着真挚的公安情怀。

传承红色基因，发扬革命传统

周晓辉的父亲是一名从沂蒙山革命根据地走出来的革命老前辈，跟着革命队伍南征北战，出生入死。周晓辉就是在父亲对党忠诚、忠诚为民精神的熏陶下成长，在学校里听着革命老前辈讲述红军长征的故事。革命前辈的引导和公安优良传统的教育，为日后周晓辉投身公安事业打下了坚实的基础。改革开放后，公安宣传越来越贴近我们社会和老百姓的生活，把公安工作和整个社会联系在一起，把为人民幸福安宁的场景展现得淋漓尽致。公安宣传符合人民警察工作的根本宗旨，人民警察为人民，全心全意为人民服务，周晓辉的这份工作也是对父亲“对党忠诚、忠诚为民”的一种传承。

定格历史瞬间，警魂闪闪发光

今天的新闻就是明天的历史，习近平总书记指出：“同历史对话，我们能够更好地认识过去、把握当下、面向未来。”周晓辉用手里的相机定格了公安干警参与重大事件的动人瞬间。1993年8月5日，深圳清水河油气库发生大爆炸，公安民警和消防战士冲锋在前，周晓辉冒着生命危险冲进火海进行跟踪拍摄。2008年汶川抗震救灾，山上的警员冒着生命危险救下群众，哪怕存在余震的风险，周晓辉也不畏艰险地拍下这张照片：警员身上的安全绳就像联系警民的一根纽带，血脉相连，心灵相通，把警民紧紧联系在一起……人民警察所在的抗灾之地都有他的身影，周晓辉举起相机记录下的这些感人瞬间，就如人民警察保护国家与人民时绽放的光芒，这种光芒，也正因为有人记录下来而熠熠生辉。

周晓辉从改革开放开始，就拿着照相机记录公安队伍自改革开放以来的历史轨迹。习近平总书记提到："和平年代，公安队伍是一支牺牲最多、奉献最大的队伍。"周晓辉拍下了那张最令人动容的《新婚诀别》。新婚四十五天的一名巡警，在与歹徒搏斗中壮烈牺牲。这张照片，不只是妻子对丈夫充满不舍与留恋的哭喊，也是一个家庭对于一位光荣的英魂的告别，更是一位人民警察用生命去换生命的赞歌，展现出人民警察最崇高的警魂，展现出忠诚卫士最真实的写照。当年全国共有 395 名公安民警为维护社会治安光荣牺牲，周晓辉的这幅作品在全国范围内产生了巨大的影响，也获得了当年中国新闻奖的一等奖。

人民警察与公安宣传者都是在一条战壕上，奔赴同一条战线的人。周晓辉用照相机记录了公安发展历史中的片段，见证了公安宣传工作的发展。

保持无限热爱，努力传播余热

雷锋同志说过："人的生命是有限的，为人民服务是无限的，我要把有限的生命，投入到无限的为人民服务中去。"退休后的周晓辉，仍对公安宣传事业充满着热情，仍在不断地整理公安厅大量的公安资料以及公安摄影作品，并向公安厅以及各级公安机关提供这些材料。抗击疫情以来，周晓辉不断用相机记录人民警察抗击疫情的身影，延续对公安题材内容的拍摄。他用自己的稿费和获奖的奖金举办公安摄影展览，制作公安摄影集等宣传品，发挥自己的余热，传承公安情怀。他说："公安宣传对我来说早已不是一份工作，而是我需要倾尽一生去追求的一份事业。"为了能够继续为公安宣传事业奋斗，他将自己家庭的书房和工作室打造成家庭式的小型公安摄影博物馆。这里也成了他发挥余热、抒发公安情怀的高地：中国红的门槛砖象征着走过的红色道路，橘红色的装饰瓦代表着人民警察的赤胆忠心，栏栅上的古铜色山河花纹代表着我们祖国的大好河山。公安摄影博物馆，不仅是让周晓辉本人回顾公安经历的精神高地，更饱含改革开放以来广东公安发展的记忆。周晓辉深情地说："我对于公安摄影的追求，不是到我六十岁退休就结束了，由于热爱，而认识到它的历史作用，我愿意无止境地追求，直到永远。"

（指导教师：郭　进　杨　斌）

钟汉清：悬壶守父老　济世报家乡

广东财经大学　张鸿亮

“乡村医生的事业是平凡的，但也可以得到和其他工作一样的成就感。”这句话出自扎根农村行医三十八年、医德医术有口皆碑的医生钟汉清。他既是“全国模范退役军人”“最美退役军人”，也是“全国优秀乡村医生”，几十年来他以共产党员的担当精神、退役军人的冲锋在前精神和“五华阿哥硬打硬”的坚毅精神，为家乡医疗事业付出心血，书写了“工匠之乡”最美乡村医生的励志人生篇章。

弃高薪守初心，开启乡村医生的“平凡之路”

钟汉清是那个时代的“孤勇者”。1984年退役回乡，25岁的钟汉清身在广东，却没有到改革开放的一线都市淘金。他眼中看到的是家乡缺医少药，交通相当不便，村民有病常常拖着不治疗。乡亲们就医难的问题时刻敲打着这个年轻党员的心，他毅然拒绝了大城市的高薪工作，甚至拒绝县医院的工作，决然留在家乡转水镇黄龙村做一名乡村医生，以“一技之长”为家乡的村民服务。他以自己的200多块钱退伍费用为本，开启了他数十年如一日的悬壶济世事业。

突破重重困难，铸就乡村医生的“坚守之路”

行医之初，建立卫生站是钟汉清遇到的第一个难关。建一个卫生站起码要有一间房子，当时村里人多房少，单独建造一间房子来做卫生站是很困难的，无奈之下，最后使用了生产队废弃的保管间。而这个保管间阴暗潮湿，下雨的时候还会漏水，但钟医生并没有嫌弃，找了几个工人一起来整修房间，用了一个星期才把这个房间整理好。行医的“根据地”建好了，接下来就面临进药的问题。钟医生果断带着他的退伍费来到五华县医药公司，购买了医药器械和必要的药品。就这样，黄龙卫生站艰难地建立起来了。

行医的硬件设施有了，“软件”也要跟上。刚开始的时候，乡亲们听说村里来了个部队医生，纷纷慕名而来。钟医生什么病情都遇到了，在部队医院所学的医疗技术已不能满足群众的需要。他发现，要当一名合格的乡村医生，就需要全科的医学知识和较高的水平。钟医生并不气馁，边干边学，努力钻研，并参加艰难的中医专业考试，白天忙碌工作，晚上学习到深夜。这样高强度的工作和学习让他时常感到吃不消，但是每当想放弃的时候，他都会想到自己不仅是一名乡村医生，更是一名共产党员，必须努力掌握更多的医学知识，才能更好地为患者服务。在坚持不懈的努力学习下，1997 年钟医生从广州中医药大学顺利毕业。大学毕业后，他以更专业的医术更好地服务家乡父老。

恪守服务宗旨，筑牢乡村医生的“信仰之力”

村里有一位 80 多岁的大娘，她的儿子在工作时出意外去世了，剩下她跟老伴，家庭生活十分困难。钟医生自从知道大娘的家庭情况后，便几十年免费为她治疗各种病痛。“当我看到经过我治疗的病人恢复了健康，重新过上了幸福的生活；当我走在乡村的街道上，村民们对我笑脸相迎；当家乡外出拼搏的游子回到家乡，对我说‘钟医生，谢谢你’时，我想金杯银杯不如老百姓的口碑，能够得到父老乡亲们的需要和感谢，是我三十八年以来坚守在黄龙卫生院的动力和源泉。”坚守乡村医疗事业一线的他，始终不改初心，恪守全心全意为人民服务的宗旨，牢固树立救死扶伤的职业道德，以医术救人，以医德服人。

一袭白素衣，一双纤纤手，一颗炽热心。在如花般的流年里，见惯了人世的悲欢离合，深谙生命的可贵，揣一个天使的梦想，青春不悔，岁月依旧。在 2019 年北京举办的全国最美退役军人典礼上，钟汉清说：“部队培养了我，不只是医术，还培养了我的责任和担当，培养了我坚强的意志和毅力，我要无怨无悔地守护好乡亲们的健康。”正如钟医生所说，乡村医生虽然是平凡的，却是不普通的，每一位乡村医生都有属于自己的青春与时代。

（指导教师：李培亮）

孟铸群：做一个大写的人

西南民族大学　费筱钰　吴　瑞　袁　端　赵　芮

在西南民族大学有一位老人，西南民族大学七十年的成就，他亲身经历，参与见证，书写了人生道路上的精彩与辉煌。他就是西南民族学院老院长孟铸群。

逆境求学　投身革命

孟铸群从小在家读私塾，1947 年到了重庆，青年时期的孟铸群是个文艺青年，常常沉浸在图书馆中，如饥似渴地阅读大量的图书。他想成为一名作家，最喜欢普希金的名言："一觉醒来，作品传遍世界。"在苦难深重的旧中国，劳动人民生活在水深火热之中，孟铸群目睹了国民党的黑暗统治，亲身感受了民不聊生的苦难，加之受进步书籍和文艺作品的影响，他邀约几个同学去解放区，但路费不够半途又返回。地下党员傅培元、杨承朴告诉他，国统区一样有党组织，一样可以开展革命活动。从此孟铸群义无反顾地走上了民主进步爱国之路。

他办壁报、进行文艺宣传等，和重庆的国民党反动势力进行斗争，取得了一个又一个的胜利。他还和郭开础编了活报剧《赴美淘金记》，揭露蒋宋孔陈四大家族的丑恶嘴脸，演出现场群众群情激奋，很快汇成一股激动人心的大合唱，取得了很大的反响。国民党特务将孟铸群和郭开础都列入了抓捕黑名单。在这十分危急的时刻，地下党组织帮助孟铸群先后转移到了巴县和江津。1949 年 11 月他回到重庆，不久调到西南革命大学工作。

经过革命战争年代的洗礼、激励、鞭策，孟铸群在后来的人生征途上，披荆斩棘，勇往直前。

初心不改　开拓进取

1950 年 7 月 30 日，经国务院批准，西南要筹办一所民族学院，从此揭开了建立西南民族学院的序幕。由于学校新办，缺乏办学的干部和教师，孟铸群服从组织安排，从西南革命大学调到了西南民族学院。1951 年 6 月 1 日，西南民族学院在成都市新玉沙街正式建成挂牌。

建校初期，孟铸群从事编校刊、对外接待、招生以及图书馆修建等工作。他干一行爱一行，任劳任怨，踏实工作，表现优秀。1953 年 8 月，他光荣地加入了中国共产党，后又被派送至中央民族大学学习，回校在马列主义教研室从事哲学课的教学。他深入浅出的教学风格很受同学们的欢迎，先后担任教研室主任、系副主任、西南民族学院副院长、代院长、院长职务，一步一个脚印地燃烧着他的青春和践行着他的入党誓词。

呕心沥血　无怨无悔

在孟铸群院长带领下，大家为学院发展做了大量卓有成效的工作。如学校被批准招收留学生，到 1991 年已有英美日澳等十多个国家的留学生近百人；首次实现研究生零的突破，获批“中国古代文学”“宗教学”“动物遗传育种学”“中国兽医学”的学位授予权；争取到了联合国《加强和发展中国西南少数民族地区畜牧业》的援助项目，并用该项目经费在阿坝州建起了畜牧业专业教学科研实验基地；第一次选派优秀教师出国交流学习深造，与多所国外大学签订合作办学协议；拓宽办学层次，成立了夜大，创办了成人教育，等等。孟铸群担任院长期间，西南民族学院在教学科研管理、对外开放办学等方面都得到了长足的发展，为后来西南民族大学（2003 年更名）跨越式发展打下了坚实的基础。

如今的西南民族大学已发展成为涵盖博士、硕士、本科、预科及留学生教育的系统人才培养体系的综合性民族大学。在服务国家发展战略、培养各类少数民族人才、维护国家统一、加强民族团结进步、铸牢中华民族共同体意识等方面，发挥了不可替代的作用。

2019 年，88 岁的孟老荣获中共中央、国务院、中央军委颁发的“庆祝中华人民共和国成立 70 周年”纪念章，这是对一生践行“做一个大写的人”的孟老的回报。正是有了对马克思主义的坚定信仰和不忘初心、开拓进取的人生态度，孟老才能在民族教育事业之中默默奉献，硕果累累，为人典范。

孟老经常鼓励年轻人：树立坚定的理想信念，培养吃苦耐劳的精神，具备开拓创新的干劲儿，努力做一个大写的人。

“五老”精神激励、鼓舞着我们新时代的青年接过火炬，不负韶华。从孟老那里我们看到了千千万万个共产党人的理想信念和鞠躬尽瘁。展望第二个百年奋斗目标，我们义无反顾，奋斗青春，砥砺前行，续写辉煌。

（指导教师：邓晓琳）

彭炜：与“五老”同行，我以青春的名义走向你

四川旅游学院　刘星宇

1955 年 1 月，彭炜出生于四川省资中县城关镇，寒窗二十余载，1978 年他考入西南农学院植物保护系，从此便与植物保护与检疫事业结缘。他四十年如一日专注植保植检工作，为我国植保植检技术跨越式发展做出了重大贡献，被学生亲切地称为“彭老”。

传播信仰之光，照亮“奋进之路”，做植检防疫的攀登者

深厚的爱国热忱是彭老印在脑海的崇高信仰。1977 年冬天，高考考场再次打开大门，在资中县渔溪乡双联大队当知青的他义无反顾地奔赴考场，次年 3 月，考入西南农学院植物保护系，命运也由此改写。大学毕业后，他下沉到内江县植保植检站锻炼，1986 年回到四川省农业厅（现改名为“农业农村厅”）植物检疫站，继续投身植物检疫科研工作。时隔多年，彭老回忆起当年的科研生活仍记忆犹新：“尽管山间小路泥泞，科研经费紧张，大家依旧在田地、温棚、实验室一次次尝试、一次次失败、一次次循环、一次次攻坚，大家困了就拆下门板担起身体的疲劳，醒了就默默咽下艰辛和孤独，继续在科研的道路上执着向前。那是信仰，更是沉甸甸的责任。”

1984 年至 2006 年期间，彭老先后参加和完成了科研项目 9 项，获得四川省科技进步奖二等奖 4 项、三等奖 2 项，市（厅）级科技进步奖三等奖 2 项；发表文章、论文 60 余篇，其中有 8 篇获得国家、省级及华中地区学会优秀论文奖。2008 年，他的著作《植保植检论文集》出版，这是他二十多年植保植检工作的总结，更是我国植保植检研究的标志性成果。彭老勇于“拓荒”的学术精神和“治学不为媚时语，独寻真知启世人”的学术品格，宛如火炬，照亮青年的奋进之路。

传承智慧之光，照亮“学识之路”，做教育事业的奉献者

质朴的教育情怀是彭老装在心中的执着信念。退休不褪色、离岗有作为，退休后的他毅然接下关心下一代工作的接力棒，受学校邀请成为教学督导专家组组长。他带领专家组成员帮助学院制定专业教学计划，深入本科生课堂听课，参加青年教师培训，培养师资队伍。多年来，他一直活跃在学校本科教学各个环节的督导岗位上，对提高学校教学质量、提升青年教师教学基本功起到了至关重要的作用。“授人以鱼，不如授人以渔。”他向学校捐赠包含其私人收藏的精装专业图书、教材、辞典等700余册，以及他在教学工作中的手稿等珍贵材料，助力学校的学科建设，帮助青年师生了解学校教学发展轨迹。老骥不偷余闲，挺身自做标杆。彭老在助力科教兴国和教书育人的主战场上默默发挥着师长榜样的示范作用，时刻践行新时代培养和弘扬社会主义核心价值观、立德树人的重要使命，犹如灯塔，照亮青年的学识之路。

传递奉献之光，照亮“品行之路”，做脱贫攻坚的践行者

笃定的扶贫步伐是彭老扛在肩上的神圣使命。“沐浴着党的阳光，我从曾经的农村追梦学子成长为科研学者，我想把这份温暖传递下去！”他积极响应党和国家的号召，投身教育扶贫事业，受他资助的6名孩子有4名即将获得学士学位、2名正攻读硕士研究生。大山里的小小梦想，是祖国未来的无限希望，衣着朴素的他用一句“酸甜苦辣都过来了，不能忘本”表达了自己对初心的坚守。在彭老身上，奉献是具体的、可感的，是实践的、闪光的，落在他的言行中，贯穿于他奉献于行的人生历程。彭老用高尚的道德精神和价值追求激励教育青少年，引领他们用青春的臂膀扛起如山的责任，用行动书写“不负好时光”，争做崇高道德的践行者、文明风尚的维护者、美好生活的创造者，他好似明烛，照亮青年的品行之路。

孔子云：“知者不惑，仁者不忧，勇者不惧。”彭老以强烈的事业心、责任感和乐于奉献的精神投身于植物检疫和教育事业中，历尽沧桑而初心不改、饱经风霜而本色依旧，引领着吾辈青年成为时代风潮中的奋进者与搏击者，他是当之无愧的时代“知者”“仁者”“勇者”。

（指导教师：舒　月）

徐春刚：致敬“三线精神”传播人

六盘水师范学院　吴婷婷

20世纪60年代中期，我国开始了大规模的三线建设。在“好人好马上三线，备战备荒为人民”的时代感召下，几百万工人、干部、知识分子、解放军官兵和无数的建设者来到深山峡谷、大漠荒野大展三线建设宏图。

三线建设者徐春刚就是这一群人中的一员。

支援三线不怕苦

五十四年前，刚毕业的徐春刚怀着支援三线、建设三线的豪情踏上了从辽宁前往贵州的火车。他从未想到从踏上火车的那一刻起，接下来的几十年都奉献给了贵州六盘水这一片土地，扎根在了这一片土地上。从水城钢铁厂的一名装卸工到优秀的校外少先队辅导员，徐春刚将自己的三线经历凝练成一个个精彩的故事与青少年们分享，带着他们在故事中重温往昔峥嵘岁月，感悟三线精神，为实现中华民族伟大复兴的中国梦砥砺奋进。

徐春刚说：“条件虽然艰苦，但再苦再累，我们心里都没有啥怨言，个个都干劲十足，一心扑在自己的工作岗位上。”那时的水城荒无人烟，百废待兴，环境与气候都十分恶劣，而三线建设者们就靠着三件“宝”——雨衣、雨鞋、破棉袄，在如此艰苦的环境中不惧困难，坚持不懈，为三线建设奉献出自己的一份力。20世纪80年代初，徐春刚得到了调回家乡的机会，可是他毅然选择了继续坚守在六盘水。他说：“要干就要干一辈子，没有半途而废的道理。”在半个世纪的岁月中，无数三线人在六盘水这块土地上发光发热，用他们的光和热照亮了这片土地；无数的三线人秉承艰苦创业、勇于创新、团结协作、无私奉献的“三线精神”，把昔日荒山野岭中的六盘水变为以煤炭、钢铁、电力、建材为重要支柱产业的贵州工业新城；无数的三线人在六盘水这片土地上“献了青春献终身，献了终身献子孙”。2004年，徐春刚退休了，可是他并未就此休息。已年逾古稀的他又给自己找了另一份工作——辅导员，为弘扬“三线”精神，为下一代健康成长，贡献自己的一份力量。

义务宣讲不怕累

他常说：“我感谢水钢养育了我，我在水钢参加工作、入团入党直到退休，现在我经常做一些义务宣讲回报水钢，同时老有所乐，老有所为。”2019 年 10 月底，徐春刚确诊直肠癌，病魔并没有打倒他，他依旧保持着乐观积极向上的精神，同时关心着孩子们的学习。他一共经历了六次化疗及手术。术后不到八个月，他坚持返回工作岗位，奔波于各个学校，继续为孩子们讲述记忆中的三线故事，重温激情燃烧的三线岁月。那时的他身上还挂着一个吊袋，说话大声一点都会震得伤口疼。但徐春刚并未因此放弃他的宣讲，坚持将“三线”精神传播到六盘水的每一个角落。他说：“我主要讲授思想道德教育、法治、安全环保等内容，还经常讲‘三线’精神，这是中华民族精神的重要组成部分，是我们宝贵的精神财富，它能鼓舞人的斗志，一定要让后人一代一代地传承下去。”

传播“三线”精神、讲好“三线”故事。他的工作平凡而伟大，他化平凡为不凡。还有千千万万个像他这样无私奉献的人，数十年如一日地在平凡的日子里做着他们所认为平凡的事，为祖国的建设贡献自己的一份力。

作为新时代的大学生，我们是肩负历史重担的时代新人，应当努力地充实自己，走好我们这代人的长征路，传承“三线”文化，弘扬“三线”精神，赓续红色基因，发扬优良传统，致敬可敬可爱的“三线人”。

（指导教师：卢香宇　葛文卿　卢　伟）

熊乃斌：立党为公兴伟业，与民谋福换新天

华北电力大学　许　晶　熊骏越

拳拳赤子：巍巍太行壮，我辈炼肝胆

“那个时候是有点苦的，我们一家都是普通农民，我6岁就爬到牛背上放牛……”熊乃斌老先生的声音浑厚，透出了岁月的沧桑感。96岁的他忆起儿时岁月，亲人的样子依旧是鲜活的。饥荒、战乱、冲突……在不和平的日子里，出身普通家庭的熊乃斌也只是广袤田野里一粒微不可见的稻谷。家里条件不佳，熊家的孩子们小小年纪都担起了零碎的工作，日子简单而快乐。令全家人没有想到的是，最年幼的熊乃斌有一颗拳拳赤子之心，早已立下报国志向。

1949年6月，熊乃斌从江西省立中学毕业，应征入伍，在中国人民解放军第二野战军军政大学第五分校开启了军旅生涯。军校的学习生活是规律甚至有些刻板的，年仅23岁的熊乃斌却不似同龄人般焦躁难耐，他如饥似渴地汲取着宝贵的知识，一点时间也不肯浪费。

在校学习仅三月有余，熊乃斌所在的第二大队于9月中旬途经湘西边境，突遭土匪袭击。“我们当时还是学生，一个分队只有一杆枪，大家手里没有武器，就躲在树下隐蔽，土匪来势汹汹，枪炮的碎片在耳边划过……”老先生回忆起双方交火的情景，也将我们带入了那个战火纷飞的年代。所幸，救援部队及时赶到，学生们幸免于难。12月接任大队分队长后，熊乃斌又相继担任了军大贵州分校二大队部工作员、政治部保卫科工作员和保卫干事。1953年，他在昆明军区步兵学校政工大队第十四中队完成学习。长达四年的军校生活，让熊乃斌掌握了知识，锻炼了心志，也完成了最初的梦想——成为一名共产党员。

凌云意气：辗转葆初心，一身正气然

“中国共产党肯吃苦不怕累，帮乡亲们解决困难，几乎每家都受过共产党人的恩惠啊！我们真的感激啊！”老先生的情绪有些激动，讲起共产党时的那种虔诚与信仰，令人动容。他提到，加入共产党对他的影响是一生的。在这之后的六十九年里，每每翻阅《中国共产党章程》，他都有不一样的心得体会，并以此勉励约束自己。此外，老先生还总结了“五自与五要”：自觉、自爱、自尊、自立、自强，做人要诚实，做事要认真，做官要清廉，学习要刻苦，持家要勤俭。他将这寥寥几字写在书里，记在心里，行在事里。

1954年至1976年，熊乃斌把二十余载光阴都奉献给了国家机关。从江西到云南，他从事过很多工作：在陆军第十四军政治部先后任科员、科长、副处长，组织部队的政治工作；从部队转业后到江西省九江地区铜岭钢铁厂任党委副书记兼纪委书记，以及九江县委工交政治部主任，组织管理九江县所有工厂的生产工作；后来，根据部队党委和地方党组织的任命，先后在云南省多个自治州革命委员会担任委员、常委、政工组长。

落叶归根：莫道桑榆晚，为霞尚满天

“我退休之后啊，还是怀念以前的工作，根本闲不下来。年轻时候学习、工作、到处走，老了总算落叶归根了……”经县委批准，熊乃斌任九江县老年人体育协会副主席。平日里，老先生特别喜欢跟年轻人聊天，同小友互谈过往。所谓“莫道桑榆晚，为霞尚满天”，退休不褪色，对于熊乃斌来说，尝过革命艰苦，沐过改革春风，若党需要他，他便一直在。

习近平总书记指出，老干部是党执政兴国的重要资源，是推进中国特色社会主义伟大事业的重要力量。熊乃斌老先生那代人为保家卫国、改革建设奉献了一生。作为青年一代的我们，要牢记党和人民的嘱托，在自己的大好年华与国家的大好时代，继承中国共产党的优良传统，用知识武装头脑，紧随时代发展潮流，做出属于年轻一代的贡献。

（指导教师：张佳怡　陈火欣）

关祥祖:“好人”校长

云南新兴职业学院　芮银富

云南新兴职业学院是云南省一所民办高校，新建的校园位于昆明市禄劝县。74 岁的关祥祖，是学校的校长，也是这所学校的创办者。

打造红色校园

关祥祖，中共党员，是一名退伍老兵，后来从事医学工作，在事业的巅峰时期选择了离岗创业。经过十余年的努力，2005 年云南新兴职业学院诞生了，学校跨入了具有独立颁发学历文凭资格的全日制普通高等院校行列。关校长获得过“云南省有突出贡献的科技工作者”“禄劝好人”“昆明好人”“云南好人”“中国好人”“昆明市道德模范”“云南省社会扶贫模范”“云南退役军人十大优秀企业家及创业典型”“云南省关心下一代工作先进个人”等荣誉。

当人们走进这所学校，都会被浓浓的红色文化氛围和传统文化氛围所震撼。1500 米的《长征》壁画，2400 平方米的长征纪念馆，3500 平方米的党建馆，4000 平方米的《巧渡金沙江》大型情景雕塑群和 1000 多平方米的普渡河铁索桥激战情景，以及雷锋广场、奔牛广场、古圣先贤广场、英雄广场……这些场馆的建设，为开展红色教育提供了具体、鲜活的素材，这一切的倡导者，就是学校的创办者、校长关祥祖。

关校长说:“禄劝是革命老区，我作为一名共产党员、退伍老兵，有责任把这得天独厚的红色资源利用好、传承好，打造好红色校园，创造好红色文化育人的环境，为党育人、为国育才，使在这里学习的学生得到熏陶和洗礼，目的就是要把好孩子培养成红孩子，要把弘扬中华优秀传统文化与培育社会主义核心价值观结合起来，坚持用社会主义核心价值观培育人、引导人、塑造人。”禄劝是当年中央红军及红二、六军团长征经过的地方，“巧渡金沙江”这一惊心动魄的史实就发生在禄劝皎平渡口。这是一片红色的土壤，不仅要让学生在学校学到知识、掌握技能，更要充分发挥红色文化在立德树人中的铸魂功能，让长征精神代代相传，这也是关校长2019年为新建学校选址禄劝的初衷。

授业先传道，做事先做人

关校长认为，授业先传道，做事先做人。他始终坚持把思想道德的培养放在教书育人的第一位。教学实践中，他把有理想、有道德、有知识三者统一起来，以先贤为楷模、以雷锋为榜样，在师生中开展“日行一善、月改三过”的实践活动，倡导尊老人、重孝道，推动形成爱党爱国、崇德向善、见贤思齐的良好校园氛围。他要求教职工每月领到工资必先寄给父母300至500元，并亲自督促落实。关校长办教育用心、用情，更以身作则，为人师表，带头践行，多年来，他先后为学院45名特困生免除所有学费，直到他们大学毕业走上工作岗位。

当提到为家乡的扶贫事业不遗余力时，关校长淡然一笑。他的家乡在禄劝县则黑万德村，偏僻、贫困，祖祖辈辈住的都是土坯房，年久失修，大多成了危房。每每回家看到如此现状，他总有一种心酸之感。他投资3100余万元，为四个自然村共86户村民，一次性建盖86栋别墅，无偿赠送，让村民实现了居住条件的历史性跨越。投资500余万元，按硬化标准修通4公里进村公路，整修21公里山间公路，建盖村合作医疗室，打井架管，彻底解决全村人畜饮水问题，使全村彻底实现了脱贫。投资242万元为村小学修建球场、道路、多功能厅等，促进了家乡教育事业的发展。投资3500万元在禄劝县城建了一座孔子学院，捐赠给当地政府。之所以这样做，他说：“我是从大山里走出来的孩子，是家乡的土地养育了我，是党和人民培养了我，我要回报家乡，这是我小时候就立下的誓言。家乡的人民脱贫了，我就高兴了。”关校长的话虽然简朴，但体现出了一个老党员高尚的思想境界。

关校长是一名老战士，也是一名老教师；是一名老专家，也是一名老干部，更是一位老模范。这位集“五老”身份于一身的老人，最可贵的地方是持续发挥着榜样作用，传递正能量，带动更多身边的人向上向善，是社会主义核心价值观的践行者。我们青年一代有青年一代的责任，要进一步践行好社会主义核心价值观，为实现中华民族伟大复兴的中国梦而努力奋斗！

（指导教师：张雪峰）

滕福恩：用一生追逐梦想，执热爱乘风破浪

山东大学　王　铃

当第一缕晨光透过薄雾，操场上便出现了她那熟悉的身影。七十年来，她从清晨跑向午后，从青丝跑向银发，从中国跑向世界，她是田径运动员，是体育老师，更是我们永远的榜样——滕福恩。

梦想可改，志不变

20世纪五六十年代，体育事业蓬勃发展，在山东诞生了中国首个打破跳高世界纪录的选手郑凤荣，这让当时的田径小将滕福恩倍受震撼。在交流中，她翻看着珍贵的老照片，激动地说道："我当时看到很多穿着印有'中国'运动服的人，心里那叫一个羡慕啊。如果我也能穿上这个为祖国争光，梦想就实现了！"然而，因为时代的需要，18岁的滕福恩选择暂时搁浅"运动员梦"，投身于护理学习与体育老师的工作。从教的几十年中，滕福恩对田径的热爱与为国争光的渴望从未消减，她仍然坚持每日锻炼，努力上好每一节体育课，关爱班上每一名学生，用自己的行动带动更多的青年真正运动起来，真正爱上体育。命运弄人，50岁时，滕老师被查出乳腺癌，但她并没有被癌症击垮，她说："这是一场我需要打的硬仗，而且必须是一场胜仗。"为了战胜病魔，她果断进行手术配合治疗；为了防止术后肌肉活力丧失，她不顾疼痛让女儿把胳膊顶起来；为了恢复体力，她便插着管到操场上锻炼……

无论是梦想搁浅、被迫改行还是癌症侵袭，面对命运向她抛出的一道道难题，她总是靠着一股拼劲、一种信仰，坚强、乐观地给出问题的最优解。她说："生活固然艰辛，命运却是由我们掌握，只要努力，成功就会离我们越来越近；只要坚持，梦想就一定会实现！"

圆梦不晚，激励后辈

2016年，滕福恩在世界老将田径锦标赛70—75岁年龄组80米栏决赛中，跑出了15.93秒，刷新了该年龄组的世界纪录，同时摘得了女子200米栏的金牌。同年，她被亚洲田联评为“最佳女运动员”。谈到这些，滕老师热泪盈眶，右手颤颤巍巍地拿起沉重的荣誉，她说：“领奖的时候，升国旗、奏国歌。一奏国歌我这眼泪就出来了，不是喷出来，是涌出来了。终于把国旗升起来了，终于给咱们国家争光了！我到这么个岁数能给国家争光，想想是什么感受！”逐梦七十载，她不忘“为国争光”的初心。当国旗升起、国歌奏响，她心中回想的不仅是儿时的梦想，更是她对体育的热爱、对国家的信仰。滕老师坚持终身体育，一生为国争光，为梦想而奋斗，她的这种家国情怀、拼搏精神，深深激励着我们每一个年轻人！

在登上世界田径运动之巅的领奖台后，古稀之年的滕老师的体育路并没有就此终止。她建立济南老将田径俱乐部，带领一群田径爱好者天天练习短跑、跨栏，分享自己的事迹，激励一代又一代青年学生在运动场上挥洒汗水。退休不退场，她坚持用“全民运动”点亮活力中国。她也希望更多人能一同加入锻炼，“没有身体健康，何来中国梦？”不管年纪多大，她笃信：坚持，肯定会出现奇迹！

阳光顺着长廊缓缓照射在滕老师的脸庞上，她热情且激昂地分享着她的传奇故事，在她的身后我看到了老一辈不变的家国情怀与对后辈深切的关爱，看到了体育所承载的国家强盛、民族复兴的梦想，更看到了中华民族正以更加雄伟的身姿屹立于世界东方。

（指导教师：潘玫杏）

段正华：奋斗在祖国需要的地方

湖南大学　刘德龙

共话百年奋斗，百年恰是风华正茂。从“青山着意化为桥”的建设时期的改天换地，到“尘埃与曙光升腾”的改革年月的翻天覆地，再至“赶上时代到引领时代”的惊天动地，中国共产党铸就了百年辉煌。争做时代新人，初心使命历久弥坚。

在这百年前行路上，有这样一位亲历者、见证者、实践者——段正华教授。他是湖南大学“五老”之一，湖南大学原计算机通信教研室主任。

建立电视发射台

在中华人民共和国成立之初，通信技术还远没有现在发达，不同地区之间的联系还停留在最原始的方式上，当时党中央的新闻一直由广播电台传达给全国人民，只闻其声，未见其形。1970年9月1日，周恩来总理向全国发出紧急号令：“我们要建立自己的黑白电视发射台！”

当年湖南省将这一重大政治任务交由湖南大学负责。那个时候技术上还存在非常多的空白，如此条件下，要让电视信号稳定地传送是一项艰巨的任务。段正华教授不畏困难，勇担责任，不计回报，临危受命，担任了这个任务的设计师，开启了夜以继日的艰苦科研工作，放下一切个人利益潜心钻研。就这样经过长时间的钻研奋斗，段正华教授与其他科研人员一道凭借着超高的学术水平和不畏劳苦的精神，成功完成任务，我国在通信领域的发展路上向前迈进了一大步。事后他感慨：“祖国在召唤，祖国在崛起！从此，我们祖国开始有黑白电视了！”随后，在段正华教授和全体科研人员的努力下，湖南省第一个彩色电视发射台的安装在新建电视台中完成最后调试，我国又研制成功彩色电视，实现了从无到有、从黑白到彩色的历史性突破，深刻改变了国家发展面貌和人民群众日常生活。

奋斗永不停息

更可贵的是，对于段教授来说，只要祖国还需要，奋斗是永不停息的。“省里还安排我代表湖南大学给全省无线电测量工程师讲最新测量技术取样示波器。没有讲义，就临时写。”段教授回忆道。为了给全国工程师讲解最新的测量技术——取样示波器，段教授在繁忙的任务中牺牲自己的休息时间，临时编写先前几乎空白的讲义。为了完成长沙火车站现代化的信息指挥系统，段教授在睡梦中都在工作。刚接手时，指挥系统项目进入了瓶颈期，段教授也常常食不知味、夜不入寐，一有攻关思路马上醒来记录。“渐渐地，思维非常敏捷，一个一个的问题即刻迎刃而解。”随后列车信息指挥系统就如同张开了翅膀一般在湖南大学的某一方小天地里运行自如。

新的功业意味着新的挑战，新的挑战更指向新的丰碑。段教授发现祖国在通信技术上仍然存在巨大缺口，主动请缨，创办计算机通信新专业。从零开始创办新专业必然会遇到重重困难，段教授想过放弃，但在思想斗争过程中一直坚持。“世界在高度走向信息化，计算机通信是信息化的核心，我们必须为国家的计算机通信培养人才，改变国内数字通信落后的情况。”在这样的坚持下，教学成绩越来越好，通信学科也得到认可，1988 年，计算机通信专业的设置得到正式批准。在讲学期间，段教授这样说：“从 21 世纪初的 2G 到 3G 再到 4G、5G，我见证了现代移动通信的发展。正是因为如此，当初的决心也才如此坚定，国家的繁荣发展需要自己去努力。”在面对各种困难和挑战时，段教授坚定信念，抛个人利益于脑后，一直在为祖国奉献自己的力量，以自己的真才实干促进国家的发展。

“一代人有一代人的长征，一代人有一代人的担当。”作为信息科学与工程学院的学子，作为新时代的新青年，当以段教授这样的前辈为榜样，把自己的小我融入祖国的大我、人民的大我中去。

（指导教师：向思卿）

王深明：精益求精　大医至诚

中山大学　何　杰　王　晨

“医生这个职业就是要冲到第一线，高标准要求自己，求真务实、甘于奉献。”这是中山大学附属第一医院血管甲状腺外科首席专家、学科带头人王深明教授时常挂在嘴边的话。他这样教育年轻的医生，对自己亦是如此要求。2015年，他到达退休年龄办理了退休手续，却从来没有离开过临床一线工作，依然坚持每天查房、手术，保持很高的门诊和手术量。

从军人到医生，不变的是“为人民服务”的信念

王深明高中毕业以后，积极响应毛主席号召上山下乡，这个时候部队正好招兵，他就跟父母亲商量了要去当兵。“我从军将近六年，对自己当过一名解放军战士感到非常光荣，也觉得自己在履行一份保卫祖国的责任。”1976年，王教授从部队回到地方，分到了外贸系统，因此从事了一年的外贸工作。令他喜出望外的是，1977年国家恢复了高考，年轻的他不愿就此错过机会。当时父母提出了反对意见，认为他在单位已经是党委委员、干事，以后在这条道路上继续走下去会很顺畅，要是去上大学，这一切就都没了。

“人的文化知识越多，应该是对社会越有利。”王教授还是决定去高考，“当兵、做外贸工作都是革命工作，但是为什么会考大学选择医学？这是从小的想法。医生的天职就是治病救人，我觉得这个职业很崇高，对人民群众确实是一个有意义的事情。”六年的军旅生涯塑造了其顽强坚韧的品质、严谨务实的作风，也使其将“为人民服务”的信念刻入骨髓。他以优异成绩考取中山医学院（现中山大学中山医学院），毕业后进入中山医学院附属第一医院（现中山大学附属第一医院）外科，就此走上了一条截然不同的道路。

从在职到退休，坚持的是对患者对学生的责任

王深明教授在本职工作中不断提高自己的能力和水平，深耕动静脉、甲

状腺和乳腺疾病的临床与基础研究，尤其在血管外科领域取得了创新性的成果。他的专家门诊总是人头攒动，他细心查体并耐心说明，从未不耐烦，对疑难病例更是沉着分析、勇于攻克。

“作为一个医生，我的工作更能体现我们对人民群众的爱护。通过这四十多年的从医经历，我体会到，我选择的这条路是一条正确的道路。我对医生这个职业的热爱让我坚持到今天，尽管我退下来，今年已经68岁了，但我仍然每天坚持手术。能够帮助病人恢复健康，我乐在其中，内心的成就感非常强烈，这可能就是作为医生的一种成就感。”

作为老师，王深明教授培育了大批医学人才。“学生不会，老师要教、要指导。”他把自己的知识和技术毫无保留地传授给学生，在手术台上，缝合、出针、剪线这些小细节他都会向年轻学生讲解；在临床查房中，他乐于向见习生、实习生讲解专业知识。他培养的研究生中，有不少已成为全国血管、甲状腺、乳腺外科领域的知名专家。

王深明教授说：“我要求自己不管做任何事情都要认真，你看准一个方向，坚持一个信念，就要做到底，不要半途而废。任何事情都会有困难，你要能够坚持克服困难。”

红色基因传承，践行的是四十七年的共产党员的承诺

王教授的一言一行都彰显着军人的钢铁意志和出色的“作战”能力，更是体现了一名老党员“为人民服务”的深刻觉悟。他入党已有四十七年，谈起入党的原因，他说他的父母亲都是革命军人，也是共产党员，而且入党很早。他的父亲曾参加塔山阻击战，七天七夜没有睡觉，给伤兵做手术，在当时立下大功。他的母亲是一名优秀的儿科医生，在战争年代还是护士。耳濡目染，他小时候就想着今后成为一名共产党员。

“他们所做的事情感染了我，在我们那个年代大家没有别的想法，就是积极坚决要求入党。”1975年，在部队的第五个年头，王教授光荣加入中国共产党。“从下定决心要求入党到现在成为一名有四十七年党龄的老党员，这种理想信念从来没有改变过。”

王深明教授将“人民”二字铭刻于心，用实践将一名共产党员的初心使命传递下去。对年轻的医生，王深明教授语重心长地提出了要求和期望：

“第一就是要有信念。你做的事情是为人民解除疾病痛苦的非常有意义的工作，对我们党和国家的事业要有坚定的信念。第二是要团结，第三是奉献，第四是认真学习，第五就是组织纪律性。我希望，也相信你们能做到。你们应该一代比一代强，比我们这代人更强。”

（指导教师：熊一丹）

梁钟琪：沃土耕耘言桃李，黄沙筑梦扬芳华

西南交通大学 叶晨希 白 钰

梁钟琪，浙江绍兴人，生于1928年，全国铁路先进生产者，中华人民共和国第一位女勘测队队长，西南交通大学土木工程学院路基教研组退休教授。1956年被授予“光荣的铁路工作者”荣誉奖章；1960年参与修建青藏铁路格尔木—敦煌公路重要路段；2001年荣获四川省科学技术进步三等奖；2006年，主持编写的教材《土力学与路基》出版，至今仍被全国众多高等院校广泛使用。

遥想筑路岁月，尽展巾帼风采

1954年，当时刚从唐山铁道学院（今西南交通大学）毕业的梁钟琪，怀揣着青年的朝气毅然选择了前往祖国西北地区参与铁路干线建设。梁钟琪来到兰州第一设计院工作的几年时间里，常赴荒远地区，扎根施工现场。作为新中国第一位女勘测队队长，她和老一辈勘测专家背着沉重的仪器翻山越岭，用双脚丈量着祖国西北的每一寸土地。1956年，为表彰梁钟琪的卓越成就，全国铁路先进生产者代表大会授予梁钟琪一等奖荣誉称号，并由中华人民共和国铁道部（2013年起，实行铁路政企分开，铁道部不再保留）向其颁发“光荣的铁路工作者”荣誉奖章。

1960年3月，刚返回母校唐山铁道学院任教的青年教师梁钟琪接到了铁道部的命令，要求其前往青藏高原进行技术攻关。接到命令后的她没有丝毫犹豫，随即便收拾行李和其余师生从唐山出发。一行人来到格尔木后，被眼前的情景震撼了——“高寒缺氧气压低，多雪无树荒草稀，地上冻土数百尺，旷野生物寥无几。”这是当时他们到达高原后为描述当地环境而创作的一首诗。“狭小的帐篷里睡了二十多个人，男的睡一头，女的睡一头。”梁教授在回忆当时的住宿情况时说，作为女生并没有因此感到尴尬，因为当时心里想的都是如何解决工作上的问题。吃不到新鲜的蔬菜，就吃粗糙的干粮充饥；缺乏能直接饮用的淡水，就到离帐篷几十公里以外的湖泊取来湖底的冰锥煮

化解渴。最终，梁钟琪一行人成为我国第一批登上青藏高原进行技术攻关的铁路工作者，圆满完成了青藏铁路前期的技术工作。

巾帼筑路展风采，不忘初心绽芳华。青藏线的工作经历也让梁钟琪积累了更多的铁路建设经验，并将其运用到之后的工程设计中。梁钟琪曾说："我是共产党员，我热爱中国共产党，热爱这个国家，任何困难都是可以克服的。"质朴的话语传递出的是老一辈党员对党和国家最诚挚的爱。

皓首穷经敦笃垦壤，言传身教励学树人

在从事路基设计工作的同时，梁钟琪仍注重将实际工程知识转化为高校教育的重要板块。梁钟琪于1959年回母校唐院任教，在任教期间她长期担任土木工程学院路基教研组主任。她查阅众多资料，结合自身经历先后编写了三版《土力学与路基》教材。

沃土耕耘数十载，梁钟琪教授在课堂上精神饱满、教学熟练。据土木工程学院刘昌清教授介绍，1986年，在他担任梁钟琪教授的助教期间，年近60的梁钟琪教授还亲自带领学生到野外考察实习，硬朗的身体条件让她比大部分学生都能适应高强度的测量工作。梁钟琪教授始终秉持着严谨的治学精神，在工作上勤恳踏实，在教学中言传身教，用实际行动向我们诠释了铁路工作者的坚韧精神与教育工作者的笃实态度！

鹤发不减心中志，夕阳当红恰青春

莫道桑榆晚，为霞尚满天。在退休生活之余，梁钟琪教授还坚持阅读和学习。近90岁高龄，梁钟琪教授的听力有所下降，但是她至今依然能完整地唱出《革命人永远是年轻》等经典歌曲，唱出中国共产党党员那份常青的激情。

从江南水乡到高原荒漠，从唐臣书院到天府他乡，梁钟琪教授踏遍了祖国山河。她见证了交大半个世纪的兼程风雨，见证了中国铁路事业的波澜壮阔，用自己的青春在沃土中勤恳耕耘、在黄沙中矢志筑梦。作为一名铁路工作者、一名教师、一名党员，梁钟琪教授用自己的实际行动向我们诠释了什么是巾帼之华彩、民族之未来。

（指导教师：甘　泉　童万波）

图书在版编目(CIP)数据

共话百年奋斗 争做时代新人：上、下／教育部关心下一代工作委员会编. —桂林：广西师范大学出版社，2024.3
ISBN 978－7－5598－6581－6

Ⅰ. ①共… Ⅱ. ①教… Ⅲ. ①爱国主义教育－中国－青少年读物 Ⅳ. ①D647－49

中国国家版本馆 CIP 数据核字(2023)第 217607 号

共话百年奋斗 争做时代新人
GONGHUA BAINIAN FENDOU ZHENGZUO SHIDAI XINREN

出 品 人：刘广汉
责任编辑：孙 洁
装帧设计：侠舒玉晗

广西师范大学出版社出版发行
(广西桂林市五里店路 9 号 邮政编码：541004
网址：http://www.bbtpress.com)
出版人：黄轩庄
全国新华书店经销
销售热线：021－65200318 021－31260822－898
山东韵杰文化科技有限公司印刷
(山东省淄博市桓台县桓台大道西首 邮政编码：256401)
开本：720 mm×960 mm 1/16
印张：32.25 字数：500 千
2024 年 3 月第 1 版 2024 年 3 月第 1 次印刷
定价：78.00 元(全二册)

共话百年奋斗　争做时代新人

下

教育部关心下一代工作委员会　编

广西师范大学出版社
·桂林·

无私奉献 育英才

老专家、老教师篇

高歌：青春引吭　空天高歌

北京航空航天大学　谭正红　夏亦何

天朗气清，惠风和畅，北京一家院子里传来声声赞叹。有幸得以同高歌先生访谈，在他的生动叙述下，我们揭开了沙丘驻涡火焰稳定器的神秘面纱，也深深领略了先生一路走来的光景……

空天报国，雏鹰展翅立心志

1962 年的秋天，高歌如愿踏入了红色航空工程师的摇篮——北京航空学院（北京航空航天大学前身）。

说来甚巧，他起初报考的是飞机设计，却进入了发动机专业。满是疑惑的他找到教务长，教务长只是微笑着，让他不妨先去了解航空发动机，那是一个更需要人才的专业，里面有更多未知等待他去探索。

渐渐地，他认识到航空发动机被誉为“飞机的心脏”，是衡量一个国家工业化水平的重要标准。放眼世界，与发达国家相比，我国的发动机事业比飞机事业更落后、更缺人才。如果没有一颗强大的心脏，怎能撑起一具巨大的躯体？正值青年的高歌深知自己须为民族的复兴梦尽一份力，便下定决心要在航空发动机上干出一番大事业。

择一事，终一生。对个人，这是一种燃烧生命的浪漫；对国家，这是一份无怨无悔的责任。从此，高歌便将自己的人生规划同国家的建设发展紧密联系在一起，“为国担当”成为他的一生追求！

攻坚克难，朱雀逍遥游天地

五年的大学生活曲折又丰富。前三年的校内时光中，高歌几乎住在了图书馆，坚持学完全部基础课和专业课。剩下的两年，他下乡、回校，几经辗转，毕业后被分配到青海省工作。

无论身处何方，高歌永远抱着严谨认真的态度和持续学习的恒心。每天早晨，他都先把所有设备检查一遍，再给班组分配任务；工作之余，他便激情满满地给工人讲解基础课，用一种无声的力量，默默而深刻地影响着身边的人。

青海的工作条件异常艰苦——朔风卷地，狂沙漫城。纵使环境如此，高歌也始终怀揣饱满的科研热情，不曾松懈。久居沙漠，高歌看到沙丘长期遭受风吹日晒而仍保持原状，擅长流体力学的他，不禁产生了一个疑问——具有流动性的沙丘，为何结构如此稳定？国外的学者把注意力放在沙子的颗粒大小和风阻上，他则着眼于沙丘最常见的月牙形状，猜测是这一特殊构造保证了其稳定性。尚未深入挖掘的他，还不知道月牙形沙丘的背后隐藏着巨大的奥秘。

实践是检验真理的唯一标准。在跟随宁榥教授攻读硕士学位期间，高歌带着心中的疑问持续探索，偶然在文献中了解到月牙形状对结构稳定性的作用，于是进一步思考：怎样才能将这种结构运用到发动机火焰的扩稳工作中？一番理论分析、实验论证过后，他发现，把两个月牙形构件合到一起，发动机的燃烧阻力可以减小 80%，火焰稳定性也增加了 500%，这是国际上从未有过的实验结论！从此，第一代沙丘驻涡火焰稳定器诞生了！

点亮焰火，鹏霄万里引高歌

蛰伏已久的灵光终于乍现，足以点燃之前所有的积累与创想。1981 年，高歌在中国工程热力学会的会议上做了关于沙丘驻涡火焰稳定器的报告，在座的科学家无不对他刮目相看，多个单位当即表示愿意同他合作。

设计思想迅速用于生产。两年间，“强 5”飞机装上沙丘驻涡火焰稳定器后，以零失误的试验表现，将试飞爬升高度陡然提升了接近 1000 米，作战性能大幅提高。1984 年，火焰稳定器列装两个空军师，给航空发动机带来新的力量，也为国防事业添上了浓墨重彩的一笔。

当时还在求学的高歌，因此成为第一个获得国家发明一等奖的研究生，钱学森先生也毫不吝啬地夸赞这是一项“为中国人争气”的重要发明。高歌从学校到沙漠再到实验室，直至有机会走进中南海紫光阁，受到党和国家主要领导人的接见。至今，先生依然完好地保存着那张在中南海的珍贵合照，照片中间坐着的，正是高歌。重视与尊重，恰是党和国家对待科学家的态度。

时代的车轮滚滚向前，沙丘驻涡火焰稳定器也在不断迭代更新。高歌参与设计的第二代稳定器，显著提高了火焰扩散效率，被用于军用航空发动机，获得国家科技进步二等奖。后继者也接过高歌的火炬，研发出第三代。现在的“涡扇-19”发动机安装了第三代稳定器后，在性能上足以同美国F-35的发动机一较高下！一份设计，在科技强军的长征路上代代相承，最后付诸实践，助力现代国防事业取得了长足进步。

除此之外，作为博士生导师，高歌深刻地影响着身边的学生。在学生眼中，他慎终如始、言传身教。实验室里常有他的身影，一次次指导也饱含他的深情。如今，已是桃李满天下的高歌，依然心系着学子、关爱着下一代。

又一朝秋意渐浓，白发攀上少年头。当再次望向老主楼，看向倒映云影的新主楼以及拔地而起的实验室，高歌先生感慨万千。北航迎来七秩华诞之时，他与学子们围拢在一起，共话中国共产党的百年奋斗历程，一起下定争做时代新人的决心。正所谓，数载春秋栉风沐雨，红色血脉赓续传承。

（指导教师：方　志　程　乾）

冯昌荣：只将一生为人民

西南大学　成　果

冯昌荣，西南大学动物医学院教授，著名畜牧兽医专家，七十年党龄的老共产党员。

由于家境贫寒，冯昌荣从小就立志长大后要踏踏实实为人民做点事。他用一生，践行了自己的诺言。

投笔从戎，转战“兽医”

1950 年，朝鲜战争爆发，正读高三的他，毅然放弃学业，投笔从戎，怀着卫国之心，跨过鸭绿江，参与保家卫国。

在硝烟弥漫的异国他乡，他踏冰卧雪，浴血奋战，屡立战功。

朝鲜战争结束后，冯昌荣回到家乡，渴望知识的他选择了继续读书。经受了战火洗礼，他更加刻苦，一年之后成功考上四川农业学院畜牧兽医专业。毕业后，他服从组织安排，相继在中职、高校担任教学工作。任教期间，他一面潜心钻研，踏实育人；一面利用课余，到学校周边的乡镇义务举办讲座培训乡村兽医，并走家串户为家禽家畜防病治病。至 20 世纪七八十年代，“冯昌荣”已成为学校周边百余里地老百姓熟悉的名字、熟悉的面孔。

1992 年，冯昌荣教授光荣退休。此时的他已硕果累累，颇有名气。对普通人而言，自然要安享天伦之乐，他却更加惦记农民兄弟的猪牛羊鸡鸭兔——“那是农民兄弟的经济来源啊！”于是他更多地奔走在巴山蜀水，尤其是适合发展畜牧业的武陵山区，那里的田间地头、猪场羊舍留下了他深深的足迹。

冯昌荣老伴介绍，退休后的冯昌荣，每隔几天就要去周边区县为养殖户免费送医送药。每次从乡下回来，身上总是沾染着泥土与畜禽粪便，他却毫不在意。本不宽敞的房间里，窗台上、书架上、床下到处堆放着中草药，像个小药房。

开展科技扶贫

2002年前后，学校在重庆市石柱土家族自治县建立校地合作基地，组建“晚霞”专家组赴石柱开展科技扶贫。年过古稀的冯昌荣立马报名参加。在石柱，一干就是十年！

石柱地处武陵山区，居住着土家族、苗族等29个民族。由于自然环境的原因，农民家家养兔，但长期存在夏季仔兔死亡率高、秋季母兔受孕率低、冬季成年兔剪毛后多病易死三大难题。

年过古稀的冯昌荣到石柱后，立即带着问题，顶着烈日，骑着摩托，背着小布包，深入乡村走家串户开展调研，足迹遍布石柱县的30多个乡镇。有时，他从早到晚蹲守在兔场，观察病兔生理状况，统计兔子死亡数量。

“了解到部分乡镇长毛兔死亡率高达50%，我的心像被针刺一样剧痛，深感担子沉重……当时，我暗下决心：哪怕脱一层皮、掉一身肉也要把疫情控制住！”冯老似乎又唤起了当年的激情。

在获得第一手资料、找到兔子致病原因后，他决定采用中医“平衡疗法”。他拟定了处方，加上自己之前研发的制剂，先在几家养殖大户施治，效果显著，控制了疫情。

然而，石柱县有长毛兔2500万只，分布在千千万万户农民家，如何做好大面积防控？贫困山区部分农民无钱买药怎么办？

经过反复考量，他毅然决定“带领老百姓上山采药”！

山路崎岖，荆棘丛生，年事已高的冯教授穿着布鞋，背着竹篓，拄着木棍，和村民一道跋涉在武陵山间，教村民辨认草药，以及采后如何制剂。

他的手背手掌被荆棘划了不少伤口，脸上增添了几条血痕，衣裤沾满泥土，鞋底被磨穿，但他浑然不觉。为了采集足够的草药，他和村民一样，早出晚归。饿了，吃点干粮；渴了，喝一口山泉……

有几次，为了采到一株药草，冯老险些掉下山崖！

石柱县没有中草药加工厂，冯老就用自己的退休金租厂房、买设备，生产中草药制剂，然后逐乡逐村免费送给农民。

经过半年多的艰苦奋斗，冯昌荣研制的中草药制剂，有效解决了当地多年未解的“三大难题”：仔兔死亡率由50%降到5%以下，秋季母兔受孕率由30%提高到90%，冬季成年兔健康成长。生猪发病死亡率由36.7%下降到4.4%！仅此一项就为石柱县年增收入500余万元！

老百姓十分感谢冯教授，有的给钱，有的请吃饭，他都婉言谢绝。实在推辞不过，就象征性地收几个鸡蛋，权当药费。

经过整整十年的多方努力，石柱土家族自治县建成了“中国长毛兔之乡”等六大品牌，西南大学荣获“全国十大扶贫状元”“全国扶贫先进集体”称号。

冯昌荣重点蹲在石柱，其他地方家禽家畜的防病、治病，他亦时刻惦记在心。送医送药，有求必应。

2017年5月，重庆黔江区金溪镇村民规模化饲养的3万只鸡苗遭遇严重疫情，干群束手无策。求救信传到西南大学，已是86岁高龄的冯昌荣教授闻讯后立即前往，逐村逐户指导，有针对性地研制出中草药制剂，成功解决了鸡瘟问题，村民十分感激。

2018年，北碚区西山坪村养兔户李春林的1100多只兔子染病了，收到求救电话后，87岁的冯昌荣教授立刻背上自制中成药，搭乘摩托车前往救助……

冯昌荣的一生是奉献的一生，不仅在生命的长度上超越了大多数人，更拥有生命的厚度。他先后获得重庆市优秀老科技工作者、校地合作特别贡献奖、优秀共产党员等荣誉。

采访快结束时，冯老勉励我们：“青年人要不怕苦，不怕难，不怕平凡。只有不怕苦、不怕难才能学业有成，事业有成；平凡的事情只要用心去做，就会做出不平凡的业绩。”朴实的话，勤奋的一生，深深地打动了我们。从冯老身上我们汲取了信仰之力、执着之力、奉献之力，决心像冯老那样，做有理想、有本事、能吃苦、肯奉献的时代好青年，将一生服务社会，奉献人民！

（指导教师：蒋　伟）

许启凤：哪里需要我，我就到哪里去

中国农业大学　刘紫林　刘　迎

习近平总书记强调：粮食安全是“国之大者”，悠悠万事，吃饭为大。种子，是农业的“芯片”。无数育种家前仆后继，培育了一系列重要品种，为保障国家粮食安全做出了重要贡献。在中国农业大学农学院，有一位教师，他一生不断变换身份，总是在国家最需要的时候冲在第一线，他是志愿军战士，是大学教授，是玉米育种家，哪里需要他，他就到哪里去。他就是国家科技进步奖一等奖获得者、“农大 108”的贡献者——许启凤先生。

生于乱世，立青云之志

1929 年，许启凤出生于江苏宜兴。在他 10 岁时，家乡已经沦为日军占领区，饱受侵略者的荼毒。在当时，日军实行“三光”政策，每每扫荡，都会将家家户户的粮食洗劫一空，因此许多侥幸逃跑的百姓，也会因为没有粮食被活活饿死。抗战胜利后，他的家乡成为国民党的统治区，通货膨胀极其严重，一车钱都换不来一袋米，民不聊生。

年少的许启凤目睹了数不清的同胞因为饥饿失去了自己宝贵的生命，他深知饥饿会给一个民族带来怎样深重的灾难。因此，他立下青云之志——不再让中国人民挨饿。正是他的伟大志向，为他日后在农业道路上取得辉煌成就埋下了种子。

投笔从戎，赴朝鲜战场

1948 年，许启凤考入金陵大学，毕业后进入安徽巢湖的军垦农场工作。在工作期间，他将大学中学习到的理论知识投入生产实践中，带领工人建立农业科学技术研究实验站，使作物产量得到了巨大的提升，因此荣获三等功。

朝鲜战争爆发后，在党中央的号召下，许启凤抑制不住满腔的报国热情，申请加入了中国人民志愿军后勤保障部队。“兵马未动，粮草先行”，物资的运输是决定战争走向的关键。志愿军的装备远远不如美军，也没有制空权，在美国空军的狂轰滥炸下，物资运输是极其惨烈的，十辆车往往只有一辆能运到前线，许启凤所在班里三分之一的同志都牺牲了。在艰苦的战争岁月里，是心中报效祖国、服务人民的理想信念，支撑着他一直奋战到战争胜利。抗美援朝战争结束，许启凤光荣回国，重新开始自己的农业事业。

踔厉奋发，育“农大108”

农业技术的研发的根基在于基础科学力量的突破。许启凤对待科研始终秉承“实事求是”的态度。1956年，青岛举办遗传学会议，当时的遗传学领域百家争鸣，米丘林学派和摩尔根学派争执不下，许启凤看完会议发言记录后，认为“用实验结果说话”的摩尔根理论更有说服力：“我觉得咱们搞科研的，还是要讲实际，实事求是。”同年，许启凤进入中国农业大学，师从摩尔根学派的李竞雄教授，从此踏上了属于他的科研之路。研究生毕业后留校任教，他在教学中发现自己的知识储备有所欠缺，便进入复旦大学、普渡大学进修，一边听课学习，一边做实验。许启凤把知识体系完善之后，继续回到农大，并开设遗传学课程。

许启凤一辈子深耕玉米杂交种领域，先后培育了“农大101”“农大108”等8个杂交种。这些杂交种具有优质、高产、多抗和广适等特性，一经问世，便广受农民好评。在玉米育种领域，“农大108”无人不知。它的成功离不开许启凤严谨的科研态度，也离不开他的苦心规划：“科研里面适当的安排、配置项目非常重要，你的科研课题不但要想着怎么突破，还要想着怎么生存下去、怎么继续下去。”许启凤一开始就高质量定位研究的目标，质与量并重，从改良品质入手，先易后难，采取短、中、长三步研究战略协调发展，逐步突破，最终获得成功。许先生严谨的科研态度，科学的研究规划，永远值得我们科研人学习。

老骥伏枥，怀白首之心

“课题还没有做完，新品种还没有培育出来，我就不能退休。”60岁已经办理了退休手续的许启凤，仍然坚守在科研前线。在经费、人力资源不足的困难条件下，许启凤并不气馁，依然积极找寻解决方法——与大北农公司和怀柔县种子公司合作成立了许启凤玉米育种中心。

功夫不负有心人，“农大108”在2002年获得国家科技进步奖一等奖。作为一名退休教授，许启凤仍心系科研育种工作、学校教育事业，毅然决然将300万元奖金交给学校，投入科研工作和学校建设当中。

许启凤先生为祖国奉献了一生，奋斗了一生，他的经历充满热血、激情又伴随艰难困苦。他将自己的热血和智慧挥洒在祖国大地上，保家卫国，教书育人，苦心科研，为国家的发展和民族的振兴做出了不可磨灭的贡献。他的故事将深深根植于华夏土地。致敬“玉米人生”！

（指导教师：张　莹　陈源泉）

吴雪莉：跨越国别的“大先生”

河南大学　杨姗迪　侯玉洁

护着一面五星红旗，她成为中西文化交流的使者。七十多年，光阴荏苒，金发变成了银丝，不变的是她对中国的热爱。一段旷世情缘，满腔赤子之心，虽是金发碧眼，却是中国精神。她就是教育家、“十大功勋外教”荣誉获得者、“庆祝中华人民共和国成立70周年”纪念章获得者、河南大学外语学院教授、博士生导师吴雪莉。

中国为家，用半生书写旷世情缘

1938年，13岁的雪莉·伍德第一次从斯诺的《西行漫记》中认识了中国。古老中国的故事像磁场一样吸引着雪莉·伍德幼小的心。

1945年，雪莉与中国农业部（2018年改为“农业农村部”）特派的留学生黄元波相识相爱，在美国举行了简单而热闹的婚礼。次年，这对异国恋人便来到中国上海，21岁的雪莉也有了伴随自己一生的中国名字——吴雪莉。

1957年4月，吴雪莉来到了开封师范学院（今河南大学）外语系任教，这一教就是半个多世纪。

1975年，经周总理批示，吴雪莉顺利加入中国国籍，实现了近三十年的夙愿。

圆了“中国梦”的吴雪莉，为自己能够成为中国的一员而欣喜。每当回美国探亲，她总是热情地向家人、朋友宣传中国的情况。她曾在美国10个州14所大学访问讲学，每到一处，总是如数家珍般宣传中国的历史文化、山水风光、社会变迁。

1958年，她撰写的小说《中国一条街》在伦敦出版社出版，介绍了她作为中国家庭主妇和母亲感受到的社会主义中国的日常生活。而凭借深厚的写作功底和丰富的语言表达能力，她翻译了《苦菜花》《在和平的日子里》等文学作品，以精准翔实的语句向西方世界呈现了中国人民的无私与团结，她的作品也因此在许多美国华侨和阿肯色州的政界、民间人士中掀起了一波又一波的回乡热、访华热。也正是因为吴雪莉在中西方文化交流上做出的努力，《人民日报》曾将其誉为“中西方文化交流的红娘”。

锐意创新，为教育倾尽毕生心血

1957年，进入开封师范学院后，吴雪莉把情景剧搬进课堂，把会话课搬出教室，《格林童话》《安徒生童话》中的名篇被她精心改编成中英文对照剧本，学生们扮成卖火柴的小女孩、狼外婆、小红帽等角色轮番登台表演，在欢声笑语中提升自己的英语水平。

除了对新型教学方式的探索，吴雪莉还十分重视教材建设。20世纪末，国内外语系还没有一套系统的英美文学教材，她在自己几十年来教学讲义的基础上，搜集各方资料，编写了一部系统的英文专著《英美文学批评史话》，从旧约全书到后结构主义，为广大师生展现了一幅百科全书式的英美文学发展脉络图。

2014年，国家外国专家局授予她“十大功勋外教”称号。自1975年加入中国国籍以来，她深知中国国籍的来之不易，常常强调自己是“华籍美人”，也总是认真地向来访者纠正“外教”这个说法，“我早就不是外教了，是和其他老师一样的中国教师”。

建言献策，为文化教育建设奔波的政协委员

1954年，看到丈夫黄元波在当选为省政协委员后日夜奔波于制药厂和家之间，吴雪莉下定决心也要为河南的老百姓做些什么。在1979年9月河南省四届政协第三次常委会上，与会人员以热烈的掌声一致通过了增补吴雪莉先生为四届省政协委员的建议，这一年，夫妻二人同为省政协委员。

1979年是中国改革开放、建设中国特色社会主义的头一年，54岁的吴雪莉一方面教书育人，另一方面悉心了解刚刚恢复高考后河大教职员工、工农兵大学生的不同利益诉求，并以自己的独特视角观察社会现象，剖析人们的心理，向省政协和河南大学提出了不少关于发展高等教育、加强文化建设的提案和建议，其中一些意见被纳入了拨乱反正的决策。以岁月积淀，以年华相伴，这年以后，关心国家的前途和命运的她连任河南省四、五、六、

七、八、九届政协委员。在任近三十年间，她认真履行政协委员职能，为下岗工人寻求帮助，宣传中国各族人民的经济、社会、文化建设，为河南省的文化教育事业奔波不止。

高扬国旗，将中国情永洒向华夏热土

每年国庆节前夕，吴雪莉先生都会小心翼翼地从柜子里取出珍藏半个多世纪的五星红旗，一双饱经风霜的手在叠得整整齐齐的旗面上抚摸一遍又一遍，随后，步履蹒跚，将国旗挂在自己家门前。1949 年 9 月 30 日，吴雪莉先生将它带回家，在新中国成立后的每一个国庆日，它都始终不变地出现在先生家门口。先生说："即使后来日子好了，别人家的院子里都是绸子的，又鲜艳又好看，我也舍不得换，她见证了我在中国的成长。"是的，这面旗帜，见证着吴雪莉先生一家风雨同舟的飘摇岁月，歌唱着先生为河南大学外语教育无私奉献的光辉时刻，记录着吴雪莉先生深深的中国情怀。

吴雪莉先生是一面镜子，映现出河南大学乃至河南高等教育发展和建设的历史足迹。

吴雪莉先生是一面旗帜，是激励河南大学踔厉奋进、砥砺前行的精神旗帜。

吴雪莉先生是一个标杆，是一代代河大学子心中学习的榜样、师者的典范，更是一往无前的灯塔。

（指导教师：肖　艳）

丁樱：初心不改践医者仁心 薪火相传播桃李芬芳

河南中医药大学 方紫涵

她几乎与共和国同龄，见证了共和国的栉风沐雨；她从医半世纪，作为优秀的临床医生、学科带头人，把自己的儿科团队发展到全国领先，建成全国第一家中医儿科医院（院中院）、全国第一家中医儿科医学院；她杏林执教数十载，桃李芬芳，硕果累累，在学术上对学生严格要求，在生活中对学生关怀备至，被亲切地称为“导师妈妈”；她长期致力于小儿肾病、紫癜等风湿免疫性疾病的研究，创新性地提出儿童肾病“扶正祛邪，序贯辨治”理论，为小儿肾病治疗提供新的治疗思路，临床疗效显著。

她就是第四届国医大师、全国中医药高等学校教学名师、河南中医药大学儿科医学院院长、河南中医药大学第一附属医院儿科医院院长丁樱。

以医为梦，始立初心

1951 年，丁樱出生于江苏南京，父亲是教师，母亲是医生，在家庭的影响下，初中毕业后她进入卫校学习。1968 年，从卫校毕业后，被分配到河南林县河顺公社医院，那时的她还不满 18 岁。到医院的第二天，她就遇到了一个紧急情况：一个小伙子崩石头把整个头皮崩下来了，来就诊时整个头部血肉模糊。刚接触临床的丁樱顾不上害怕，一心只想着救人，急忙参与到救治中，这位患者后来平安出院。这次的事件给丁樱留下了深刻印象，使她坚定了投身医学、救死扶伤的初心。

基层的工作经历对她一生影响巨大。那个年代农村医护人员奇缺、医疗资源匮乏，她深感痛心，暗暗立誓，在今后的从医生涯中，一定要让病人既少花钱又看好病。她深刻地体会到自己的专业知识学得还不够，上学深造成了她那时最强烈的愿望。

1974 年，丁樱进入河南中医学院学习。刚开始，“五运六气”“阴阳五行”“藏象”等一系列中医理论，让学西医的她有些困惑。后来，在系统学习中医的过程中，她渐渐领悟了中医的魅力。“我对中医是从原来不相信，到半信半疑，现在我就觉得，我是中医非常虔诚的信徒。”丁樱回忆道。理论知识的系统学习，与之前积累的丰富临床经验相互印证、相互促进，丁樱的专业知识愈加扎实，为她今后的临床工作打下了坚实的基础，让她对从医的初心更加坚定和自信。

迎难而上，成绩斐然

1999 年，在全国中医儿科发展低迷时期，丁樱临危受命，成为河南中医学院第一附属医院儿科主任。那时的儿科日门诊量平均不到 65 人，病房仅有 25 张床位，发展陷入困境，一度面临着关停的境地。丁樱坚持说不能关，再难也要扛下来，要把儿科发展下去，要对人民的健康负责。

面对种种困境，她立足长远，学习调研，科学规划，带领儿科走上了“专业分化”的发展道路。通过进行特色鲜明的专业分化，发展学科优势病种，突出中医药特色疗法，探索中西医结合诊疗技术，十年间，她把一个濒临关停的科室发展到全国同行业前列，建成国内首家中医儿科医院（院中院）；二十年间，建成国家中医药管理局首批全国中医儿科会诊中心、国家中医药管理局中医儿科区域诊疗中心。

她多次承担国家“十一五”“十二五”重点项目及国家自然科学基金项目，取得了多项省部级成果奖。她通过开展疑难病研究，研发专药专方，突出中西医结合诊疗特色，使小儿肾病、紫癜等儿童疾病临床诊治有了突破性进展。她率先在国内中医界发展肾活检技术，率先把雷公藤多甙应用于儿童肾脏病领域并取得了良好疗效。她创新性地提出中医药治疗儿童肾脏风湿免疫性疾病“扶正祛邪、健脾补肾与清热活瘀并用”的学术观点。

如今，她的名字早已成了中医儿科领域的一张名片。

薪火相传，桃李芬芳

桃李不言，下自成蹊。她是一名优秀的中医临床工作者，优秀的学术带头人，更是一名优秀的中医教师。丁樱经常对学生们说：“一枝独秀不是春，万紫千红春满园。”她始终认为，人才培养和梯队建设是中医事业持续发展的重要基础。她一方面接手临床及学术经验传承工作，承担了青年医师的培养任务，另一方面开始承担本科、硕士、博士生带教任务。

在教学上，她严格要求学生，她说："严格，是教师的职业责任，是教师的治学精神。"在生活上，她对学生关爱备至，学生遇到困难，她总是带头组织捐款捐物。她个人捐出60万元成立"丁樱奖助学金"，用于奖优助困。

她治学严谨，诲人不倦。72岁的她如今仍然活跃在教学一线，坚持给本科生授课，培养硕博士研究生，深受学生爱戴。她多年来培养硕博士104人、博士后2人、学术继承人40人。她的学生目前大多已成为单位的学术和技术骨干，将她的学术思想和仁心仁术四处播撒。

从丁樱的身上，我们看到了坚守初心、艰苦奋斗、自强不息、乐于奉献、积极进取、勇于创新的精神，国医大师之称实至名归。青年医学生，当以她为榜样，弘扬大医精诚的优良医风，潜心治学，精研医术，投身中医药事业的发展，为守护人民健康奋斗不息。

（指导教师：杨小红）

李有田：老骥伏枥心向党，弦歌不断育新人

河南农业大学　杨静茹

退休前，他曾任河南农业大学副校长、党委副书记，分管教学、学生思想政治工作，辛勤耕耘在教书育人第一线；退休后，至今已担任校关工委常务副主任 17 年，倾心用情致力于关心下一代工作，诚意真情关爱青年学生健康成长。他就是获得河南省教育系统“双十佳”关心下一代先进工作者、省关心下一代工作突出贡献奖、全国教育系统关心下一代工作先进工作者等多项荣誉称号的李有田教授。

报党恩潜心育人

李有田教授已经 81 岁，却依旧身姿挺拔、精神矍铄，充满了激情。他最常说的一句话是：“我的一切都来自党、来自国家，无论什么时候我都要尽自己所能回报党和国家。”1941 年出生的李有田，可以说是伴随新中国的建设发展而成长起来的，也比别人更懂得个人命运与国家前途紧密相连的道理。他出身农村，家境贫寒，从小缺吃少穿，却满怀对知识的渴望，从未停止过学习。1961 年，李有田考入河南农学院土壤农化系。当一家人为学费发愁时，国家提供的助学金消除了他们的后顾之忧，让他得以顺利完成学业。从此，李老师便牢记党的恩情，立志听党话、跟党走，成为对社会有用的人。1964 年，李有田加入了中国共产党，并留校任教，从此开启了近六十年为党育人、为国育才的崇高事业。长期以来，李老师从事农业资源与环境方面的教学研究，曾获省级科研成果二等奖 2 项、三等奖 3 项，并多次获得教学优秀奖，培养了一批又一批优秀农科学子，遍布祖国各地。

倾真情发挥余热

2005 年，退休的李老师并没有闲下来享受生活，他接连谢绝两个单位的高薪聘请，选择了担任几乎没什么报酬的校关工委常务副主任一职，这一干

就是 17 年。李老师觉得这样更踏实也更符合自己的心愿，他不图名利、不羡权贵，只愿为关心下一代工作奉献自己的余热。

关工委工作的 17 年，李老师牢记为党育人初心，践行立德树人使命，将做好关工委工作作为一种责任、一种使命，以工匠精神用心、用情做好关心下一代工作。他注重强班子、带队伍、定制度，本着“学校需要、学生欢迎、老同志能做到”的原则，紧紧围绕学校中心工作，不断开拓创新，组织带领关工委老同志坚持做“五老”报告、开展心理咨询、办好科技点播台、参与教学督导、做好特邀党建组织员等工作，充分发挥二级学院关工委积极性，开展一系列丰富多彩的活动，全方位助力青年学生成长成才，使我校关工委工作得到全面提升，校、院两级均形成了具有引领作用的关工委工作品牌，“五老”报告“立德工程”、科技点播台“金桥工程”、教学督导“青蓝工程”、特邀党建组织员“铸魂工程”等彰显了农大特色。学校的“五老”报告被收入中宣部、教育部编辑的《高校思想政治工作百例谈》一书，科技点播台被评为全国教育系统“品牌优秀案例”，教学督导“青蓝工程”品牌经验多次在省教育厅关工委组织的研讨会上进行交流，受到省教育厅关工委的肯定。校关工委多次受到省教育厅、教育部关工委、省关工委、中国关工委表彰。

献爱心永葆本色

李有田老师不仅有着深深的爱党、爱校、爱护学生之情，更有着老一辈共产党员的优秀品质。2020 年，回乡探亲的李老师向自己家乡的滑县三家村小学捐款 10 万元，用于资助品学兼优的学生和特困学生。他说：“我是在党和国家的关怀和培育下，才得以从小学上到大学毕业，后来又成为一名大学教授。感恩父母，感恩乡亲，感恩伟大的中国共产党和人民政府，能够为家乡的教育事业尽点微薄之力，自己又少了一点遗憾。”兢兢业业六十载，李老师始终保持着共产党人的本色，践行着党的初心使命。

穷且益坚，老当益壮。从一个农村的贫苦孩子到成为一名大学教授，李有田老师始终用实际行动践行着永远跟党走、矢志报党恩的人生信条，以拳拳之心描绘着行路不止、奋斗不息的人生蓝图。

（指导教师：黄春萌）

车洪才：怀赤子之心，尽人世大义

中国传媒大学　王　茜

在中国传媒大学外国语言文化学院2021级新生开学典礼上，新生们欣喜地收到了车洪才教授的传记《我的词典人生》。这是本可盈握于手的册子，却记录着厚重不凡的人生。

车洪才，这位将毕生精力奉献给我国普什图语翻译事业的学者，从一名高校普通的外语学生，到第一批国家外派的普什图语学习开拓者；从默默奉献的高校教师，到辗转于巴基斯坦、阿富汗的外交官；从开辟普什图语事业，到荣获阿富汗国家高级勋章……他秉承初心，敬业深耕，躬行不辍，用三十六年躬身实践兑现着自己对国家的承诺。

少年立志　心怀国家

1936年，车洪才出生于黑龙江省海伦市，当地淳朴真诚、勇毅果敢的民风在潜移默化中铸就了车洪才的性格底色。基于家庭教育和社会背景，车洪才自小就注重时事政治学习。中学时期，学校里的爱国主义教育伴随着他的成长。《钢铁是怎样炼成的》《牛虻》等文学作品对他影响颇深，保尔的坚强意志和战斗精神让少年车洪才备受鼓舞。后来他又深入学习了《毛泽东选集》两卷，立志为中国富强、人类解放奋斗终生。“我从小受的是共产党的教育，党的需要就是个人志愿。”

因缘际会　笃志普语

20世纪60年代，在万隆会议的推动下，我国政府加强与亚非拉各国的联系，建交国家迅速增加。派人才去各国学习语言文化、加强民间交流是国家发展的必要工作，为此，国家从全国各大院校抽调外语系学生出国学习各国语种。当时学习英语的车洪才便是其中之一，他肩负着国家使命，成为第一批学习普什图语的中国人。当时，国内还没有人学习过这门语言，但车洪才没有犹豫，他认为："国家指派我们去学，肯定是国家需要。国家需要的事总要有人去做，这样的安排是对我的信任。"

功贵其久，业贵其专。在阿富汗他学完了九个学期的课程，寒暑假都未曾休息过。回国后，由于国家对非通用语人才需求迫切，车洪才频繁地面对工作与人事的调动。从借调到国际台到转入北京广播学院（现中国传媒大学）任教，以及陪同阿富汗新闻代表团访华……在车洪才看来，那段日子虽然忙碌，但可以为国家贡献自己的力量，这正是他一直以来的心愿，也是他坚持学习普什图语的意义。

几经波折　不忘使命

1978 年，为了增强中国在联合国的影响力，国务院决定花十年时间出版 160 种中外文词典，《普什图语汉语词典》就是编写任务之一，这项工作自然而然落在了车洪才身上。然而，编写词典的任务却比想象中更加漫长和艰难：参考资料匮乏、经费短缺、人手不足、时间紧迫、工作调动、国际关系动荡等不利因素，都让这项国家任务几度搁浅。但车洪才始终明白："这是我的使命，即使其他人忘记了，我也会坚持下去。我们这代学了普什图语的人，一定要将这种语言在中国传播开来，编词典就是为以后的学习者提供帮助，这是历史赋予我们的责任。"

带着对普什图语的热爱、对责任使命的坚守，车洪才历经三十六年，整理 5.2 万个词条，积累 15 万张卡片，终于在 78 岁实现夙愿，完成这部 250 多万字的《普什图语汉语词典》，把半生的时光奉献给一个承诺，将对"承诺"的诠释写进人生的词典。从此，普什图语的学习和教授更加便利，中阿两国的交流更加容易，他也因此成为唯一荣获阿富汗国家高级勋章的中国人。

不辍耕耘　坚守初心

2000 年，北京广播学院恢复普什图语专业的招生，64 岁的车洪才成为特聘教授，他说："得知能用专业再做点事，我很兴奋。"从课程设计、教材编写到教学工作开展，车洪才亲力亲为。八年时间里，他每周都要上 8～10 节课，培养出的学生除了留校任教赓续专业血脉，还进入外交部、新华社、国际台等单位。

初心如磐，笃行致远。回望车洪才教授的一生，出国留学、回国教书、借调电台、投身外交，他始终顾全国家大局，服从组织安排，毕生贡献都与国家建设息息相关。他对国家言出必行，对信仰矢志不渝。如今，随着“一带一路”倡议逐步落实，中国与沿线各国交流合作成果丰硕，非通用语人才也在“民心相通”、文化交流环节发挥着愈加重要的作用。如车洪才一般的老一辈非通用语学者一直以来的无私坚守和奉献化成了对外讲好中国故事、传播中国声音的坚实基础和力量源泉。

在中国传媒大学2021级全体新生开学典礼上，车洪才教授依然精神矍铄。他的目光中闪烁着对国家的赤诚以及对青年学子的殷切期待：“你们很幸运，适逢建党100周年，成为新一代大学生。希望你们胸怀远大理想，勇于担当时代重任，在大学里脚踏实地学好本领，让自己成为专业化、国际化的传媒人才，向全世界讲好中国故事！同学们，奋斗吧！不负青春，不负韶华，不负时代！”“奋少壮之勇力，攫智库之珍奇，建丰伟之功，立不灭之绩，完终身之夙愿，尽人世之大义。”这句学生时代的座右铭，他牢记于心并一生践行，如今他将这份“大义”传递给了更多的年轻人。

（指导教师：单　丹）

骆文生：山乡“摆渡人”

长沙理工大学　朱远达

2022年3月的一天，我乘车沿着弯弯绕绕的乡村公路，翻山越岭颠簸三个多小时，来到湖南省张家界市桑植县龙潭坪镇四方溪中心小学，见到了慕名已久的山乡“摆渡人”——张家界市“优秀教师”、桑植县“最美乡村教师”骆文生老师。

自1980年7月参加工作以来，骆老师就一直在四方溪的社仓坪小学和中心小学任教。中心小学坐落在一条小河边，当时孩子们上学需要坐船过河，他便每天摆渡接送来自七山八岭的孩子。骆老师一直坚守山村教学，带领孩子们奔向知识的彼岸，这一“摆渡”就是一辈子。

“孩子们需要学什么，我就教什么”

来到骆老师的办公室，我看到在他井然有序的办公桌上，不仅有语文课本，还有数学、科学、美术等其他学科的课本。

我好奇地问：“骆老师，我听说您是语文老师，怎么这里还放着其他学科的书？”

骆老师笑着回答我：“乡里条件差，老师比较缺乏，一个老师是不可能像城里那样专门教一门学科的，我从师范学校毕业，专业上自认为还行，教语文是学校的安排，教其他学科都是我自己主动要求的。”

“那您岂不是一个人干了几个人的活，却只拿一份工资？这值吗？”

“我是山里人，知道山里的苦，看着孩子们一个个走出大山，我就觉得值。我还是党员，多做些工作也是应该的，孩子们需要学什么我就教什么。我是辛苦多了，可当我看到孩子们认识到科学的神奇，领悟到美术的魅力，感受到体育的激情时，我就觉得这个辛苦值。加之教学相长，我自身也提高了，一举两得，不仅没亏，反倒是赚了！”

"骆老师既是严父，又是慈母"

随着访谈的深入，以及通过与学校其他老师的交谈，我对骆老师也有了更深的认识，老师们说"骆老师既是严父，又是慈母"。

一名骆老师曾经的学生、现在的同事告诉我，一次语文考试他得了年级第一名，骆老师表扬了他，但随后就对他进行了严肃的批评，原因竟是粗心写错了一个不该写错的字，可正是这次批评使他养成了凡事都认真严谨的好习惯。

骆老师爱生如子。20世纪80年代初，骆老师每月工资只有18元。一天晚上，一名叫杨月兰的学生感冒发高烧，家里十分困难，无钱医治，骆老师立刻把仅剩的一粒退烧药给了月兰妈，又直奔乡医院，走了30多里山路，花了6元钱买药送到月兰家。6元钱，在现在看来真不算什么，但在那个年代可是他一个月三分之一的工资呀。等他再回到学校时，已是凌晨两点多了。多年后，月兰每每提起这件事，提起骆老师关心他们的那些事，眼角总是闪着泪光。

"我们都走了，孩子们怎么办?"

骆老师一开始是在四方溪社仓坪小学工作，从四方溪到社仓坪要越过两座高山，两座高山之间只有一条藏在荒草与乱石之中的又高又陡的羊肠小路。有些路段两步之间的落差高达一米，有些路段窄得只容得下一只脚尖，需要两手同时抓住路边的岩石缝隙，趴着才能勉强攀登过去。如果遇到雨雪天，一不小心就有坠崖的危险。这是一段危险重重的山路，但他一走就是八年。

是什么力量让骆老师一直默默坚守？他说："我的父亲是一名退休老教师，六十多年前师范毕业后从湘西来到这里支教，为了山里的孩子和乡村教育，再也没有回去，是父亲用无声的行动激励着我。"

几年前，一位调去桑植县城最好的小学担任领导的老同事回学校看望他，告诉他县城小学现在很需要像他这样的优秀老师，很真诚地邀请他去，可他说："城里我就不去了，我们都走了，孩子们怎么办？乡村的教育怎么办？城里可以没有我，这里还真离不开我。"

是的，四方溪的小学怎么可以少了“摆渡人”呢？

夕阳西下，一只小船又从渡口边驶出，骆文生老师佝偻着身躯把孩子们送向彼岸，划船的单薄的身影被金色的夕阳映照得很长很长……

2022 年年初，在县委县政府的支持下，这里建好了桥，孩子们上学不用再坐船了，骆老师也老了，该退休了，可他却申请了“夕阳红”返聘，依然在为孩子们奔向知识的彼岸坚持“摆渡”。

“君看渡口淘沙处，渡却人间多少人。”四十多年来，“摆渡人”骆老师每天在平凡的“渡口”，重复着平凡的故事，却将成千上万的山里娃“渡”出大山，送到各自的“芳草地”，成就了他们的不平凡。四十多年，在历史的长河中只是一瞬间；但对他而言，就是一辈子对一种叫“摆渡”精神的坚守。

（指导教师：叶　鑫　王雨佳）

陈良碧：匠心育得稻花香

湖南师范大学　黄子怡

岳麓山下，湘江西岸，湖南师范大学生命科学学院教学楼屋顶的露天水稻实验室，一位精神矍铄的长者正躬着腰专注地播种谷粒，沉浸在忙碌之中。他便是杂交水稻研究专家陈良碧教授。

要让乡亲们顿顿吃上大米饭

1956 年陈良碧出生在湖南沅陵县一个贫穷的山村。年少的他，每天放学后的主要任务是放牛、养猪、做饭，小小年纪便成为干家务的一把好手。每到春耕时节，他如大人般挑着沉甸甸的秧苗行走十余里到山旮旯的稻田插秧。村里山多田少，吃饱饭是祖祖辈辈的奢望，吃着红薯、玉米饭长大的陈良碧萌发出强烈愿望：长大后一定要让乡亲们顿顿吃上大米饭。

国家恢复高考之后，陈良碧考入湖南师范大学生物系。他如饥似渴地学习，周末不休息，寒暑假也很少回家。他既是事事带头的班长，又是学业优异的好学生。大学毕业留校，他成为湖南著名杂交水稻专家周广洽教授的助手，并在职攻读硕士研究生，从此走上杂交水稻基础理论研究之路。

1988 年 11 月，陈良碧随周教授参加湖南省农业厅（2018 年更名为“农业农村厅”）在安江农校召开的“籼型光敏核不育系安农 S-1 协作攻关”第一次会议。袁隆平老师将“安农 S-1”杂交稻育性感光特性等基础理论研究任务交给湖南师范大学，周教授任课题负责人。当获知能参加袁老两系法杂交水稻科研课题时，陈良碧十分激动，决心抓住难得的机会，认真向袁老和周教授学习，为杂交水稻事业奉献自己的力量。

追赶太阳的人

多年来，我国两系法杂交水稻研究遵循光敏核不育系概念，即光照是影响杂交水稻不育的主要因素，长光照射诱导不育系花粉不育，短光照射诱导花粉可育。

1989年，陈良碧负责研究调控“安农S-1”花粉育性的临界光长。经过六十多天的精心培育，“安农S-1”如期抽穗开花，但进行花粉育性检测时，他一下子傻眼了：经长短光处理的材料中没有找到一粒可育花粉，无法确定调控“安农S-1”花粉育性的临界光长。课题组的老师们对这一出乎意料的结果感到震惊和质疑，陈良碧倍感压力和困惑。经反复检查实验后，他大胆提出新看法：温度是影响不育系花粉育性的关键因素。随后的高低温处理实验证明，安农S-1的花粉育性主要受温度调控，高温诱导不育，低温诱导可育。

陈良碧提出的温度是影响不育系花粉育性重要因素的观点，在实践中得到证实，并被业界广泛认同。2001年，他研究发明的“光温敏、温敏核不育水稻的繁殖和鉴定装置”，成为全国鉴定两用不育系育性的通用方法，2008年制定的《水稻两用核不育系育性鉴定方法》成为行业标准，为两系法杂交水稻稳步发展提供了重要技术支撑。这项技术也是2013年“两系法杂交水稻技术研究与应用”获国家科技进步特等奖的重要原因之一。

陈良碧笑称自己是追赶太阳的人。为加快稻种研发速度，他在湖南、海南两省来回奔波，哪里阳光充足、温度高，就在哪里育种。因为他常年下田种水稻，皮肤晒得比农民还黑。他的时间表里，从来没有节假日的概念。从事杂交水稻基础理论研究四十年，他带领团队完成国家重大攻关课题、“863”计划及国家自然科学基金等多个项目；配合袁隆平院士团队研究的成果先后获国家科技进步特等奖1项、二等奖1项，获国家发明三等奖1项，获省部级成果奖9项；发表学术论文200多篇，其中SCI论文40余篇；4个杂交水稻新品种通过省级审定并大面积推广应用。

袁隆平院士为他颁发奖状

陈良碧获得过许多表彰和奖励，但他最看重的是2020年袁隆平院士亲自为他颁发的“袁隆平农业科技奖”。袁老看好陈良碧的人品与才学，多次邀请他以同行专家的身份进行杂交水稻测产现场直播。袁老对他最重要的影响是“种子精神”，他始终记得袁老说过的一句话：“人就像种子，要做一粒好种子。”

粮安天下，种为粮先。身为省超级杂交水稻研究开发协作组副组长兼基础理论研究小组组长的陈良碧，长期为来自全国各地的育种单位提供不育系育性鉴定，为种业公司提供核心不育株筛选。虽然这项工作辛苦而没有报酬，但他深知种子决定农民收成，种源事关国家粮食安全，为此他亲力亲为，乐此不疲。

扎实做学问，诚实搞科研

陈良碧像呵护种子一样关心学生成长。他每年为研究生上入学第一课，讲扎实做学问、诚实搞科研的道理。他指导的本科生有多名获得国家创新课题和创新奖励，培养的100多名博士、硕士研究生大多成为专家教授或行业骨干。博士研究生于峰已是教育部青年长江学者、中国科协“青年人才托举工程”获得者，提及陈老师当年的教诲，仍满怀感激：“从陈老师那里我懂得，学习做科研，首先要学会做人。记得第一次在美国科学院刊物（*PNAS*）上发表文章，陈老师自掏腰包奖励我5000元，对来自贫困家庭的我而言，不光是解了生活上的燃眉之急，更是获得了巨大的科研动力。”

谈及今后的计划，陈良碧眼中闪烁一片深情：我们团队将继承袁隆平院士遗志，继续做好杂交水稻基础研究和技术服务工作，以实际行动落实习近平总书记指示，“中国人的饭碗任何时候都要牢牢端在自己手中”。在他心里，恩师从未离去，继续引领他在祖国广袤土壤里做一粒好“种子”。此刻在我们心里，亦有一粒“种子”正悄然发芽，并集聚起一股强大的青春能量！

（指导教师：何国萍）

匡继昌：老数学家的不等式人生

湖南师范大学　刘　娇

一张书桌，一支笔，一沓演算纸，耄耋之年的他仍每日伏案笔耕不辍；20部学术专著、6000多个不等式、80多篇学术论文，退休二十二年仍含辛茹苦，用丰硕成果诠释了一位有六十年党龄的老教授的执着与忠诚。他就是世界数学领域著名不等式专家、湖南师范大学教授匡继昌。

不同寻常的《常用不等式》

不等式，在数学各个领域和科学技术中都是不可缺少的基本工具。1957年，考入湖南师范学院数学系的匡继昌，因品学兼优，在大学三年级时加入党组织，并提前毕业担任分析数学教师。刚满20岁的他被神奇的不等式所吸引，并与之结下不解之缘。

20世纪80年代，国内关于不等式的研究长时间处于发展低谷期，匡继昌铆足了劲要打破不等式研究的"沉寂"。他除了认真完成本职教学工作以外，将所有业余时间都放在了对不等式的收集、整理、归类及深入研究上。1989年，他撰写的专著《常用不等式》(第一版）正式出版，其中收集整理了1600多个不等式，反映了20世纪以来不等式研究的最新进展。此书在1991年全国第一次优秀数学传播类图书评选中获评优秀图书奖，美国《数学评论》称其为"很有价值和受欢迎的数学不等式新文献"，国内外著名专家称其为"一本有久远影响的巨著"。随后《常用不等式》第二版问世，再次在国内外引发强烈反响。匡继昌被列入《世界数学家名录》《世界名人录》《中国教育专家名典》，于1998年被英国剑桥国际传记中心评为"1997—1998年度国际名人"。

为迎接中国共产党建党100周年，年逾八十的匡继昌积极筹备出版《常用不等式》第五版，拟向党的生日奉献一份礼物。未料，2020年年底他被查出胃癌（晚期)。那时的他寝食不安，行走不稳，日渐消瘦，家人都认为他熬不过去了。但他坚定地表示："心愿未了，我决不离开！"手术中他的胃被切掉三分之二，全身血液置换二分之一，他硬是靠着输氧气、打点滴，在病床上整理完成了150万字的鸿篇著作，如愿以偿地向党表达了一位老党员的崇高敬意。

以学生为定点的圆心坐标图

在匡继昌心目中，所有的教学科研都是围绕培养学生进行的。教师行为坐标图中，学生是圆心即定点，其他工作为动点，围绕圆心描绘出不同坐标轨迹。因此，他说这一辈子最快乐的是自己的工作得到了学生认可。

匡继昌从教四十余年，承担了本科生和研究生的数学、理论力学、电子技术等多个专业十余门课程的教学。他多方走访学生，摸清专业基础底子，对学习困难学生进行重点辅导，根据学生情况自编教材，创造研究式教学方法，收到了良好教学效果。

对来自学生的要求，匡继昌做到了来者不拒。当有同学询问如何学好数学时，他特别强调勤奋二字。他引用华罗庚的话"天才在于勤奋，聪明在于积累"来激励青年学生们。他在国内外知名刊物上发表众多学术论文，出版一系列学术专著，学生们感叹，老师完成这么多研究成果，不仅要有渊博的知识和扎实的功底，还要耗费巨大精力和大量时间。做匡老师的学生，不只是在专业知识上获益匪浅，更重要的是汲取了老师治学严谨、勇于拼搏的精神力量。

教师生涯无极限

经典分析数学的基础是极限，而对于教了一辈子分析数学的匡继昌而言，教书生涯不设限、无极限，正如他常说的："数学是我终身所爱，生命不停，教学不止。"

退休后的匡继昌仍一直活跃在数学研究领域。他身兼多职：教育部数学教改项目评审组专家、全国"不等式"研究会副理事长、美国《数学评论》特邀评论员等，2019年10月被荷兰皇家艺术学院授予名誉博士学位。他每日忙碌不休：为外刊稿件撰写评论达100多篇，应邀出席国际分析数学会议做专题发言，指导青年学者修改学术论文等。他依旧潜心科研：在国内外刊物发表学术论文80多篇，出版学术著作20部，其中包括《实分析与泛函分析》等4部独著，与国外数十位著名数学家合作、在全世界发行专著16部。

心中有“数”，精彩如斯。如今的匡继昌虽然两鬓斑白，身板也不再挺拔，但他仍然十分关心青年教师和学生的健康成长。他应邀为国防科技大学、中南大学、宁夏大学、广东教育学院等十余所大学讲学。他告诫学子们，今天的学习条件令老一辈人羡慕，但学生也面临前所未有的挑战。青年学生应当抓住机遇，不怕吃苦，甘于寂寞，筑牢专业基础，在平凡工作中投入极大热情，成为对祖国有贡献的人。

（指导教师：方俊雄）

刘尚义：余热未尽献，老骥不偷闲

贵州中医药大学　陈　庚　尤江雪　黎冰冰

国医大师刘尚义教授生于1942年，贵州大方人，1966年毕业于贵阳中医学院中医系，现为贵州中医药大学第一附属医院主任医师，2014年获得“国医大师”荣誉称号，2021年获首届“贵州省杰出人才奖”。

不求功名，悬壶济世

刘老不求功名，朴实谦逊，医德高尚，悬壶济世。如今，虽然已近耄耋之年，但依然坚持坐诊，用他几十年勤耕不辍积攒的医术，为前来就诊的患者把脉治病。空余之时，他会回到自己的母校传道授业，余热未尽献，老骥不偷闲。刘老希望通过自己的微薄之力，将自己的毕生所学传授给年轻的中医学子，让更多的中医人造福祖国，惠及世界。

刘老热爱学习，善于思考总结，在求学之路上得到了黄树曾、方以正、李彦师等医学名家亲传，又拜入贵州名医葛仕疡科第七代传人赵韵芬门下，习得老师真传。刘老一直从事中医药的教学与临床研究工作，精通中医药学理论，熟谙中医历代各家学说和医案，具有坚实、宽广的文史哲知识及丰富的教学、医疗临床经验，学术造诣高，在中医杂病、肾病、脾胃病、中医外疡的诊疗方面取得了显著的成绩。刘老汤剂用药常不过九味，却收“四两拨千斤”之效。从医至今五十余载，不断积累，现已成为贵州中医领域的领军人物之一。

刘老率先提出“引疡入瘤”的诊疗理念，首创从膜论治的学术思想，擅治疑难杂症。2011年元旦，大雪纷飞，刘老接诊一名“格林巴利综合征”患者，病情危重。他遵循黄帝内经治痿者独取阳明的古法，用玉竹石斛养阴生津，重用黄芪培补中气，并加蜈蚣活血化瘀，患者半月后缓解，半年后痊愈，至今未复发。

2020年，新冠病毒肆虐武汉，白衣战士逆行而上，与死神抢时间、抢生命，纷纷展示出了舍我其谁的担当。在这场没有硝烟的战斗中，国医大师刘尚义主动出战，为贵州援鄂中医团队远程视频会诊，为患者升方配药以提高诊疗效果。同时，为防止疫情在贵州大范围发生，他结合多年疫病防治经验，根据贵州地域气候特点、疾病发展特点，提出以“养阴、解毒”为主，兼顾“清热、化湿、辟秽、活血”的治疗原则，研制出“养阴解毒合剂”，以达攻补兼施、标本兼治、扶正除邪之效。

常怀大医之心

刘老常怀大医之心，慨然书言：“医为何物？救死扶伤；德在哪里？菩萨心肠。”志弥坚，术益精，他勤耕不辍，熟谙国医经典，主编备受海内外青睐的五部医话之一——《南方医话》。其医著、论文颇多，主持课题多项，擅书法、喜治印、练太极、晓戏曲，他认为它山之石可以攻玉，能与医理相印证而窥其堂奥。刘老认为：“中医是科学，指导用哲学，表述靠文学，辨证论治有美学，全过程充满社会学。”刘老常说：“医德不是虚无缥缈的口号，而是坚持一个医者的良心。”对新时代医学生，刘老同样强调医德的重要性，时常教导我们：“当一个医生，拥有精湛的医术很重要，但是医德也同样非常重要。我们要将我们的病人视为自己的亲人。”

刘老回忆，自己年轻时条件艰苦，为给村里人看病，经常要跋山涉水，自谋医治之法。日与病谋，夜与心谋，每次治病之后都要找古书印证，长此以往积累的临床经验让自己能够从容应对许多危急重症。刘老弟子众多，在老师的教导影响下，他们已逐渐成为推动贵州中医药事业发展的中坚力量。

刘老从大山走出，负笈求学，自强不息，悬壶济世。在坚守和奉献的路上，在传承和创新的途中，他不辞艰辛、砥砺前行、言传身教，以深厚的学识修养与医术赢得尊重，以高尚的人格魅力与医德引领医风。他树起的榜样、点亮的荣光，值得我们新一代的中医学子学习、继承、发扬！

（指导教师：李俊倩）

崔翔：用心点亮青年学子的人生灯塔

华北电力大学　陈又新　王　欣　刘雨杭

他的人品厚重让人仰之弥坚，他的学术成就让人望之弥高，但他的谦逊平和却让人如沐春风。纵观崔翔老师三十多年的科研与教学的历程，可以用“四心”来概括——忠心爱国，倾心科研，专心教学，精心育人！

忠心爱国，隔山跨海不可限

20 世纪 80 年代初求学期间的崔翔，就有着闪耀的光环，他是中国科学院原子能研究所及我国核工业系统培养出的第一个博士研究生。面对出国的热浪狂潮，当时仅二十多岁的崔老师没有随波逐流，他清醒地看到国家正处于百废待兴时期，自己留在国内参加建设对国家的发展更有价值。怀着“科技强国有我”的责任与担当，崔翔毅然决然地投入 500 千伏输变电设备国产化的研究中。三十多年以来，崔老师始终初心不忘，砥砺前行，在用国产替代进口设备的道路上，解决“卡脖子”的问题，让我们的产业链不再受制于人，从而实现科技强国。他用自己的实际行动展现了拳拳的爱国之心。

倾心科研，上下求索心志坚

崔老师对科研的执着钻研三十多年历久弥新。在 22 岁时，他全身心地投入 500 千伏变压器的国产化这个当时行业研究的前沿课题。为了使研究和工程实际相结合，切实解决工程难题，他在我国最大的变压器厂——沈阳变压器厂一住就是一年半，光是计算用纸就装了满满两大箱子。他对自己的研究成果充满了自信，这源于他在研究过程中，每一步都扎扎实实精益求精，经得住工程实际的考验。他的硕士学位论文《用优化模拟电荷法计算 500 千伏单相变压器直接式引线的三维电场》应用于我国首台 500 千伏单相变压器，一次便通过产品的型式试验，为推动我国 500 千伏输变电工程做出了重要贡献。

三十多年过去了，崔老师一直深耕于电气工程学科电磁场理论及其应用、电磁环境与电磁兼容、先进输电技术等领域，攻克了我国三峡500千伏输变电工程、正负500千伏直流输电技术国产化工程、1000千伏特高压交流输电试验示范工程、正负800千伏特高压直流输电示范工程中出现的一批关键技术，研究成果获得工程应用，为我国先进输电领域的技术进步做出了重要贡献。他先后获得了“国家电网特高压交流试验示范工程特殊贡献专家”和“国家电网特高压直流示范工程重要贡献专家”荣誉称号，获国家技术发明二等奖1项，国家科技进步二等奖1项，省部级科技一等奖4项和二等奖8项。他还是国家杰出青年科学基金、国家有突出贡献的中青年科技专家、国家“百千万人才工程”人选、中国首届青年科技奖、全国电力工业劳动模范和首都劳动奖章等荣誉称号的获得者。

专心教学，强基固本桃李满园

崔翔实现了科研与教学的“两翼齐飞，花开并蒂”。他在华电的三尺讲台上一站就是三十五年，从未因繁重的科研工作耽误过教学工作。他有着自己的教学理念——强化基础。他常说：“基础不牢，地动山摇。”他把本科生的教育教学放在了第一位，给自己规定了1∶1制度：一学期教研一学期科研。他从本科生的基础教学抓起，专心致志、精耕细作三十五年，从未间断。他将“美学、历史、工程、创新”四结合的教学理念贯穿于教学全过程，完美地诠释了课程思政的深刻含义，形成了一套独创的“电磁场”专业基础课教学方法，变抽象为具体，变复杂为简单，变只闻不见为所闻所见。他主持的“电磁场”国家精品课程在全国产生了良好的示范与辐射效应，他主持完成教学成果“固学科之基、开创新之源——面向电力行业的工程电磁场教学改革”，获北京市高等教育教学成果奖一等奖。

如今崔老师已经是桃李满园，他先后培养了40余名博士和百余名硕士。他们有的已经成为博士生导师，在清华大学、北京航空航天大学等知名高校以及中国科学院、中国电力科学研究院等知名科研机构任职，众多的学生已成为我国电力系统生产与管理的骨干。

他先后获得全国优秀教师、教育部高校青年教师奖、北京市教学名师和国家教学名师等荣誉。

精心育人，润物无声暖心田

崔老师专心教书、精心育人。他对学生的用心关爱体现在传道授业解惑等方方面面。他用心分析学生的特点，将学生分为三类，针对不同类型学生制定个性化的培养方案，让学生扬长避短，各有所获。他用融入骨血的爱国情怀激发学生的爱国热情，用虚怀若谷的谦逊内敛教育学生低姿态做人。他不仅关注学生的学业、品德，也关注学生的生活。他会自购食材与学生一起下厨做饭，还经常为经济困难的学生排忧解难。三十多年来，崔老师用他严谨务实的科研与教学态度、锐意进取的钻研精神、春风化雨般的育人方式赢得了全校师生的尊敬与爱戴。

（指导教师：黄庆业　侯步蟾）

曾汝弟：熠熠红烛守初心，耄耋矢志担使命

昆明学院　段国庆

在云岭大地关心下一代的园地里，有这样一位老党员、老干部和老教师：他矢志不渝，四十余年接访青少年及家长咨询，似蜡炬般燃烧自身；他不忘初心，举办讲座2000余场，受益听众30余万人，从未懈怠；他牢记使命，夜以继日，挑灯著述，成为改革开放后家庭教育的拓荒者。他就是昆明学院关工委副主任曾汝弟。

拳拳叮嘱师之心，殷殷铭记学子情

谈起通过书信对青少年进行心理疏导的往事，曾老师回忆起早年担任中学校长时，学校对三名违纪学生予以校纪处分。他担心学生背负沉重的思想包袱，决定亲笔给学生写信进行疏导。“每一封信，我尽量避免陈腐的说教，以朋友的语气跟孩子交谈。信中许多富有感情的话，面对面是不好讲的。”见到校长的亲笔信，学生们消除了迷惘的情绪，下定了改过的决心。

自此，曾老师觉察到写信是为学生开展心理疏导、矫正人生航向的有效方式，便一发不可收。随后，曾老师在《云南教育》《云南科技报》等报刊开辟了“悄悄话信箱”栏目，专门为中学生释疑解惑。在那通信不便的年代，鸿雁传书，帮助数以百计的学生走出人生低谷。如今，保存在书柜里几百封泛黄的书信，真切记载着曾老师帮助省内外学生的感人至深的故事。

给曾老师的信，烦恼各异。有诉说与父母关系不和、人际关系烦恼的；有与同学相处不洽、产生青春期困惑的；有反映社会问题、个人前途的；还有表达经济困难的。在这些“求救信”中，有一名学生写道：“我中考失利，每晚泪湿了枕巾，几次拿起安眠药想结束自己的生命。”在信的末尾写下：“我命运如何，就看您回信的快慢了。”“您可知道，我每天都在望着天上的鸿雁啊！”在曾老师春风化雨的心理疏导下，这名同学最终从落榜哀怨中走了出来，放弃轻生之念，通过复读，第二年如愿考上高中。

曾老师说："读着一封封来自四面八方的沉甸甸的信，听着孩子们发自内心的呼喊，流泪的不仅是我的眼，更是我的心！为了不让'每天都在望着天上的鸿雁'的孩子失望，为了不因我'回信的动作慢'而让孩子们的命运发生不测，我常常深更半夜挑灯给他们写回信，常常跑几公里到市区的邮局给他们寄信和给有困难的孩子汇款。"

红烛一生明似昼，照亮万家暖如春

常年帮助青少年走出困境的经历，使曾老师深深感悟到："孩子教育的好坏关系着家庭的悲欢苦乐。养儿育女就像栽种果树，收获的无论是酸果、涩果、苦果、甜果，都是家长'自食其果'。""很多家长，有望子成龙之心，缺少教子成龙之法。"

曾老师从1979年开始投身家庭教育研究。在有关部门支持下，举办"家长学校""昆明市青少年发展论坛"；1983年出版云南省第一本家庭教育专著《愿你的孩子成才》；为家长、教师和学生做专题讲座2000余场，足迹遍布云南省地州市中小学，直接听众达十多万人次；参与了十余本青少年心理健康读物的编写，是多家报刊的特约专栏作者，在国内外发表了200余万字的著述。

不知疲倦的工作，耗费了曾老师多少心力？乐以忘忧的奔忙，夺去了曾老师多少青丝？与之共事的同事说："曾老师实际上有一个多病的身体，他每次开讲座的时候，都要含着红参。在外面生龙活虎，回到家，他就躺倒了。"朝夕相伴的妻子说："他写作的艰辛，那就没办法说了。有一次，他已经是肠出血了，他瞒着我不说。想好的写作怎能不写？认定了一样是不要命的，他还是一心一意地为他的家庭教育。"

不悔人生桑榆晚，映日桃李芳满园

毛主席说："一个人做点好事并不难，难的是一辈子做好事，不做坏事。一贯地有益于广大群众，一贯地有益于青年，一贯地有益于革命，艰苦奋斗几十年如一日，这才是最难最难的啊！"曾老师倾其一生，实践其言，他说："人说大手拉小手，我说老手拉小手。用长满老年斑的手，带着孩子往前走。"曾老师帮助了成百上千的青少年消除心理障碍、扣好人生的第一粒扣子；创造了通过书信交流做青少年心理疏导工作的有效方法；通过举办“家长学校”开拓家庭教育事业的创新举措。

习近平总书记指出：“广大‘五老’是党和国家的宝贵财富，是加强青少年思想政治工作的重要力量。”曾汝弟老师坚持不懈研究和宣传家庭教育、青少年心理健康教育和思想品德教育。在云岭大地上，在关心下一代的园地里，到处都有他耕耘的身影。为了党的教育事业，为了下一代的健康成长，以“只要残烛还在，就要燃烧”的信念坚守初心，以“老牛自知夕阳短，不须扬鞭自奋蹄”的豪情担当使命，以“老有所为，无私奉献”的行动践行老党员的誓言。有道是：

流年似水芳华逝，两鬓凝霜谱心语。
甘作灯烛燃身尽，矢志护花化春泥。

（指导教师：何　杰　李　烨）

俞瑾：为妇女健康守门的“世界外婆”

复旦大学　王　煜　王　晶　郑子萌

“三年级的作文课上，我写下做一个好医生的理想，那时候的我希望全世界的人都没有病痛，就这么简单。现在这么大年纪了，我知道这很难实现，但依旧要非常刻苦地去努力。”眼前的俞教授虽已逾九旬，却依旧精神矍铄。在谈及从医初心之际，她深邃的眼眸中似乎满是对生命最本真的热忱。

俞瑾，1933年出生，江苏苏州人，1955年毕业于上海医科大学（现复旦大学上海医学院）医学系，复旦大学附属妇产科医院教授、博士生导师。俞教授是我国最早开展中西医结合妇产科研究的人之一，作为国际妇科学术权威的她享誉世界，被大家尊称为“世界外婆”。

从医初心，满是对生命最本真的热忱

从20世纪70年代起，俞瑾教授多年在各地奔波，上山下乡为百姓诊治，上海青浦、江西农村、云南灾区和西藏山区等地都留下她奔忙行医的身影。在西藏的山里，她带着赤脚医生救治了许多危重病人，为多产妇女扎输卵管，藏民们都称她是“毛主席的好医生”，把他们最心爱的哈达献给她。

精湛的医术和对病患们尽心的呵护也使她得到了队员与农民们的深深爱戴，每逢她出诊，从早上4点到晚上11点，大仓库里拥满排队看病的农民同志；带病出诊的日子里，乡亲们拿出自己都舍不得吃的鸡蛋煮汤给她喝；俞教授怕狗，乡亲们就一路陪着她出诊；胃痛的日子里，乡亲们还温了黄酒给她喝，一声声“囡啊囡（女儿的昵称）”地叫着她。

也正是偏远地区的经历使俞教授深深了解到基层妇女的苦难，她也决心以中西医结合这个工具，将后半生奉献给她们，为造福女性而终生奋斗。俞教授也悉心劝勉医学生们：应当积极到基层民间去，从感情上真正体会人民的创造力和需求，并以此为自身科研临床中最纯粹的动力，坚守“以人为本，以德行医”的医者追求。

躬行求真，深耕中西医结合妇产科学

1958 年，在毛主席和党中央“西学中”的指示和号召下，起初研究西医的俞教授被医院选派参加了市“西学中”研究班，在学习的过程中，中医的疗效使她产生了巨大的兴趣。“参加实习、跟师抄方，看到中医老师用几味药就让病情好转或治愈了，我想这里面一定有很深刻的道理。”俞教授讲述道。

但在当时，中医处在低潮，院领导对她说：“你可以回西医去，不回去，将来职称提不上，可别怪领导。”医院同事和父母也都好心劝她回西医，俞教授坦言：“当时中医研究吸引着我，我没想什么职称、什么‘中西医第一人’的荣誉，只是单纯地想将西医之长融合进中医临床研究与实验研究。”漫漫行医路上，俞教授始终深耕中西医结合妇产科学，她也淡泊名利，多次放弃上海优渥的生活、放弃医院分配的住宅、放弃与爱人孩子相处的时光……

学思践悟，用哲学思想指导科学研究

在采访的过程中，俞教授多次叮嘱我们后辈：“无论做什么，都要学习哲学。”在她眼中，中医是朴素唯物辩证哲学指导下的医学，更接近真理，积极运用哲学思想指导实践、思考、进退、分辨、联系和提高是重中之重。

采访中，俞瑾教授向所有青年医师、医学生深情寄语：“为医，必须为人民好好学，诚实而扎实地学，牢固树立承前启后的思想，这样的发展才能是有价值的，是真实且超前的。这是个人的事，更是时代前进中的事。”由俞教授所指导的博士生也坦言，在俞教授的启发下，她更加懂得，每一次的临床与科研都需要运用大量知识、结合实践来纲举目张地深入思考，这份收获使她倍感兴奋，也受益终身。

“无恒德者，不可以作医。”愿我们全体医学生深刻学习俞瑾教授的崇高品质，传承仁心大爱，在朝乾夕惕中坚定行医初心，将“医者仁心”作为念兹在兹的使命，为守护妇孺安康行远自迩、笃行不怠，为满足人民群众医疗需求勇毅前行，做无愧于时代与人民的医学人！

（指导教师：张菲菲　陈　洁　王　珏）

陈振新：为了心中的理想信念砥砺前行

复旦大学　付亚鹏　孔维阳　刘文伟

于高山之巅，方见大河奔涌；于群峰之上，更觉长风浩荡。

陈振新，1938年生，中共党员。中华人民共和国成立时刚满11岁。在党的教育培养下，他成为一名大学教师。在他的脑海中，没有共产党就没有新中国。他从小形成的理想信念，就是努力学习，努力为国家工作。在这种理想信念的支撑下，他从事教书育人工作半个多世纪，直至耄耋之年仍砥砺前行。

牢记父辈嘱托，传承红色基因

陈振新的父母都是知识分子，其父亲陈望道老校长是《共产党宣言》中文全译本的首译者、中国共产党的先驱者之一。当谈及父亲对他的影响时，他回忆道："父亲言语不多，印象很深的是1965年的时候，我分配到复旦大学工作，父亲主动找我谈了一次话，很严肃地说，'你来复旦工作，我们都很高兴。但是你要注意，一般复旦老师犯的可以原谅的错误，你也不能犯'。"在复旦工作三十六年，陈振新一直铭记这份教诲，从见习助教一步步成长为教授，父亲的严格要求、殷殷嘱托，一直贯穿他的教育生涯。

2018年5月，在上海市委的支持下，复旦大学将陈望道旧居建为《共产党宣言》展示馆，陈振新以陈望道研究会副会长、研究员和后辈的身份，仔细梳理陈望道老校长的一生，参与编撰出版了《陈望道译文集》《陈望道全集》《陈望道手稿集》《追望大道——陈望道画传》和《千秋巨笔一代宗师——纪念陈望道先生诞辰120周年》等多部著作；在《光明日报》《中国教育报》《解放日报》《文汇报》《复旦校报》等报纸杂志上发表文稿80余篇。

《共产党宣言》展示馆开放两年后的6月27日，复旦大学收到了习近平总书记给《共产党宣言》展示馆党员志愿服务队全体队员的回信，陈振新经常以此和志愿服务队的同学们共勉："响应习近平总书记的号召，要去了解老校长，学习老校长，做《共产党宣言》的忠实传人。”

在实验教学改革中培育新人

陈振新于1962年大学毕业后留校工作，1965年进入复旦大学物理系（现为信息学院电子工程系）任教，在无线电基础教研组从事实验教学工作，曾担任电子线路教学实验室副主任。20世纪70年代，复旦大学新成立的电子工程系是一个偏工程技术的学科，实验教学只是作为辅助内容不单独设课，这对于培养学生的实际动手能力是极为不够的。为此陈振新和同事们投入实验教学改革中，实验用的新技术、新器件是以前从未接触过的，他们一边学习、一边实践，一边编写教材、一边安装实验设备，开创性地建立了完整的实验教学课程体系并大胆提出“开放实验”的教学方法，有效地提高了学生的学习积极性和实际动手能力。

在大家日日夜夜的努力下，实验教学改革大获成功，“以能力训练为目的的开放式实验教学体系”项目获得了1989年全国普通高校（国家级）优秀教学成果一等奖，编写的《模拟电路实验》和《脉冲与数字电路实验教程》也由复旦大学出版社出版。

谈到自己的教学工作经历，陈振新总是谦虚地将其概括为“教书育人”四个字。“教书”就是认真写讲义、认真地备课和讲好每一节课，“育人”就是自己以身作则，潜移默化地影响学生，对待学生耐心、认真且严格。谈到自己培养的学生，他说很多当时听过他的课的人都会自称为“陈老师的学生”。

传承望道精神，坚守一生信仰

2021年6月15日，在庆祝建党百年之际，83岁的陈振新光荣加入中国共产党。复旦大学党委书记、陈振新的入党介绍人之一焦扬说：“这既是一段耄耋老人矢志不渝追求进步的佳话，也是复旦大学党的建设历史上浓墨重彩的一笔。”“陈振新同志用毕生的实际行动为党的教育科研事业奋斗，坚持不懈以红色基因铸魂育人，生动诠释了‘心有所信，方能行远’，充分说明了追求马克思主义真理、追求党的奋斗目标需要用毕生来实践。”

陈振新回忆了他的入党经历。1956年读高中时，他第一次递交入党申请书，1959 年读大学时再次递交入党申请书，均因种种原因没有加入。2020 年 6 月 6 日，在陈望道首译《共产党宣言》中文全译本百年之际，陈振新递交了第三份入党申请书。经过所在电子工程系教师党支部一年的培养考察，于 2021 年 6 月 15 日发展成一名中共预备党员。2022 年 6 月 30 日，党支部大会同意陈振新转为中共正式党员。他表示，党的百年历史雄辩地说明了我们中国共产党是伟大光荣正确的，我们党在发展过程中克服了很多的困难，所以才会有今天的成绩，红色精神要传承给下一代，让他们也能继承红色精神。

光阴沧海，记录匠人匠心；岁月长轴，观照学人之志。陈振新虽已至耄耋之年，但他没有放松对自己的要求，心中也始终对未来充满期待。讲述陈望道老校长的故事，将红色精神力量传递给更多年轻人，是他的最大心愿。

（指导教师：陈　睿　高丽梅　杨晓森　马心怡）

章臣桂、楼凤昌、谢晶曦、王振义、胡之璧：兴药为民传佳话，厚朴远志福万家

中国药科大学　潘田田　符　蕊　黄　溪　颜语诺　黄长英

章臣桂

速效救心丸自问世以来，已经挽救过数以千万计的生命，堪称“神药”。而这背后，有一位不可或缺的灵魂人物，她就是章臣桂老师。

那个年代，在冠心病的治疗上，硝酸甘油一枝独秀，使用十分便捷，但是缺点也很明显：成分单一容易形成抗药性，保存不当容易失效，等等。为了研发出一种可以和硝酸甘油疗效媲美的治疗冠心病的速释型中药制剂，并将副作用降到最低，几十年来，章臣桂老师不畏艰辛，埋头研究，将全部心血投入前所未有的制药研发中。她翻遍所有的中医古代典籍，经过药理研究和多种工艺条件实验，并以大量的临床验证取得科学数据，这才最终确立了以冰片、川芎为主的配方，成功研制出速效救心丸，而且自问世以来没有出现一例副作用，抗药性也没有出现。这个家喻户晓的中成药，为老百姓的健康保驾护航。

楼凤昌

中国药科大学博士生导师楼凤昌教授，是中药化学研究领域的一员老将。他于20世纪60年代毕业留校走进实验室，一待就是半个多世纪。从青年到老者，从风华正茂到白发丛生，他把数十载的春秋都献给了自己所热爱的中药化学科研事业。

2012年，楼凤昌教授主持研发的新药银杏内酯与银杏内酯注射液获得了两项新药证书，是近年来国内乃至全世界在银杏研究领域取得的最重要的研究成果之一。

20世纪70年代，欧洲银杏叶产品异军突起、风行一时，然而当时国内

银杏药物制作工艺粗糙且科学含量很低。于是，20世纪七八十年代，在中国该领域的研究几乎为空白、相关仪器设备及科研资料极度匮乏的情况下，楼凤昌教授“白手起家”，靠着顽强的毅力，克服诸多难关，开始了研究。三十年的银杏研究之路，挫折和困难对他来说是再平常不过的事情了，常常很长时间里毫无进展，研究陷入停滞不前的状况。但他从没有放弃，始终坚持，终于获得了瞩目的成果，填补了国家在这个领域的空白，推进了我国药学事业的发展。

谢晶曦

谢晶曦，20世纪50年代根据国家需要曾从事抗血吸虫药的研究，共合成20多个锑剂和非锑剂的抗血吸虫化合物。70年代后期，为征服肝炎，他带领课题组经不懈努力，在五味子丙素全合成中研制出治疗慢性肝炎的新药联苯双酯。1980年，56岁的他光荣地加入了中国共产党，实现了他的夙愿。他将一生都献给了祖国的医药事业，无愧于祖国，无愧于共产党员的身份。

王振义

王振义教授20世纪70年代开始重点研究急性早幼粒细胞白血病。这种类型的白血病是最为凶险的一种，当时国际上对这种病也是束手无策，可以参考的资料少之又少，普遍都是采用化疗的方式。但王振义并不认可这种疗法，他想：孩子教坏了可以重新引导向善，那坏细胞能不能让它变成好的细胞呢？终于在1983年，他发现，全反式维甲酸能够把急性早幼粒细胞分化成健康的细胞，他将这种疗法称为“诱导分化疗法”。

但是在还没来得及进行临床试验的时候，王老遇见了一位年仅5岁的患白血病的小女孩，医生诊断她仅剩7天时间，身边人都劝王老莫要冒险，可王老说：“身为医生，见死不救，我真的做不到。”在王老7天寸步不离的守候下，小女孩紧紧地抓住了这最后一根稻草，同时也成了第一个被治愈的急性早幼粒细胞白血病人。最令人震惊感动的是，王老并没有申请专利，这救命的药只卖29块钱一颗，而且还被纳入医保。他甚至将自己获得的科学家奖金600万元也一分不留地全部捐给了医院与学校。

王老用一辈子践行着医者本心，不为名不为利，只为救人性命，值得所有人尊敬！

胡之璧

胡之璧，从事中药生物技术研究，将近代分子生物学、植物基因工程与细胞工程等高新技术应用于中药研究。胡之璧在国际上首先培育出转化率最高的洋地黄细胞株，即胡氏细胞株，首先将农杆菌 Ri 质粒成功地引入几十种中草药基因组中，培育出多种转化器官培养系，有些品种有效成分含量是天然中药的几十倍，处于国际领先水平，他为克服中药资源紧缺、开创中药生产与研究的新局面，做出了重要贡献。胡之璧敬业奉献、严谨求实的治学态度和勇攀高峰的科学精神值得我们学习。

（指导教师：丁祎铭）

周代翠：科学之路，勇毅笃行

华中师范大学　要娅楠　黄钊毓　晏　祖

他长期从事高能核物理实验研究，是我国卫星载原子核乳胶实验、欧洲核子研究中心大型离子对撞机实验以及欧洲、美国和俄罗斯早期固定靶实验等多个大型实验国际合作组成员；曾两次获得国家教委科技进步奖，一次获省政府自然科学奖，一次获霍英东基金会十周年优秀成果奖；主持和参与过国家重点、重大国际合作、科技部973、国家重点研发计划等十多个国家级科研项目。他就是华中师范大学桂岳卓越教授、ALICE大型国际实验中方牵头人、欧洲核子研究中心客座高级科学家——周代翠。

赤子衷心　少立志信仰弥坚

周代翠教授出生于1951年，父辈们对党忠诚、无私奉献的精神感染着他。大学期间，他早早有了加入共产党这一人生信仰，被列为重点考察对象。大学毕业两年后，他如愿入了党。

"我生在红旗下，长在毛泽东时代，经历了国家自贫穷到改革开放翻天覆地变化的不同时代，目睹了党的英明伟大、为国为民谋福利的全过程。"周代翠说，"为党的事业奋斗终生，是我的入党初心。"四十多年来，他严于律己，在科研和教育领域脚踏实地、攻坚克难、奋进不止，培养了一批又一批物理学科高层次人才，多次被评为学校先进工作者和优秀共产党员。

进军科学　虽九死其犹未悔

1956年，党中央发出了"向科学进军"的伟大号召，而周代翠就在学科学、用科学的浓厚氛围里把大量的时间和精力投入研究。20世纪80年代初，全国近代物理实验处于重建恢复阶段。1982年春，周代翠临危受命，被要求在当年研制出精确测量地磁场的光泵磁共振装置。他把被子搬进实验室，日夜工作，终于不负使命，成功研制出新时期全国首个光泵磁共振实验装置，作为典型被推荐到全国大会上做报告，实验装置得到大会推广和现场参观。

1983年，周代翠接到建立学校高能原子核乳胶实验室、探寻一种新物质形态——夸克胶子等离子体的新任务，这在全球刚刚起步。面对新的任务，周代翠没有丝毫犹豫，他说："国家需要，我就去做。"实验室从零起步，周代翠马不停蹄，花了半年多时间，乘公交车跑遍武汉三镇的军队和地方各类精密仪器厂寻找高标准材料，终于成功改造了设备，实验结果被美国物理学会杂志转载于国际期刊 *Chinese Physics*。基于前期研究，周代翠所在单位——华中师范大学高能原子核乳胶实验室自1985年起相继加入多个大型实验国际合作组，并发展成为我国高能原子核乳胶实验的领头单位。

科研的道路上布满了荆棘，周代翠自1993年参加ALICE大型实验国际合作以来，历经了人员、技术、经费等各种困难的严峻考验，他顶住巨大的压力，四处奔走，广泛调研，夜以继日地忘我工作。2001年，周代翠在外调研时不幸发生车祸，造成三根肋骨折断，肺部出血。这时又恰好赶上国际合作组的技术专家组来访中国。在这紧要关头，作为国际大型实验中方牵头人，他不顾医生再三劝阻，个人担保出院，带领外国专家组到武汉多家大型企业考察调研，终于促成了中方与欧洲项目合作的顺利进行。

近二十年来，周代翠带领中国团队，在ALICE大型实验国际合作中，在粒子探测关键技术研发和探测器建造、夸克物质的实验研究上做出了一大批令国际同行瞩目的物理和技术成果，得到国际合作组的高度评价，有力推进了我国在基础前沿重大科学实验中的国际合作研究。2017年，周代翠被遴选为欧洲核子研究中心客座高级科学家，并当选为ALICE大型实验管理委员会成员。

诲人不倦 破愚暗以明大道

周代翠立志成为一名优秀的人民教师，他以教育家陶行知的名言"学高为师，身正为范"时刻鞭策自我。学生眼中的周老师平易近人、谦虚低调。虽已过退休年龄，然而他依旧给新生开设讲座、推荐新书，在科研一线斗志不减。他的学生谈起最初写学术论文时，由于专业知识的不足，出现了不少错误，周代翠就逐字逐句帮助学生分析，态度和蔼。若学生第二次出现之前的错误，周代翠又好似"不近人情"的严师，告诫学生要脚踏实地做研究。

2019年，周代翠被华中师范大学聘为桂岳卓越教授，继续在育人岗位上发光发热。周代翠常对青年学子说："通往科学高峰没有捷径，勤奋努力、潜心研究、淡泊名利、不畏艰难、勇攀高峰，方能实现自己的人生价值！"

心怀"国之大者"，当为国分忧、为国解难、为国尽责。虽已到古稀之年，但周代翠向科学进军的脚步从未停止，他踌躇满志，正在谋划未来10～20年中方团队的ALICE国际合作规划，将带领中国团队在探寻夸克物质的国际大科学实验中一展风采。

（指导教师：马　英）

罗学港：马王堆古尸的接力守护人

中南大学　王宇欣　尹　莉

1972 年，马王堆汉墓西汉女尸的出土震惊世界。如今，沉睡在湖南博物馆的“东方睡美人”容颜依旧，人们无不感谢辛追遗体的“私人保健医生”——中南大学湘雅医学院人体解剖学和神经生物学系原主任罗学港教授。

初心助接棒

2002 年，湖南省政府重新明确，将马王堆汉墓出土文物的重要代表——西汉女尸交由湘雅医学院和湖南省博物馆共同保护，并由罗学港担任保护小组组长。2003 年，成立马王堆汉墓文物研究保护中心，罗老师任中心主任。

古尸从其出土开始，就得到国家高度重视，被予以重点保护。初始解剖任务是由中国乃至世界著名的解剖学专家、毛主席遗体处理专家组负责人王鹏程教授承担的。出土后三十年间的保护工作仅限于由原湖南医学院人体解剖教研室定期监测与更换保存液，研究人员对保存现状所知甚少，罗老师也从未直接接触过古尸。现在千钧重担落到罗老师肩上，他深知将会遇到各种各样的问题与挑战，但作为一名老党员，他责无旁贷，要迎难而上，勇毅接好古尸保护接力棒！

上任伊始，省博物馆就向罗老师提出了一个棘手的问题：西汉女尸能否顺利搬迁至新陈列馆，以及随后改扩建五年间怎么易地保护？罗老师坦诚回答“不知道”，但作为首席科学家，他深知责任所在，明确表示必须按科研的思路做古尸保护，要对古尸全面评估后再制定搬迁与保护方案。

罗老师带领保护小组，联合相关方面专家夜以继日地检测、研究，发现古尸存在脱钙和蛋白质降解情况，久而久之会出现骨组织变软、软组织消失的情况。他迅速上报并提交了抢救性保护方案，通过对大环境和保护液的进一步监控，用缓慢提高保存液 pH 值等方法成功解决了这一问题，使古尸保护工作跃上了新台阶，让“东方睡美人”五年后顺利重新亮相新馆。

精心护国宝

罗老师说："辛追夫人是世界上第一具出土的湿尸类文物，如何完好地保存是一个巨大的挑战，因为此前没有任何经验可以借鉴。"其难就难在病毒、细菌、温度、光线等各种"敌人"在暗处，防不胜防。

接手古尸保护时，罗老师根据评估结果发现古尸保存的环境亟须改善，其中最大的问题是湖南潮湿的天气易生霉菌——而古尸固定液里没有加防霉的化学试剂。由于古尸长期对外展示，就不能在固定液里添加使尸体变黑的石炭酸，但单凭福尔马林又不能杀死霉菌，而霉菌极易侵蚀古尸。罗老师团队经过反复研究、实验，决定运用无菌层流等技术来降低温度、控制湿度，保证环境空气的洁净度。

无菌层流工程完工时，施工方请罗老师验收。他细心地发现墙角爬进了一只肉眼很难看到的小虫子，当即对博物馆负责工程的同志严肃地说："小虫子都能爬进来，工程质量肯定不合格，必须返工。"整改达到标准后，罗老师才验收通过。

罗老师凭借深厚宽广的专业知识与出类拔萃的科研水平，勇于探索，将现代生物医学技术等引入古尸保护与研究，创新研发了湿尸类文物保护技术体系，提出了"整体—细胞—分子"三级保护模式，改善了古尸保存技术，使古尸"延年益寿"。四十多年来，西汉女尸历经数百万人次的参观和数次"搬家"的考验，依然完好无损。这套全国首创的保护技术体系，获得了教育部科技进步奖推广类一等奖和国家文物局文物保护科学和技术创新二等奖，并被用于荆州、连云港等地出土的汉代湿尸的保护，相关的3篇论文被SCI杂志于2019年收录，罗老师还被特邀参加国际生物及环境样本库协会（ISBER）2019年年会暨20周年庆典，并做全会唯一的主旨报告。罗老师与游振群共同主编，将以他为代表的第二代古尸研究保护专家近二十年潜心研究的多项新成果结集，于2021年出版了《长沙马王堆一号汉墓古尸保护》一书。

爱心育传人

然而，罗老师并未因这些成果和荣誉而满足，2006年就获评国家级教学名师的他，深知古尸保护与研究是国家交给的长期而艰巨的任务，需要培养一大批解剖学人才，在此基础上淬炼一批中青年优秀骨干守护人。

为了培养学生对于解剖学的兴趣以及实践与科研能力，罗老师十分注重实验室建设。从 20 世纪 90 年代起，他多次申请实验室建设经费，改造解剖实验室通风设备，建起国际一流的“大体互动实验室”……其中，国内一流的人体形态科技馆展出标本达 1200 多件，成为开放性实验室和国家级科普教育基地。他还利用日常生活全方位培养学生科研能力，让其练习解剖基本功。如有时学生到他家吃饭，他就掏钱让学生买菜自己动手做，他认为做饭需要手脑并用，也是一个科研过程。同时趁切菜的机会，留心观察和指导学生的刀法。

他培养的研究生中有多人成为古尸保护专家，或在相关领域取得显赫成绩，如严小新是中南地区人脑库专家，2021 年获批一项国家重点研发计划项目；跟随罗老师十多年从事古尸保护的黄菊芳领衔创立了我国中部地区首个生物样本库。罗老师现已将古尸保护的“接力棒”成功传给了学生辈，但作为保护中心专家组组长，72 岁的他仍然在用心传帮带。

（指导教师：唐春花　胡　凯）

张富源：半生腾“华龙”，“核”筑中国梦

四川大学　李　佳　马骥飞

“这就是中国核动力院设计、中国自主研发的‘华龙一号’！”2019 年 10 月 1 日，中国核动力研究设计院总设计师张富源守在电视机前，满怀激动地观看庆祝中华人民共和国成立 70 周年典礼。彼时，当四川的花车从天安门前缓缓经过，他不禁心潮澎湃，难抑热泪。鲜红的大字“华龙一号”举世瞩目，“华龙”横空出世，天堑变通途，当惊世界殊！

牢记使命　开启核动力装置研究生涯

1977 年，张富源考入四川大学化工机械专业。来自农村的他家境困窘，享受甲等助学金，却并未被生活的艰辛阻挡学习的劲头，学习成绩在全专业总是名列前茅。

求学四年，张富源印象最深的是，在前往重庆实习的一段水路上，化机制造工艺课的郑品森老师将本子摊在膝上专心撰写教材，勤谨治学、争分夺秒的精神深深影响了他。岁月不居，时节如流，当年正值壮年的老师已然作古，渴求知识的学生长成了专业领域的参天大树。从母校恩师身上汲取的精神力量流淌在张老与后辈身上，传薪续火，永不止息。

1982 年 1 月毕业时，他服从分配来到“909 基地”工作，不顾偏远、生活不便等现实问题，坚信个人命运与祖国命运息息相关：“既然国家需要，那我就去。”从此开启了核动力装置研究生涯。从 1997 年就直接参加了此项目研究的张富源，承担起了打造核电强国的光荣使命。

筚路蓝缕　深耕核电四十载

在张富源深耕的核电领域，蒸汽发生器是核电站主设备之一，也是他毕生的重要攻关方向。

2007 年以前，大型核电站蒸汽发生器设计技术、知识产权掌握在美、法

等国少数公司手中，价格昂贵，技术转让条款苛刻。我国核电受制于人，鲜有话语权，陷入“卡脖子”的危险境地。传热管是蒸汽发生器最关键的部件，决定其使用寿命。2012年前，我国所需的传热管全靠进口，需求量大，且高达150万元一吨。为此，2010年，中国核动力院成立“华龙一号”蒸汽发生器攻关组，张富源任组长。“必须把传热管靠自己搞出来！”从设计到制造、制定验收标准，他亲力亲为，不辞劳苦。最终，历经两年艰苦卓绝的不懈努力，他们设计出了抗高温高压、耐腐蚀、传热性能好的传热管，费用只是进口管的一半。

2015年，经过五年不断的研究设计、试验修正，张富源带队完成“ZH-65型”蒸汽发生器攻关任务，拿到技术出口“通行证”。作为第一款中国有完全自主知识产权、第三代大型压水堆核电站“华龙一号”专用的蒸汽发生器，“ZH-65型”达到并部分超过国际第三代核电站蒸汽发生器的技术水平，被誉为“华龙一号”皇冠上璀璨的明珠。

2021年1月30日，全球第一台“华龙一号”核电机组——中核集团福建福清核电厂5号机组正式商业运行。这一伟大工程凝结了几代核电人的智慧与心血。“我的两位指导教师的毕生夙愿，就是自主设计大型核电站蒸汽发生器，终于在我们这一代手里实现了！”为契合我国“一带一路”倡议，打破国外垄断，助力我国核电“走出去”，第三代核电站“华龙一号”应运而生。

寄语青年　传薪续火赴中国梦

2020年11月，65岁的张富源超龄退休，但半生潜心于核动力事业的他依然是可以依靠的“主心骨”，值得信赖的“老前辈”。“带大家继续攻关，做出更巴适的蒸汽发生器！”张富源斗志昂扬，意气风发，仍然战斗在工作岗位上。

2007年开始，他回到母校任客座教授、咨询专家，提出助力学院发展的建议，如他的郑老师一样，为培养青年言传身教、倾囊相授。他殷殷嘱托如督促孙辈，寄语当代化工青年——热爱专业，培养论文写作、沟通交际、策划组织等能力。化工薪火代代相传，抉择重如千钧，更需要有心者不抛弃、有力者不放弃，共同扛起时代的那片天。

从设计图纸、投入试验到生产，从在秘密的大山深处工作，到来到天安门前向世人宣告，年华逝去终不悔，为国消得人憔悴。

莫道桑榆晚，为霞尚满天。年少爱追梦，追出一个中国梦。核动力是他终生为之奋斗的事业："只要走得动，祖国核动力事业需要我，我依然是刚进核动力院的张富源，把全部热爱与激情奉献给祖国核动力事业，不忘初心，继续前行！"

（指导教师：梁明征 傅运清 李存厚 付 率 杨谨瑗）

唐克丽：黄土高原上的“唐先生”

西北农林科技大学　黄　绚

从事科研六十年，她三次考察黄河流域，行程达10万里以上，其中步行考察就有3万多里。她许下心愿，百年之后，要将一半骨灰撒入长江，因为这是她的出生地；一半骨灰撒进黄河，这是她毕生奉献的地方。

她是新中国第一批水土保持科学家，我国现代土壤侵蚀研究的重要奠基人之一，被中国乃至世界水土保持学界尊敬地称为“唐先生”。她就是唐克丽。

“做科研，就是要有股死磕的精神”

“1954年，中国科学院决定在祖国大西北建设一家研究所，当时听到这个消息的我心潮澎湃。建设大西北，这是一瞬间的想法，也是一辈子的想法。”唐克丽说。

就这样，这位22岁的上海姑娘毅然决然踏上了这片从未到过的黄土地。两年后，她参加了黄河中游水土保持综合考察队。“当时条件很艰苦，但做科研，就是要有股死磕的精神。实地考察了黄土高原水土流失的现状后，我们就暗暗下定决心，一定要通过自己的努力改变这个状况。”

作为地学组唯一的女同志，唐克丽每天和男同志一样步行五六十里，下沟上山，采样背土。由于患有先天性心脏病，唐克丽一攀山爬坡就气短，嘴唇出现紫绀，到海拔较高的地区时，甚至因缺氧出现过短暂昏迷，但她第二天仍照常踏上新征程。

排除千难万险，唐克丽和队友用一年又七个月时间完成了对陕、甘、晋、宁、内蒙古五省区的土壤资源和土壤侵蚀考察。沿途山川坝滩，峁梁沟壑，尽收眼底；骄阳暴雨，水土流失，干旱风沙，农业低产，尽皆亲历。

“这是我离开大学校园后首次接受黄土高原水土保持启蒙教育，我对黄土地、对土壤侵蚀专业的感情更深了，自此我也更加坚定不移地走上了黄土高原侵蚀研究之路。”唐克丽说。

在大量调查研究的基础上，唐克丽将她的观点写成文章《为什么黄河泥沙不见减少》《重建植被仍为治理黄土高原的良策》，指出人为不合理开垦和植被破坏是土壤流失量增加的主要原因，而退耕还林还草是控制水土流失最有效的措施。这两篇观点鲜明的文章见诸报端后，在国内外引起强烈反响。

在好的科研土壤上，让科研自由生长

20 世纪八九十年代的黄土高原，植被稀疏，生态系统退化，水土流失十分严重。此时已经成长为我国土壤侵蚀学科带头人之一的唐克丽再次响应国家“要求科技工作者围绕黄土高原生态脆弱带地区形成缘由展开调查”的号召，在朱显谟先生的指导下，筹建了我国第一个土壤侵蚀研究室，并担任黄土高原土壤侵蚀与旱地农业国家重点实验室主任，挑起了发展我国土壤侵蚀学科的重担。

“这里是开展防治水土流失研究最合适的区域了。”谈及在神木六道沟流域组建的我国第一个土壤侵蚀研究室，唐克丽回忆道。

1991 年，经反复勘察及对比筛选，唐克丽最终决定在六道沟建立土壤侵蚀和生态环境观测站，而黄土高原的“神秘面纱”也自此被逐步揭开。

经过近半年的艰辛工作，唐克丽带领科研团队进行的水蚀风蚀叠加侵蚀类型水土保持科学试验使六道沟的植被覆盖度由 15% 提高到 35%，水土流失控制面积达 40%，开拓了土壤侵蚀学科的新领域。“慢慢，慢慢就爱上了这里。”唐克丽的眼神中满是对过去的深情。

在唐克丽等一代又一代“时代青年”的助力下，如今的陕西，绿色版图向北推移了 400 多公里。黄土高原的植被覆盖度由 1999 年的 31.6% 增长至 2018 年的 63.2%，入黄河泥沙量从原来的每年 16 亿吨降至近十年来的每年 1～2 亿吨，部分年份不足 1 亿吨……

寒来暑往，岁月更迭，远离都市繁华，抛开物质享受，脚踩泥土，不惧孤独，甘守寂寞，唐克丽始终坚守于此。她与六道沟的山梁沟壑相伴，一笔一画，为黄土高原添上“绿装”。

科研，永远没有句号

1999 年，唐克丽退休，但她并未在科研上止步。2004 年，由唐克丽主编的125万字的著作《中国水土保持》出版发行，这是中华人民共和国成立以来第一部全面、系统论述我国水土保持历史经验、现代研究进展和成果的作品。

2005年，唐克丽获“何梁何利基金奖”。2019年，她被授予“国际欧亚科学院院士”称号。世界水土保持协会对她的评价是：“她开创和发展了侵蚀环境研究的新方法、沟坡系统侵蚀链研究模式和水蚀风蚀交错侵蚀复合过程研究领域。”

90岁的唐克丽，至今仍一直保持着讲实话、敢建言的习惯。她与时俱进地提出关于生态建设、土壤侵蚀与全球变化的新见解。据悉，她提出的水蚀风蚀交互区概念现已被水利部2015—2030规划认可，并且被美国学者肯定为世界领先的概念。她一直在为黄土高原的水土保持工作忙碌着。

唐克丽在将自己毕生探索的研究思路传授给学生的同时，更以孜孜不倦的钻研精神和强烈的科学使命感激励着广大学子奋发图强，励志成才。

自2001年起，唐克丽与丈夫李玉山（我国著名土壤学专家、西北农林科技大学水保所研究员）就从自己获得的何梁何利基金奖中拿出16万元，共同设立“李唐奖学金”。至2022年，已有55名学生受到奖励。

“黄土高原，我们希望它永远常绿，光靠一代人是不够的，我们需要的是一代又一代的年轻人，这就是我们未来的希望。”唐克丽说。

“干惊天动地事，做隐姓埋名人。”我们将在黄土高原上一代又一代水土保持人的接续奋斗中看到一位又一位唐克丽的影子……

（指导教师：靳　军）

邓汝温：到祖国最需要的地方去

兰州大学　梁　娟

“聪明、好学、纯粹。”这是每一位听过邓汝温老先生故事的人的共同感受。“到祖国最需要的地方去。”一声号召，邓汝温便像一棵青松般扎下根，在兰州大学化学系勤勉治学、孜孜以求，四十余载如一日。

“当时心中只有一个念头——我要留下来”

1933年，邓汝温出生在一个书香之家，曾经留学日本的父亲对子女教育极为重视。5岁的小邓汝温背起书包，开启了求学之路。按照当时的学校政策，分年级需要参加入学考试，只要通过考试便能进入该年级学习。读完二年级之后，邓汝温便参加了六年级的考试，一下连跃三级。六年级开始学习英文，邓汝温感觉有些吃力，父亲便请了专门的老师为他补课。正是父亲对教育的重视，再加上自身的聪颖和勤奋好学，邓汝温的各门功课成绩都很优秀，顺利进入广雅中学学习，那是当时广州最好的中学。

1950年，邓汝温考入中山大学学习化学专业：“其实我选择化学并没有特别的机缘，我的数理化很好，但当时报考的时候我被分到了化学专业。”自此化学缘注定，他择一事，终一生，一生执着，毫无动摇。

“考上大学时我只有17岁，比同龄人都小，但是在思想上已有自己的判断。”1949年10月，广州解放，父母准备前往台湾，邓汝温面临改变自己人生轨迹的选择：一边是跟随已经准备好机票的父母前往台湾发展，一边是独自留下学习生活。“当时心中只有一个念头——我要留下来。”大学时期，邓汝温所在中山大学化学系没有一名党员，当时对政治学习抓得很紧，邓汝温被同学们推选为学生会主席，他积极组织同学们开展政治理论学习，同时兼顾关照同学们的日常起居。邓汝温始终一心向党：“如果当时我跟随父母前往台湾，发展也不会差，但我从不后悔当时留下来，热爱共产党，就要留下来。”

“到祖国最需要的地方去”

1953 年，邓汝温大学毕业，根据教育部的安排，被分配到兰州大学化学系工作。“到祖国最需要的地方去，这是我们在毕业前接受的最后一堂课，是时任广东省委书记陶铸给我们做的毕业教育。”从富饶的南方城市到彼时条件艰苦的西北金城，邓汝温毫无怨言，从未彷徨。四十余载，“留在祖国最需要的地方，度过这一生，我从不后悔，”这是邓汝温那一代人对祖国的庄严承诺。

“当时条件确实蛮艰苦的。”初到兰州那天，天下着雨，雨和地上的溏土混成泥，根本无法行走，邓汝温拦了一辆马车才艰难到达兰州大学的旧址萃英门。刚来兰大，邓汝温从助教做起，“那时打钟上课，一个班只有一个人有手表”，“学校对助教的要求是很严的，所以很忙”。听课、改作业、带实验、辅导课程、管理学生……想要走上讲台讲课，必须经历这些关卡的考验。

在西北这片贫瘠的土地上，邓汝温开始了艰苦漫长的科研之路。“兰大化学人的进取心让我印象太深刻了，这是同期其他高校没法比拟的。”兰大浓厚的科研氛围让邓汝温第一次觉得时间原来是不够用的，虽然条件艰苦，但大家一心向学问，连平常见面谈论的都是学术和科研。“很多老师都是早出晚归，全天都在实验室。没有周末，大家都是这样的工作节奏。”当时没有自来水，也没有冷凝管等基础硬件设施。“办法总比困难多。”大家发挥聪明才智，将盆子一高一低放置，通过虹吸法实现了冷凝效果。

“我比较能坐得住，能沉下心来。”化学资料楼一开门，邓汝温便扑进去查阅文献，能在里面坐上一天的时间。好多文献都是法文、德文的，为了看懂弄通，邓汝温借助校内的外语培训班学习了好几门外语，这也为他之后出国交流打下了坚实的基础。

妻子曾问他最需要什么，邓汝温答道：“我最需要的就是睡眠。”化学楼的灯光里，邓汝温身形不高，影子忽长忽短，直至深夜。

就是在这样的艰苦条件中，邓汝温取得累累学术硕果，他曾担任全国稀土药物研究小组组长，1978 年全国科学大会上，邓汝温的科研成果“稀土元素的提取、分离分析和应用的研究——伯胺萃取法从包矿中分离钍和混合稀土”荣获全国科学大会奖。

1985年，国家政策调整，时任化学系主任的周耀坤找到邓汝温，问他是否有意愿参加英语考试出国交流。邓汝温多年积累的外语扎实基础让他从容应考，以第一名的好成绩顺利通过，获得了在加拿大访问学习的难得机会。

“‘兰大化学精神’就是进取精神”

“兰大化学之所以能够享誉国内外，除了兰大化学人自身的努力之外，也离不开当时的全国政策机缘。”朱子清、黄文魁、陈耀祖等学术大家举家从复旦大学西迁来兰，与留学归国的刘有成教授等一起创建了兰大的有机化学专业。

邓汝温回忆起当时陈耀祖先生的一件趣事：当时兰大的条件十分艰苦，没有幼儿园能够托管小孩，陈耀祖便带着孩子来上课，把小家伙塞在讲桌下面。讲到关键处，总有个小小的脑袋从讲桌下面探出来寻求父亲的关注，小家伙脑袋每伸出来一次，陈耀祖先生便塞给他一颗糖，既无奈又疼爱地摸摸他的小脑袋，继续讲课。

在邓汝温身后，还有默默支持他的妻子。在西安工作的妻子想一家人团聚，便想让邓汝温调入西安交通大学。调函已发来，邓汝温却坚定地要留在兰大，这里的人、这里的氛围让他无法割舍。妻子一时无法理解，来兰探望时才真正明白丈夫口中常常提起的“进取心”和“拼搏劲”是什么，这不是丈夫一个人的坚持，而是一群人纯粹的学问追求。“在我眼中教师是一个神圣的职业，兰大化学人的进取心确实感动了我，我也就妥协了，随着他了。”就这样妻子也随邓汝温来到金城。妻子大方开朗，邓汝温言语不多，两人相濡以沫，任岁月磨砺，情意弥坚。

“在我看来，‘兰大化学精神’就是进取精神。兰大化学人也是很团结的，那时院系调整，也有意见主张按照专业分开来，但大家还是觉得在一起挺好的，能够互相学习。”

留在祖国最需要的地方，这是一代兰大化学人最纯粹的初心。在艰苦的环境中创造出国际一流的学术成果，培育出一流的化学栋梁，这是一代代兰大化学人对“兰大化学精神”最真切的阐释。

（指导教师：贾 静）

骆小所：让语言“活”起来，让汉语走出去

云南师范大学　杨荣选　彭申菊

红日初升，其道大光；赤子丹心，素履以往。骆小所老师怀着对语言的热爱，一直行走在探索语言、传播汉语的路上。“我虽然已经入党五十三年了，但我想趁自己还能做事的时候，为党和国家再多培育一些人才，把该做而未做的事，继续做下去。”

“国家需要，就是我的选择”

骆小所是昆明师范学院中文系的学生。1937年抗战全面爆发后，北京大学、清华大学、南开大学迁至昆明合组西南联合大学。1946年，组成西南联大的三校复员北返，其中师范学院整建制留在昆明独立办学，1950年改名昆明师范学院，也就是云南师范大学的前身。读书报国、教育救国的爱国主义精神深深融入师生的血脉。“当时国家要培养无产阶级新闻工作者和理论工作者，国家需要这方面的人才，我就报考了。”骆小所选择读中文系的原因很简单。他回忆说，那时的大学无论是理论课程还是实践学习都和社会发展紧密相连，青年学子的所思所为也与国家和民族的前途命运息息相关。

“我认为应该把自己的一生都交给党，这样才能发挥自己的作用，实现自己的人生价值。”1969年10月，骆小所怀着激动的心情加入了中国共产党。出生于1948年的他，是跟着新中国成长的一代，见证了中国共产党带领中国从站起来、富起来到强起来的峥嵘岁月。骆小所老师说，他最自豪的事情，就是自己不仅仅是社会主义现代化强国的亲历者，还是建设者。

成为一名教育工作者后，骆小所老师始终坚持以德育人。他在笔记本里写下“以‘上善’为风，以‘上德’为范”这句话，时刻提醒自己。2003年担任云南师范大学校长后，骆小所老师将依法治校和以德治校紧密结合起来。“要培养什么样的人，怎样培养人，依靠谁来培养人，这是教育工作者和管理者必须思考的问题。”在任职期间，他组织制定了许多个性化管理、特

色管理的制度，学校实现了博士学位授权点的突破，还被评为教育部依法治校示范学校。

笃行热爱，让语言“活”起来

除了教育工作者和管理者，骆老师还是一位语言学家。“语言是有生命的，我想做的就是让语言重新‘活’起来。”骆老师对语言学危机进行了深刻反思，提出语言学的“再生”之路。他敢于拓荒，进入艺术语言学这个“无人区”进行创新性研究。他还将目光聚焦于云南这座语言宝藏地。早在20世纪40年代，西南联大的语言研究者就发现了云南得天独厚的丰富语言资源。新的研究、新的发展就是语言学的生命，为此，骆老师埋头研究，书房成了他最喜欢的地方。他说：“我喜欢一个人静静地待在书房阅读、思考，通过这些方式去探索语言，让语言焕发光彩。”在骆小所老师平静的叙述中，我们脑海中浮现出这样一个画面：在书盈四壁的屋子里，骆老师已伏案很久，正在撰写最新书稿。时光在这里留下了印迹：微卷的书页，堆高的纸张，以及鲜活的语言。

沟通中外，为汉语架桥梁

骆小所老师不仅拓展了语言学，也开拓了汉语国际教育的新思路。他是我国孔子学院的发起及创始人之一，也是汉语志愿者培养和派出、汉语国际教育研究生专业建设的实践者和策划者之一。

习近平总书记指出，语言是了解一个国家最好的钥匙。汉语积淀着几千年的文明之果，随着汉语的传播与推广，中国古老而璀璨的文化正在不断绽放光彩。骆老师深有感触地说：“汉语推广与国家文化安全息息相关，也能为国家安全战略贡献力量。”2001年，骆老师带领团队出访泰国，经过多方协调在南邦皇家大学建了泰国第一个“中国汉语中心”，为汉语的国际推广培养了大批汉语教师。2003年，云南师范大学又往泰国多地派出21名汉语教师志愿者，同年设立汉语国际教育本科专业并开始招生。在他的带领下，云南师范大学开始积极地走出去，推广汉语国际教育，助力海外华文教育事业发展。

“培养了一名汉语学家，就是培养了一名大国外交的骨干，是很有价值的。”骆小所老师很早就意识到，汉语是中国走向世界时展现自身形象的一张金牌名片。作为国际汉语教育的推动者，骆老师目光坚定地说：“汉语应该成为团结世界人民、服务世界人民的一种语言。”骆小所老师以“铺石以开大道”的气度，担“筚路以启山林”的责任，为汉语搭建了一座通往世界的桥。

时代昂扬向上的曲线，应该是中国青年奋斗的人生轨迹。骆小所老师希望新时代青少年能深刻认识到汉语的价值，并积极主动投入汉语推广中来。骆小所老师身上体现着老一辈祖国建设者愿做桥梁的伟大精神，是我们青年接续奋斗的榜样和方向。

（指导教师：蒋晓涵）

田庚善：站在最前线

北京大学　辛晟梁

临近5月的北京，和风习习，鲜花盛开。清晨时分，我作为北大医院感染疾病科研究生代表，跟随离退休办公室和感染疾病科的老师专程去看望一位老人——北大医院传染科老主任田庚善教授。

田教授年事已高，银发尽染，但依然精神矍铄，他热情招呼大家。环顾四周，家饰极简，唯一宽敞的书桌上，阳光洒落在一叠厚厚的文献专著上。大家围拢在田教授身边汇报工作和学习近况，他频频点头，不时提出建议和看法。得知我是2019年考上北大医院的博士、感染疾病科新成员，田老虽然耳力不及，但尽力交谈，询问我的学习进展，鼓励我们年轻一代守正创新、扎根临床、做好研究。

扎根传染病防治工作

田教授是我国著名的肝病大家，1949年毕业于北京大学原医学院医学系，迄今行医七十余年，历任中华医学会传染病与寄生虫病学会第二、三届主任委员，中华医学会肝病学分会及卫生部（2018年改为“国家卫生健康委员会”）病毒性肝炎专家咨询委员会副主任委员，《中华内科杂志》《中华传染病杂志》《中华肝脏病杂志》及《国外医学·病毒学》分册副主编等职。

田教授始终站在抗疫最前线，正是这份宝贵的实践经历，汇成了大家倾慕的经验之谈。新中国成立之初，我国传染病肆虐。1950年，张家口暴发鼠疫，田教授在急诊时遇到了一位口吐带血泡沫伴昏迷的病人，病情进展迅速，很快不治身亡。田教授出于职业的敏感性，怀疑病人可能患有肺鼠疫，立刻上报卫生主管部门。由于有严格防控相关责任，田教授即刻被隔离，直至病人尸检排除肺鼠疫。这是他第一次接触传染病防治工作，虽虚惊一场，但真切见识到了烈性传染病的可怕。此后，带着敬畏心与责任感，传染病防治工作成了田教授的家常便饭。他亲自参与1967—1968年全国流脑防治、秦岭地区肝炎防治以及1971—1981年云南西双版纳疟疾医疗队工作等；组织国内感染病学界首次制定、统一病毒性肝炎防治方案；上书中央建议将乙肝疫苗接种纳入儿童计划免疫（获当年中国科协最佳建议奖）。自实施乙肝计划免疫以来，我国乙肝病毒感染率明显降低，这一划时代意义的举措使我国慢性乙肝的防控开启了新篇章。

田教授光辉的前线奋斗史，激励着一代又一代感染人不畏艰险，勇往直前。在继任科主任傅希贤、王勤环、王贵强的领导下，感染人树立家国情怀，延续前线精神。

活到老学到老

田教授以“活到老学到老”为人生信条：六十多岁赴美学习分子生物学，九十多岁高龄仍学习英语、查阅国内外文献。现在，田教授依然思维敏捷，除收看电视了解时事外，还热衷于下象棋和看武侠小说怡情。“每一代人有每一代人的长征路，迎难而上，站在前线为国分忧，是感染人永远的本色。”田教授向大家传递了殷殷嘱托，从惠及百姓的肝炎防治，到面对重大突发疫情时的果断处置，医院感染疾病科这支由田教授带出来的队伍，一次次挺身而出，这正是田老“前线精神”代代相传的真实写照。时代发生了翻天覆地的变化，感染人面对的挑战和考验在不断更新。但不变的，是奉献、大爱、责任与使命；坚守的，是以田教授为代表的老一辈“传家宝”精神。

能有此机会同田教授亲切交谈，充分感受到“前线精神”传承的力量和他对年轻医师的期望，我倍感荣幸。我辈青年当以田教授为代表的“五老”为榜样，保持政治、思想和行动自觉，保持永不懈怠的精神和一往无前的奋斗姿态。作为青年医生，我深刻认识到：“五老”精神是进步的原动力，也是前辈留给新人的精神财富，要学习他们的责任担当，砥砺前行，继承和发扬他们的奉献精神，以青春之我、奋斗之我，脚踏实地地融入时代的奋斗潮流。

（指导教师：余奇志）

焦荣洲："核"心报国，熠熠生辉

清华大学　高泽林　王　鑫　严泽凡　汤茁卓　郭志恒
郭锦雯　李雨涵

焦荣洲，核研院退休教师，长期从事核燃料后处理与高放废物处置课题的研究，曾获国家自然科学奖。2021 年获"光荣在党 50 年"纪念章。

矢志不渝：择一事终一生，干一行钻一行

谈起自己的专业道路选择，焦老师打趣地把这一经历比喻为"先结婚后恋爱"，在进入本科学习后，自己才慢慢了解所学习的专业，并逐渐深深地爱上了这个学科。1958 年，工程物理系反应堆工程专业的师生开始设计屏蔽试验反应堆，也就是所谓的"200 号"。毕业后，焦老师留校继续在"200 号"工作，尽管建设初期的工作条件非常艰苦，但焦老师内心更多是一心科研、永不退缩的泰然与坚定。在当时国家提出的"向科技进军"口号的引领下，焦老师不断深入学习研究、深化对核工业的了解：只有具备了领先的技术和强硬的实力，中国的国际地位才能进一步提高。在领悟到核专业对国家发展的重大意义后，焦老师便坚定了自己的专业选择："我就要一心一意搞下去！"

"用我们的双手开创祖国原子能事业的春天。""200 号"的师生都心怀着这样远大的理想抱负，但这条科研报国之路无疑是异常艰难的。焦老师说那时来往"200 号"，只能坐火车，再步行一二十公里才能抵达。这样闭塞的交通，加上未知的实验基地和艰苦的生活条件，让原本就存在着巨大技术困难的核反应研究难上加难。身边很多同学在面临选择时都离开了本专业，但焦老师说自己是一个"有惯性"的人，就想"慢慢搞"。就这样，日复一日、年复一年，焦老师在核领域一干就是五十年。

许党报国：受党员影响，履党员职责

谈起入党，焦老师难掩激动之情，仿佛那段激情燃烧的岁月就在昨天。

他依然清楚地记得1960年4月30日那个对他来说意义非凡的日子。作为一名党龄已经有六十余年的老党员，焦老师对党的信仰是深入骨髓的，因此对自己的政治生日非常重视。

焦老师表示自己选择加入共产党，是因为受到了身边先进的党员同志潜移默化的影响。当年焦老师还是工程物理系一名普通的本科生，对他入党影响最大的有两个人。

第一位是焦老师班上的团支部书记。回忆起这位同学，焦老师印象最深刻的是，虽然当年同为学生，但是这位团支部书记无论是为人处世还是分析问题的方式，都比其他同学更加成熟透彻。于是，焦老师就想向他学习看齐，想在思想上变得更加优秀，这是促成他后来入党的部分原因。

第二位是焦老师的恩师朱永（贝睿）院士。朱院士在焦老师读本科时是工程物理系的青年教师，也是一名共产党员。回忆起当时的情景，焦老师记得那时朱院士为人非常低调谦虚，但是行动上却积极主动，在完成重要任务时发挥了基层党员的堡垒作用。这种精神极大地鼓舞了焦老师，使他也想在行动上变得更加突出，从而促成了他的入党。

焦老师谈到，“200号”的发展和建设也依然是通过基层党组织的领导同志以及党员同志来发挥作用的。面对艰苦的工作环境和严峻复杂的工程问题，基层党组织充分发挥基层的战斗堡垒作用，带头为大家解决了很多问题。在党组织领导下，领导干部和群众同甘共苦，大家一同努力，共克难关。

寄语青年：从我做起，从现在做起

“你们要有强烈的事业心，力求在从事的领域，为国家解决点问题。”当谈到对新一代核研院学子的寄语时，焦荣洲老师说了这样的一句话。“能解决一点问题就很不容易了，你们既要有全局的眼光，同时也需要聚焦小问题，从小处着手。”他说，每个人都解决一点小问题，汇聚起来，就是社会的大进步。对个人来说，一个个小目标、一件件小事累积起来，才可以形成大的事业。他谈到，他们那时有些课题研究会持续相当长的时间，是“用十年二十年‘磨’出来的”，他们不追求短期效益，而是注重对国家、社会的实际贡献。

习近平总书记于2021年4月19日在清华大学考察时指出："广大青年要肩负历史使命，坚定前进信心，立大志、明大德、成大才、担大任，努力成为堪当民族复兴重任的时代新人。"我们青年学生在备受鼓舞之余，也应当传承好像焦荣洲老师这样的大先生的精神财富。在科研学术上，他矢志不渝，深耕专一学科领域；在政治素养上，他许党报国，同优秀党员一起服务人民。大志、大德、大才和大任，都离不开锲而不舍的积累，离不开对所投身事业的长久热忱，也离不开将自身事业自觉融入国家民族复兴伟业的使命担当。

（指导教师：吴 彬）

潘龙法：五十载清华情意浓，新时代科研领先锋

清华大学　孔祥琛

“悠悠岁月去，清华情依浓。”五十年的荣光和风霜随时间的风尘吹来，潘龙法老师只是浅浅一笑。这五十年，是改革开放后中国经济飞速发展、科学水平奋起直追的五十年；这五十年，是党的百年奋斗征程中群星闪耀、熠熠生辉的五十年。作为群星中的先锋之一，潘龙法老师用亲身经历诠释了“把青春献给祖国”的真正含义。

初入科研工作，服务国家重要课题

1970 年从精仪系毕业之时，年轻的潘龙法选择了留校任教，开始了他的工作生涯。起初的十五年，他主要负责讲课和教材编写等教学工作。1984 年暑假，潘龙法得知了系里将他调到科研组参加光存储技术课题的决定。光存储技术——通俗来说就是光盘的读写技术。虽然现在光盘已经基本被淘汰，但是在当时的国际社会仍然是科研的焦点领域。1978 年，荷兰第一次将光盘投放市场，而中国在 1984 年尚没有实现这一技术。国家的第七个五年计划提出了光存储领域的攻关课题来解决这一问题。潘龙法深知这一课题研究的先进性和紧迫性，旋即答应了这一要求，表示服从系里安排。此时的他尚不知道，这一踏入就是二十年。

在预研阶段，国家相关主管部门和专家来视察三十余次。潘老师所在的团队经过三年的不懈努力，终于不负众望，突破光存储关键技术，搭建了光盘读取的完整伺服实验装置系统，振奋人心！

几经波折辗转，致力突破技术封锁

然而，在预研的基础上，仍然有很多问题和困难亟待解决。其中突出的就是需要使用半导体激光器和光盘转轴的无刷电机。系里派遣潘龙法前往美国一家激光器制造公司培训，以采购急需的半导体激光器和无刷电机。但是

当时该公司不愿意帮潘龙法采购半导体激光器，理由是半导体激光器在当时的“巴统”管制出口商品名单上。“巴统”全称“巴黎统筹输出委员会”，是当时西方十几个国家联合起来对社会主义国家实行禁运和贸易限制的国际组织——所谓“卡脖子”的技术封锁，并非近几年的产物。这是西方国家从新中国成立之初到现在持续几十年的一贯作风。潘龙法老师只好辗转前往该公司的客户公司，几经周折最终采购到了10台日本制造的半导体激光器，又等了四个星期才被准予寄送国内，这才让我们的光盘课题研究久旱逢甘霖。课题组的人才骨干们焚膏继晷，终于在1989年完成了整个系统。老校友王大珩院士其间五次专程来看访课题进度。最终完成之时，他非常满意，对包括潘老师在内的课题组中的年轻人给予了高度的评价。

迈向创新发展，促进中国光盘标准

1996年，国家批准成立了清华大学光盘国家工程研究中心。该中心以中国代表团团长的身份加入了国际光盘标准化委员会，在北京召开了国际光盘标准的工作组会议和年会，在国际活动中做出历史性贡献，让世界看到了中国科技的发展和国际化水平的提升，促进了我国光盘标准化、光盘技术和产业的发展。

在基础研究课题结束后，创新发展就成了一条新的赛道。他们意识到只有依靠自己的技术才能把多阶光盘技术转化成产品，进而大幅度提升光盘存储效率。潘龙法参与的新项目共50人左右，通过多个核心课题的逐个击破，最终在2008年8月在清华开发的数模混合FPGA伺服系统平台上观看到了高清电影。一个月的连续运行后，系统可靠运行证实了其稳定性。三次融资共5000多万元，其间不断地进行迭代和策略修正以降低误码率。

科研三十余年，潘龙法获得国家发明二等奖1项、国家科技进步奖2项，培养硕博研究生30多人，发表学术论文50余篇，获得国内外发明专利30多项。潘老师五十年中成果累累，他于2019年获得“庆祝中华人民共和国成立70周年”纪念章，以表彰他为国家做出的杰出贡献。

五十载风雨路，平常心中总结人生

总结感悟五十年的工作经历，在潘老师看来是一份神圣的“家庭作业”。

在自己的五十年总结回顾中，他对新一代的年轻同学、校友们总结出了三点建议：踏实工作、把握规律、保持平常心。保持平常心，意即淡泊名利，在人生起伏中理解人生、看透人生。1980年，系里希望潘老师出任系教学副主任。年轻的潘老师觉得自己难当此任，一时间不知所措。他思忖再三后拒绝了这一请求，专心在科研道路上进取，最终结出了累累硕果。

（指导教师：姜 晔）

陈天鑫：又红又专，他与清华半导体的这些年

清华大学　席　悦

如今步入耄耋之年的陈天鑫老师是清华大学半导体专业的第一批学生。清华见证了他满腔热血、始终奋斗的人生，他见证了清华半导体从无到有、从有到兴的艰苦征程。

向科学进军，在“战争”中学习“战争”

1956 年，蒋南翔校长赴苏联考察，决定成立一些新的专业。刚刚提出入党申请的陈老师积极响应中央“向科学进军”的号召，决心投身到一穷二白的半导体专业中来。

陈老师是半导体专业的首届学生。半导体专业成立的时候只有无线电系的八个教师以及一些学生，成立之初遇到了重重困难：一是没有正式的教学大纲，所以把北大理科的教学大纲跟清华工科的教学大纲拼在一起，需要学的内容很多，涵盖了数、理、化和四大力学，还要学习机械零件、工程化、机械加工等。二是缺少设施，老师们带着学生从最基础的东西做起，扩散炉、石英管……大家一起动手把实验室慢慢筹备起来。三是没有充足的科研力量，老师带着学生一边学习一边参与科学研究：从单晶硅、多晶硅再到器件，比如二极管、三极管等，在攻克半导体技术的“战争”中学习“战争”。

陈老师和同学们克服重重困难，经过不懈努力，为清华半导体人才和技术最初的积累做出了许多重要的贡献。从“半导体教研组”到“微电子所”，再到如今的“集成电路学院”，离不开无数前辈的呕心沥血。但每每谈及于此，陈老师总是轻描淡写，笑称自己贡献绵薄。

到祖国最需要的地方去，做祖国最需要的事

研究生毕业后，面对学校师资力量仍十分匮乏的现状，陈老师选择留校任教，努力为祖国培育更多的半导体人才。1971 年无线电系搬迁到绵阳后，

陈老师所在团队对高频功率器件展开了设计与研究。当有机会作为代表回到北京，获取更好的研究工作条件时，陈老师义无反顾地选择了留下，他说：“不能因我一个人，动摇半导体教研组的军心。”

在之后的工作中，陈老师始终奋斗在清华半导体科研与教学的第一线。在1978年随系回京后，按组织安排筹建实验线，改造CMOS栅极以及多晶硅负载电阻工艺。陈老师后来受命于电子部，在取得明确科研进展的情况下，又义无反顾地转换工作，去攻克器件成品率低的问题，并访问上海元件五厂和陕西临潼771所探求样品投产。陈老师在教学组有所需求时，又主动接受工作调动，投身于培养学生的任务。虽然工作频频调动，但陈老师从未有过任何怨言，反而时常教导我们说：“革命战士一块砖，哪里需要哪里安。党让我们到哪儿去，今天说了明天就去了。”

产学研结合，反思芯片危机

陈老师在四十余年的学习、工作生涯中不断地思考怎样才能将研究的样品转变为产品，真真正正地为国家做出贡献。为此他牵头与上海贝岭公司、无锡742厂以及北京燕东合作，基于生产线实际数据，开发了国内首款计算机辅助制造（CAM）系统，解决了当时贝岭公司半导体生产线运作的燃眉之急。

在谈到当前国家芯片危机现状时，他回忆起了自己上学时“教育与生产劳动相结合”的教育方针，但后来的学生在校时与工厂的合作逐渐减少，愈发不愿意到工厂中工作去。他用自己的所经所感告诉同学们：芯片危机真正的根源在于制造业，在于学校教育逐渐不重视生产，学研助产才是化解危机的破局之路。

陈天鑫老师把一生都奉献给了祖国和半导体事业，他始终跟随着党的领导，听从党的指挥，保持着一个优秀共产党员的高尚品格。时至今日，陈老师仍在不遗余力地反思国家芯片现状的成因与解决之道，发扬着清华又红又专、真枪实干的优良传统。陈老师诚恳地叮嘱同学们：“作为知识分子，不论在什么时候都要注意改造自己的思想，要做一名真正的共产党员，而不是只满足于做党的暂时同路人。要为集体、为国家着想，用实际行动为实现中华民族伟大复兴的中国梦贡献力量。”

（指导教师：杨　轶　李翔宇）

邬伟扬：耄耋梦想　播种希望

燕山大学　史欣宇　刘祚辰　石伟怡　谷　龙　王新颖　林佳宜
郑佳欣

海风轻拂的假日，我们来到年届耄耋的邬伟扬老先生家里，他是燕山大学电气工程学院原博士生导师。在静谧、恬静的气氛里，同邬老对话像一场跨越生命的旅行，我们听他将多年前的故事娓娓道来。

立志报国

“我最期望的就是我们的国家能够和平、繁荣、强大，这来源于我的童年经历，所以我一直有这个感情。”回望来时路，步步多艰辛。1940 年，邬伟扬出生在抗战最艰难的时候，国家蒙辱、人民蒙难、文明蒙尘，放眼望去，战事不断、烽烟四起、民不聊生，这也成为邬老师最难忘的记忆。在穿越枪林弹雨的逃难途中，为民族复兴而奋斗的梦想在他心中深深扎根。

中华人民共和国成立初期，尽管家庭贫困、当地教育资源匮乏，邬伟扬小学毕业时仍以全校第一的成绩考入了上海格致中学。辛辛苦苦得来的奖学金，也被他全部交给母亲，补贴家用。初中毕业时，学费成了邬伟扬求学路上的绊脚石，但国家因发展需要，公费培养中专生，邬伟扬幸运地进入了中专学校读书。1959 年，国家教育布局再次调整，中专生升格成大学生，邬伟扬作为学校培养的师资，进入了东北重型机械学院工业自动化专业学习。1964 年，大学毕业后，他又留在东北重型机械学院学习、工作。邬伟扬感慨道：“从中专到大学全部都是国家负担的，可以说没有新中国就没有我，一次次的命运转折也与国家紧密相关。”留校后，邬伟扬便正式踏上了逐梦之旅。

1970 年，中央军委和四机部下达国家“381 工程”试制任务，这项任务作为中国核潜艇工程（09 工程）配套项目，是国家的科技重点项目。作为东北地区唯一参研单位——东北重型机械学院的教师，邬伟扬联合学校的电子、通信、控制等专业，苦战两年，换来了“381 工程”通过全面验收的喜讯。

不断进取

改革开放后，国家选派首批访问学者出国留学，已届不惑之年的邬伟扬，从零基础开始学习英语。1982 年被国家委派到英国伯明翰大学进修。这一去便是三年，因为国际长途电话价格昂贵，其间只能依靠信件向家人报平安。三年里，最让邬老记忆深刻的是在实验中烧坏了一个价值 300 英镑的贵重元件，英国教授认为是缓冲电路出现焊接点融化导致元件烧毁。邬伟扬钻研将近一周，通过电路分析发现了焊接点融化的原因，向教授和同仁们进行说明并提出解决方案，他的能力由此获得大家的一致肯定，他也因此同大家建立信任和友谊，能够独立进行实验、参与高精尖技术研究。完成学业后，英国伯明翰大学抛出高薪橄榄枝邀请他留校任教或读博，邬伟扬带着当时已经掌握的国内落后英国至少二十年的 GTO 技术选择回国。

20 世纪 80 年代的中国，人们还没有听过 GTO 这个技术名词，甚至有专家学者误读为“GT 零”。邬伟扬充分把握机遇，拿下了国家计委所属华能公司重点项目，在实践中证明了 GTO 的高效性和经济性。1991 年起，国家全面实施“八五”计划，并制定“八五”攻关计划，北京地铁改造就是其中一项，邬伟扬创新性地提出将 48 个大功率管并联技术和制动能量回收技术应用其中。该项目的成功引起机电部领导的关注和国内专家的认可。学校大功率 GTO 应用技术和电力电子技术达到了国际先进、国内领先水平，使我国的“GTO”迎头赶上了世界先进水平。

1997 年，年近花甲的邬伟扬再度远赴大洋彼岸的美国田纳西大学进修。他通过观摩学习充分了解了中美两国在电力电子与电力传动上的发展差距，通过交流合作来寻找、探讨学科发展方向和趋势。他结合美国最新研究成果提出了新能源发电及并网技术、开关电源高密度高频化发展趋势，2002 年至 2012 年申请并完成了两项国家自然科学基金重点项目，也结合美国研究模式创造性地提出了学校电力电子专业由传统的服务于工业生产转变为申请课题基金的新形式。

作为燕山大学电力电子专业创始人，邬伟扬创造了“白手起家”的佳话，为电力事业培养了大批杰出人才。邬伟扬带领团队先后承接天津钢厂、沈阳客车厂、株洲所等多个项目，而所获得的项目资金全部投入专业建设中，形成了高校电力电子专业技术人才培养的新模式。东北重型机械学院南迁秦皇岛后更名为燕山大学，1993 年电力电子专业招收本科生后，电力电子学科相继获得硕士和博士学位授予权。在校任教的岁月中，邬伟扬培养了学校电力电子学科骨干人才十余人，将专业振兴的接力棒一代一代传递下去。

作为一个从战火中成长起来的孩子，邬伟扬一路参与和见证了国家的发展强大，党和党员在他心中一直是神圣的。邬伟扬至今将入党初心牢记在心中："入党，就要按照党的要求去要求自己，服务国家、服务于人民，吃苦在前、享受在后，为了国家的富强，为了民族的复兴而努力工作。"

（指导教师：白　靖　杨　尧　白丽丽　腾　跃）

张伟才：砥砺百年铸红色精神　朝乾夕惕展青衿之志

河北工程大学　闫柏霖　贺　颖　陈　阳　王玺然

张伟才，1928 年 10 月生于河北省大名县营镇乡金庄村。1944 年 8 月参军，1946 年 2 月加入中国共产党，分配至冀南七分区宣教科工作，后调至部队卫生队，先后任卫生员、调剂员、医生、卫生班长、卫生队长、高射炮 512 团二营军医。曾参加抗日战争（邱县香城固战役、围困永年、攻打安阳、邯郸战役）、解放战争（淮海战役）、抗美援朝战争。1981 年调入学校，全面负责校医院管理。他制定完善各类管理制度及业务操作规范，注重改善师生就医条件，着力提高医务人员整体素质，使校医院的管理服务工作走上正轨，1982 年获邯郸行政公署记功奖励，多次荣获学校优秀共产党员称号。1988 年离休的张老不忘初心、牢记使命，始终保持雷厉风行的革命精神，始终保持全心全意为人民服务的精神，始终保持对技术精益求精的白求恩精神，深受师生们的爱戴。

宁清桥畔援朝路　医者赤心峥嵘歌

半个多世纪前，中国人民志愿军跨过鸭绿江赴朝作战，无数新中国热血青年高唱志愿军战歌，在国力军力势弱的情况下战胜强敌，谱写了中华民族气壮山河的英雄史诗。

1951 年，美军为打破朝鲜战场的焦灼局面，集中空中火力轰炸我军的交通线，试图切断我军空中后勤补给线和阻绝部队的调动。1952 年 7 月，24 岁的张伟才随华北高炮团 512 团从北京出发，乘火车到达安东市（今丹东市），晚间跨过鸭绿江，经一号公路到达预定防空阵地——大宁江桥、清川江大桥两侧。美军飞机如乌鸦般遮天蔽日，对两座桥及周围狂轰滥炸，前一个战士倒下了，后一个战士接着顶上，团部和附近村庄全部炸成了焦土，无数志愿军将士埋骨他乡。作为一名军医，张伟才同战友们夜以继日地穿梭于高炮阵地、大桥桥面及团部营地，为负伤战士诊治疗伤。在敌军炮弹的猛烈攻势下，张伟才的脚部等多处也受了重伤，幸得一位朝鲜老大娘的救助。养伤期间，他仍时刻心系前线，胸中赤火常燃，伤势略有好转便立刻归队，投入救治伤员、打扫战场当中去。

炮火可以摧毁铁路桥面，却无法熄灭战士们心中的拳拳赤火，星星之火终成燎原之势，迎来朝鲜战争的凯旋。

党员使命传家风　初心如磐本色存

抗美援朝胜利回国后，张伟才随部队南下到福建驻守，其部队多次击落了蒋美高空侦察机，为新中国国防安全筑起“空中高墙”。1979 年，张伟才转业至地方，仍为人民群众的身体健康不懈奋斗。他时刻牢记共产党员的责任与使命，将党和人民的利益放在首位，恪尽职守，从不提起过去的功劳。他常说：“打败了日本侵略者，消灭了蒋匪帮，抗美援朝战场上，那么多同志牺牲了，我还有什么说的，只有好好工作，建设新中国。”他也时常告诫他的子女要时刻内省，并为社会主义奉献自己的力量。

张伟才老人自 1946 年加入共产党至今已历七十余载，他见证了国家从筚路蓝缕一步步到如今的繁荣富强。时至今日，96 岁的老战士张伟才依旧将艰苦朴素精神融入日常生活，即使久卧病榻，也不愿浪费国家一分一毫，用自己的实际行动践行着伟大建党精神。

代代相承中华魂　赓续奋进新篇章

张伟才老人表示，他曾目睹了日本帝国主义侵略中国的暴行和蒋介石的反动本质，旧中国积贫积弱，受尽帝国主义的压迫和欺凌，人民处于水深火热之中，过着牛马不如的生活，是共产党指引中国人民，使民众觉醒，推翻了三座大山的压迫，建立中华人民共和国。张老也深切关怀着青年学子的成长，他表示，在当下国际国内仍存在诸多不稳定因素，但发展仍是时代的主旋律。他鼓励广大青年学生：“要珍惜大好时光，努力学习，掌握先进的科学知识，做有理想、有担当、有抱负的社会主义新人，为把我国建设成繁荣昌盛的社会主义强国、实现中华民族伟大复兴做出应有的贡献。”

先辈们给予的勇气与信仰依然存在，我们年轻一代理应跟随党的脚步，焚膏继晷，用实际行动书写属于我们当代年轻人的崭新篇章。我们生于如此和平而又伟大的时代，依旧可以用我们真诚而热烈的青春年华与之共舞。“天行健，君子以自强不息。地势坤，君子以厚德载物。”我们要以青春之我，奋斗之我，建功新时代，立志千秋业。

（指导教师：蒋子春 王子彤 高寒松 齐燕铭 张子荣）

秦永龙：幸遇恩师一生执教，弘扬书法翰墨传薪

北京师范大学　于　乐　刘鹏博　汪露琳

秦永龙老师已是一位年近八旬的老者，他拄着老旧的木制拐杖，左手不断微微颤抖，将如烟往事淡写轻描，也频频擦拭眼角，许是微风入窗，许是怀念成行。

于他而言，自己只是一个轻若鸿毛的躬耕人，幸会书法、幸遇恩师、幸逢盛世，能够在书法的艺术世界中徜徉，能够在热爱的教师岗位上奉献，能够几十年如一日地为中国传统书法艺术一笔笔谱写新的篇章。

艰苦求学，扎实问道书法

1943 年，秦老师出生在广西荔浦的小山村，父亲身体欠佳，母亲一人拉扯四个孩子。虽求学艰难、境况艰苦，他却不坠青云、自力更生，通过放牛、砍柴、砸岩石等积攒学费，并且爱好书法、勤于练字。天道酬勤，1964 年他成功考入北京师范大学中文系，在象牙塔中愈发勤勉。留校任教后他依然坚持练习书法，只是苦于无师指点，不得妙法，停滞不前。转机降临在 1974 年，秦老师通过系里一位老先生的推荐，幸运结识启功先生，自此经常前往启功先生家请教，甚至每周与先生晤面三四次，每次都是收获满满。

启功先生的"临古"两字让秦老师恍然大悟、点通灵犀。在安心临古帖、刻苦练大字、学习披沙拣金的过程中，秦老师取法乎上，终有所得，写出的字流露清致俊秀、温文尔雅的书卷气息与君子之风。

回忆与启功先生三十年来的交往，秦老师感慨道："我没有福气当先生的硕士研究生、博士研究生，所以不敢说自己是先生的学生，但我实实在在地跟先生学习到了做人、写大字、做学问的本事。"

一生为师，呕心哺育后学

1982 年，秦老师接替启功先生在北师大教授书法课程。但书法艺术历史

之悠久、体系之庞杂、文化之精深、意蕴之悠长，并非一门课程便可尽数道来。秦老师很快意识到：必须设立书法学科，才能更好地让千年书法艺术灌溉当代青年学子，向世界展示中华传统文化艺术的品格。

此后，除了上课、练字、研学，秦老师又给自己布置了一门日复一日的功课：设立北师大书法专业。2000 年，在不断努力争取之下，学校设立书法学科，秦老师受邀成为书法专业的第一位系主任，作为带头人担起了专业建设与发展的重任。随着新兴书法专业的第一批学子入学，秦老师发现了新问题：师资捉襟、经费见肘。此后一连十年，秦老师从未在任何节假日放松休息，而是努力寻找经费改善书法教室的授课环境，邀请书法艺术各种门类的人才大家来校担纲授课。

作为系主任，秦老师更看重的是书法教师的岗位，他倾尽全力培养学生的理论、实践、学术能力，课上认真教授知识，课下守在教室指导作品甚至亲身示范，有同学竟收集到秦老师墨宝几十幅，足见秦老师的付出。

长期的超负荷工作给秦老师敲响了健康的警钟，2002 年春天，秦老师多年的胃病发作并恶化，但他依然坚持办公教课，毫无懈怠。直到有一天胃痛得使他蜷缩在床上，在师母和学生们的一再劝说下，才将自己的课堂内容嘱托给学生，一一落实后去医院检查治疗。住院半个月后，胃部疼痛刚刚得到缓解，秦老师就急急忙忙出了院，重新投入紧张的教学中去。

砥砺奉献，尽心中华传承

书法专业成立初期，启功先生受到秦老师邀请观看学生们的作品展览，兴奋地夸同学们写的字“书风纯正”，并认真为每一位同学进行点评和鼓励。这不仅是对同学们的认可，更是对秦老师专业培养方向的肯定，师生都备受鼓舞，专业教室和办公室的熄灯时间也越来越晚。多年耕耘、协力同心，北师大书法教育在国内取得领先位置，受到业内广泛好评。

2005 年，启功先生驾鹤西去，秦老师悲痛欲绝。其后两年，秦老师做了一个重大决定：个人捐献 30 万元在北师大书法系设立“坚净奖学金”，以使品学兼优的学生有志于书法实践和学术研究，以培养更多传承中华优秀传统文化和书法艺术的人才。

启功先生设立的“励耘奖学金”，以其恩师陈垣先生的书斋“励耘书屋”

为名；秦老师设立的“坚净奖学金”则以启功先生的书斋“坚净居”为名。从励精耕耘到坚毅洁净，秦老师树立了传承师长学术思想和艺术精神的诚挚榜样，相承有迹、教泽绵延。

“一个人总应该在可能的情况下为自己的国家、自己的民族做点什么。”这句话，他坚守了几十年。

每当晨光熹微，他依然会端坐执笔挥毫窗前，用作品和思想行走在推动中华传统书法艺术传承与创新的最前沿；纵然退休多年，他依然常在艺术楼驻足，常在书法教室流连，时刻关注书法专业的动向与发展。

受教于人，教书育人，如今秦老师的许多学生也作为教师在神州大地遍植桃李。代代师承、薪火相传，华夏儿女的智慧结晶沿着书法艺术与书法教育的文脉跨越千年，前辈们的奋斗精神与顽强意志也将在新时代赓续血脉，如秦老师这般延续下一个几十年。

（指导教师：王卓凯　陈嘉婕）

邱维理：翻山越岭求真知，三尺讲台育桃李

北京师范大学 张佳璐 王美雯 李志峰 李泽琪

缘之所起，情之所钟

邱维理老师与地理在北京师范大学的相遇，用他自己的话来讲，就是“误打误撞”。高中报考志愿时，身为理科生的邱老师很自然地报考了物理、化学专业，但在巧合下他被调剂到地理专业。当时年少的他以为，地理学更像是常识性的学科，只不过是日常知识的积累，并无数理的逻辑性。然而随着第一学期地质学课程的学习，邱老师逐渐发现地理并非自己原本简单的认知，他渐渐在一颗颗瑰丽的矿物晶体中，看见了大自然的力量：江河湖海如天工开物，万里山川似鬼斧神工，大到沧海桑田瞬息万变，小到玉石结晶如切如磋。

经过大学四年的学习，他毫不犹豫地选择了继续在地貌与第四纪环境方向深耕。研究生毕业留校后，邱老师不断进行野外考察，翻山越岭、跋山涉水，将所学知识奉献于祖国大地。他像一本鲜活的地理学百科全书，让地理学不再局限于课本绘图，真正带学生融入自然。上过邱老师实习课程的同学纷纷感叹：“走在野外，我们都跟不上邱老师的脚步（当时邱老师已经五十多岁了）。”“一个剖面、一块石头、一片云彩，邱老师都能讲出背后的地理知识，分析成因。”邱老师说，地理不只是在书本之中窥见山河，更是在实践中探寻真理。追忆起读研期间一个人去野外，邱老师神情热切，仿佛仍置身在内蒙古的大草原上，聆听着牛羊低哞……

当我们问及在野外是否遇到过困难时，邱老师说道：“野外对我来说既不苦也不难，反而是一种乐趣。看到各式各样的地貌，就跟遇到一个个老朋友一样，曾经何处相见，如今在此重逢。”这话深深地感动了我们，邱老师用质朴的语言教会了我们如何用行动热爱中国万里疆土。

坚定理想，铸就师魂

“教师，是我打小的理想，是我矢志不渝追求一生的事业。”为实现这一理想，邱老师高考时全部志愿都是师范专业。在坚定的教师梦的指引下，邱老师在求学期间就开始向优秀的老师们学习，决心要尽全力去做一个好老师。回忆起导师周廷儒、宋春青、李容全等严谨治学的态度，赵淑梅、武吉华、张如一、赵济、高如珊、彭望琭等老师生动有趣、条分缕析的讲解，邱老师表示，老一辈地理学者在教学与科研方面的指引使他受益良多。

手执教鞭站上讲台的那一刻，邱老师感受到了理想实现的喜悦，更切身体会到了教师沉甸甸的责任。授课不是年复一年基础知识的简单重复，而是一份需要不断结合实践、融入前沿、细细打磨的事业。教室里，邱老师带领着初入地理之门的同学们构建理论知识的大厦，从框架到细节，翔实的知识被有序组织起来，再复杂的知识都能被他讲述得栩栩如生；田野里，哪里都是邱老师的课堂，知识回归山野间，山有山的故事，水有水的历程，沧海桑田在老师伸向远方的手指下，在线条流畅的笔尖上，也慢慢印在了同学们的脑海和心间，回味无穷。他鼓励同学们提出疑问，积极参与讨论，任何时候都不曾敷衍。听到同学们称他为“男神”“邱哥哥”“邱爸爸”，他欣慰一笑。尽管邱老师教授的课程经历了多次变革，但不变的是他几十年融进教学中的坚持——把为国家培养人才作为第一任务。

勤耕不辍，薪火相传

已经退休的邱老师，始终不忘初心，继续为国家地理事业的发展传承倾注心血，为学科发展贡献着余热。当被问及退休生活时，他格外兴奋地说：“之前攒了那么多资料，还有很多问题要去研究。”他坚持伏案工作，把对祖国的热爱融入地理教材的修订编写中。他表示，教材建设的重任接下来就要交到年轻人手中了！作为新一代地理人，我们接过的，不仅是学科传承的接力棒，更是先辈们融入山水林田的地理报国情。

言至此处，邱老师正了正身子，语重心长地跟我们讨论了地理人的使命担当。他强调道，地理学研究要追求人类与环境的和谐共处，最终要应用于建设富强国家、构建和谐社会。“绿水青山是世界和未来的财富，地理人就是这绿水青山的守护者。年轻人要秉承老一代地理学者求真务实的精神，坚持地理报国的使命担当，努力奋斗，投身于地理学的各个领域，用自身所学为人民谋福利！”邱老师以坚定的理想信念告诉我们，老一辈地理人用热爱和严谨抚摸探测着这片承载了壮丽史诗的国土，赋予她新的生命与意义，青年一代该如何承担新时代赋予的使命与担当。

（指导教师：石月婵 曹潇元）

荣裕民：拳拳赤子心　殷殷母校情

北京外国语大学　廖明美

荣裕民，北京外国语大学德语学院1977级校友，曾留学慕尼黑大学和慕尼黑政治大学，主攻经济方向，归国后曾在中国人民对外友好协会欧洲部任职，后投身创业，目前领导德国Rolux Leuchten GmbH公司并任中国赛尔富电子有限公司董事会成员。

结缘德语　恰同学少年

荣裕民出生于上海，自小随父亲来到北京生活、学习。20世纪60年代初，恰逢周恩来总理基于培养国家外语人才重要性等的考虑，提出在全国筹建外国语学校的倡议，正是在这样的契机下，荣裕民通过选拔，考入了北京市外国语学校。正值小学二年级的他，对选择哪一门语言作为专业并没有太多想法，是身为工程师的父亲和工科迷兄长帮他做的决定，从此，他的一生便与“德语”结下不解之缘。

然而，对于一名小学生来说，学习德语并不是一件容易的事。据他回忆，最开始的德语教学基本上以口语练习为主，语法部分并不会教授太多内容，主要靠自己死记硬背。但好在他们享有当时全国最好的外语教育资源，每周还有来自民主德国的外教亲自为他们授课。

60年代中后期开始，虽然由于客观原因，学习德语之路并不那么一帆风顺，但他从未放弃。据荣裕民回忆，他们那一个年级的学生中先后有37位同学出任中国驻外大使、参赞以及中国驻联合国和其他国际组织的高级外交官。

重返校园　一心报国

中学毕业后，荣裕民同另外17名同学一起被分配到北京市人民政府下属单位工作。高考制度恢复后，本着对知识的更高追求，他报考了北京外国语学院（北京外国语大学前身），继续自己的德语情缘。

他说，学校特别重视77级学生，讲授德国近代史这门课的老师全部是聘请的外国专家，教材也都是从德国直接购买的崭新教材。到了教学后期，现有的教材无法满足学生需求，北外德语学科创始人姚可崑教授带领团队，一边上课，一边加班加点为学生们编写教材，往往是学生正在学Lektion 1（第1课），老师们才刚刚编好Lektion 3（第3课）。“当时德语专业（的老师们）为了我们能顺利学习，真的倾注了无数的心血。”他由衷感慨。让人敬佩、感动的不仅仅是老师在专业上的造诣、让同学们如沐春风的态度，更是老师们崇高的人品。

就读本科三年级时，荣裕民因成绩优异，被批准提前毕业，并于1981年以中国人民对外友好协会工作人员的身份外派到德国进修。作为改革开放后的第一批留学生，在德国的留学生活面临着各种困难和挑战。首先是语言关，他坦言道，即便花了两三个月时间适应普通德国人日常交流的语速，他和同学在德国大学的语言学课上仍听得云里雾里。其次是资金关，虽然当时基金会每个月为留学生们提供870马克的生活费，但因为国内正处在外汇极度匮乏的时期，他和同学们往往每个月只留300马克左右自用，把剩下的钱全都上交国家。纵使身在物质条件优越的德国，他们也心系祖国，愿和祖国一同渡过难关，如饥似渴地汲取知识。荣裕民说，他当时最大的心愿就是中国的经济发展能达到德国的水平，早日学成归国。

创业之路　九死一生

顺利完成学业回国后，荣裕民逐渐产生了自己开办企业的想法。在辞去对外友协的工作后，这一想法也终于有机会付诸实践。谈到自己的创业经历，他选择用“九死一生”来形容。

一介书生，凭借着一股闯劲踏入商界，没有相关知识，也没有实践经验，只能在摸索中成长：德国复杂的税收制度、庞杂的法律体系、严格的专利限制，对任何初创企业来说都是巨大的困难。“最重要的就是坚持，再困难也要坚持。”荣裕民这样感慨道。他说，1997年是他人生中最黑暗的时刻，那时，他的公司因为大客户的资金链断裂，深陷“三角债”，亏空近480万马克。经计算，公司转亏为盈需要三四年的时间，而在努力维持公司运转的同时，他还要尽最大努力安抚员工的情绪。最后在各方的帮助和自身的努力下，公司得以走出困境，重新实现盈利。

寄语青年后辈

荣裕民对德语学院的学子们叮嘱道：“大学时光是人生里学习的最好时机，一定要利用学校的良好环境，大量汲取知识，这样只有好处没有坏处。”一方面是因为学生很难预料有什么样的机遇在等待自己，因此要主动出击，而不是等着别人把机会送到自己手里，只有拥有广泛、深厚的知识基础，才能有更多的可能性。另一方面是因为“国之交在于民相亲”，作为德语学院的学生，中德关系愈困难，其重要性愈发凸显。因为在面对误解时，只有厚植家国情怀，掌握扎实的语言基本功以及过硬的专业本领，才能讲好中国故事，以理服人。

荣裕民的丰富人生经历一直萦绕在心。每个人都是历史的见证者、叙述者。一代人有一代人的长征路，现在正是我们的时代。“最重要的就是坚持，再困难也要坚持。”他的叮咛一直响在耳畔……

（指导教师：吴　江）

高志凯：译者丹心，矢志报国

北京外国语大学　张晓晗　陈治宇　陈　璞　谢　斐　唐学文

高志凯，北京外国语大学高级翻译学院校友，曾任邓小平等党和国家领导人的翻译，现任全球化智库副主任。

外交场上，他是一名谨慎机敏的翻译员，精准细致地完成每一项口译任务，凭借扎实的语言能力和敏锐的应变能力，肩负起了翻译工作者的时代重任；面对西方媒体，他是一名勇于发声的行进者，凭借渊博的知识和坚定的政治立场，传递真实有力的中国声音；对话年轻后辈时，他是一名和蔼可亲、乐于分享的学者，激励后辈在翻译道路上勇敢追梦。

译者使命担当，外交场上风起云涌

1981年，中国大地正吹拂着改革开放的春风，高志凯来到北京外国语大学，成为联合国译训班的第3期学员。在北外两年的勤学苦练铸就了他扎实过硬的翻译本领，毕业后他便来到外交部翻译室工作，在外交部打字间的木板床上一睡就是五年。在此期间，他得到了许多前辈的悉心指导，外交部原副部长周文重便是他翻译路上的贵人。每次周部长为小平同志翻译时，高志凯就坐在一旁记录。会后，周部长会让他根据记录再翻译一遍，并指出其中的问题。1984年，高志凯正式为小平同志做翻译，那年他年仅22岁，被称为“新中国成立以来为中央领导工作的最年轻的翻译”。此后数年，高志凯陪小平同志先后参加了20余次重要的外事会见。他曾经问过当年自己被选为小平同志翻译的原因，外交部的前辈告诉他：“一是人很勤奋，中英文水平都在不断提高；二是发音比较好，会用嗓子；三是你个子不是很高；四是在大场合比较沉着冷静。”回忆起为小平同志做翻译期间的趣事，高志凯最难忘的便是小平同志的四川口音。四川话里“四”和“十”发音差不多，每当小平同志提及这两个数字时，高志凯便会马上用手势再向小平同志确认一遍，伸出四个手指代表四，左右手食指交叉代表十。中美建交40周年，美国驻华大使馆就在纪念展上挑选了一张邓小平向高志凯伸手比四的照片。“外交无小事”，身为翻译，高志凯深知说出的每一个字都不容犯错。

译者身份转变，站稳立场不变

译者出身的高志凯先生身兼央视特约评论员、法律顾问、客座教授等多重身份，活跃在外交、语言、法律、投资等多个领域。穿梭在多种角色之中，始终如一的是他击碎西方谣言、传递中国声音的坚定信念。

高志凯先生曾多次做客西方电视节目，代表中国发出正义之声。2021 年 4 月 17 日，英国广播公司“新闻之夜”节目邀请乱港分子罗冠聪和高志凯先生对香港的民主问题展开辩论。这场舆论战打得十分艰难，所谓的公开辩论实则早就暗含政治意图，但高志凯先生还是抓住一切为中国发声的机会，击碎乱港分子的面具，传递真实的中国声音。这并不是高志凯先生第一次在国际舞台上为中国发声，无论是声讨香港乱港分子，还是怒斥抹黑新疆问题的主持人，高志凯先生都将个人放在一边，全心维护祖国的利益，在国际舞台上为中国正名。虽然高志凯先生的身份不断发生变化，但唯一不变的是他的爱国心，以及在国际舞台上传递中国真实声音的决心。

译者精神传承，鼓励关怀后辈

“四十年前，我就坐在你们中间。”看着眼前的高翻学子，高志凯感慨万千，“我想让大家好好思考一个问题：四十年后，你会成为一个怎样的人？”高志凯说，“不要小瞧人生道路上的每一个选择，它们可能会决定你未来的人生方向，它们就像蝴蝶扇动的翅膀，随时有可能引发一场飓风。”

他说，翻译是一项有意义的事业，重塑他对社会、家庭等诸多问题的看法，书籍本身丰富的内涵给译者带来深远的影响。高志凯还鼓励北外青年大胆逐梦，始于翻译，超越翻译，是高志凯对年轻后辈的谆谆教诲；人生场上，大胆逐梦，是高志凯对年轻后辈的砥砺关怀。丹心源自信念，使命呼唤担当，榜样引领时代。高志凯用自己的奋斗故事，生动诠释了传递中国声音的时代典范，谱写了国际传播的时代乐章，为年轻后辈树立了卓越榜样。

（指导教师：葛冬冬）

姜恩魁："我爱这三尺讲台，但更爱我的学生"

锦州医科大学　戴青爽

姜恩魁，2007年退休。曾任国家生理学会教学工作委员会委员，辽宁省生理学会副理事长，锦州市凌河区人大代表，锦州医学院基础学院院长，锦州医学院学报主编，生理学教授，硕士研究生导师。退休后曾任辽宁医学院和锦州医科大学教学督导团团长十年，现任锦州医科大学教学督导团名誉团长，锦州医科大学关工委委员，锦州医科大学基础医学院关工委主任。

姜老在退休时曾说："我爱这三尺讲台，爱这校园的一草一木，但我更爱我的学生。"从教五十余年，姜老带出一批又一批优秀的学生，仅他指导的研究生优秀代表就有现任锦州医科大学附属第三医院院长艾浩教授、锦州医科大学国际教育学院院长王爱梅教授、锦州医科大学基础医学院副院长于利教授等。姜老说："我一生从未离开过教学第一线，无论是作为教师还是督导团成员，时常参与教学科研的论证、教学比赛的点评、参赛选手的培训以及锦州医科大学三所附属医院教师教学能力的培训等。"

助青年学生茁壮成长

姜老曾参加青蓝工程活动，为新生做"如何适应大学生活"和"专业思想教育"报告，通过讲述医学发展史、中国对世界医学的贡献等来启发学生热爱专业；对学生进行职业规划教育，开展考研教育和培训近20场。

姜老曾说："大学就是一个图书馆，我们的老师就是图书馆里最好的藏书。我们学生应该充分利用大学时间将老师的全部知识学到手。"

姜老教学期间和学生关系非常融洽，课余时间和学生一起打篮球、排球等。学生也很爱与姜老探讨问题，帮助自己学有所成。他跟学生说："大学学习更应该认真刻苦，不能放松；要加强自我约束、自我管理能力；要有自我学习、自我整理能力；要有自我规划，积极地定目标并达到目标。"

授青年教师经验之道

姜老为基础医学院、附属第一和第三临床医学院及辽河油田宝石花医院、解放军济南960医院等教学医院进行了“教师的职业道德规范”“教案评审之我见”“出题与试卷分析”“高校教研室功能和教研室主任职责”“怎样进行集体备课”等多场报告。尤其在2020年暑期，冒着酷暑，姜老不顾高龄两次赴济南960医院培训青年教师。姜老曾对青年教师进行教学基本功培训，做了近十场报告，培训参加国家、省、市教学比赛的青年教师百余人，其中获国家比赛一等奖、二等奖3人，获省比赛特等奖3人、一等奖1人，获市比赛一等奖3人；教学比赛点评40余场；教研室主任培训5场；教师职业道德培训3场；每学期参与评审各类教学改革课题申报近百项。

姜老向青年教师们提倡多开展与学习相关的活动，如知识竞赛、辩论赛、学习经验交流等，青年教师不应该过多地依赖于多媒体授课，而要多使用板书给学生进行知识讲解与归纳整理。他一直严格按照习近平总书记口中“好老师”的标准来要求青年教师，认为教师应致力于提高我校学生考研率和执业医师通过率。

姜恩魁教授退而不休，一心致力于教育事业，他的身上一直背负着闪闪发光的锦医校训——“厚德修身、精术济世”，他的言传身教，必将激励广大锦医学子不断砥砺前行，力争早日成为国家的栋梁之材！

（指导教师：陈　军）

常留柱：党的光辉照我心

上海音乐学院　常　智　陆　舜　刘思源

他，响应国家支援西藏的号召，从黄浦江畔出发，义无反顾地奔赴广袤的西藏大地，在世界屋脊纵情高歌，一唱就是二十年，把美妙的歌声传遍无垠的雪原，将自己的青春和才华奉献给这片净土。

他，竭尽所能，不遗余力地为国家培养音乐人才，即使已是耄耋之年，但仍退而不休，依然忙碌于声歌系的教学岗位。

他，是《北京的金山上》的首唱者，在 2019 年国庆前夕，86 岁高龄的他获得了“庆祝中华人民共和国成立 70 周年”纪念章。他就是声乐教育家常留柱。

二十年坚守雪原，留声藏乡净土

常留柱先生从小喜爱音乐，与歌唱结缘似乎是命中注定。26 岁的他从上海音乐学院毕业后便留校任教。为了响应国家支援西藏的号召，当校领导与他商议后，他马上动身去西藏自治区歌舞团当了一名独唱演员。

入藏以后的常留柱努力融入当地的风土人情，自学藏语、学藏戏、唱藏族民歌，广泛采风，收集需要的藏族民歌素材。他演唱的西藏民歌深受藏族人民喜爱，曾获得西藏自治区民族歌唱比赛一等奖。由他本人作词作曲并演唱的《我心中的歌献给解放军》曾风靡全国，包括这首歌在内的四首歌曲还被录制成唱片。在援藏的二十年间，常留柱先生不仅在西藏自治区歌舞团担任独唱演员和声乐教员，还先后担任歌舞团副团长、自治区文化局副局长、自治区第三届人大代表和人大常委会委员等职。由于工作成绩突出，他被评为西藏自治区一等先进工作者，荣立过三等功。

在藏期间，由于生活条件艰苦，饮食状况非常恶劣，热情的藏族同胞经常给常留柱先生送食品，环境恶劣经常引起食物变质，善良的他不愿辜负群众的心意，把那些食物都吃下去，因此常留柱先生经常高烧不退，最长一次整整高烧了一个多月。迫于身体状况只得返回上海检查身体。

返回上海后，上海市领导给他安排了最好的医生检查，最终确诊肠癌。在经过了几次手术之后病情才有所好转。但是由于长期的虚弱，缝合的伤口一直无法愈合，他强忍病痛，在腹部伤口敞开的情况下等待伤口愈合。就算经受了如此痛苦的病痛折磨，痊愈后他还是希望回到他所热爱的西藏。但是医生告诉他，他的身体状况已经不能让他在西藏生活了，至此他才留在了上海。

重回教学岗位，桃李硕果满天下

1980 年，常留柱教授调回了上海，任教于上海音乐学院声乐系，继续着他的歌唱事业。1987 年至 1996 年他担任声乐系系主任，所教学生多人在全国性的歌唱比赛中获优异成绩，如单增（藏族）三次获得全国少数民族青年歌唱比赛金奖，赵勇（回族）也获得同一比赛金奖，肉孜·阿木提（维吾尔族）获得全国电视歌手大奖赛民族唱法金奖等。为此，他获得学院颁发的教学成绩优秀奖，1986 年被评为院优秀共产党员。

常留柱教授在教学之余，仍继续着科研工作。他编写了《藏族歌曲声乐教学曲集》等一批声乐教材，被评为院科研成果“教材开拓奖”；撰写了《成功的道路——才旦卓玛的歌唱艺术》《藏族民歌及其演唱技巧》《民族声乐的继承和发展》等系列学术论文。

1999 年，65 岁的常留柱教授退休，退而不休的他接受学校的返聘依旧忙碌在教学岗位上，不断培养着来自全国各地的学生。有空时，他还经常应邀深入社区义务辅导业余歌者。在众多他所负责的工作中，常留柱教授认为教学是他最喜欢的一个，他退休后仍然继续教学事业二十余年，并乐此不疲。

常留柱教授把歌唱作为自己一生的事业，精益求精，力争完美。他将青春里最美好的年华都献给了祖国的边疆，把最悠扬的歌唱进了藏族同胞的内心深处。十年树木，百年树人。他的精神将一代代地影响学生们，并作为一种信念传承下去。

（指导教师：常留柱）

袁保宗：心底无私，觅更宽“视”界

北京交通大学　韩政业　韩学堤　卢一杰　罗雨潼

“人才，人才，最重要的是人才。”这是袁保宗老教授在接受采访时时常挂在嘴边的一句话。从“成人才”到“引人才”，再到“领人才”，无私的他一生都在为国家创造更宽的“视”界并不懈奋斗。

一人行　风华正茂少年闯学海

1950年，袁保宗从南方小镇考到了北京，成为北京铁道学院第一届学生，毕业后留校教书育人。工作三年后，袁保宗以公派留学生的身份到了苏联求学。“我家属在南方，没有过来相送，我跟着队伍，就这样到了苏联。”火车很慢，风雪清冷，而少年奔向无线通信领域的心是那样急切，少年一腔报国的情怀是那样炽热。

“印象最深的是我们一个月的助学金相当于国内上百个农民一年的劳动成果。那时脑子里最深的想法就是，钱确实不能乱花，国内的老百姓辛辛苦苦培养你，你就好好学，回来报效祖国。”在苏联，他一天学习工作约十二小时。尽管学习压力大，但他仍说：“基本上每天都挺充实的，没有不高兴的事情。”

回国后，他以高水平的能力展开了各项研究，向祖国交上了耀眼的成绩单。1956年，袁保宗教授主要从事声码器7311机和模数模通信研究。1963年，他研究完成了运用国内声码压缩技术的谐和式声码器，这是现代语音压缩技术在当时最早的成果。1973年，尼克松访华，美国使用了声码器为自己的无线通话加密，“当时感觉到这家伙挺厉害的”。彼时，袁保宗接受国家要求，研究保密机。之后，他在国内首次提出了“模—数—模”话音加密新体制，把模拟的语音信号变成数字信号，用数字加密后再变成模拟信号，解决了当时模拟话音无法数字加密的难题。由于数字加密很难破解，军用电台的保密性就提高了。“要注意，1973年的时候，数字信号这个概念还没有呢！”袁教授讲到这里时，脸上多了份自豪。他创新的这一杰出体制现已全面应用，并于 1978 年获全国科学大会重大成果奖。

三人赴　众志成城同心移泰山

袁教授过硬的本领和一心想建设祖国的志向吸引了许多追随者和支持者，他们立志要在这一穷二白之地搭建出具有浓厚学术氛围、能培养国家栋梁的高校环境。于是在 1978 年，在国家发展步入正轨、重新启动学位制的环境的推动下，全国第一家以信息为名的研究所拔地而起，主要进行语音编码、语音识别、语音合成的研究。后来，在袁保宗教授的努力和共同参与下，先后创建了学位二级学科授予点、一级学科授予点、博士后流动站。让一个科研小组发展为研究所，直至具备了培养博士、硕士生的资格，并被评为“国家级重点学科”，袁保宗等人较成功地完成了学科建设。

学位点的建设只是外在条件，而真正发展的动力还在于研究所实力的提高。1983 年时，信息所仅有三名教授，即杜锡钰教授、张树京教授和袁保宗教授。在几位教授的努力下，首批科研项目开始立项和展开。由于数量较少、批准难度较大等原因，承担重大项目需要导师和学生具有更大的责任感并投入更多的精力，也需要建设更好的研究基础设施。因此，学校的科技处和设备处也对重大项目给予了格外的关心及投入。学校建设了更好的研究基础设施，为拥有具有学校自己研究特色的国家级或省部级实验室创造了条件，形成了研究与发展互为促进的良好环境。

后来，实验室先后接触了计算机主动视觉（由计算机控制机器人主动处理目标）；虚拟现实；人机交互研究……值得一提的是，1993 年到 2013 年，团队完成 SIVAIPS-3 网络服务器系统，它集成了信息检索、虚拟现实、三维物体识别、人脸识别等与智能手机功能完全一致的多方面成果，有些功能甚至现在的智能手机还未实现。

代代继　承前启后德行永流传

“我是在第一个教师节第一个被评为交通大学优秀教师的！”三尺讲台存日月，一支粉笔写春秋。袁教授是立德树人的榜样，也是青年一代追随的目标。

袁保宗教授以身作则，为信息所优良、健康的学术氛围奠定基础。他培养了一代代通信领域的人才，他的学生分布在世界五大洲，是信息科学领域中强有力的生力军，让信息之火代代相传。

时光清浅，岁月嫣然。袁保宗教授自留校以来，历任北京铁道学院讲师，北方交通大学（现北京交通大学）讲师、副教授、教授、信息科学研究所所长，国务院学位委员会第二届学科评议组成员，中国电子学会信号处理专业学会主任委员，北京通信学会第二届副理事。

生而逢盛世，青年当可为。青年是时代的接班人。青年当秉承信念，以青春之年挺起国家脊梁，谱写青春奋斗华章。交大青年定会在袁教授等老一辈人的激励下，用实际行动为实现伟大复兴的中国梦贡献青春力量。

（指导教师：栗佩然）

徐习军：一支笔杆，生一地文化

江苏海洋大学　王　肖

说起徐习军老师，那可是文法学院的名人了。作为文法学院的一名学生，我也听过许多有关徐老师的故事，那时的我仅仅觉得徐老师是一位热爱钻研地方历史文化的老学者。直到一次机缘巧合，与徐老师接触后，我才真正了解到他身上的那股子“文人精神”，现在回想起来，还令我肃然起敬。

钟爱西游文化

与徐老师初次相识是在2021年，当时徐老师已经从学校退休，因文法学院承接了花果山导游史的重编工作，需要专业指导教师，于是学校第一时间联系到徐习军老师，希望他能给予相关指导和帮助。说起西游文化研究，徐习军算得上是资深学者了，他不仅是连云港市《西游记》研究会副会长，还担任吴承恩研究专委会副主任，研究西游文化至今已有二十多年，其间发表《西游记》论文十余篇，在《苍梧晚报》连载《山海连云说西游》，还编写《西游记研究专题讲稿》等。接到这个任务的徐习军老师非常开心，因为项目与他所热爱的西游文化领域有关。然而在开心的同时，徐习军老师也倍感压力，在他看来，花果山导游史的重编工作对地方文化传承与发展意义重大，不能有一点疏忽大意，所以他感到肩上的担子更重了。

接下任务后徐习军立刻行动。首先，他从文法学院各个专业中招募对西游文化感兴趣的学生，一起参加这次花果山导游史的重编工作，而我也非常荣幸成为这十几名学生之一。组好团队之后，徐老师便开始带领我们到花果山考证各个景点。记得第一次和徐老师去花果山时，我们准备买几份花果山的导游图，结果徐老师连忙向我们摆手示意说：“不需要买地图，我就是这儿的‘活地图’，这山我爬过几百回，我就出生在这花果山下的猴嘴镇，童年生活在连云港板浦乡下。”

这一路上，徐老师一直走在我们前面给我们引路。每到一个景点，都要和我们讲述景点背后的文化故事，讲到精彩部分，他不禁要模仿一些《西游记》人物的经典动作，我们都听得津津有味。但我们最感兴趣的还是徐老师与西游文化结缘的故事，在和徐老师的交流中，我们才知道，原来徐老师并不是文科生出身，他对西游文化的钻研完全是因为兴趣，所以他在获得硕士研究生学位后，毅然选择回到家乡连云港，开始自己热爱的西游文化研究。

休息过程中，徐老师也闲不下来，孜孜不倦地和我们分享他研究的《西游记》中的各类人物。很难相信，徐老师当时已经是花甲之年，却是精力最充沛的一个。在前前后后十几次的景点考证过程中，徐老师一直作为我们的“活地图”和“行走的文化宝典”，带领我们实地领略西游文化。而在和徐老师这段时间的相处中，我们听了上百个西游小故事，也深刻感受到他对西游文化的那种痴迷与热爱。

严格考证，认真编写

在十几次花果山的往返后，景点考证工作终于完成。于是徐老师带领我们进行编写工作。正当一切工作顺利进行时，徐习军老师发现了问题：有一块“花果飘香”的石刻，当时并没有考证到。“徐老师，既然文献有记载，那么这块石刻一定存在，而且它又不出名，不如就按照文献给它填补上。”一个学生这样说道。结果徐老师严肃地说道：“那可不行，文化研究是要有证有据的，我们要对自己编写的东西负责啊。”于是，徐习军立刻放下手里的编写工作，一个人拿着登山拐杖，直奔花果山而去。他又开始了“寻石记”，每天徒步于花果山的每一条小路，一个角落一个角落地搜寻。终于，功夫不负有心人，他找到了这块“花果飘香”石刻，于是他立刻拍照取证，并记录准确位置。“原来这个石刻位于盘山公路的一个转弯处，车不会在这停，人也不会从这走，就是难为了我这个‘寻石’的老头。”最终，经五十多次的花果山之旅，前后八次的完善修改，16多万字的花果山景区导游词及拓展资料编写完成并顺利通过验收。我们都说做理工科研究要严谨，从徐老师身上，我深刻感受到做文学研究亦是如此。这样的精神一直影响着我，不仅仅是在文化研究方面，做任何事情都要严谨求实。

徐老师以自己的言传身教影响着我们年轻一代，而这部新编的导游史也会作为导游培训教材，受过培训后的导游们又成为文化的传播者，将这些文化故事讲给世界各地的游客听。

地方文化需要的不仅仅是研究与创新，更重要的是文化自信与传承。徐习军老师在文化创作的同时，也注重地方文化的传承和普及工作。在退休的两年中，他经常义务到连云港市图书馆、德平读书会、花果山下读书会等地方，开设关于《西游记》《儒林外史》等文学专著以及大运河文化的社会科普报告讲座，为民众普及地方历史文化。

“退休不是工作的结束，而是职责的延续。”在退休的日子里，徐习军老师计划把这些年整理的地方文化研究成果继续完善，包括《海州有部镜花缘》《西游记中的海州元素》《西游记文化论纲》《海客瀛洲说名著》等，将它们整理成书出版。“只要我还走得动，就不会让我手中的笔闲下来。”说这话时，他的眼光格外坚定。

（指导教师：李思雨）

魏志祥：爱党心诚葵向阳，倾心关爱下一代

江苏大学　范晓倩

习近平总书记在中国人民大学考察调研时强调，教师要“努力做精于‘传道授业解惑’的‘经师’和‘人师’的统一者”。江苏大学马克思主义学院魏志祥老师的一言一行就彰显着严爱相济、润己泽人的师者风采，他以模范行为带动和影响了一届又一届的学生。

初心不改，为教育事业奉献三十余载的老教师

魏老师于20世纪90年代参加工作，三十二年间从未离开过一线教学岗位。多年来，幽默风趣的教学风格使广大学子对魏老师的课堂充满期待。从初出茅庐时课堂的沉闷无趣到如今的精彩纷呈、妙趣横生，魏老师为教育教学奋斗了数不清的日日夜夜。他曾坦言：“刚走上讲台那会儿，我是一板一眼，将书本掰开揉碎了讲，时间一长，学生没有真切的感受，就容易对课堂失去兴趣。”

他渴望成为学生的良师益友，更希望思政课可以入脑入心。为此他时刻紧跟党中央的最新理论成果，在第一时间将其融入教材、融入课堂、融入学生的头脑。经过长期的教学实践与苦心钻研，他收获了以“情”为出发点、“投”为切入点、“意”为核心点、“合”为落脚点的“情投意合”教学法。在充分掌握学生接受知识信息的兴趣点和兴奋点的基础上，通过一个个鲜活的红色革命故事，将中国共产党百年党史讲深讲透，进而引起学生的情感共鸣、思想共振。

多年书香为伴，一心为育英才。魏老师针对大学生思想活跃、视野开阔的特点，在教学过程中借助对经典文献的阅读和理解，一直注意培养师生的理论功底与知识素养，以促进教学提质增效，更好地教育、吸引学生。魏老师将热血和青春献给了教育事业，献给了可爱的学生们。他曾感慨道：“学生眼里闪烁的光，是对我最大的肯定。”

以身示范，关爱下一代的老党员

学高为师，身正为范。魏老师不仅对教育教学活动充满热爱，对学生更是呵护备至。常有学生说“教人以德，育人以爱”是魏老师的真实写照。他心系学生，对学生有爱，对工作敬业，干起辅导员的工作来激情昂扬，似乎永远没有疲倦期。在他的教育引导下，他所带班级无论是四六级通过率还是升学就业率均位居学校前列。

动人以行，其应必速。魏老师说：“我的电话是‘特别的 110’，无论遇到什么问题都可以随时拨打。”学生被蜈蚣咬伤时、患急性阑尾炎时、提前到校无法住宿时……只要是学生的事情，他始终是那位二十四小时在线、可以随时呼叫拨打的“特别的 110”。

凡是有学生需要的地方，总有他亲切的身影、诚挚的关爱和特有的温暖。学生反馈他一直“用爱播撒人间真情，用爱传递人文关怀”。他的真诚付出赢得了学生的尊敬和爱戴，也得到了学校的高度认可。但面对镇江市“十佳教师”、江苏大学“感动江大”人物、优秀共产党员、“优秀学业导师”、教学成果二等奖等一系列荣誉时，他却说：“学生的成长成才才是最重要的，也是我继续前行的动力。”

传承党恩党情，育人无声的老模范

鹤发银丝，丹心日月。在教育引导当代青年学生时，魏老师始终坚持“对学生用心用情，与青春同向同行”的教学原则。学生为什么可以坚定不移地向前方迈进？教育方式是动力之源。平时他和学生打成一片，但教学上从不“放水”。了解到学生考试前会和任课老师“求情”，他会特地跟老师们强调考试难度要保证。教书与育人相结合，以德修身、以德治学、以德施教是魏老师一直以来秉持的原则。在平时的学习生活中，魏老师也劝诫同学们：一定要目光长远，不能拘泥于一时的成败，要为今后的成长成才做准备。“有原则，有个性”是学生对他的评价。

他从自己的教学经验出发，向青年学子们提出了三条寄语：首先，学生要始终把学习放在心里，做任何事情都要力求卓越。“手中没有一把米，叫鸡都不来。”他生动地说道。当代大学生一定要努力学习科学文化知识，成为综合型人才，特别是要向革命先辈学习，弘扬中国共产党为国为民的担当精神。其次，同学们一定要知法、懂法、守法，抵住各种诱惑，坚持自律廉洁。要学会与志同道合的优秀伙伴同行，全面提升自己。最后，有任何问题都可以去找他，也许他不能帮同学们直接解决，但他一定会尽全力和同学们一起想办法。

（指导教师：孙旭红　范宏民）

武荣权：淬英雄之心，铸青年精神

江苏建筑职业技术学院　胡思羽

言传身教，无私奉献

刚来到这所学校的时候，我就从学长学姐口中听说过站在三尺讲台上的武荣权老师的风姿，那勤勤恳恳、事必躬行的态度，是学生们的好榜样，也是同事们的好模范。在78岁退休之前，武老师一直以高标准要求自己完成每一次备课、每一次讲学。在同学们的心目中，在他们有限却又难忘的高等数学学习旅程中，他们大概永远忘不了那个衣着整洁板正、板书规矩工整、看起来很严肃的师者；他们也永远不会忘记那个每节课都早到半个小时，像列车员一样在教室门口等着迎接学生，一个个跟学生打招呼问候的和蔼可亲的老者。本就拥挤的合班教室里，最后一排总会又冒出几个陌生的面孔，他们是专门来听武老师的课的，武老师也会热情地指导他们。

武老师担任班主任的班级一定是全校最优秀的班，因为他们的班主任早晨会跟他们一起出操，他跑在队伍的最前面，带领同学们跑出青春蓬勃；他们的班主任会把自己的工资当作奖学金发给学习上进的同学们，鼓励他们继续奋斗拼搏。武老师总说，身教要重于言教，他总是用亲身作为教育着、影响着他的学生们，一届又一届地教书育人，为祖国培养有为之士。

武老师所在的数学教研组也是学院里的模范小组，武老师作为党员教师，总是担起教学的重担，亲自来教那些基础差、教学进度慢的班级。他总说，为人师表又肩负着党员的责任，困难要自己克服，多担点儿没坏处。

武老师还曾去山区农村支教，那时条件艰苦，武老师和孩子们一起端着煤油灯上晚自习，尽心尽力抓成绩，让大山里的孩子们也能闯出一片天地。不论在哪里，武老师总是这样尽职尽责、无私奉献着。

见到武老师之前，我一直在脑海里描绘这位老人的模样：许是白发苍苍，岁月已在他的脸上深深雕刻上了印记；许是步履蹒跚，岁月的重担已压弯了他的脊梁……可是，这一切构想都在我真正见到武老师的那一刻被推翻了。85 岁的老人依然脊背笔挺，迈开步子时照样是步伐稳健、气宇轩昂，发间银丝不过半数，举止言谈气度不凡，一字一板、字字珠玑。武老先生告诉我们这其中的道理：老当益壮，宁移白首之心？人活着要有精气神，要永远守住精神上的支柱。

坚定的信念

那么武老师的“精神支柱”是什么呢？我想，坚定的信念和真挚的情感都尽数写在武老师同我们分享的那首诗里了：“党啊，亲爱的党啊！作为您的儿女，我倍感幸福和骄傲。我愿紧紧依偎在您温馨的怀抱里，高举着您光辉的旗帜，生死相随！”有一份深沉而又持久不衰的爱永远藏在武老师心里，那就是热爱我们伟大、光荣、正确的中国共产党。

这份坚定的信念又从何而来呢？武老师这一生经历过外敌入侵战火纷飞的年代，也经历过国难民灾的困难时期，他见证了一个优秀政党的崛起与成长，也为中国共产党的伟大事业奉献出了自身的力量。这坚定的信念从武老师举起右拳在党旗下宣誓的时候，就深深扎根于他的心里，指引着他一生的奋斗道路。

古之立大事者，不惟有超世之才，亦必有坚忍不拔之志。武老师为党的事业奉献了终身，也对新时代的年轻人谆谆教诲。这位可亲可敬的老人，这位已是耄耋之年的老人，依然期待着党的事业和伟大祖国能够更加繁荣发展，我们也将带着武老师的希冀奉献自我、共创美好未来。

苏新：大海漫漫　求真探索

中国地质大学（北京）　张曾博

四十年前，她偶然打开了海洋地学的大门，从此便成为海洋学科的领航人。四十年来，她不畏艰难，敢为人先，在波澜壮阔的大海上探寻真理。四十年后，她仍坚守教学一线，敬畏科学，不慕名利，赤子之心未曾改变。她就是曾担任我国大洋科考第30航次第一航段和第39航次第三航段首席科学家、荣获“海洋女科学家贡献奖”等荣誉的苏新教授。

启航海洋，地质报国

1982年，在我国著名微体古生物学家、中国科学院院士郝诒纯的指导下，年仅25岁的苏新进入海洋地学领域攻读硕士学位。郝先生呼吁开展海洋调查，苏新教授积极响应，她也因此与海洋结缘。

尽管得到了出海的机会，但苏新坦言：“我当时以为，这是我最后一次上船。那时也没有享受到出海考察的乐趣，不仅晕船，而且对海洋考察还有点懵懵懂懂。”但也是这一次偶然出海的机会，让苏新教授正式踏入了海洋的世界。1996年，赴德国基尔大学海洋科学中心攻读博士学位期间，苏新参加了国际大洋钻探考察航次，在东太平洋进行洋中脊热液循环钻探考察。洋中脊地质扩张造成的磁条带变化，火山活动、热液活动对岩石的蚀变……苏新“一下子就激起了兴趣”“爱上大洋”。后来苏新积极投身于海洋调查与研究，参加了以古海洋学、天然气水合物、大洋中脊热液活动及成矿作用为主题的多个航次的国内外海洋科学考察。1997年，她遵守回国和回校工作的承诺，放弃了国外优厚的待遇和条件，毅然决然回到祖国，踏上了报效祖国、开展海洋地学教学和研究的新征程。从此，苏新教授正式启航海洋，为中国的海洋事业而奋斗坚守。

深渡大洋，敢于求索

在 1996 年进行的东太平洋胡安德福卡洋中脊钻探航次中，苏新一连做了十几个站位，却没有一个站位底部沉积物年龄和古地磁年龄是一样的。

根据当时她了解的知识，洋中脊一形成就会被沉积物覆盖，可观察到的现象却相反。苏新暂时把这种现象归因为沉积间断。

可是，为什么会发生沉积间断？为什么有的沉积间断是几万年，有的沉积间断则是几十万年呢？苏新当时搞不明白，但记住了这个困惑。

直到 2012 年的大洋科考航次，苏新通过不断地取样、观察，才慢慢理解了这个现象：底流过程与火山过程使得新生的洋脊不能马上被沉积物覆盖。“没有在教材中读到这个过程，这就是很有意思的收获了。”好奇心，只是苏新探索未知领域的动力之一。

苏新说，坚持探索的第一动力，是国家的需求。“确实那几年也挺累的，但是天然气水合物和多金属硫化物都是我国急需的，需要了解有关知识的人员参与。”苏新记忆犹新的科考经历，也都与“国家需求”相关，这么多年来苏新教授一直以服务国家需求为己任，深耕于大洋探索，为学生们提供了广阔的参加前沿科学研究的平台。苏新教授曾说：“无论是研究基础科学还是应用科学，都要为国家重大需求服务，这需要一代又一代的年轻人来传承。”

求实刻苦，不忘初心

海洋科考需要超乎常人的毅力。一连几十天的摇晃，每天十几个小时的高强度工作，海上诸多不可预知的风险，都是对科考人员身体和意志的严峻考验。然而，巾帼不让须眉，苏新从未退缩，即使在 2016 年因准备出海过于劳累而摔伤腿，依然没有放弃。她拖着伤腿奔赴西南印度洋，认真执行我国大洋一号航段首席的职责，带领团队圆满完成了航段任务。

苏新教授在取得了如此优秀的成绩之后，依旧坚持在教学的第一线。她先后主讲过跨越四个学科的十多门课程，从备课到讲课，未敢有丝毫懈怠。每到深夜，她奔波于教学楼与宿舍之间，匆忙的身影，让无数海洋学子感慨她勤恳的工作态度。校内，她定期组织学生开展课题小组讨论，并与学院其他老师联合组织学术研讨会，助力学生活跃思维、拓宽视野。校外，她多次带领学生到海拔近5000米的羌塘无人区及秦皇岛、天津、日照等地的滨海区域进行实践考察，从高山到深海都留下了苏新教授带领学生探索的足迹。苏新教授的授课历年均被评为优秀，她多次获得校“师德先进个人”、校“教学优秀三等奖”“优秀党员”“我心中最优秀的专业课教师”等荣誉。

苏新教授谦逊、执着、温和的品质也深深激励着海洋学院的学子们继续为海洋事业拼搏奋斗。

（指导教师：张　艳）

茹克叶·穆罕默德：教师是登山的领队

中国地质大学（北京） 胡毓靖

党的百年征程波澜壮阔，一朵朵浪花涌出时代大潮，将涓滴之力注入祖国山河脉搏，孕育出千顷澄碧的盛世画卷。茹克叶·穆罕默德老师，就是一朵从雪山走来、融入国家发展洪流、在教育领域辛勤耕耘的浪花，也是一位引领学生积极向上、超越自我的登山领队，还是连续三届全国政协委员。

缘始语言 情贯一生

茹老师是一位地道的维吾尔族人，却熟练掌握汉语、维吾尔语、英语、俄语四种语言。她说，这得益于当时哈尔滨独特的多民族、多语言、多元文化氛围。她出生在新疆一个知识分子家庭，5 岁时随父母定居哈尔滨。重视教育的父亲给孩子们请了个苏联人当家教，这位知识渊博的家庭女教师除了母语俄语，还会英语、法语和德语，她用俄语讲授英语，使用俄英对照的教材，并且教法灵活，对不同年龄的孩子采取不同的教学方法，尤其重视阅读。这使得年幼的茹克叶语言学习进步飞快，很快就可以阅读普希金、莱蒙托夫等名家的作品，每每被经典中优美的语言、动人的故事情节所打动，为主人公不畏强暴的精神所震撼。

作为维吾尔族人的茹克叶，维吾尔语却是自学的。“那会儿没有课本，就对着维吾尔文版的毛主席语录学习维吾尔文，后来又托人从新疆寄来维吾尔文的图书，汉维对照学习。”维吾尔语、汉语的相识让她更加醉心于语言，年轻的心田播下了语言的种子，潜意识中坚定了以后当老师的想法。

“我的母语是维吾尔语，汉语是工作、生活语言，英语是我的专业，俄语是第二语言。”尔后六十多年，茹老师一直保持着对语言的初心，视教育事业为生命，潜心从事外语教学，用热爱浇灌，让语言的种子开出了绚丽的芬芳花朵。

春风化雨　硕果累累

1976 年，茹克叶从哈尔滨工业大学机械制造专业毕业，抱着“年轻人就是一团火，想着干事业，不计较个人得失”的想法，佩戴大红花，成了该校唯一一个支援新疆的毕业生。

来到新疆工学院，茹克叶并没有从事所学专业，而是凭着对语言教育事业的热爱和扎实的语言功底，当了一名英语教师。1981 年，她调入新疆师范大学，后来担任了外语系副主任、主任，很快在新疆英语教育界崭露头角。

作为引进人才，2000 年茹克叶来到北京，成为中国地质大学（北京）的一名英语教授和学校刚刚组建的外国语学院的首任院长。如何在一所以地质为特色的高校开展英语教学？茹老师坦言是新的挑战。那时正值高校扩招，面临两条巨大的“拦路虎”：一是师资严重不足，都是年轻教师，经验不足；二是基础设施欠缺，没有资料室，语音室也仅有两个。茹老师和几任班子成员迎难而上，持续发力，在师资队伍的引进和培养上下大功夫，努力为青年教师创造在国内外学府学习深造的机会，积极争取各方支持，改善外语教学条件。茹老师除自己承担起高年级精读课程，还经常和大家倾心交谈。“几乎所有老师的课我都听过，并为他们提出了相应建议。”她亲自带队去外研社、外文书店挑选书籍，指导青年教师出版《地质学专业英语》；她主持申报设立英语专业硕士点，主编《外语教学法》教材……短短几年，外语学院取得了令人瞩目的成绩，2002 年即成功申报英语专业硕士点。她本人至今已培养了 60 位研究生，在 2004 年获得学校教学一等奖，2006 年获北京市优秀教师称号，2011 年被评为北京市师德楷模。

茹老师珍藏着一本“故事集”，是每节口语课上她让学生用英文讲述一个自己的故事结集成册的。她积极创造口语环境，推进课程改革，在师生互动中教学相长。正如茹老师自己所说：“教师就像一个登山的领队，学生和我是一个通力合作、互信和谐、努力向上的登山队。”

政协履职　使命在肩

2013 年 12 月《民族画报》的封面人物就是茹克叶老师。1998 年，茹克叶被新疆师范大学推荐为全国政协委员并顺利当选，是第九届全国政协唯一一位维吾尔族女委员，此后连续当选，开始了她长达三届、十五年政协委员的履职。茹老师说，政协制度好，委员作用大，她每年都要上交两个提案，就各教育领域提出自己的看法和见解，其中一次会上她提出的把少数民族孩子从高中送到内地培养、加强民族融合的建议引起参加教育界讨论的李岚清副总理的重视。后来看到多地开办的新疆内高班，茹老师感到由衷的欣慰，她说少数民族是中华民族大家庭的成员，只有国家好，民族才能好。

“政协委员应该尽义务，为群众做实事。”这是茹克叶对自己全国政协委员身份的定位。

（指导教师：格日勒）

李壮猷：创新开展社会主义核心价值观教育

枣庄职业学院　隋晓梅

李壮猷同志自退休后一直勤勤恳恳、兢兢业业，始终不渝从事公民道德教育与娱乐活动的融合研究工作，力求探索出一条道德传播的新路子，提高公民道德素质。二十多年来，经过不断改进、实践，他设计制作了多种以公民道德为内容的文化体育娱乐用品，让人们在休闲娱乐时学习，潜移默化地接受社会主义核心价值观公民道德教育。其中，社会主义核心价值观联棋在社会上产生了深远影响，收到了明显的社会效果，枣庄市委市政府两办连续多次发文全市倡导。

创制公民道德教育用品

2002 年，他首先设计制作出了公民道德扑克。在常用扑克的基础上将中间的花型缩小，于四周加上关于社会公德、职业道德、家庭美德的规范语句、基本含义等，以扑克为载体宣传公民道德。

2004 年年初，他创制了道德赛卡，加强对未成年人的民族精神教育。道德赛卡不同于以往的扑克，上面载有 80 句道德规范，并用中国历史上有名的皇帝、皇后、宰相、将军、科学家和中国的算盘记数。四种花型分别是基本道德、社会公德、职业道德和家庭美德。

2004 年下半年，他创制了道德联棋，以此加强大学生的基本道德规范教育。他根据《加强和改进大学生思想政治教育的意见》要求，反复琢磨，多次实践，制造出了道德棋（现称道德联棋）。道德联棋吸收了五子棋和围棋的一些规则，如“横竖 45 度排列”“四围一可吃”等，又增添了新的规则，如“以字连句可以有规律地隔子或隔空”“三缺一可联”等，使道德联棋更加复杂，更加有趣味。

2006 年，他创制了“八荣八耻”爱国棋，对青少年进行“八荣八耻”荣辱观教育。国家提出以“八荣八耻”为主要内容的社会主义荣辱观教育，李老师特针对儿童的身心特点设计了一套进退式“八荣八耻”爱国棋。棋盘是中国地形地貌图，行进路线分别以三亚和同江为起点，周游祖国34个省区市，以“八荣”为“荣台”、“八耻”为“耻坑”，登荣台前进，下耻坑后退，率先到达天安门者为胜。行进方式是杠头将法，赢了走两步、输了走一步。并将棋子设计为“道德儿童”的站立形象，目的是塑造一个道德高尚、活泼可爱的少年儿童典型，作为道德人物的标志，让少年儿童学有榜样、行有方向。

后来，李老师又创制了道德跳棋、道德赛方（与时俱进的现代麻将）和道德球等，深受大家的喜爱。

创作社会主义核心价值观联棋

2012年，通过不断的创新与改革，李老师在以往公民道德文娱用品的基础上创制了社会主义核心价值观联棋。党的十八大公布社会主义核心价值观“三倡导”二十四字，“倡导富强、民主、文明、和谐，倡导自由、平等、公正、法治，倡导爱国、敬业、诚信、友善”。中央要求积极培育和践行社会主义核心价值观。此后，习近平总书记多次提出明确要求：“我们要在全社会大力弘扬和践行社会主义核心价值观，使之像空气一样无处不在、无时不有，成为全体人民的共同价值追求，成为我们生而为中国人的独特精神支柱，成为百姓日用而不觉的行为准则。”为深入宣传贯彻社会主义核心价值观，使学生牢记二十四字，李壮猷老师反复思考、计算比较、绘图琢磨，在枣庄职业学院化工系的支持下，长时间蹲在实验室，研究试验，最终创造出了“社会主义核心价值观联棋”。总体思路是创造出一种具有竞技功能的教具，让学生用竞技娱乐的方式，通过比赛，记住、记准二十四字，内化于心、外化于行。

联棋是一个具有多层创新意义的实例。一是社会主义核心价值观学习、宣教方式的创新。它让人用激烈的竞技比赛的方式学习，要下棋，首先必须牢固、准确地记住二十四字，顺序不能错，要记得快、准、牢。比赛过程中要反复选择、拿捏带字棋子，又加深了对二十四字的记忆和理解，这就是“竞技比赛教育法”的体现。

二是文化体育活动方式、棋类棋种的创新。联棋的创制为社会增添了一项新的智力体育活动方式。联棋比五子棋难，比围棋易学好掌握，从无和棋，优于象棋，学易下难，锻炼大脑，提升创新能力，深受学生喜爱、社会欢迎，能促进智力体育文化发展。

社会主义核心价值观联棋自创制以来取得了积极的成效。先是在枣庄职业学院进行学习使用，取得了很好的效果。后经过不断地宣传推广，已在枣庄市各高校、中专、中小学铺开，目前已连续举办市级各类学生的联棋比赛十余次，市委市政府两办连续多次发文全市倡导，社会主义核心价值观联棋赛已成为枣庄教育品牌特色活动。李壮猷同志热心公益、奉献爱心、热情服务社会，受到群众好评，先后被评为“最美高新区人”“山东模范老人”“山东省关心下一代工作先进工作者”，2021 年获“全国教育系统关心下一代工作突出贡献者”荣誉称号。

（指导教师：刘　强）

韩运侠：桃李不言　下自成蹊

洛阳师范学院　刘义正

翻开韩运侠老师的“教学工作生涯史”，他以四十年的教学生涯，赢得了所有师生的尊重和认可。究竟是怎样的信念和动力使他不忘初心、砥砺奋进呢？

爱生如子　甘为人梯

1983 年 7 月，正值炎夏，一位朝气蓬勃的青年来到了洛阳师范学院，平静的面庞下满是期待和兴奋，韩运侠来到了物理与电子信息学院任物理学专业教师。

一年后，他开启“马拉松”式的班主任工作。记得 1997 年的一天，班级学生付召明因阑尾炎肚子疼得厉害，他第一时间护送付召明到洛阳市第四人民医院住院。知道付召明家庭经济困难，韩老师毫不犹豫为学生缴纳了住院费。寒冬腊月，韩老师一次次顶着严寒、冒着风雪奔赴医院，为付召明送去亲手熬制的鸡汤。韩老师还坚持每日下班后到医院帮他补习功课，为他缓解心理压力。付召明在韩老师的关怀帮助下，很快便恢复了健康，回到了学校。

在即将担任 2014 级物理学班班主任时，韩老师一如既往地深入到班级中，仔细了解每位学生的情况。在调研过程中，韩老师发现学生刘同宇因下肢肌肉萎缩，无论是住宿还是上课，都有诸多不便。韩老师看在眼里，疼在心里。他第一时间找到学院，调整了一楼教室作为班级固定教室，安排班级同学轮流与刘同宇结伴上下课，确保他在路途中得到照顾。韩老师与多方沟通，为刘同宇申请到一楼门口的宿舍，为刘同宇出入提供更多便利。接近冬季，韩老师提前了解资助政策，为刘同宇申请到了 2000 元的困难补助，只为他能在寒冷的冬日多一分温暖与慰藉。经过韩老师四年的悉心帮助和照顾，在毕业那天，刘同宇深情地喊道：“谢谢韩爸爸，我要像您一样做一名优秀的人民教师。”

一年后，洛阳师范学院成立首届“2+1+1”实验班，韩老师仍然担任班主任。为了班级荣誉，他经常穿梭在还未建成的伊滨校区的工地上，奔波在学校各部门之间进行协调。他心念实验班学生在栾川外国语学校支教，即使相距200余公里，也仍然坚持看望学生。

因为韩老师无微不至的爱，学生们都亲切地称他为“韩爸爸”！

爱岗敬业　严谨治学

韩老师以学院为家，对待工作不计付出、不求回报，主动揽任务、事事冲在前，这就是他工作的真实写照。

2007年，洛阳师范学院迎接本科教学水平评估，为了整理资料，韩老师带着年轻的崔景华老师，几乎三天三夜没有合眼，终于高效地完成了学院数十门课程教学大纲的整理及撰写。在收笔那刻，韩老师才发现，握笔的手早已麻木了……

国家级特色专业申报时间紧、任务重，在答辩即将到来之际，韩老师带着同事们在办公室加班到凌晨5点，第二天仍然一大早驱车赶往郑州参加答辩。为了使答辩不出差错，路途中他们持续讨论答辩细节，最终物理学专业获批国家级一流本科专业建设点。

2021年暑假期间，物理学专业迎接师范专业认证。临近退休的韩老师冲锋在前，顶着酷暑与同事们一起并肩作战，大家纷纷表示：“有韩老师在，我们心里才有底气、才有方向。”暑期的办公区空调没有开放，韩老师带着大家不惧酷热的“烤”验，在高温天气下专心整理资料，撰写三万字自评报告。功夫不负有心人，物理学专业顺利地通过了师范专业认证。

韩老师十年如一日地潜心备课，精心构建最适合学生掌握的知识体系。他主讲的“电动力学”被评为河南省精品课程、河南精品资源共享课程、河南省线下一流本科课程，“热学”被评为河南省精品课程，“大学物理”被评为河南省精品在线开放课程、河南省线上一流本科课程，“理论力学”被评为洛阳师范学院精品课程。

春风化雨几十载，无私奉献勤耕耘。他铭记“敬业奉献，为人师表”的校训，用实际行动诠释了用爱施教、用心育人的责任担当。三十九年来，韩老师始终把学校、学院的发展和学生的成长放在心尖，用满腔热情感染着每一位师生。

（指导教师：李纪桥）

杨明：妙笔丹青大别魂

黄冈师范学院　罗　霞　徐急强　方书敏

黄冈师范学院是坐落在大别山南麓的一所百年高校，其百年辉煌离不开大别山水和历史文化的滋养。百年来，黄冈师范学院师生不忘大别山的养育之恩，用心、用情、用力讴歌大别山、宣传大别山、传承大别山精神。美术学院老教授杨明是其中的一位佼佼者。

持之以恒，传播大别山水

"我想替大别山做一个记录人、宣传者，用正能量去讴歌我们的大别山，把大别山推荐给全国，推荐给全世界，让更多人来了解我们的大别山。"当我们问起杨明教授创作的缘起时，他如是说。

杨明教授是这么说的，也是这样做的。为了画好大别山，在从艺以来的三十余年里，杨明教授走遍了大别山区的三省六市的36个县。大别山的高天流云、山峦叠翠以及山乡巨变，杨明教授都了然于胸，并以此为题材创作了《巍巍大别山》《锦绣大别山图卷》《大别山雄秀图》《锦绣大别山》等两百余幅画作，向世人展现大别山"春来杜鹃吐火，夏至瀑布飞霞，深秋丹枫点翠，隆冬雪飘芦花"的绝丽景色。其中，由他主创的《巍巍大别山》，对黄冈境内大别山的自然和人文景观进行了全面展示，从黄冈走向东海之滨，成为"黄冈舰"入列式上最鲜明的黄冈元素。

除了坚持用画笔记录大别山，杨明教授还通过出版画集、举办画展来不遗余力地宣传大别山。2009年春节前夕，杨明教授的《锦绣大别山》画册面世，这是国内首个以大别山为专题的个人画集；翌年10月，在黄冈大别山旅游节期间，杨明教授的个人画展"锦绣大别山"在古城黄州拉开帷幕；2015年年底，他又走进北京荣宝斋，展出其160余幅大别山题材新作；2016年，他出版了《锦绣大别山——杨明山水画集》。值得一提的是，2013年年初，杨明教授还应邀参加联合国电视中文台"中外书画家春节联欢晚会"，他在现场展示17余米长的《锦绣大别山图卷》，借此将大别山推向国际，令世界惊艳。

正如有人所言，在湖北，画大别山的不止一人，而专门以大别山为绘画题材的只有杨明一人；举办个人画展的不止一人，而专门举办大别山山水画画展的只有杨明一人；出版个人画集的不止一人，而专门出版大别山山水画集的只有杨明一人。中国美术界誉之为“大别山代言人”，杨明教授可谓实至名归，当之无愧。

责无旁贷，传承红色基因

大别山是美丽的山，更是英雄的山。这里是最早传播马克思主义和建立中共地方组织的地区之一，二十八年红旗不倒的革命历史，为大别山区积淀了极其深厚的红色文化。

生于大别山下的杨明教授，目睹遍布于大别山区的革命纪念地、珍藏在各个革命纪念馆的文物，在他看来，“大别山红色文化是宝贵的艺术资源，更是促使我们前进的动力和突破瓶颈的秘诀”。正是基于这样的认识，杨明教授自己创作了《云起陈策楼》《红色圣地七里坪》《千里跃进大别山》等大量的大别山红色文化题材作品。

为了让大别山红色基因代代相传，从事美术教育的杨明教授在教书育人中始终不忘向青年学子传播大别山革命历史和革命精神。为此，他时常教导学生，要深入了解大别山的风土人情、追寻大别山的红色记忆、赓续大别山的红色血脉，将艺术创作与大别山红色文化传承有机结合起来，这样才能使艺术作品有“神”，更有“魂”。在杨明教授的引领下，他的很多学生开始去领略大别山的革命风貌，将大别山红色文化融入其艺术创作之中并颇有收获。在接受采访的过程中，杨教授高兴地拿出一幅由学生创作并参加了多个美展的版画作品《老兵》给我们观赏。

杨明教授作为一名老黄师人，其挚爱大别山的情怀、几十年如一日地传播大别山水和红色文化的执着与担当深深地触动了我们。作为新时代的黄师青年学子，我们要自觉地传承和弘扬一代代黄师人反哺大别山的精神和担当，热爱大别山，建设大别山，振兴大别山，让大别山在新时代展现出更加美丽的色彩。

（指导教师：刘宏明）

黄刚：青春不再，红心依旧

湖南工商大学　黄建程

黄刚教授中学时响应党和国家抗美援朝的号召，从湖南参军北上，跨过鸭绿江，英勇参战，并在胜利后就读于如今的中南财经政法大学，毕业后到高校任教直至离休。

抗美援朝，信仰弥坚

黄老所在的部队为后勤部队，在那个战火纷飞的年代，随时随地都有可能牺牲。黄老说，当他们一行的火车跨过长江休息时，他习惯性地看向自己的排长——一位他所信任的并不比他大多少的大哥。他看到排长沉默着，眼神却充满坚定。他很疑惑，凑过去问："你怕不怕？"得到的却并不是想象中的长篇大论，只有一句简短而又充满力量的话："我是党员，我不上谁上！"

从那时起，黄老对中国共产党人产生了无限敬仰。后来黄老因工作积极被提拔为排长，在后勤部队负责侦察敌情，为运输队向前线运输物资提供保障。他记忆犹新的一场战斗是在一处山包上，我军防守阵地就在山顶，运输队从山腰处往山顶运输物资，相距不过几百米，却成了一道鬼门关，美军的炮弹经常雨点般落在运输线上。当时，黄老所在的运输队躲在树林里，目光聚焦于山顶的三棵信号树。一次，三棵信号树被放倒，前线发来表示需要物资的信号，却迎来敌人新一轮的炮火袭击，这时，几名党员毫不犹豫地背起物资冒着炮火向山顶进发。黄老亲眼看到，那几名党员牺牲在半路上，随后不断有党员不惧牺牲，一批又一批地继续冲了上去。那一刻，他感到热血沸腾。于是，他在战场上立刻向党组织递交了第一份入党申请书，开始了他三十余载追求入党的历程。

春风化雨，红心依旧

战争结束后，黄老进入大学深造，毕业后义无反顾回到家乡湖南，在这片生他、养他的土地上教书育人，将毕生的精力和心血用在为国育才上。离休后他仍初心不改，参加关工委“老少手牵手”活动，帮助学生健康成长，这一干，又是三十年。2014 年后，他的身体不容许他经常出户参加关心下一代工作，于是每年寒假，他将未回家的特困学生接到家中，与学生探讨并解答学术问题，为学生讲革命故事，让他们学会劳动，用亲身经历告诉当代大学生应当爱党爱国，并资助学生们学费，多年来已累计资助 50 余万元。虽然已经是 93 岁高龄，但他关心下一代的初心始终未变。他说：“跟很多战友比，我已经很幸运了，国家要强大，需要更多知识分子，我能做一点是一点。”黄老用他的三个“三十年”，向我们诠释了一名共产党员的追求、奉献和担当。

少年明志，接力笃行

星霜荏苒，流光易逝。九十余岁的黄老，见证了一个泱泱大国由风雨飘摇到国富民强，更见证了一个政党由幼小走向成熟。我想，对于我们新一代来说，唯有从历史着手，才能进一步明确我们的使命，不至于因为走得太远，而忘记我们为何而出发，这样方能初心如磐，奋楫笃行。

筚路蓝缕启山林，栉风沐雨砥砺行。黄老无论是在军队，还是在学校，甚至在离休后，始终秉承“权为民所用，情为民所系，利为民所谋”的为人民服务的宗旨，始终秉持“为天地立心，为生民立命”的济世情怀。他虽青春不再，多病缠身，但不变的是心中对中国共产党、对伟大祖国、对人民深沉的爱和炽热的心。

“少年不惧岁月长，彼方尚有荣光在。”我们应接过黄老等前辈的火炬，乘着和平与发展的浩荡东风，继续劈波斩浪，扬帆远航！

（指导教师：张国辉）

刘金国：三点一线夕阳红

中国政法大学　雷　婧　白　芸　苏汉廷

年过八旬的刘金国教授精神矍铄，身着笔挺西装，胸前党徽熠熠生辉，与我们慢慢讲述他的人生故事。谈起自己曲折又丰富的人生经历，刘老说道："每个人的一生都有着各自的闪耀点，对我而言，可归纳为以下三点——做人正直一点、教学刻苦一点、科研创新一点。"

做人正直一点

"老政法的同事，都叫我'刘大炮'。"刘老打趣地说。面对不公，刘老总是直言不讳、伸张正义，不因祸福避趋之；为人处世，刘老则坚守公道、坦荡正派，浩浩乎只求无愧于心。

1992 年 4 月，中国科学院、中国医学科学院汪诚信、邓址等 5 位院士、教授，出于维护社会公益的初心，联名撰写文章《呼吁要科学宣传灭鼠》，明确指出邱氏鼠药中含有国家和世界粮油组织早已禁用的剧毒药品"氟乙酰氨"。面对社会的诘问，河北省无极县邱氏鼠药厂厂长却以诽谤、名誉侵权为由起诉 5 位专家。此案轰动全国，波及海外，引发了社会各界广泛关注和热议。

了解案情后，刘老等 5 位律师决定义务代理本案。为维护科学和科学家的尊严，为维护法律的公平正义，刘老等为此案进行了长达三年坚持不懈的奋斗。最终，该案在铁证面前赢得胜诉，科学战胜了伪科学。该案也得到了中国科协、卫生部（2018 年改为"国家卫生健康委员会"）、中国医学科学院及众多科学家的充分肯定，并产生了深远的社会影响。在案件结束后，一位日本证据学学者曾向刘老提出索要本案材料的请求，国内一些司法案件的当事人也纷纷登门拜访刘老谋求帮助。

作为我国律师制度恢复以来的第一批律师，花费近三年时光义务代理本案，会带来不小的经济损失；以个人之力对抗企业集团，也需足够的勇气与担当。回首过往，刘老却说道："本案维护了公平正义，更维护了科学与科学家的尊严，义务代理本案于个人而言确有损失，但我无怨无悔，因为对正义的坚守与执着永远值得。"刘老也常借此案教导学生：作为法律人，定要秉公执法，严正司法，坚守初心，切实托起神圣的天平。

教学刻苦一点

为了扎实搞好教学工作，讲好每一堂课，刘老想尽一切办法，抓紧一切时间，收集法学教育资料。刘老回忆说，当时备课条件不好，他们一家四口住在法大六号楼一间狭小的房间里，屋内没有桌子，也没有凳子，只有一个马扎。教学楼也只有几间教室可以使用，教师们只能挤在一起看书备课。有时备课到深夜，教学楼锁了门，他便只能从窗户处跳下回家休息，如此坚持，日复一日。他也曾同教研室几位老师坚持去中国人民大学旁听孙国华教授给本科生、硕士研究生讲的课，认真做好每一次课程笔记。说到这里，刘老感慨道："没有坚韧的品格和毅力是坚持不下来的。"经过半年多的刻苦拼搏，刘老终于初步完成了七九级本科生讲课稿。但为了教学过程的稳妥，刘老还请程筱鹤教授多次指导，询问授课应该注意的事项。正是刘老的勤奋、刻苦、坚韧和对待法学教育严谨的初心与强大的精神信念引导着他克服万难，大胆尝试，并最终获得了学生和业界同仁的认可和钦佩。

刘老深情地说："站在讲台上的四十多年，可谓教书育人，尽了时代责任，实现时代价值。我深切领悟到，人生世上，总应有所为，有所不为，超然物我，从实际出发，实事求是，努力奋进，诚信待人。"刘老表示，治学执教要坚持从实际出发，立足于时代要求，对社会负责。不能无视先人的学问，也要顺应时代之要求，以史为鉴，史论结合。

科研创新一点

尽管在科研上受到外文短板的限制，原版外文资料不足，刘老仍克服困难，追求学术精进，先后出版专著《社会主义民主研究》《法理学综述与评价》《法制建设与政治体制改革》《人权问题法理学研究》《反腐法治论》《人类法律文化的丰碑》等；主编《法学基础理论》《法理学》《法学概论》《新编法理学》等；在《中国法学》《政法论坛》《法学家》《法学杂志》《中国监察》《人民日报》《法制日报》(现《法治日报》)等期刊发表论文50余篇；完成北京社科联、北京市依法治市领导小组、市委政法委、北京市纪检监察学会、北京市法学会、司法部、国家教委等的多项科研课题。

刘金国教授拥有广博而深厚的法律人文精神，始终不渝地坚持真理，伸张正义，勇于担当。他不计个人得失、逆境不退、迎难而上的品行和行事风格铸就了平生对法律的信念和对法学的追求。

（指导教师：张楚萍）

刘海涛：两代人坚守初心　四十载筑梦育人

岭南师范学院　李柳怡

2015年，岭南师范学院的刘海涛教授在办理退休手续时，正巧碰上刘师母要到北京去照顾刚出生的一对双胞胎孙子。在这人生的下半场，老师却要夫妻分居两地了。刘教授倒觉得自己好像返回了青年时代，夫人去带孩子，自己继续站讲台。那时的刘教授，就像刚入职的新教师参加岗前培训那样，信心满满地到深圳大学参加慕课培训班，他竟觉得这是互联网时代馈赠给他的一种教书育人的新工作。

坚守教育情怀

刘教授6岁时得了小儿麻痹症，右腿残疾，行走不便。他父亲怕他将来找不到工作，就在他初中毕业时，很着急地叫老战友给他安排一个“坐着修钟表”的工作。可他没有去钟表社上班，而是去读高中、当知青。1977年恢复高考，他成了湖南师院零陵分院的一名大学生。大学毕业时，工作“主动”找上门来了，学校决定要他留校做一名专业教师。就这样，刘教授顺利地获得了人生的第一份工作。

刘教授说，他非常喜欢教师这个职业，一当上老师他就要“站着”讲课。因为他觉得只有“站着”讲课才能调动激情，把课讲好。刘教授这种对教师职业的敬畏和热爱，来自一种坚守党的教育事业的情怀，也来自他父母的教育和影响。刘教授的母亲是个责任心很强的党员教师，教他读《钢铁是怎样炼成的》等红色经典，使他懂得了如何面对自己身体的残疾、努力上进。他父亲在1958年读军医大学时就入了党，他经常看到父亲在军医院上班时穿着白大褂匆匆跑回家翻看军医大的教材，找到答案后又匆匆跑去上班。父亲的这种工作态度，长久地激励着他。他在大学三年级时就实现了入党愿望。同时他也鼓励自己的儿子在中学读书时争取入党。他们一家祖孙三代都是在当学生时就入了党，这种红色脉络，贯穿了他们一家两代人的教育事业。所以四十年来，刘教授不论是当系里的党总支书记，还是做学校的党委副书记，都坚持在教学第一线——“站着”给学生们上课。2021 年，刘教授的家庭被评为“广东省第 16 届十大优秀书香之家”。

展新时代新形象

刘教授在当大学老师的四十年里，用“读名篇、学写作、懂人生”的课程理念开设了“文学写作”“微型小说研究”等专业课和通识课，他和学生共同学习、研究《桥》《延安旧事》等红色经典小小说，帮助学生在国内公开报刊发表了 70 多篇研究小小说的论文。他把学生的课程作业编撰成《感动大学生的 100 篇微型小说》等 30 多部公开出版的图书，指导学生用这些学习成果参加广东大学生课外科技学术作品“挑战杯大赛”，获得一、二等奖 4 次。还细心辅导邹汉龙、肖芙等学生出版了研究小小说的学术专著。

刘教授说，自己几十年来都是“站着”讲课的，现在赶上新时代了，能不能再换一种方式继续教书育人呢？他认为，在自己的书房里，面对着电脑“坐着”讲课——这就是一个新时代新教师的新形象——不论你是博士毕业刚入职，还是六十多岁已退休，只要你是用新的教育理念和技术，面对着在计算机文化里泡大的大学生们讲课，你就是一个新时代的新教师。退休后的刘教授，就是这样从“站着”讲课变为“坐着”讲课的时代新人。

在创建关工委的工作品牌时，刘教授建设了“青少年创意写作 40 讲”和“海涛爷爷教你学写作”等公益课；还应马来西亚和印度尼西亚的邀请，出国担任华校师生“文学训练营”的讲师和华文写作比赛的国际评委。

四十年来，刘教授用“站着”讲课的精神来建设课程，用勇于拼搏的形象来创建弘扬社会主义主流价值观的课程品牌；退休后又转型在电脑前“坐着”讲课，获得了教育部“首批国家一流课程”的荣誉称号。他的人生经历使我们深深地懂得：一个党员教师，无论是在人生的上半场还是下半场，都应该努力争当新时代的新教师，在平凡的工作岗位上创造不平凡的业绩；要继续抒写坚守初心、永葆党性的教育故事；继续谱写为党育人、为国培才的教育传奇。

（指导教师：吴有强）

王毅武：有道　有成　有为

海南大学　贾寒冰　沈　园

王毅武，博士，海南大学教授，博士生导师，国家级有突出贡献专家，享受国务院政府特殊津贴专家，海南省首届杰出人才，全国马克思主义经济学说史学会副会长，中国经济发展研究会副会长。

育人有道

王毅武上大学，是“三好学生”；当老师，是“最受学生欢迎的教授”。他勉励我们说：“不管什么事，干就干好！”“要有坚韧勇毅与吃苦耐劳的精神，才能干出一番事业来！”

“多年上课都没迟到”是他对教育事业的忠诚与坚守、对学生的挚爱与垂范。他认为：“老师是耕牛，是园丁，是灵魂的工程师。”“当老师贵在有追求，教学有道是境界！”

王教授为了教学编写了《中国社会主义经济思想史简编》《〈资本论〉简明教程》《现代管理学教程》等高校教材，均是精品。《中国社会主义经济思想史简编》在青海省第二次哲学社会科学优秀科研成果评奖中荣获一等奖。他教学时以人为本，讲解得尽可能通俗易懂又与时俱进。

在中央电视台的“超星学术视频”中，王教授的《马克思主义中国化与八个为什么》等讲解，人气爆棚、好评如潮。据统计，至 2013 年 10 月 31 日播出博导、院士的讲座 6689 种，王教授的好评总数位居排行榜第一；2014 年 12 月 26 日，《中国现代经济理论与八个为什么》讲座播放量达 366268 次，也居第一名。

1992 年，王毅武获得正教授、享受国务院政府特殊津贴专家与国家级有突出贡献专家称号。海南大学给予“立功”特殊奖励。

科研有成

王教授以马克思主义为指导开拓了中国现代经济思想史研究新领域，代表作《中国现代经济理论导释》被学界认为“有开拓性意义”，有“研究深度和独到见解”，“对中国经济改革起到积极的作用”。他主编的11卷本“中国社会主义经济思想研究丛书”，首次系统研究了毛泽东、刘少奇、周恩来、朱德、邓小平、陈云等党和国家领导人的经济思想。1993年12月26日，青海人民出版社为丛书隆重举行首发式，认为丛书“集探索性、客观性、研究性为一体，创毛泽东思想研究的崭新学术领域，开中国社会主义经济思想研究先河”。

中国经济思想史学会泰斗胡寄窗认为，王毅武为中国现代经济思想史的研究“着一先鞭”；北京大学赵靖教授评价其研究“具有现实意义，填补了空白领域”；著名学者叶世昌在《中国社会科学》上发文，称王毅武主编的《中国社会主义经济思想史简编》一书“是很有价值的专著”，“具有开拓性意义”。《人民日报》发表专访《填补重要空白的学者》，称海南大学“生长着一个填补中国经济理论空白的研究机构”。

1991年，光明日报出版社出版的《中国经济学希望之光》收入《贵在开拓 志在追求》一文，认为王毅武“很有特色，并有发凡启例之功，居国内领先地位”。

王教授教学、科研几十年恪尽职守，锲而不舍，深研中国现代经济理论和历史，为学界留下了浓墨重彩的一笔。他出版专著、教材等50多部，发表论文300多篇，总计600万字以上，获省部级以上优秀科研成果奖36项，被称为“写作机器”“获奖专业户”。

参政有为

1990年，王毅武在青海省担任政协委员，为国献策。后来到海南连任三届政协海南省委常委、经济委员、政协提案委员会副主任。“我将我心献百姓”是他的庄严承诺！作为一名经济学家与政协常委，王毅武心系百姓。在政协海南省三届二次会议上的提案《我省高层人才集中回流应引起高度重视》获2000年优秀提案并催生了海南省关于人才的重要政策与文件；在四届三次会议上的《关于加强中共先进性建设的七点建议》，时任省委书记极为重视，批示“摘登简报”并印发全省各市县、各部门学习；在五届四次会议上的提案《关于设立海南八一综合经济综合实验区》获省政协 2013 年优秀提案并推动了海南农垦改革。有人说：“王常委年年都有提案，大会必有发言，是有作为的常委，敢讲话、讲真话，为百姓、为民生，言之有理、述之有据，是当之无愧的政协之星！”

星星还在继续闪烁发光，我们也将与光同行！

（指导教师：陈传汉）

曹春林：清开芬芳

北京中医药大学　高文博　乔　玺

春山苍苍，林木莽莽；春水漾漾，清开芬芳。

1976年，北京，实验室内。“成功了！成功了！200多例临床疗效非常明显，我们成功了！”喜悦的欢呼充斥着整间狭小的实验室。这一天是清开灵注射液问世的日子，这间实验室里都是北京中医药大学曹春林教授团队的研究人员，这注定是不平凡的一天和不平凡的一群人。

2021年，北京，聚光灯下。“这是医药人的荣光，更是一代人努力奋斗的模样！党和国家培养了我一辈子，国家需要就是我努力奋斗的方向。”这是北京中医药大学中药学院原创剧目《清开芬芳》首次展演，我站在舞台中央的聚光灯下，那一刻我好像真正走进了曹春林先生改良安宫牛黄丸注射液那段科研时光，真切地感受着那来之不易的成功背后的喜悦与激动，和那一代中医药人的责任与担当。

初识曹先生是通过学校2017年6月发布的一次专访，从中我了解到曹先生曾作为学校原中药系主任、中药药剂学教授和中药药剂学学术带头人，主编了《中药制剂汇编》《中药药剂学》《中华本草》等多本图书，曾获得共和国功勋人物等诸多奖励，清开灵注射液、地锦草止血注射液等许多耳熟能详的中药制剂也都是曹先生主持或参与研制成功的。这些成就和荣誉，让我对曹先生感到由衷敬佩，而他的平易近人与谆谆教诲又让我深入地了解了先生。

2021年5月，在北京中医药大学中药学院学生党建联合会开展的“红·颂”原创剧目展演活动中，我有幸成了曹春林教授的扮演者。在60分钟的剧里我体悟着先生的一生。我曾是那个见过鼠疫疾苦励志钻研药学的砍柴少年，我曾是那个在安国药厂秉承“敢想、敢说、敢干、苦干、实干、巧干”改良安宫牛黄丸注射液的研发人员，我曾是那个为保仪器奋不顾身用后背支撑起提取罐的曹春林教授。在一幕幕的更迭中，我恍若穿过时间紧随着曹春林先生一路前行。

曹先生此时已不再仅仅是一位存在于访谈中的名家教授，仿佛真真切切地走到了大家面前，像一位温润如春的长者，语重心长地指导我们这些学生娃娃要做好实验记录；在我们遇到困难的时候循循善诱地启发我们的思路，鼓励我们“分析方药，选准目标，精简药味，依证随方”；带领我们群策群力尝试研制清开灵注射液的不同方法；在我们感到迷茫挫败的时候，徐徐讲出他自己年轻时候的故事，告诉我们迷茫和失败谁都有过，重要的是要坚定信念，要“敢想、敢说、敢干、苦干、实干、巧干”，想尽办法克服困难，做好工作。

当剧目演到最后一幕，清开灵注射液终于研制成功，我切身地感受到无比的激动与感动，泪水在眼眶里打转，声音都在颤抖和哽咽。感动于清开灵注射液的问世离不开那一群克服艰苦条件在无数次实验中度过自己青春的老一辈中医药人的付出；感动于过程中所有的困难、争执、迷惘，那夜以继日的拼搏最终换来的成功；更是感动于曹先生对学生“润物细无声”的谆谆教导，“蜡炬成灰泪始干”一般毫无保留的指引，和“谁言寸草心，报得三春晖”般最纯粹质朴的关怀与爱。

“莘莘学子，皎皎朝阳；从容远志，发奋图强。”时代激流勇进，曹春林先生研制清开灵注射液的经历像一颗远方的星星照耀着千万中药学学子的前行之路。在实验的探索中，每当迷惘彷徨之时，想起那一代人在艰苦简陋的条件下迎难而上让中医药学走向世界，仿佛就又收获了无穷的驱动力。在前辈的带领与引导下，我们肩负起新一代中医药人的使命与担当，美好的青春必将永远闪耀着传承中药的荣光。

（指导教师：周　天）

贺善征：莫道桑榆晚　为霞尚满天

西南政法大学　李佳运

学科初创，敢为天下先

一盏昏黄的台灯，在山城的星光下绽放柔和的光芒。那是新中国行政法学暮色低沉的前夜，也是贺善征最忙碌的日子。不到一年的时间里，新中国第一部关于中国行政法的教材从着手准备到印刷出版，不知贺善征忙了多久，也不知他走得何其艰难。西南几个高等院校的法学师资力量集中在西南政法大学（简称“西政”），抗战期间留下来的专家学者云集西南大后方，苏联行政法教材、民国时期的行政法教科书只待翻阅，最齐全的资料在这里，优秀的精英学者在这里，国家与社会期冀的目光集聚这里，《中华人民共和国行政法概论》的编写工作刻不容缓。

十一届三中全会后，长期中断的法学教育才开始恢复，没人知道中国的行政法应该是什么样。尤其是在学习西方经验还是开创本土化特色化的法律制度选择上，必须以真理的目光做出历史性的选择。在不分昼夜埋头于图书馆，系统了解中华人民共和国成立以来的立法情况，海量阅读相关文献后，贺善征摸索出了一个方向：要立足于中国，研究我们中国自己的行政法。

身劳神立，心似金钿坚

1982年，《中华人民共和国行政法概论》出版并作为教材使用，同年贺善征第一个开始讲授中国行政法。虽然当时这门课只开一学期，与今相比，内容也显得浅显，但是同学们都对这开辟的新的领域很感兴趣。之后不仅在西政，而且在全国也掀起了学习行政法的热潮。

作为老师，贺善征白天讲授课程，晚上不断深化理论钻研。由法制到法治，从内部监察到政治监督、司法监督，从行政机关和公民之间的权利义务关系到行政程序法到底要包括哪些内容、又该如何认识行政程序法……几十年的时间里从无到有、由浅入深，他对于行政法学的研究也愈发全面而透彻。推进伟大工程，建设伟大事业，离不开跟贺老一样千千万万的中华儿女。辉煌岁月的史诗，是他们用青春书写奋斗的生动写照。三十年斗转星移，不移的是中华民族扎根国土、奋力崛起之志；三十年风云变幻，不变的是华夏儿女立足国情、赤诚报国之心。

教诲谆谆，桃李不多言

退休后的贺善征“退而不休”，他对学校的感情依然，责任心依然，对共产主义的信仰没变，对社会主义法治的信念没变。他用几十年的人生经历和各种经验积极顺应新时代潮流，转变观念，建立师生两代人朋友式的新型关系。

他多次语重心长向学生们说道：我们的法律体系已经形成，剩下的是一个完善的问题，要建立体现中国特色社会主义法治理论的行政法学。这不仅仅是因为有中国几千年民族文化传统的影响，而且也因为我们的政治制度和经济制度。西方的我们都学遍了，但都碰壁了。回过头才认识到不能邯郸学步，忘了初心本色，必须走中国自己的路。桃李不言，下自成蹊，中国特色社会主义法治体系的不竭活力来源于此，光明前景可期于此，比较优势根植于此。

桑榆非晚，为霞尚满天

毛泽东同志有一句名言：人是要有一点精神的。如贺善征一样的“五老”们，用他们的实际行动向我们诠释了“五老”精神。从青丝到白发，他们为国家法治建设、社会发展和谐有序做奉献；退休后，他们为下一代的成长成才发光发热，描绘出无限夕阳美景。回首望去，“五老”的精神似一道道温暖的阳光，映亮和温和了整个中华大地。我们需要“五老”精神指正方向，时代也需要“五老”精神务实创新，弘扬传承“五老”精神，以“五老”精神作为思想旗帜，扬中国之风范。

（指导教师：张　伟）

孙家钜：春风化雨六十载，耄耋不忘强国志

重庆邮电大学　郭炳川　曹　治

孙家钜是重庆邮电大学的一名退休教授，他将最好的年华献给祖国母亲，把最美的诗篇书写在文峰塔下，为重庆邮电大学乃至中国的现代通信教育打下了坚实的基础，培养了一批又一批优秀的通信工程师。

少年游·誓报国

孙家钜教授生于1938年，他见证了党的光辉历程，亲历了新中国的发展变化。在那个百废待兴而又充满激情与活力的年代，孙家钜从小便做好了为国家建设舍弃名利、埋头苦干的准备。在大学期间，孙家钜就曾赋诗一首："北风吹，沙铺面，战士操场把兵练。手冻僵，心寒颤，台湾不解放，战士还能战！"

1962年，刚从北京邮电大学毕业的孙家钜告别了父母，离开了家乡，跨越大半个中国，前往重庆邮电学院（现重庆邮电大学，简称重邮）任教。当被问到为什么选择来到重邮时，孙家钜教授是这样说的："那时候没想太多，就是到祖国需要的地方去。"

重庆邮电大学坐落于重庆市南岸区的巍巍南山之上，当时的南山还没有通公交车，学校唯有的两辆汽车也不在学校。南山脚下，孙家钜教授一行人看了看肩上的行囊，望了望耸立的南山，毅然决定——爬上去！

沧海横流，方显英雄本色。1962年，困难时期刚过，促使这些年轻人"离京赴川"的不是优厚的待遇，而是一颗炽热滚烫的爱国心，是教育强国的伟大理想。

揽明月·图强国

刚到重邮的孙家钜自觉知识匮乏，于是除教学外的大部分时间他都用来看书学习。他不仅浏览国内图书，还努力提升英语水平，从国外的科学文献

中学习更多前沿知识，这对孙家钜后来开设“移动通信”课程产生了巨大的影响。

1970 年，时任重庆邮电学院党委书记的郭长波老院长接邮电部命令，带领部分老师前往广西兴安成立三线建设厂，孙家钜便在其中。

孙家钜教授在这里度过了意义非凡的十年：“我觉得这几年我没虚度，从研制到生产，从运行到维护，我都干，在这十年里，我的知识得到了很好的融会贯通。明朝正德年间王阳明在龙场悟道，我也在兴安找到了中国通信教育未来的方向，找到了我后面几十年的奋斗方向！兴安之于我正如龙场之于王阳明。”孙家钜教授发现这里的大学生的知识面特别窄，不够系统，有时候维修机器可能只需要换一个二极管，却需要特定的人来完成。在那个人才匮乏的年代，维修两分钟等待两小时是常有的事。于是孙家钜教授就萌生了一个想法：“既然知识的综合运用如此重要，我们为什么不开设一门系统性的通信学科呢？”

同一时期，微电子技术和计算机技术发展很快，它们的加入让整个通信领域发生了翻天覆地的变化。孙家钜教授很早就开始关注移动通信，在 1980 年恢复办学后，便向学院申请开设一门综合性、前沿性的新课程！

孙家钜教授带领团队勠力同心，艰苦奋斗，十几个人白天教学讲课，晚上研讨学习，没日没夜地干。“通信领域发展太快了，简直是爆炸性的，我们原有的知识已经落后了，为了把这个课程开好，我们想方设法找最前沿的文献学习。那个时候我们经常深夜约着出去吃一碗蛋炒饭，因为常常忘了吃晚饭。”孙家钜教授如是说。功夫不负有心人，经过团队七年的努力，“移动通信”课程终于开设！正是有了这门课程，才有了诸多优秀的通信工程师，有了世界上第一颗采用 0.13 微米工艺的 TD-SCDMA 手机核心芯片。

然而在孙家钜教授看来这一切都很平凡，他说：“我相信，这些事情我不去做也会有人去做，我只是个普通的教师，教育强国是我奋斗一生的事业，我只是做了该做的事情。”

待后生·现强国

时光荏苒，白驹过隙，曾经那个意气风发的少年已至耄耋之岁。六十年春风化雨，时光带走了他的青春，染白了他的双鬓，可他的精神与品质始终在时光的余晖里闪烁着耀眼的光芒。

采访结束后，孙家钜教授紧握我们的手，说道："立高山之巅，方见大河奔流；于群峰之上，更觉长风浩荡。希望重邮学子勇攀高峰，不负韶华；希望青年一代脚踏实地，开拓进取，祝愿中华民族伟大复兴的中国梦早日实现！"我能清楚地听到他突然加快的心跳，也能看到他眼中缓缓涌出的泪珠，那泪珠很清澈，那是他奋斗一生的答案，是他坚守一生的意志。

（指导教师：刘 畅 罗 聿 周晓霞 袁 旭）

仇鸿伟：春风化雨三十载，一路躬行一路思

对外经济贸易大学　陈静恬　李贝娜　张　可　古里松木·阿不都威力

相逢源于一个美丽的错误

作为一名人文专业的研究生，进入财经类高校工作，或许不是一个主流的选择。当谈到自己与对外经济贸易大学（简称“贸大”）结缘的经过时，仇鸿伟老师幽默地化用了郑愁予的诗句：“我与贸大的相逢，源于一个美丽的错误。”

与郑愁予诗中不同的是，仇老师之于外经贸，不是“过客”，而是“归人”。而谈及这么多年坚守在贸大的原因，老师只用了两个字：“包容——毫无门户之见，不管你持什么样的学术立场，只要做出成绩，就有人认可你、鼓励你。”

他山之石，可以攻玉

正是这种自由而包容的学术氛围，给了初为人师的仇老师极大的鼓舞与支持。但作为新老师，要做出成绩谈何容易？一方面，从学生到教师的身份转变需要时间适应；另一方面，大学语文课程作为公共课，学生们对其的重视程度也难免不尽如人意。因此，如何吸引学生的学习兴趣，成了摆在仇老师面前的一道难题。

他山之石，可以攻玉。仇老师发挥一贯的学习精神，花大量时间去旁听老教师授课，从中吸取养分、寻找灵感。

“我印象比较深的是经贸学院的王绍熙老师，他讲课时不看教材，数据滚瓜烂熟，把学生所有注意力都吸引到他的板书与教学上。”谈起三十多年前听课的情景，老师仍然如数家珍，可见当时用心之专。

“学人者生，似人者死。”仇老师没有停留在对他人授课风格的简单模仿上，而是结合语文课程形象性强的特点和自身博闻强识的优势，不断探索属

于自己的教学风格——王老师是笔走游龙，仇老师则是口吐金莲：在课上讲到《诗经》《楚辞》时，仇老师出口成章，整段整篇的吟诵，令沉闷的课堂气氛为之一振。如此几次，同学们不禁被老师的才华折服，学生的参与度越来越高，课堂氛围也越来越活跃。

“在1992年第四届十佳教师评选中，我被同学们投票选为十佳教师之一，我很荣幸。”仇老师将“同学们”三个字咬得很重，“金奖银奖不如同学们的夸奖。”想必这句话一定深深印在仇老师心中。

独行快，众行远

在教学生涯的最初几年，除了当选十佳教师，另一件让仇老师激动不已、铭记至今的事情便是入党申请被批准。“当时中文学院的领导都非常好，对我生活上非常关心，政治上要求严格，也鼓励我积极向党组织靠拢。”谈及自己的入党经历，仇老师对学院的感谢之情溢于言表。而在谈及自己的入党动机时，老师则十分真诚而质朴：“想和更多的人站在一起。”朴实的话语背后，是一颗热忱的心。

从1999年起，仇老师先后担任教务处长、学科办主任，参与了申报建设211工程、接受国家学科评估、改革本科生学分制等许多件事关学校长期发展的大事，成为学校教学改革和学科建设的见证者与亲历者。

当被问及身兼数职是否有压力时，老师微笑着讲述了自己的心路历程：刚担任行政工作时，是举重若重，每天兢兢业业，生怕有所失误；之后随着经验见长，工作日益得心应手，心态变成了举重若轻；最后，心态是亦重亦轻，由工作的使命感所带来的紧张感依然存在，而因业务能力不足而产生的压力则消弭于无形。

偶然得佳对，留赠与少年

光阴似箭，日月如梭，三十四年，弹指一挥间。当年仇老师初来贸大工作时，党的十三大刚刚闭幕不久；而如今党的二十大召开，仇老师也已经过了退休年龄，但退而未休——在教学上依然发光发热，在科研中依旧笔耕不辍。在别人看来，仇老师着实当得起“老骥伏枥、壮心不已”八个字，但他谦虚地说：“未来是属于贸大学子这样的青年人的。”

钱民章：栉风沐雨　笃定初心

遵义医科大学　邵译莹　向　帅

钱民章是遵义医科大学（简称“遵医”）二级教授、博士生导师、国务院政府特殊津贴专家、校关工委副主任、学校青蓝工程教学专家督导团团长。她年逾古稀，精神矍铄，至今还奋斗在教书育人的岗位上。

矢志学医

钱教授说人生的道路上走得再远，蓦然回首，青春岁月里的一些往事，仍然鲜活地留存在自己的记忆中。1965 年，高中毕业的她响应毛主席号召，奔赴农村接受贫下中农再教育。她顶着烈日与乡亲们插秧打谷、深山打柴、下煤窑挑煤……艰苦的岁月锻炼了筋骨，磨炼了意志，她从两人抬一桶水到可以用高挑担 100 斤稻谷到晒谷场。她目睹了农村文化缺乏、缺医少药的窘境，决心用自己所学知识改变农村面貌。劳动之余，她教小孩子读书识字，自学医学知识，闲暇时间到中医院门诊偷师学艺……功夫不负有心人，她成了那里不可多得的受人尊重的赤脚医生。

1977 年，年近三十的她赶上国家恢复高考，她决心报考医学院，终身从医，以实现改变农村缺医少药面貌的梦想。她填报中医院校时因年龄大遭拒绝，但她的从医记录和自学医学的笔记、自制的药剂标本、结合医疗实践写的论文感动了爱才、惜才的遵医招录老师，使她成为遵医学子。

跨入遵医的大门，她如饥似渴地学习医学知识，学校教室、图书馆留下她孜孜不倦的身影，毕业后以优异的成绩留校任教。为了当好一个合格的生化教师，她深入学习了高等数学、化学、细胞生物学等相关课程，到上海医科大学攻读生物化学与分子生物学硕士学位。学习期间，她应邀到中科院上海生化所研究室从事科研工作，其硕士论文当年被评为上海医科大学优秀硕士论文，研究课题获中科院科技进步奖一等奖；在美国工作学习四年，她作为第一或主要作者在国际期刊发表了数篇 SCI 论文；申报贵州省第二届高校教学名师，其讲课获全省理科大组第一名……

致力于教育事业

三十余载三尺讲台，她一直致力于学校教育事业的发展，致力于立德树人根本任务。她无时不备课、无处不备课，已经记不清面授了多少学生、更新了多少次课堂内容、制作了多少版教学课件、书写了多少页的授课讲稿……

2015年退休至今，她仍然为学校的发展奉献着自己。她担任学校教学督导团团长（青蓝工程），答疑解惑、传经授道，为学风、教风、教学质量把关；她指导我校参加全国、全省教学相关比赛，屡获佳绩；她手把手帮助青年教师参加科研提升自己，为其修改科研竞标方案；她为学校审核评估，专业认证、申博、申重点大学奉献了自己的毕生精力。2018年，教育部一位国家临床医学专业论证专家听完我校教学督导汇报，查看了督导工作支撑材料后称赞“钱老师是学校难得的、不可多得的宝贝”。

钱老师的一位朋友说，她的一生都在进行“绿”的追求，因为绿是生命的象征，她一直在探索生命的奥秘和追求生命的价值。“黔中英才”“贵州省高校教学名师”“全国师德先进个人”“贵州省关心下一代模范‘五老’”……每一个奖牌都是她探索生命奥秘、追求生命价值的答卷！在培养祖国栋梁的道路上，她一生秉烛，初心笃定。

（指导教师：李爱国 冷运琴）

李树清：耕耘教学一线　勇于实践创新

昆明医科大学　王欣源　徐婉琳

在刻苦中钻研，在实践中创新，这就是李树清教授，一位胸怀祖国、专注医学、勇于创新、敢于实践的优秀医学教育工作者。

孜孜求学，不负韶华

李树清教授攻读研究生时，因学院资源有限，不得不到校外查阅文献。当年许多科研院所都位于远离城市的郊区，教授不怕偏远，常常带着干粮只身前往；再加上当时信息技术不发达，很多资料只能手抄，为了节省时间，他常常在闭馆时让管理员把他锁在资料室里，一边啃干粮，一边摘录文献。无论是在求学途中、教学过程中抑或科研创新里，不怕吃苦、努力实干、严于律己、全心投入才是成功路上不可或缺的优秀品质。

因材施教，助力成才

李树清教授一贯践行因材施教的教育理念，最大程度地激发学生的潜能，避免“千人一面”的教学情况出现。教学中，无论是承担本科生、硕士生或博士研究生课程，李教授都因材施教，把“枯燥”的医学知识讲得“有血有肉”，积极探索新时期提升医学生综合素质与能力的有效途径和方法。他把多年来对基础教学和临床实践的体会，凝练成自己独特的教学方法，注重理论与实践相结合、基础与临床密切联系；以“突出重点”和“讲清难点”为突破口，营造生动活泼的教学环境，帮助学生更好地理解医学的重点、难点，从而爱上医学。为帮助学生了解国情、省情及民情，李教授经常抽出时间为学生举办关于“社会调查”“三个面向与就业”“正确处理毕业实习与考研”等专题讲座，引导学生树立正确的人生观和价值观。

开拓创新，为国育英

李树清教授在科研上注重实践与创新。为了建立更逼真的血栓性局部脑缺血动物模型，他历尽千辛万苦，跑遍大江南北，四处求教和反复试验，发明了光化学诱导血栓形成性局部脑缺血实验仪器，利用树鼩代替价格昂贵的猕猴，为揭示树鼩脑缺血防治机制以及科学利用边疆实验动物资源做出了积极贡献。为了完成提高青年教师学历和能力这一艰巨任务，他争取科研经费，创造条件，为实现教研室青年教师的“博士化”而不懈努力。在他的开拓创新、立志报国思想影响下，一批批吃苦耐劳的优秀研究生茁壮成长。他培养的硕士、博士已成为云南省乃至全国医疗卫生领域、医学教育战线上的骨干力量。

投身医教，无悔人生

李教授的妻子谭树芬老师回忆，他总爱把没研究完的东西带回家继续研究，从深夜到天明，书房昏黄的灯光彻夜通明是常态。他常常面对镜子试讲教学内容，以至于孩子在很小的时候就把“休克的发生发展”作为“儿歌”大声诵唱。他的一言一行为孩子树立了榜样，成为鞭策孩子不懈努力、勤奋工作的动力。潜心钻研、勇于实践的李教授强调创新，鼓励学生不畏艰辛、敢于开拓；以身作则，教“医”的同时，更教“者”的规范；潜移默化将“医德医风”教育融入日常和教学中，用闪光的人格魅力感染、照亮学生的求学道路。

“身正为师，学高为范。”作为我们的楷模和典范的教授，用“科学为将领”“实践为士兵”组成了一支支“医学科研精队”，披靡前行，为祖国医学事业的进步和发展倾尽全力，做出了“医者大爱”的贡献！

（指导教师：陈　静　冯　蕊）

魏挹澧：中华优秀传统文化保护路上的不灭灯塔

天津大学　王一祎

“老师用自己的光，点亮了后面学生的那盏灯，一起前行。渐行着，前面的灯光并没有泯灭，然而，后面的灯燃烧得更亮更灿烂。于是，他又点亮了后面的一盏灯一起前行……周而复始，应了中国的一句老话：青出于蓝，而胜于蓝。”

初见魏挹澧先生，注视着她睿智而明亮的双眼，听着她对教育的阐释，我感到由衷的感动和震撼。茶香绕梁，在那个阳光温暖的午后，我们走进了魏挹澧先生与中国风土建筑的那段不解之缘。

抢救和保护临危传统民居，矢志不渝

习近平总书记曾强调：“要加强文物保护和利用，加强历史研究和传承，使中华优秀传统文化不断发扬光大。”多年来，魏先生矢志不渝，始终奋斗在抢救和保护临危传统民居建筑的第一线。

“按传统文化角度，中国传统建筑应分为三类。除了皇家建筑和士大夫文人建筑外，民居，即风土建筑，也是中国传统建筑文化的一个重要分支。它植根于乡土文化，蕴藏着原始的、温暖的、纯粹的人性，给人们以很大的启迪和感染力。很多现代建筑都吸收了民居建筑的元素和基因。”提起她挚爱的研究方向，魏先生的兴奋之情溢于言表。

多年来，她积极投身古民居抢救性保护工程，以湘西民居保护为重点研究方向，多次带领学生深入到山连山的湘西腹地去调查、搜集、整理民族建筑资料，撰写《湘西风土建筑——巫楚之乡，山鬼故家》《凤凰古城》等著作，呼吁广大专家学者投身中国传统民居建筑保护和中国传统文化内涵挖掘工作中来。在她的努力下，一栋栋美轮美奂、风采各异的多民族传统民居建筑如画卷般在当代人眼前徐徐展开，为广袤的中华大地留下了一笔笔浓墨重彩的历史印记。

承继中国传统建筑文化，薪火相传

在交谈过程中，魏先生反复提到“传承”。而在教育学生过程中，她最注重传承的，是中国传统建筑文化方面的素养。

她的这份素养传承自授业恩师卢绳先生。“卢先生的手头功夫极好，他能够以粉笔为笔、黑板为纸来画草图，能很快画出一幅幅精彩的古建筑画，堪称一绝。他曾经在黑板上画过五台山的佛光寺大殿，达到形神兼备的境界。他上课时的黑板就像经过精心排版的书页一样，同学们都舍不得擦去……徒手草图构思设计方案的能力是天津大学建筑教育的特色和传统，我们应该一直传承下去。”

魏挹澧先生衷心希望能培养教育出“有文化”的建筑师。她愿自己的学生既能掌握渊博理论知识，做到“仰望星空”，也能深爱中华传统文化，扎根中华沃土，做到“脚踏实地”。她说：“一个优秀的建筑师，首先得是一个有文化的人，让文化潜移默化地影响自己的作品。只有赋予了建筑深邃的文化内涵，建筑才能简洁而不单调，令人百看不厌。”

热爱脚下这片求学的沃土，坚守初心

采访过程中，令我们感动的，还有魏先生对母校那份深厚的感情。

“我们上学时，学校生态环境很好，系馆以西都是水塘、农田。一二年级时，我曾经住在六里台的 27 楼，对着青年湖，夏天晚上经常能够听到青蛙的叫声，一阵儿一阵儿地似合唱。它们叫累了就会休息片刻，过了一会儿，只要有一只蛙挑起鸣叫，就会又荡漾起一片呱呱的叫声……那时青年湖比现在大很多，还串联着几个湖，是一片湖网地区，如果划船可通至水上公园。青年湖里面还生长着鱼虾和螃蟹，晚上经过湖边的小路，常常可在小路上抓到河蟹。冬天，青年湖则变成了一个大滑冰场，课余同学们在上面滑冰、翩翩起舞的场景，也是我们最美好的回忆。”

“刚进校的时候，学校很荒凉，只有几幢清水墙的教学楼，行道树还没有我的胳膊粗，道路两旁都是盐碱地。这些年学校发生了翻天覆地的变化，所以我比较喜欢在校园里走一走。看到这些长大了的树以及新建起的一幢幢楼房，感受颇深。”听了魏先生的话，我们相视而笑，不由得更加珍惜当下越来越好的校园环境，珍惜这段难忘的青春岁月和校园时光。

魏挹澧先生有无数光环：国务院政府特殊津贴专家，中国民居建筑大师，国家资深规划师……每一个光环都见证了她在抢救性保护中华优秀传统文化过程中的不懈努力。而褪去这些光环后，她还是一位德艺双馨的好老师，一盏莘莘学子奋斗路上的指明灯。我们必将循着先生明亮灿烂的光芒，在发扬中华优秀传统文化的路上勇毅前行，在一代又一代的文化传承中汲取奋进力量！

（指导教师：李春意　王小轩　王卫娜）

张琇：传承红色基因，凝聚奋进力量

大连理工大学　朱菁菁

张琇老师从幼时童工到战火逃难，她深知只有共产党能救中国；从福建师范大学到人民大学，她在丰富自身学习中励志入党；在大连理工大学任教，她在思政教育中倾情奉献，屡次获评优秀党员、优秀科研工作者。张琇老师退休后继续在学校关工委工作，将夕阳时光奉献给立德树人大业。她一生的耕耘，折射出我党百年奋斗的先辈们的奉献精神、坚定信仰与革命理想的光耀。

踏平坎坷寻理想，坚定不移忠于党

少年的张琇在战火纷飞的逃难中艰难地读过点书。后来虽然考上大学，但旧的社会制度让她彻底失望。“我当时思想上很痛苦，不知道什么样的书、什么样的思想才能救中国。”张琇老师讲述时忽然提高音量，“当时我班上有个同学是中共地下党员，他借了两本书给我看，是《大众哲学》和《新民主主义论》。我读了这两本书之后，逐渐明白了用辩证唯物主义和历史唯物主义的世界观方法论来分析社会发展规律，懂得了只有共产党才能救中国的道理。”两本闪烁革命思想火花的小册子，引导青年张琇确立了追求光明和要求进步的革命理想。

福州解放之后，她积极参加共青团工委举办的讲座，和追求进步的青年们一起学习政治历史知识。由于在学校及团工委表现突出，她成为第一批共青团员，并当选团支部书记，也逐渐有了更崇高的理想追求。1953 年大学毕业时，张琇光荣地加入中国共产党，并经学校选拔第一批送往中国人民大学学习。“毕业后我留校在政治教研室做中共党史这门课的助教，我认识到高校的政治理论课是育人铸魂的思想阵地，政治课老师肩负着重大的责任，自己一定要牢记使命，占领这块阵地。”

乘势而上赴海滨，思政教育定航向

1958 年 2 月，张琇老师来到了大连工学院（现大连理工大学）。当时中苏关系恶化，意识形态出现分歧。张琇老师说："我必须讲好中共党史这门课。中国共产党的历史艰难曲折，涌现出许多可歌可泣的英雄人物和英雄事迹。此外，我还给学生们讲社会科学的原著，讲我们党怎样以马克思主义为指导，从弱到强成为中流砥柱。当时这门课没有教材，课上的内容都是我从党史里一点点摸索整理的。"

张琇老师始终认为"忠诚党的教育事业"重在育人。她认为，作为老师更要懂学生、爱学生。她有时间就尽心指导学生，在她眼里，学生永远是最有朝气、最有潜力、最值得期待的人。"20 世纪 80 年代末 90 年代初，青年学生探索思考社会主义的前途命运，我校不少学生自发组成学习小组，向马克思主义经典著作求教，并请我为他们辅导。我每次有请必到，帮助同学们掌握正确思想方法，和党中央保持一致。有时 600 人的大礼堂里，我讲课时台下廊前都坐满了学生来听课。在学校多方共同协作下，学生们对中国共产党的信心更坚定，申请入党的学生也越来越多。"

张琇老师毕生倾力在党史学习教育的课程中，她不知疲倦地努力，将党的历程清晰写出、讲出、表现出，成为受同学们欢迎的老师。回顾建党百年历程，她始终不渝地坚信是中国共产党给她人生航向，给她坚定信念，给她勇气和力量。"忠诚党的教育事业"成为她毕生的担当责任和理想。

百年峥嵘信仰在，黄金时代党史传

张琇老师退休后主动加入关工委的队伍，发挥余热，为党建及思想政治教育工作倾情奉献。"我特别喜欢一句话'老骥明知桑榆晚，不用扬鞭自奋蹄'。虽然退休了，我还是要努力为同学们服务，在服务中我也有很多收获，我也很快乐。"建党七十周年之时，张琇老师被授予高校马克思主义理论教育优秀工作者称号。

传承红色基因，培育时代新人，在党史学习教育动员大会上，习近平总书记提出"学党史、悟思想、办实事、开新局"的总体要求，张琇老师结合习近平总书记的重要讲话，还为我们大学生的党史学习教育提出几点珍贵的建议:“我们学习党史，一定要先打好思想理论基础，树立共产主义、社会主义必然胜利的坚定信念；还要确立共产主义的世界观和人生观，扣好人生第一粒扣子，未来的路才不会偏航；特别重要的是要通过实践从行动上来体现。青年学生们应该积极靠近党的组织，将学习的理论知识与社会实践相结合，立志为党和国家奋斗一生。”

党的百年成就，正是这样一颗颗红色基石的坚守和奉献。我们大学生要把这红色基因融于生命中，赓续红色血脉，永远听党话、跟党走。在全面建设社会主义现代化国家新征程上，担负起属于我们这一代人的历史使命和责任!

（指导教师：赵秋娜）

周淑贤：赤色血脉融贯　美育薪火永传

大连理工大学　刘博涵

“用美育的乳汁哺育大学生的茁壮成长。”这是曾任大连理工大学关工委美育组组长的周淑贤老师在撰文回忆其教育生涯时写下的语句，而这也成为周淑贤老师一生教育事业的真实写照。

“求知贵在心悟，始得知识之美”

“没有党，就没有我的今天。”谈起中国共产党，周老师握着同学们的手，一字一句地说起自己与党同呼吸、共命运的岁月。20世纪40年代，周老师的家乡曾饱受日军侵扰。当硝烟中的人们看不到前行的希望，是共产党给予了他们未来的光。周淑贤在共产党的帮助下走过那段百废待兴的岁月，得以实现读书梦想，也对党有了最初的感恩与向往。在学成之时，她选择成为一名教师，化作春泥更护花。

由于教学成绩显著，周老师被村里的党组织推荐入党。对周老师而言，加入中国共产党，是能力使然，是机遇使然，更是信仰使然。“发展到这个时代不容易。”回忆起自己将差班带好、任教导主任的光荣岁月，周老师的笑靥满溢兴奋与满足。她用自己的行动，走过了身为党员、身为教师“当好学生成长的引路人”的工作生涯。

“求知贵在心悟，始得知识之美。”这是时任院长钱令希先生为周老师所编《谈美育》的亲笔题词。书上的毛笔字迹被保存得很好，仿佛可以从中窥见周老师在大学开展美育德育课程时的风采。“要用教育报答党的恩情。”周老师如是言道。星星之火，汇聚并不是目的。继续闪光，成为最初照耀自己的那团火，是周老师作为党员为自己赋予的责任与使命。

“吾与汝并肩携手，共赴芳华”

周淑贤老师家中整齐摆放着一排她与家人的合影。回忆起陪伴她五十年有余的丈夫——大连理工大学机械系教授齐良老师，她屡屡赞叹：“他真的是个大好人，没有人说他不好。”在周老师退休后为学校志愿讲课的十年间，齐良老师经常帮忙碌中的周老师写标语、拉条幅、抄德育课黑板板书。

暮色将沉，周老师带我们走进了她的房间，房间中处处是两位教授之生活点滴。丈夫的字画作品布满墙壁，各类图书填满房屋，音乐播放器中放着周老师最爱的钢琴、小提琴音乐。良好的家庭氛围也对后代成长产生了极大影响。“我现在过得很幸福，三个儿子都特别孝顺。”周老师指着柜子上的家庭合影，一位一位地说道。她的大儿子、二儿子都曾于美国留学，“我让他们出去留学，但我当时就对他们讲一定得回到中国，报效祖国！”从小的耳濡目染使得爱国、爱党的情怀深植儿子们心中。在学有所成后，他们不约而同地放弃了国外的高薪诱惑，选择回到祖国。面对各有所长的后辈，周老师非常欣慰。周老师真切地把每位学生当作她的孩子一般关爱，并寄语我们：“是党领导得好！现在你们学习条件这么好，要好好学习，不能天天向上也得天天向上。”

“要是有下辈子，我还要当老师，更要做一名好老师”

谈到自己的教师生涯，周老师话多了起来：“我上课从来不用教案，别人问我为什么，我说我把党的恩情都记在心中了。”周老师以一片对学生的赤诚之心，身体力行地履行一名优秀教师的职责，践行着一位共产党员的初心与使命。课内课外，她关注着学生心态的变化：义务接纳困难学生到家中吃饭，开导失恋学生……“要是有下辈子我还要当老师，还要做一名好老师，继续报答党的恩情。”周老师握着我们的手，眼泛泪光地说道。她如对待亲生子女般对待自己的学生，也因此被学生亲切地称呼为“周妈”。退休后，时任校关工委美学教育组组长的周老师连开 200 多场讲座，即使下着大雨也未有一人缺席。

周老师也将对学生的关切渗透于对教学的热爱和钻研之中。为了让学生有一本专业的美育教材，她曾邀请校内数十位专家学者共同编撰成《谈美育》一书，并由钱令希院长亲自题词，以期引导学生们理解美、欣赏美、追求美。由于课程内容新颖，周老师的课程被选为入党培训材料，还因此被学校授予 1000 元的奖金。但这份奖金被周老师婉拒了。在她眼中，讲课是老师的本分，而讲好课是一名党员教师为国家培养人才应尽的责任。

谈到对青年的未来寄语，周老师说道："你们是幸福的一代，生活在和平发展、物质丰富的时代，但幸福是奋斗出来的，你们要专心做学问、仔细做工作，在思想上保持先进性，在行动上保持积极性，在品质上保持纯洁性，努力拼搏，做国家建设的栋梁。"

（指导教师：马 宽）

屈伯川、陈延龄：玉兰花与螺丝钉

大连理工大学　李　昉

自建校起，一路走来，大连理工大学（简称“大工”）已经度过了七十三个年头。庆贺大工七十三岁生日之际，我也收到了一份特殊的礼物：陈延龄老师——屈伯川老院长的儿媳，接受了我们的访谈请求！

玉兰花

陈老师说知道我们要来，就提前做了准备，一定把她知道的都向我们传达到位。陈老师说起了屈伯川老院长的故事。从1940年筹办延安自然科学院开始，屈院长从事党的高等教育事业长达半个多世纪，努力贯彻执行党的方针政策。1947年出任关东工业专科学校校长，1949年出任大连工学院（现大连理工大学）首任院长。他呕心沥血，带领师生一步一步地向上攀登。我国第一个现代化渔港、第一个培训高中级经济管理人才的基地、北方高校最大的船池，都是在屈院长的领导下建立起来的。当年延安的红色基因在大工的土地上不断续写。

玉本洁来洁又去，陈老师说，屈院长欣赏玉兰花纯白的颜色和高洁的品质。早在1991年，屈院长就写下了遗言：“遗体献给大连医科大学附属医院供教学、科研使用。”“把骨灰送给大连理工大学，同绿化用肥料混合，撒在学校绿化园地。”屈院长如玉兰花一般，德泽长存，经久不衰，在他一生热爱的大工土地上永远散发着芬芳。

陈老师拿出了当年报道屈院长离世消息的报纸，我们一齐围了过去。她指着右下角那篇《悼念爸爸、爷爷》，“这是我当年写的”。文章第一段：“遗体捐大医，骨灰撒校园。当家里人庄重地向党组织交上您最后的愿望时，深深懂得，这是您在以一个老党员、老教育工作者的赤诚之心，书写着您生命的最后篇章。”我注视着陈老师的双眼，眼眶湿润了。暖黄的灯光下，她的目光像深深的潭水，平静而悠扬地流淌在发黄的纸页上。

螺丝钉

陈老师说，屈院长是她心中永远的灯塔，自己这么多年，一直努力做一颗螺丝钉。而争取做一颗不生锈的螺丝钉，是她入党的初心。从 1990 年转业到大连理工大学起，二十多年的时光，陈老师在校办公室的岗位上甘当学校前行的铺路石，认真为师生服务。如今，已过古稀之年的陈老师，退而不休，在校关工委担任大学生业余理论学习小组的指导教师。用陈老师自己的话来说："做初心信仰的坚定执行者。"陈老师还是一名校史讲解员，讲好大工故事，讲好党的百年故事，让全校师生汲取到宝贵的精神财富。她把对大工的热爱倾注到对同志的关心中，联系群众，排忧解难。当陈老师得知有一位退休工人身患癌症多次住院后，主动与其家属联系，一边安慰家属，一边向离退休处领导反映情况，使其在最困难的时候得到帮助，带着对学校的感恩之心走完生命的最后一段路程。"一个可信赖的人"是对她的一致评价。

在接受我们的访谈请求之前，已经有许多学生拜访过陈老师。陈老师说能通过自己一个人去影响一部分人，为年轻人指引前进的方向是她作为共产党员的责任。匠心守望初心，师道传承大道。多少年过去了，陈老师说起漫漫来时路，眼中仍闪烁着坚毅的光。从执着坚定的笃行不怠到昂首阔步的踔厉奋发，纵然韶华如驶，她始终牢记为党育人、为国育才的使命，以身体力行传承大工之红色基因，延续中国共产党人之精神。

"这张报纸你们带回去吧，送给你们了。"陈老师把报纸递到了我的手中，我不敢确认，心怦怦直跳："您真的给我们了？"捧着报纸的手止不住发抖。"是给你们，你们带回去给更多人看，把老先生的故事和精神传下去。"我捏紧了报纸，一种使命感油然而生。

临走时，天已经黑了。回校的路上，陈老师的话仍萦绕在耳畔，我忽然觉得脚下的路变得格外踏实坚硬，抬起头向前看去，是一片光明。

（指导教师：马 宽）

章川波：与祖国共奋进

陕西科技大学　徐泽坤

章川波是我国轻工皮革领域的专家，他的奋斗足迹与国家发展、社会需要、行业需求都紧密相连，从求学，到工作，再到退休，他都秉着科研与实践相结合的思想，致力于教学与研究，于章川波而言，国家需要就是个人选择。

谦逊努力，不辞辛劳

1960 年，章川波进入北京轻工业学院，师从潘津生教授，开始了皮革专业的学习。当时的北京轻工业学院才刚建校两年，条件并不是很好，而皮革专业是一个传统而且实践性很强的专业，章川波便跟着老师一起，没有条件便创造条件，一边学习一边做实验，完成省里、部里的项目，还有国家科技项目，并利用一些社会资源，到工厂、企业去学习和实践。正是这些奋斗的日子，让章川波的专业知识与实践技能得到了积累与沉淀，同时在老师潘津生的指引和影响下，感悟到了对知识的尊重，对人、事的谦逊。这不仅体现在他的科研工作中，也体现在了他的教学理念中。他曾说："对于老教师来讲，一定要注重对年轻人的培养，多与年轻人交流，因为年轻一代对那些知识以及现在的理论情况掌握迅速，不一定懂得比你少，所以作为老师要谦虚、平等地对待他们，适当利用教师的职业为他们铺平进步道路，做一个台阶。虽然老教师年龄上是优势，实际上许多方面要多向年轻人学习，现在的科技进步和社会发展都是要靠年轻一代的。"

参加工作的章川波，作为高级访问学者在法国巴黎国立阿尔夫尔兽医大学医学及物理化学研究所进修和工作，先后完成了"牛皮病虫害伤残""鲜黄牛皮冷冻保藏法"等多项研究课题；参加"制革酶制剂新菌种——166 蛋白酶的筛选和应用"国家重大科研项目。他始终保持着坚定的专业学习思想，一旦进入这个行业，就要终生效力于这个行业。后来回到陕西科技大学，从教学第一线再到科研管理，无论是纵向项目还是横向项目，都跟着学校的脚步，在皮革这方面做了大量的工作。学校先后参与了国家“六五”“七五”“八五”科技攻关项目，荣获几个全国科技进步奖一等奖，1978 年还荣获当年的“全国科学大会奖”。他说：“对于我来说，这是学校领导交给我的任务，我得积极负责，把科技处的团队建设好，大家上下齐心把科技工作做好。因为集体来之不易的成果，虽然我当了劳动模范、省级先进工作者，但实际上反映了我们整个科研艰辛的付出而获得的荣誉。”

退休不褪色

退休后，章川波也从未停歇，刚开始一段就是参与学校的评估，还先后参加了轻工行业的一些环保工作。他的足迹遍及全国，跑了至少有上百家企业，始终坚持在一线，看行业的发展，发现存在的问题，了解最真实的情况。章川波在进行走访、考核的时候，把一些先进的清洁生产技术，给大家做个宣传、做个推荐。同时，他还参加实验，而且到各个厂走访做实验、介绍环保技术，联系高校皮革老师，对技术当中的理论数据和理论问题进行探讨和研究。“这些工作一方面是在行业里做一些技术研究，另一方面与其他老师相互配合进行专业理论研究工作，受到企业和行业老师的欢迎。”就是这样的一个原因，成了他退休后继续工作、继续坚持在一线的动力。他对待科研、对待工作，只要是对国家有意义、对行业有价值，他便会一直保持着高涨的热情。他说：“现在我的身体还很硬朗，大家经常想起我，希望我一起出来工作，因此我的热情还是比较高的，希望同现在的年轻人一起进步，保持那份初心，能够与时俱进。不论去外面参加活动还是去做调研，我希望在这当中同大家交流并学习，在工作的同时也把它当成是一个学习的机会，即使我的能力有限，但这使我感到很充实。”

章川波的经历伴随着国家和学校的发展变迁：在建校不久时入学，习得扎实的理论与技术；伴着学校西迁，听从国家号召与学校一起支援大西北，坚持在皮革领域不断发展，不断创新；在工程、试验一线，发现问题、解决难题，宣传科学的环保理念，并将技术在环保方面不断革新。章川波用他的科研旅程诠释着：以社会需要为选择，与祖国共奋进！

（指导教师：高　翔　王念东）

朱贵增：只问使命　无问西东

东北大学　王诗雨　武　一　郭钰祥

初见朱贵增教授，他一头银发，深红色马甲，脸上带着和蔼亲切的笑容。简单寒暄过后，我们跟随着他的脚步，回首过去，聆听历史，读懂中国。

磨砺：筑牢国家的“铁城墙”

照片会因时间的流逝而泛黄，只有珍藏在心头的回忆，像陈年老酒一样愈久愈醇。当朱老提到那段抗美援朝战争经历时，仍是心潮澎湃，热泪盈眶。

1950年冬，17岁的少年心中唯一的信仰就是“听党话，跟党走”，他永远会出现在祖国需要的地方。手脚冰冰凉的小警卫员随部队从沈阳苏家屯出发，越过丹东的拉古哨大坝，蹚过了寒夜里寂静的鸭绿江，到达了他将戍守七百多个日日夜夜的碧潼战俘营。在这里发生了许多令他铭记在骨髓里的故事。

“적기가 있다! 적기가 있다!”既熟悉又陌生的异乡之音，朝鲜人民军同志焦急地喊着，手一边向天空中挥舞。朱贵增察觉到一丝不对劲，便撒开腿往前跑。宽阔的大同江桥，却容不下他小小的身影。美军F-84喷气式战斗机在空中一架一架地飞越，像在给大同江桥两头的人们炫耀着它无出其右的制空权。飞机罩下灰蒙蒙的影子，炸弹碎片激起的四散的尘土和水花，扑打着朱贵增的脸颊，他还是埋头奔跑，甚至无暇顾及多少架敌机被逐一击落，并肩作战的队友为他架起高射炮保护网，他到了对岸，成功地将信送到了远在东平壤的队伍。为了完成任务不惜牺牲自己的生命，朱贵增同志坚守阵地，决不后退，和战友们用身躯筑牢了国家的“铁城墙”。

“听从首长召唤。随时召唤，随时待命，赴汤蹈火，不屑牺牲。”这沉郁顿挫的话语，饱含着他英勇顽强、舍生忘死的抗美援朝精神。

崛起：坚定信仰的“主心骨”

从新中国成立到抗美援朝战争胜利，从社会主义制度在中国的初步确立到扎根生长，朱贵增经历了中国的崛起进程。

战争结束后，他因表现优异由部队保送回国学习，并在1955年考入东北工学院冶金系钢铁冶金专业。在大学期间，朱老始终保持着对钢铁的热爱与虔诚，勤勤恳恳学习，认认真真做人，怀揣着为实现共产主义而奋斗终生的初心在1959年加入了中国共产党。毕业后，因为国家需要，朱老选择留校建设新专业，从事教学科研工作，挑起祖国建设的紧迫任务。他接受冶金部下达东工分担的有关燃气涡轮发动机热端零部件用高温合金的科研、教学任务，将精力全情投入专业研究中，敢啃硬骨头，甘坐冷板凳，静心钻研知识。有一次在山西武功空中返修厂做飞机发动机的地面台架试验时，本应坚持100小时的零件，在80多小时时突然断裂。面对发动机地面架台实验的失败，朱老并没有气馁，而是鼓起勇气，修正错误，重新开始。正是老一辈科技工作者扎根科研、敢于挑战、默默付出，我国的科技高楼才能拔地而起。

从东亚病夫到屹立东方，从山河破碎到神州锦绣，朱贵增老先生有幸见证并助力了中国的快速发展。当我们问到他的身份是什么时，他光荣地回答：“我是一名红色工程师，一名中国共产党党员。”朱老的一生正如他自己所说，听党话，跟党走，只要坚定信仰的主心骨，就能将革命进行到底。

奋进：甘为人民的“好园丁”

朱老提到他人生中最有成就感的两件事，其一是参加抗美援朝战争，其二便是投身教育事业。他教学三十余年，积极奋进，先后任职助教、讲师、副教授、科研课题组组长。朱老负责成立了东北工学院激光应用研究室，为之后的科研和教学提供了顶尖平台，也培养了一批又一批的优秀学子在各行各业中做出贡献。

雷锋同志曾说：“我觉得人生在世，只有勤劳、发奋图强，用自己的双手创造财富，为人类的解放事业和共产主义贡献自己的一切，这才是最幸福的。”朱老便是这般，他是老一辈中国知识分子的缩影，他们不畏艰苦，迎难而上；他们甘为园丁，循循善诱；他们将自己学得的知识传递给他人，将自己所学所得转化为能推动社会发展的力量。

先辈凭借着顽强的精神和坚定的信仰，把中国从“落后的泥潭”中拉出来，交到我们的手中。在新时代里，那抹星星之火从未消失，而是融入繁星闪烁的夜空，成为铸就在中华儿女心中永不磨灭的时代使命与精神信仰。

“山河已无恙，吾辈当自强。”我们也应秉持“只问使命，无问西东”的信念，做到心中有火、眼里有光，勇担时代责任，在新时代征程中扬帆远航。

（指导教师：冯泽民　董　磊）

易廷坚：以小我之劳，助大国之花

伊犁师范大学　王姣颖

百年大计，教育为本；教育大计，教师为本。正所谓“国将兴，必贵师而重傅”。伊犁师范大学有着一名几十年如一日为自己所爱的事业倾其所有、始终坚持资助贫困学生的普通教师——易廷坚，他不爱说话，却用自己的实际行动谱写出了一篇民族团结的伟大赞歌，被他资助的学生不计其数。在他的家中，与他同吃同住的学生多达40余名。这般大事在他嘴里却变成了简单的一句“中华民族本就是一家人，我只是做了自己该做的事情”。他默默无闻，不计回报，无愧于事业无愧于社会，是民族团结的一面旗帜，是我辈学生的典范楷模。

1964年，可克达拉迎来了一位“平平无奇”的人民教师易廷坚，他在教师这个岗位上坚持了四十余年。作为一名普通教师，他用无私的爱帮助了40余名贫困生完成学业。他把最美好的青春交给了祖国的边疆，把最美好的回忆留给了学生。他用他自己独特的人格魅力影响着伊犁师范大学的一代又一代学生。

那时易廷坚是民族班的代课教师，在汉语作品导读课上，一个貌似有着问不完的问题的维吾尔族学生木沙江吸引了他。之后，易老师给予了这个学生很大的帮助，后来木沙江说：“我很想把汉语学好，可是基础实在太过薄弱，好在遇到了易老师，他给了我很大的帮助。”起初易老师发现他总是吃得很简单，有时候竟然只吃同学分他的一点食物。易老师一番调查发现，原来木沙江的父亲是癌症晚期，家里还有一位80多岁卧病在床的奶奶，而他的学费是四处借来的。易老师知道后倍感惊讶，也不禁暗自钦佩这个学生的毅力。他当下就做出决定，要帮助这个学生。易廷坚把他接到自己家中居住，每个月给木沙江200元的生活费，并且在日常的生活中也给予他如同父亲般的关爱和照顾。日复一日，年复一年，甚至到木沙江大四毕业找工作没钱租房，一直都住在易老师的家中，直至结婚。后来易老师又前前后后帮助了40多个贫困学生。易老师的事迹在社会上引起了强烈反响。维吾尔族小伙木沙江总是对外界媒体说，易老师就是他的汉族父亲。2005年年底，伊犁师范学院全体党员自发地建立起了“党员助学基金”用来帮助像木沙江一样的贫困学生。易老师的善举如星火燎原之势点亮了众多贫困学生求学的希望，亦照亮了学生漫漫亦灿灿的人生路。如果说一个人遇到好老师是幸运，一个学校拥有好老师是学校的光荣，那么一个民族源源不断涌现出一批又一批好老师则是民族的希望。

习近平总书记曾说：“未来属于青年，希望寄予青年。”作为新时代青年的我们——伟大理想的追梦人，伟大事业的生力军，更要牢记使命，不负青春，于漫路中探索，于探索中收获。少年负壮气，奋烈自有时，让我们坚定信念，善以待人，不忘初心，谨记“五老”精神内涵，共话百年奋斗，争做时代新人。

（指导教师：阿依努尔）

李晨红：退而不休，余热浸润桃李心

乌鲁木齐职业大学　付　静　师翠玲

从2004年退休后被单位返聘，到2015年年底卸聘，再到如今时常活跃在各大教学研讨、讲座、论坛会上，提到教育工作，73岁的乌鲁木齐职业大学教师培训学院小语文课程与教学专业副教授、原教务科长、课改研究中心主任、小语国培优秀首席专家李晨红依然精神矍铄，思维敏捷，似乎有用不完的热情。

积极投身教育事业

出生于1949年的李晨红于1969年走上教育岗位。"都说教师是人类灵魂的工程师，这既是一份事业，更是一份沉甸甸的责任。"李晨红热爱教育事业。在职期间，曾先后被评为市级优秀班主任、先进教育工作者、乌鲁木齐"十佳"教师、劳动模范。她曾主编新疆小语教师继续教育教材，参编教育部师范司组织编写的专本科教材《小学语文课程与教学》，主编《作文月坛》《童年的足迹》等自治区少儿月刊读物十年，曾先后主持国家级研究课题三个。

"祖国的未来、民族的振兴，教育工作者起关键作用，教师培训学院面对的是正辛勤耕耘在教育教学一线的老师们，他们的教学技能需要专业教师的指导引领。"李晨红兼任学校课改研究中心主任时，经常带领年轻教师们做科研，帮助他们提升专业技能。从国家级"十一五"课题《小学语文"发展与创新"教育研究》到"十二五"《本色教育的理论与实践研究》，再到"十三五"《小学语文主题阅读研究》（"一主两翼"教材体系、课型研究）等，从开题论证到研究实施、总结结题，李晨红一步一个脚印帮助年轻教师提升课题研究力。

作为小学教育研究学者，李晨红每学年都深入一线课堂听课评课、辩课，深受一线教师的欢迎信赖。"要记住，你们不仅是授课者，也是孩子的生活导师和引路人，你们的教学思路与能力直接关系到课堂成败，关系到孩子们综合能力的提升，一定要锤炼师德师风，不断提升自己的能力。”李晨红常说。

在职三十五年，李晨红还主持过乌鲁木齐职业大学小语教师继续教育培训，担任“国培”首席专家四届，被评为自治区小语“国培”优秀首席专家，多次参加新课程、“国培”送教下乡，先后到阿勒泰、库尔勒且末、伽师、吐鲁番、塔城、阿克苏、昌吉喀什等地，连续十年被新疆师范大学评为“国培”优秀教师。

2004 年，本该退休颐享晚年的李晨红，毅然谢绝了不少民办学校校长的职位和优厚的待遇，接受了乌鲁木齐职业大学的返聘。十六年间，她仍然担任着大量的教学教研任务，每周坚持到小学课堂上听课，指导年轻教师提高师德修养与教学能力。“是党培养了我，是乌鲁木齐职业大学培养历练成就了我，我的根在这里，我要把所有的知识和精力再回报到这里！”李晨红感恩地说。

树立课程文化体系意识

2015 年，从乌鲁木齐职业大学卸聘后，本该含饴弄孙、享受天伦之乐的李晨红还是放不下她的教育事业，先后走进 200 余所学校进行课程文化诊断梳理建构，对 50 余所学校进行课程整合培训指导，还被聘为新疆两个自治区级、一个区级名校长工作室顾问、深圳立言教育研究院核心专家、中国教育学会教育筹划委员会专家委员等。

五十多年的教育教学生涯中，李晨红从小学语文讲台站到了中师、高师、成人继续教育的讲台；从一名教师、班主任、大队辅导员到教导主任、校长，多彩的教育教学实践让她积累了丰富的经验，逐步站到更高的角度看教育。

2020 年，党中央召开第三次中央新疆工作座谈会，提出“文化润疆”战略。李晨红开始思考如何做到“文化润校”，让下一代和谐健康成长。“现今许多学校文化只是贴在墙上给人看，缺乏内生性，‘拿来主义’严重，体系性不强，必须树立课程文化体系意识，让学校的文化理念价值追求落地生根。”

李晨红是这么说的，也是这么做的。近年，李晨红着力研究学校课程文化体系顶层设计与实施。她先后走进新疆各地和内地中小学，从一所所学校实际出发，与校领导、教学骨干共同梳理、寻找内生源、内生点，建构适用于本校师生发展的文化理念体系，研发学校课程文化体系建设，让“文化润疆”落到润校、润人、立人，让校园文化浸润到课程、课堂，让孩子们提升文化核心素养。在海南休假期间，李晨红应邀走进三亚市国立凤凰中学，研究梳理出“凤凰”课程文化体系；牺牲寒假休息，为十几所学校修订课程文化建设文稿二十余篇，让文稿出版见诸于书……她为十几所学校“诊断、把脉”，构建以提升学生核心素养为出发点和归宿的课程文化体系，使这些学校走出了文化内生、系统构建、课程再造、整体育人的新样态……

张法林：情浓书写夕阳红　老骥伏枥谱新篇

石河子大学　王　程

四十多年来，石河子大学记录了张法林同志的梦想之旅，交错纵横地编织着他前半生的生活。在这里，他从风华正茂的青年学子成为三尺讲台上的微微烛光，再成长为教授，从基层一线普通科员到211大学的副校长，直至退休专门从事关心下一代的工作。无论在哪一个岗位上，成长求知、教书育人、立德树人、管理服务，是他不变的信念和追求。

春风化雨　教书育人

1982年起，张法林便兼做起教学和学生思想政治工作。在学生眼中，作为老师的他比较严肃，在生活中他却十分愿意与学生“零距离”接触，经常与学生谈心交流感情，特别是对少数民族同学讲政策、讲团结，坚持各民族一律平等，真诚相待，工作期间也交了很多少数民族的学生朋友。

在成人学生教育管理中，由于学生各方面参差不齐，管理难度非常大。为加强管理，保持正常稳定的教学秩序，他结合成人学生的实际情况，制定和试行了德育（操行）考核记分办法，对学生的考勤均实行定量记分考核。这既方便了管理，也引起了学生的重视，收到了较好的效果。

在与学生相处时，他始终相信只有设身处地理解他们，才能走进他们的内心世界。要急学生所急，想学生所想，才能解决学生遇到的思想和学习问题，帮助他们进步成长。时隔数年，他带过的学生在各行各业都取得了较大的进步和优秀的成绩，昔日的幼苗在经历岁月的洗礼后，俨然成长为参天大树。许多学生更是成为兵团和自治区医疗卫生系统的专家教授、医院院长、卫生局长等骨干力量，这让他感到十分欣慰和满足。在他看来，立德树人、教书育人、身教为先已经是他的工作标尺之一，只有通过人性化的、充满爱的教育，才能将更多优秀的学生输送给社会，这也是他做关工委工作的初衷。

退而不休 发挥余热

关心下一代工作事关党和国家前途命运，是学校教育的重要组成部分，是学校党建思想政治工作的有力支撑和重要补充。2010 年，张法林在任石河子大学副校长主管离退休工作时，便担任校关工委主任，负责关心下一代工作。2013 年退休后，校党委返聘他为校关工委专职常务副主任。转变的是身份，不变的是育人，继续发挥余热，关心、培养着下一代。

作为一名老党员、老干部、老教授，从事关工委的工作源于在学校几十年来对学生、对教育事业深沉的热爱和特殊的感情。2013 年，他刚担任关工委常务副主任不久，根据中共教育部党组文件要求，积极探索学生党建工作新途径，就组建特邀党建组织员队伍问题，与大学党委组织部和离退休工作处有关领导前去新疆大学等疆内四所高校学习考察取经。返校后结合本校实际，起草制定了《中共石河子大学关于聘请离退休老同志担任特邀党建组织员的实施意见》，报请大学党委批准后，亲自组织遴选了 10 位有党建工作经验的退休老党员、老党务工作者等，成立了特邀党建组织员小组。

工作中他始终坚持围绕大局和中心任务，积极拓展平台，努力培育和打造品牌。2013 年，教育部在全国征集归纳凝练确定了关工委十大工作特色品牌，涵盖了学校长期坚持开展的“青蓝工程”、“五老”报告团、主题教育等各项工作。这些特色品牌的确立为发挥“五老”主体作用创造了新的工作领域和条件，也使他的工作思路更加清晰，对做好关心下一代工作的责任感、使命感更加强烈。

同年，石河子大学关工委还被评为“全国五好基层关工委先进集体”。称号的授予对他和学校来说既是肯定，也是鞭策和鼓励。立足基层，主动作为，在他的倡议和推动下，2014 年开始启动院级五好关工委的创建活动。经过连续 5 年的创建和评比，2019 年全校已有农学院、医学院等 10 个学院的关工委被评为“五好基层关工委”，占学校 24 个基层关工委的 42%。

老骥伏枥 筑梦未来

关于未来，他亦充满想法和期待。在坚持理论学习的基础上，他还多次参加教育部和兵团组织的关工委培训班，不断增强做好新时代关工委工作的责任感和使命感，深刻认识到高校关工委要适应新形势、新情况、新任务，牢牢把握服务青年学生的正确方向，紧密结合学校实际和学生需求，努力发挥“五老”和关工委在加强高校思想政治工作中的独特优势作用。配合教育主渠道，紧紧围绕立德树人的根本任务，精心抓好顶层设计，精细做好日常工作，精确找准工作定位，推进关心下一代工作制度、理论、品牌创新，为青年学生坚定理想信念和健康成长做出更大的贡献。

2017 年，张法林以“传承红色基因，培育兵团事业新人”活动为抓手，以弘扬胡杨精神、兵团精神、老兵精神为主线，在学校开展了丰富多彩的系列主题教育活动。并与学校其他部门联合举办了《影像兵团》等“红色”图片展，还邀请老军垦陆振欧、第一代女拖拉机手“戈壁母亲”金茂芳等山东和湖南女兵代表与大学生一起参观交流，使广大师生更深地了解兵团、走进兵团、热爱兵团、建设兵团，成为热爱新疆、扎根兵团的高素质兵团事业新人。

堂堂君子度，悠悠师者心。在张法林的人生画卷中，始终坚持付出与奉献来书写自己的追求。不忘初心，砥砺前行，历经时代变换，院校合并，他把青春热血和生活激情都留在了石河子大学的这片热土上，贡献给了他所热爱的教育事业。如今，他年已古稀，退休多年而不休，继续将自己的人生梦想浇筑在杏坛之上，关心、帮助着下一代，将温暖和阳光在青年中传递。

（指导教师：甘秀叶）

梁进：她的数学百花园

同济大学　吕东蔚　雷佳颖

在梁进老师的数学课堂上，你不会感到枯燥，而是像走进了百花园。

刚入学时，我去参加数学科学学院举办的新生分享会，那是我第一次见到梁进老师，她是分享会的特邀讲演嘉宾。作为金融数学领域的知名学者，梁进教授出版过多本教材、专著和译作，主持过多项国家级科研项目，在美式期权的最优收敛速率、信用等级迁移风险评估和碳减排优化等方面取得了系统性的重要成果。分享会上，她学贯中西、才思敏捷，首先进行了《数学、金融与艺术》的演讲，将许多人视为畏途的数学之美娓娓道来，一展大师风范。之后在师生互动环节，她又从更高的维度将文史哲与数理化有机串联起来，让我有了醍醐灌顶、豁然开朗之感。

数学与艺术

后来，我在通识选修课“数学与艺术”的课堂上再遇梁进老师。一改记忆中严肃端正的女学者形象，她衣着朴素，言笑晏晏，与学生相谈甚欢。她的课堂里，有凡·高的《星空》与自己用高倍望远镜拍摄下来的星云图，她通过两者对比给同学们展示抽象画作中体现的真实世界的星云流动；有英国诗人布莱克长诗《天真的预言》中开篇诗句“To see a world in a grain of Sand，and a heaven in a wild flower”的解读；她通过数学中无穷大和无穷小的概念分析“一花一世界，一叶一菩提”的诗化哲学，谈论学科之间的触类旁通。同学们谈起她的课堂时，总说：“梁老师很奇妙，听她讲课，就好像将理工和人文的颜料调在一起涂抹画卷。”她讲的东西，看似与数学相去甚远，却在她的讲解下处处与数学有关。在她的课堂中，数学不再是束之高阁的艰深理论，而是人人可以欣赏、人人可以理解的美丽科学。

梁老师的先进教育理念不仅仅体现在学科间的融会贯通，她还会与学生探讨人生哲学，引导学生成长为既脚踏实地又心怀天下的人才，启迪学生对人生进行全面的规划。在长达十几年的国外访学中，她的科研之路格外坎坷。梁老师回忆道："尽管在国外丰富的研学经历使我大大开阔了视野，但在国外我一直没有找到自己的地盘和着力点去放手搏杀自己感兴趣的课题，一直处于一种'打工'状态。"尽管在国外的公司工作收入不少，但她听从自己内心的召唤，于 2005 年毅然回国，加入了同济大学姜礼尚先生领衔的金融数学团队，在这里找到了自己教学科研的位置。那时，梁老师已经过了科研的最佳年龄，也遇到过病魔的折磨，但她享受着科研的滋养，她所热爱的事业与脚下的土壤给予了她无穷的动力，她希望将这份对生活与科研的热爱，传承给这些未来世界的有用之才。

梁老师探索数学与许多领域结合的科普工作，诗歌、绘画、自然……她似乎总能从生活的方方面面挖掘出相关的数学知识，再将这些知识富有趣味地传达出去。她编写的科普图书《大自然是个数学老师》登上了 2020 年 5 月的中国好书榜。而最让梁老师感兴趣的，是数学与艺术的结合。她将自己的思考与心得用文字记录下来，著有散文集《如河的行板》、游记《淌过博物馆》、科普读物《数学与名画》《名画中的数学密码》《诗话数学》。

文理兼修，学科贯通

梁进老师的人生经历、生活履历让人钦佩。历史的塑造让她与教师这份职业结下不解之缘，辗转四十年的她当过幼教、小教、中教、大教、研教，因此她对改进和创新教育方法有着义不容辞的责任感。来到同济之后，梁老师更是将注重文理兼修、学科贯通的教育思想付诸大学生的教育实践中，在同济开设了通识课程"数学与文化"和"数学与艺术"，她几乎将科研之外的全部业余时间，都用在这些看似"跑偏"的教育实践中，而她在学生群体与各大科普网站上居高不下的人气又证明，她的这些尝试"歪打正着"。

当我记录下梁老师的这些教学经历，我无比清晰地感受到梁老师在数学教育方面的良苦用心与远大智慧。梁老师在数学科普方面的工作启发并感召着我，去发现数学之美，并且跟她一样，将数学的美好通过学科融合的方式传达给其他人，让大众对于数学的认知从"好难好无聊"转为"好美好有趣"，让大家能够跟欣赏一幅画、一首诗一样，去欣赏数学。

（指导教师：李乐燕　钟　勤　彭　婧）

茅冠良：系好人生第一颗扣子

同济大学　何　烨　缪雅如

在采访同济大学生命科学与技术学院退休教师、老党员茅冠良老师的时候，我们第一次听说了“八二专业”这个名词。这是怎样的专业？学习这个专业对茅老师的人生产生了怎样的影响？

“八二专业”

茅冠良高中毕业于上海敬业中学，那时怀揣着科研梦的茅老师虽然家境贫寒，但靠着凌晨3点半起床复习功课的一股拼劲，如愿以偿被复旦大学录取。“我非常感谢毛主席，非常感谢党。没有毛主席，没有党，一个建筑工地挖泥工的孩子怎么能够有机会去读大学？”正是因为这份感激，他立志要早日加入共产党，成为一名光荣的共产党员。也是因为这份感激，他始终选择将祖国的需要放在个人利益之前，为党和人民奉献了最好的青春年华。

进入大学后，专业的分配决定了茅老师后来的人生道路。当时国家百废待兴，各类军工产业迫切需要大量精英人才，他就被分配到了“八二专业”——这名字听起来让人摸不着头脑，但实际上学的是军工相关的火箭燃料的燃烧与爆炸，因此相关信息都要保密，甚至毕业证书上的专业名称也要被替换掉。茅老师毫不犹豫地服从了学校的专业分配，如饥似渴地学习相关的专业知识。由于学习刻苦，成绩优秀，临近毕业时军队部门找到茅老师谈话，希望他参军到部队工作。此刻他又面临人生一个重大的抉择——进入部队后，自己的科研梦可能就遥不可及了，而且母亲也年迈体衰，需要人照顾。另外当时国际形势复杂，参军就要做好上战场甚至牺牲的准备。但茅老师说：“那个年代很简单，党叫干啥就干啥。党培养了我，要我去部队，那我坚决服从组织需要，为军队工作服务一辈子，甚至牺牲自己的生命。”于是他毅然决然地踏上了参军入伍的道路。

学习前辈好榜样

就这样，茅老师来到了位于北京昌平的总参直属防化科学研究院。大学生入伍，军人该有的训练必不可少，除了野营拉练，还要训练投弹、射击、拼刺刀、挖战壕掩体等。后来研究院开办英语集训队，熟悉英语的茅老师当上了小队长，因此有了更多与研究院、文献管理处的领导干部们接触的机会。这些老革命的言传身教成为茅老师人生中上过的最重要的一堂课。研究院院长吴克之将军曾是琼崖纵队副司令，政委曾宪池是少将，副政委曾是长征时红四方面军机枪连连长。这些领导干部跟下属们同吃、同住、同劳动、同训练，丝毫不因为自己位高权重而摆架子、享受特殊待遇。回忆起这些时，茅老师十分激动，仿佛这些人的身影又出现在了他眼前。他说："遇到了这些老同志以后，我感到这样一些人，从思想境界上，从他们对革命、对党、对人民、对国家的忠诚上，他们永远是我们学习的榜样，可以说一辈子要学到他们那样的境界都很难做得到。所以当兵这一段经历，真正塑造了我的人生观和价值观。"

茅老师复员回上海后来到了同济大学任教，终于实现了自己的科研梦，并于1988年3月荣获上海市科技进步三等奖。退休以后，茅老师继续关心青年学生的健康成长，以自己的人生经历与同学们交流座谈，激励同学们赓续红色基因，走好人生的道路。

听完茅老师的故事，我们除了感动也有深刻的体悟。他的经历向我们诠释了什么叫作"与祖国同行，与时代共进"，什么叫作"祖国的需要就是我的志愿"——在新中国技术落后时选择舍弃名利学习国家急需的专业知识，当部队需要人才时舍小家取大义参军入伍，在经济建设时期重回校园传道授业、为培养下一代人才而奉献。他始终将国家利益放在个人利益之前，肯吃苦、讲责任，体现了一个共产党员的担当与修养，令我们无比敬佩。

作为新时代的大学生，我们肩负着实现中华民族伟大复兴的历史使命，但我们面对的诱惑也更多。为了走好今后的人生道路，我们需要传承前辈们的家国情怀，不负时代，不负韶华，在社会主义建设的每个岗位上行稳致远。

（指导教师：王蕴洁　钟　勤）

龚沛曾：三尺讲台　心系学生

同济大学　朱　捷

她从教三十余载，潜心钻研计算机基础教学。她对教育事业挚爱满怀，连续五届获得国家级教学成果奖，享受国务院政府特殊津贴，获评国家级教学名师、宝钢优秀教师特等奖、上海市巾帼建功标兵等。

她，就是同济大学电子信息与工程学院教授龚沛曾。

龚沛曾出生于一个普通的教师家庭，父母都是重点中学的教师。自小耳闻目睹父辈为教育事业呕心沥血，获得桃李满天下的喜悦和国家给予的崇高荣誉，打少年时起，她便立志做一名像父辈一样的优秀教师。

1977 年恢复高考，那时正好农忙，离高考只剩下一个多月，下乡插队的龚沛曾起早贪黑认真复习，最终考上了大学。龚沛曾不无感慨地说："我像个拼命三郎一样，非常努力，也非常幸运地抓住了上大学的末班车，实现了自己的夙愿。"

毕业后她从事计算机基础课教学。她说："我真心喜欢教学，喜欢当老师，我相信我能够从事基础教学，我对自己有信心。"站在三尺讲台前，面对思想淳朴、求知欲望强烈的学生，龚沛曾"总觉得自己有一种使命感，促使自己精神振奋，一定要深入浅出地讲好每一堂课"。龚沛曾参与了学校计算机中心承担的"上海市高校招生系统"软件开发，当时属全国第一家。她在学校未学过 COBOL 语言，只能一边自学一边完成程序模块的编写，常常在办公室通宵达旦、不知疲倦地制作教学课件。

她开创了计算机基础教育领域的多项国内先例：最早出版新课程体系教材，最早实施大屏幕教学，通过赠送自制的多媒体课件最早实现资源共享，全面实施上机考试等。计算机基础教学改革项目于 2001 年荣获了上海市教学成果奖一等奖、国家级教学成果奖二等奖。

一步一步，龚沛曾带领着团队不断产出教学硕果，陆续承担了国家、上海市多项教改项目，获评国家级教学团队、上海市教育系统三八红旗集体等称号。由她主编的教材、主持的项目，所获奖项亦是不胜枚举。

龚老师常常用很浅显易懂的例子让学生了解计算机中原本很抽象的东西，使学生爱上了计算机课。为顺应信息技术发展趋势，龚沛曾又率先开设慕课，立足计算机基础教学的特点，将互联网与教育教学深度融合，不断突破、追求创新。她说："我的一生当中经历了好多个'零起点'，通过亲身经验，我始终觉得行行出状元，只要你肯学、肯干，总归会成功，会有收获的。"

我们看着已经退休多年但仍然神采奕奕的龚老师，感慨万千。几十年来，龚沛曾在三尺讲台上辛勤挥洒着汗水。她从来没有歇过寒暑假，多年养成了"闲不住"的习惯，即使退休后也喜欢经常到学校的办公室转转，像块海绵般时刻准备着吸收新知识。龚沛曾勤奋、严谨、务实的教风感染了我们。她始终践行着自己的初心，像父辈一样，尽心竭力去成为一名不懈追求、忘我奉献的好老师，我们要以龚老师为榜样，仰望星空，脚踏实地，砥砺前行，自强不息，与时代同行，与党和祖国同行，以科教济世，以自我担当赓续红色血脉，在广阔天地续写青春和荣光！

（指导教师：乔建新　张婉婷）

王智量：用诗篇丈量岁月

华东师范大学　傅王楠　李雨蔷

长篇诗体小说《叶甫盖尼·奥涅金》，是俄国文学史上一颗璀璨的明珠，也是中国读者借以了解19世纪20年代俄国现实面貌的重要作品。这部小说的中译本有很多，但华东师范大学王智量教授翻译的版本，始终熠熠闪光。

与《叶甫盖尼·奥涅金》结缘

王智量出身书香世家，母亲是上海圣玛利亚女校首届毕业生，英语造诣颇深。在母亲的影响下，幼年时的王智量就爱上了英语。高中时，王智量的翻译与创作文章就时常见报，这也在他心中播下了一颗文学的种子。1947年，北京大学在全国范围内录取了30多名学生，成绩优异的王智量便是其中一个。

1949年2月，国内革命形势风起云涌，但俄语人才匮乏。中共地下党组织挑选了王智量等一批北大学生，到哈尔滨外国语学校去学习，将他们作为未来的外交人才培养。

在哈尔滨的秋林公司，王智量与《叶甫盖尼·奥涅金》结缘。尽管那是一本粗糙的插画单行本，但读懂、读深这本书，成了王智量最坚定的信念。

《叶甫盖尼·奥涅金》的语言之美使王智量深深着迷。回到北大后，仅仅花了一年的功夫，他就将近30万字的全文背诵了出来。时任中国社科院文学研究所所长的何其芳先生，对此又惊又喜，开口道："你把它，从俄文翻出来嘛！"受何先生鼓舞，年轻的王智量虽有些不自信，却依然凭一腔热忱开始了漫长的翻译工作，也开启了他的外国文学研究道路。

苦难岁月，不改学者风骨

下放农村时，生活条件非常艰苦，青年时落下的关节炎及其他病症，也交替折磨着他。尽管如此，他也没有忘记过何先生的嘱托和自己的梦想，未曾有一日中断过小说的翻译工作。下地务农，他边背诵原文，边思考翻译方式。选择什么样的韵脚、如何在“信达雅”三者间寻求平衡，成了王智量缓和工作辛劳的出口。

夜晚收工回家，他借着昏暗的灯光，将翻译的成果记载到碎纸片上，香烟壳、报纸、卫生纸……经年累月，各色纸片几乎堆成了一座小山。

尽管岁月多磨，但始终未磨去王智量的文人风骨，“凿壁偷光”“囊萤映雪”，王智量依然爱书如命，坚持翻译和研究工作。

他每周都到余振先生家拜访，修改《叶甫盖尼・奥涅金》的译稿，余先生家附近的普希金铜像，成了他苦难岁月中的光芒。他还将别林斯基论《叶甫盖尼・奥涅金》的两篇名文与莱蒙托夫用“奥涅金诗节”格律所写的长诗《唐波夫财政局长夫人》悉数译出，为文学界提供了更多有关《叶甫盖尼・奥涅金》的参考资料。

桃李不言，下自成蹊

1978 年夏天，蝉鸣阵阵、清风徐徐。时任华东师范大学校长的刘佛年破格邀请王智量前往华东师大任职，命运的巧合让王智量来到了这所曾经培养过母亲的高校。

从正式恢复俄国文学研究的那一刻起，王智量就废寝忘食地研究普希金、屠格涅夫、托尔斯泰这三位重要的 19 世纪俄国经典作家，写了一系列重要的文章。

1982 年，王智量翻译的《叶甫盖尼・奥涅金》，几经波折，终于由人民文学出版社出版。1999 年，在普希金诞生 200 周年纪念会上，俄罗斯文化部向王智量颁发普希金纪念章与感谢状，对于俄国文学研究者来说，还有什么比这更珍贵的呢？

做学者，他刻苦钻研，老老实实；当老师，他“授之以渔”，兢兢业业。学生的翻译和论文作业，王智量都会逐一把关，学习之外，他与学生们又往往打成一片，形成了亦师亦友的关系。

王智量的风骨，自然而然也影响了无数后辈学子。他培养出了诸多优秀的翻译家、理论家，他点燃的薪火正一代代相传。

许春芳：中国“芯”，她心亦我心

华东师范大学　周佳仪

八十多年前，革命烈士方志敏在狱中写下的散文《可爱的中国》，曾经激励了一代又一代共产党人，也激励了一批又一批的有志青年，许春芳老师就是其中之一。在方志敏烈士的感召下，1959 年，作为华东师范大学（简称“华师大”）“方志敏班”的大一学生，许春芳加入了中国共产党，从此开启了她为党奋斗的一生。

投身科研

在大学期间，许春芳老师经常到工厂和农村劳动，这使她深刻感受到了我国经济一穷二白的国情与工农业落后的面貌。当时，许老师和班级同学认真学习革命烈士方志敏《可爱的中国》《清贫》等遗作，立志继承先烈的遗愿，用学到的本领投身教育与科研，改变祖国这种落后的面貌，为建设可爱的中国而奋斗。

大学毕业后，许春芳老师留校任教。

1970 年前后，世界新技术革命波及高校，尤其是半导体集成电路领域的研究更是突飞猛进地发展。1969 年，上海市部署抓计算机和半导体研究。鉴于集成电路的研究和应用对于国民经济发展的重要性，华东师范大学抽调了一批人员开始研究半导体。从此，许春芳老师与半导体集成电路这个中国“芯”结下了不解之缘。时任教研室副主任、党总支书记的许春芳老师和当时物理系部分青年教师一起，在既没有基础也没有经费的情况下自己动手、边学边干、攻坚克难、艰苦奋斗，终于建立了一条包括材料制备、管芯制造、后工序、制版和 MOS 集成电路试制室等在内的完整的半导体器件（芯片）研制线。同时，他们还利用物理系的设备条件，创建了华东师范大学半导体测量实验室，并成功研制出了 3DK3 晶体管和一些运算放大器、开关电容低通滤波器。其中，3DK3 晶体管以合格率高、性能指标先进，提供给上海电表厂军工项目使用，取得了显著的经济效益，华师大也成为上海集成电路研制和开发的重要单位。1973 年，他们还受托举办了“半导体技术培训班”，为上海企业界培养了第一批技术骨干。

20 世纪 80 年代，我国为发展集成电路，从国外引进许多生产线，但西方国家利用“巴统会”对我国进口先进设备进行严格限制，其中等离子体淀积台和等离子体刻蚀台由于是关键设备而被禁运，这对国内相关产业造成冲击。为了打破“巴统会”封锁，许春芳老师等科研工作者急国家所急，在原有科研基础上，联合设备生产单位和使用单位，重新设计了适合生产的等离子体设备，并成功进行了批量生产。同时，他们承担了对集成电路工厂中的相关技术人员的培训任务，既填补了线上的人才空缺，也有效地提高了集成电路的合格率和可靠性。因此，这一线一室的建立，既见证了许春芳老师他们争中国人气、造中国人“芯”的豪迈气概，也为半导体学科的发展提供了必要的硬件基础，在教学和科研中都起到了不可或缺的作用。

但许老师他们也意识到，集成电路的研制与生产，毕竟不是自己的强项。高校比较适合于搞探索性的或吸收再创新的研究工作以及生产实践中的共性问题。经过几年摸索，到 20 世纪 80 年代中期，华师大半导体学科在半导体器件可靠性、半导体器件物理和界面物理及新型半导体器件等方面在上海市乃至全国形成了较大影响。1982 年，许春芳所在的这个女性超过三分之二的教研室被评为“上海市三八红旗集体”，1983 年又被评为“全国三八红旗集体”，这在全国高校的理工科教研室中是很少见的。

许春芳老师始终心系中国“芯”，即使在退休后，她还每年去参观国际半导体展览会。谈及美国在芯片方面对我国的制裁，许春芳老师这样说：“中国就是在帝国主义的制裁下发展起来的。所以，我们不要怕制裁！”

矢志教育

许春芳老师从教六十二年来，教书育人，诲人不倦，培养了众多的优秀人才。许老师曾有一位学生非常热心实验研究。为了不使他错失任何一个新想法，保护他的创新热情，许老师便将实验室的钥匙交给他使用。这位同学毕业后，继续发挥创造精神，开发了许多新产品，申请许多专利，并创建了一家科技有限公司。

许春芳老师曾任华师大电子科学技术系系主任、理工学院副院长、上海物理化学学会等离子体专业副主任等职，在半导体界面物理和薄膜物理方面承担并完成多个国家自然科学基金项目和上海市科委攻关项目，和课题组成员一起为上海集成电路发展提出许多积极的意见及建议。

许老师对我们说，在第二个百年征程中，学习党史、学习方志敏等先辈的革命精神对于我们意义重大，它将鼓舞我们肩负历史使命，成为堪当民族复兴重任的时代新人。她很欣慰地告诉我们，学院党委已决定将“方志敏班”班旗在学院传承下去。

中国“芯”，她心亦我心。目前我国仍然是一个缺高科技芯片的国家，所以，吾辈唯有像许春芳老师他们当年那样攻坚克难、自强不息，才能造出世界一流的中国“芯”，才能不被别人“卡脖子”。我们将把这作为自己的使命，努力为建设“可爱的中国”奉献我们的青春和力量。

李维屏："金牌博导"的淬炼和成长

上海外国语大学　赵文靓　田珂源　陈之涵

一个秋意盎然的下午，我们走进了李维屏教授的书房。只见书房四面墙的书架上挤挤挨挨地摆满难以计数的中外文献资料。执教于上海外国语大学（简称"上外"）英语学院，长期研究英美文学的李维屏教授，微笑着起身迎接我们，举手投足间流露出绅士之风，优雅而淡定。

磨砺以须出锋芒　倍道而进正当时

1970 年 4 月，时年 17 岁的初中生李维屏来到江西瑞金县泽覃公社插队落户。在这块渗透着红色基因却尚未改变贫穷面貌的土地上，李维屏经受了如今的年轻人难以想象的艰苦磨炼。很快地，他从一个五谷不分的知青成长为当地最年轻的生产队长。"那时，我带领着生产队苦干一年，全队粮食产量较前一年增长了 24%，在整个赣州地区出了名。当地领导把我抽调到宁都县担任了一个农场的场长，在那边又干了一年。"谈起在江西的岁月，李维屏的神情有几分自豪。

在江西的那些年，从小酷爱读书的李维屏求知若渴，每天晚上，他不顾一天劳作后的极度疲倦，借着微弱的油灯如饥似渴地攻读马列经典和中外文学名著，从中学到了很多道理，增长了不少学识，由此萌生了进大学深造的念头。

1975 年，经过一番曲折，李维屏被复旦大学外文系录取，终于实现了上大学的梦想。作为最晚报到入学的学生，李维屏拿出了"疯狂般的劲头"来读书。他给自己提出并践行"校内损失校外补，平时损失假期补"的口号。每个周末和寒暑假，他都如"饥饿的人扑在面包上"那样捧着书本不放手，恨不得每天二十四小时都用在学习上。毕业时，入学时英语零基础的他英语成绩已在全年级名列前茅。"在任何时候，只要你努力埋头向前赶，都有机会赶上别人，这是我在大学期间刻苦学习的体会。"

“为振兴中华而读书，而工作，而奋斗”

从复旦毕业后，李维屏在江西工学院从事英语教学。一心要继续深造的他连考三年，1980 年被录取为上海外国语大学英语专业硕士生。

攻读硕士的三年里，李维屏幸运地得到了一批上外名师的精心培养。“导师们英语流利，语音优美，教学认真。我们这些研究生也是惜时如金，唯恐虚掷片刻时光。同学们在食堂排队买饭时也会念几句英语诗歌，晚上在校园散步时也用英语聊天，学业上的进步真可以说是神速啊。当时，大家有一个共同的信念和强烈的愿望，就是为振兴中华而读书，而工作，而奋斗！”说到这里，李维屏的眼眶有点湿润。

毕业留校后不久，学校派遣李维屏赴澳大利亚访学一年。1988 年他继续攻读博士学位，1991 年 6 月获得博士学位后留校工作，在上外教学与研究的岗位上，李维屏至今已经辛勤耕耘了整整三十一年。

三十一年来，李维屏分别给本科生、硕博士生开设过很多课程，授课时一直是兢兢业业、倾情传授。

“经历了磨炼，一定会有收获”

在上外英语学院，李维屏至今已指导、培养了 100 多名硕士生、98 名博士（后）。2013 年至 2015 年，李维屏培养的博士生曾连续三年获得“上海市优秀博士论文”奖，由此被学界誉为“金牌博导”。在英美文学研究尤其是乔伊斯研究领域里，李维屏堪称独领风骚、著作颇丰，至今撰写并出版的学术专著、论文达百余（部）篇。

“教书育人几十年，我最大的感受是，师生是一个学术共同体，学生好，老师也好。”

如今，李维屏培养出的博硕士研究生大部分毕业后都在国内高校任教，有的已经成为教授、博导或学院院长。“我始终对他们的学习、工作和生活给予关心。很多学生毕业后遇到人生困境、事业瓶颈或工作困惑，依然愿意第一时间来找我商量，寻求建议，他们大都能从我这里获取鼓励、勇气和力量。”

李维屏认为，导师的学术精神和人格魅力会对学生的发展产生重要影响。在利益、兴趣和生活方式均发生深刻变化的今天，求学与治学比以往更需要呼唤学术精神。

多年前，一位美国教授在参加李维屏的学生聚会时说过："Our books will go to dust，but our students will grow（撰言立说终将归于尘土，而学生则会破土成长）。"李维屏认为，作为高校学者，应勤做学问，常修人品，为人、为学均不可偏颇。

在李维屏的故事里，无论是青年时期的插队、学习、生活，还是攻读硕博士和之后教学、育人、科研的漫长岁月，处处都写满了"磨炼"二字。"经受了磨炼，一定会有收获，但总在不经意的时候来临，这是一个不断发展的过程，需要耐心地等待。"

采访即将结束时，谈及对当今一代大学生的希望，结合个人成长经历，李维屏表示，现在我们正处于中华民族全面复兴的伟大时代。年轻人一定要融入时代潮流，砥砺前行，努力实现自己的理想。"需要强调的是，从事人文学科尤其是外国文学研究的人，既要有家国情怀，也要懂得人生意义，重视生命价值。年轻人应珍惜当下，发奋学习，执着追求事业，立志成为一个对国家和民族有用的人。"

（指导教师：周源源　杨雪莲）

戴国强：他站上讲台的一万个理由

上海财经大学　郭昕瑶

“如切如磋，如琢如磨。”这是《诗经》里对工匠精神的生动描述，也是上海财经大学（简称“财大”）资深教授戴国强师者匠心、止于至善的真实写照。自 1983 年起，戴国强在上海财经大学留校任教至今，四十年如一日，服务于教学、科研及管理一线，不忘为国育才初心。

囊萤映雪　学无寒暑

1977 年 9 月，教育部决定恢复全国高等院校招生考试。在此重大决定的推动下，上海财经学院开始全力筹备复校。1978 年夏，25 岁的“大龄”青年戴国强走进了考场。

对于首届高考场景，戴国强仍历历在目：天气炎热，考场上暑气蒸腾，室内不得不放着冰块用以降温。他一边答题，一边用绞干的毛巾擦汗。考试结束不久，他接到上海财经学院的体检电话，他被录取了，成为上海财经学院复校后入学的第一批学生。就这样，初中停学进厂十一个年头后，戴国强又被时代热烈“召回”，开启新的求学旅程。

彼时的上海财经学院，百废待兴。开学后，学生们被动员起来打扫操场，卖掉垃圾废品换取学校经费。戴国强和另外 9 人挤在一间宿舍里，夏天闷热时，会跑到屋顶睡凉席，被热醒了就冲凉水澡；冬天手脚会生冻疮，读书时得抱着热水袋。

读大学的机会来之不易，便也不觉得苦，戴国强甚至有点怀念，“那个年代，大家都只想把学业学好，心无杂念。”1983 年 1 月，戴国强以优异的成绩完成本科学业，被推荐留校任教。这便是他站上讲台的最初理由——学校选择了他，他也选择了学校。此后，他便与财大开始了长达四十年的缘分，而那段梦想照亮前行的时光，也磨炼了他日后吃苦耐劳、严谨治学的精神品质。

东风俯首 躬耕桃李

谈到第一次上课时的情景，戴国强记忆犹新。尽管已在试讲后听取了其他老师的意见，真正站上讲台面对学生时，他内心仍然是七上八下。由于紧张，他不自觉加快了语速，原本 90 分钟的内容在 70 分钟左右就讲完了。好在最后他让学生们自由提问，活跃的问答互动填充了余下的时间。走下讲台他才反应过来，春寒料峭的三月，自己出了一身汗，把贴身的衣服都打湿了。

“博观而约取，厚积而薄发。”如今，经过数十年躬身砥砺，戴国强对于讲课早已是举重若轻。他善于因时施教、因势利导，以人文为土壤，以实践为活水，加深学生对知识的理解：“氓之蚩蚩，抱布贸丝，这布就是我们早期的一般等价物……汉武帝向无盐氏借战争贷款，利息率是多少？百分之一千。”他讲货币历史，从校徽上的圆足布讲到手中的人民币；讲信用制度，谈吕不韦、孟尝君，说明封建时代的大商人与贵族如何运营借贷……深入浅出、妙语连珠，于润物无声中将知识传达到学生心中。

课堂上，戴国强是循循善诱的良师；生活中，他则是关怀备至的益友。他开展班会，走访学生寝室，和学生们畅聊。对于班级中一些有着语言障碍的少数民族同学，他时常多多提点，最后这些同学拿到“良”乃至“优”的成绩时，他感到特别欣慰。“我一直鼓励学生广泛阅读，而且要培养自己的兴趣爱好。”他说，“人有心灵寄托，可以调节情绪，保持良好的心态。”

“教育的本质在于树人。”这是戴国强在由青涩走向成熟的过程中切身领悟并始终坚持的理念，也是推动他教学不辍的本心所在。因其宽仁厚爱、春风化雨般的教学风格，戴国强深受同学们的爱戴。他培育的优秀人才如漫天星子，有的继续学术道路，有的担任金融机构领导，有的担任企业总裁……满门桃李，在不同岗位上为我国社会经济发展做贡献。

心镜皎皎 大音希声

2022 年 9 月，戴国强收到了表彰中国学者在创建发展金融学科中卓越贡献的“中国金融学科终身成就奖”，成为十余年来仅 20 多位获此殊荣的学界先锋之一。他是首批国家“万人计划”教学名师、“英贤学者”，曾获全国高校教学名师等诸多荣誉，所研究的货币理论和银行管理理论也为金融改革发展做出了重要贡献。

在就任财大管理岗位的过程中，他团结其他老师，积极引进青年才俊，健全学科方向，为金融学科建设做出大量有效工作，其成就卓著，实至名归。如今70岁的戴国强，还如同当年一样，以实干笃定前行，以初心使命推动中国财经教育走向更强。

（指导教师：张宜杰）

鲍家声：百年峥嵘赤子心，依旧建城筑梦人

南京大学　潘玉琪　戴思颜

见到鲍家声教授的那天，他穿着熨烫平整的西装，八十余载岁月洗礼出的声音洪亮又深沉，一如他与时代同行的峥嵘人生。

时代浪潮，雏鹰展翅

1954 年，鲍家声高中毕业。那一年，抗美援朝战争胜利结束，国民经济发展第一个五年计划火热进行，中国第一座大型山谷水库建成……年轻的鲍家声受到时代感召，心怀壮志，思索如何能尽己所能贡献国家。

在填报高考志愿时，渴望参与工业建设的鲍家声计划报考工科。但是学什么专业，鲍家声犯了难。他生活的小县城里没有工厂，连工科有什么专业都不清楚。这时，鲍家声想起家乡那座抗日战争期间被日本人炸毁的大桥，国家派工程师修好了桥梁，便利了家乡百姓的生活。他便把建筑作为自己将要学习的专业。填报志愿时，看到南京有一所开设工业与民用建筑类专业的工学院，鲍家声果断报考，来到南京，踏上了求学之路。

进入大学，鲍家声做出了专业路上的第一个选择。“到校以后，首先是入学教育，一个礼拜之后再填报志愿。”他回忆，同年级的同学三分之一都来自上海，他们中选择建筑学专业的人比较多，“我想他们是来自大城市的，见识比较多，选的可能是比较好的专业，所以就跟着他们报了建筑学。”

不过，数理化基础扎实的鲍家声却为准入考试犯了难。报考建筑学的学生需要掌握美术绘画能力，这让从来没有接触过美术专业训练的他有些忐忑。“志愿都已经报了，就只好带着一支三星牌铅笔走进考场。”鲍教授回忆道。考试的题目是画一个亭子，需要配上景致和阴影。“巧就巧在，我来到南京以后，去玄武湖玩了一次，见到一个台阶下面就是亭子，给我留下很深的印象。”最终，鲍家声顺利通过考试，正式进入建筑学系学习。

鲍家声在建筑学领域里，一扎就是六十多年。

深耕科研，合时成事

20 世纪 80 年代，鲍教授出版的《公共建筑设计基础》一书，填补了我国建筑学教学系统化理论教材上的空缺，一举扭转建筑学教学“只可意会，不可言传”的状况。对此，鲍教授表示，对于高校建筑学专业的师生来说，理论和实践两方面都很重要，不可厚此薄彼。提及自己的研究生涯，鲍教授将其总结为“一横一纵”两条主线，两线交点是国家和社会的需要。鲍教授说：“我们一定要根据社会发展和国家需要调整自己的研究方向，当社会出现了某个问题，就思考怎么去解决。”

“建筑，一定要盖得起来，光画在图纸上是不行的，盖得起来才能真正体会成长。”访学回国后，鲍教授致力于把理论应用到中国的建筑中，不仅从理论上提出解决方案，更是亲身实践，推动设想真正落地。鲍教授指出，这一过程不仅需要团队“产学研”结合，也离不开外界的支持。

纵观其整段科研经历，从 20 世纪 80 年代初“支撑体住宅理论”，到 80 年代末“高效空间住宅理论”，再到 90 年代“建筑可持续发展理论”，鲍教授始终站在建筑界的前沿，针对中国社会各个阶段的重点问题寻找建筑学解决办法。他说：“建筑师应该时刻关注社会最需要的东西，做对整个社会有益的事情。”

开天辟地，技艺结合

从 1959 年到 2009 年，鲍教授在五十年的教学生涯里，分别担任过东南大学和南京大学两所高校建筑系的“掌门人”。21 世纪伊始，鲍教授怀着拓展学科视野、扩大学科影响的理想抱负，怀着在综合性大学求索新的建筑教育之路的初心，带领一批年轻团队来到南京大学，着手创办南京大学建筑学院。

“当时全国的建筑学基本都在工科大学。”鲍教授说，“但是所谓建筑，就是技术加艺术，不仅要有逻辑思维，还要有形象思维。建筑的特点就是综合，算是工科里的文科。中国美术史、西方美术史、东方建筑史、西方建筑史等都是建筑需要学习的课程，在南大这样的综合性大学办学会非常有利。”鲍教授在多年的教学过程中始终注意培养学生理性逻辑思维和艺术形象思维能力，传授知识，更滋养人心。希望建筑学在中国跳出工科大学，在综合性大学的环境中走出一条路子，是鲍教授坚定的追求。作为建筑学的学术带头人，他也希望能够给这些年轻人一个更广阔的平台。他常常引用毛主席的话勉励学生："世界是你们的，也是我们的，但是归根结底是你们的。"

"南大建筑"从无到有，从2000年重建建筑学科到如今拥有一级学科博士点、一级学科硕士点和专业硕士点，拥有建筑学博士后流动站。这被当时学界称为"南大速度"。

一定意义上，鲍家声深耕建筑教育的一生，正是中国崛起腾飞的缩影，新时代里千千万万个如他一样的奋斗者，共同赋予了中国社会前进的意义。

桃李不言，下自成蹊。躬耕教育战线数十年的鲍家声老师深深期待着新一代具有家国情怀的建筑人。他期待从校园走出的年轻人能够有信仰、有信心、有理想、有抱负，坚定走在社会主义建设的发展道路上，走在国家和社会需要的最前沿。

沈学善：耄耋老人，用琴声温暖人心

南京大学　王紫玉

2022年9月8日下午，鼓楼医院钢琴志愿者、青年员工以及南京大学（简称“南大”）交响、民族乐团的成员们在钢琴厅为患者和医护人员带来一场特殊的器乐和歌唱表演。现场吸引了众多患者、家属等驻足欣赏，南京大学沈学善老师应邀参与演奏。在音乐会进行过程中，鼓楼医院纪委书记岳飙同志代表院团委为沈学善老师颁发“志愿服务特别贡献奖”证书。沈学善老师在90岁高龄之年，在亲友们的一再劝说下，为自己在鼓楼医院八年志愿者活动画上圆满句号。耄耋老人，用音乐温暖人心的故事在南京街头巷尾，口口相传。

一

1933年，沈老师出生在浙江。战火纷飞的年代个人很难独善其身，正在读高中的沈老师不幸失学。命运的转折发生在1949年4月，浙江解放，喜迎解放的歌声、庆祝翻身的锣鼓声响彻全城。沈老师与学友走上街头，又唱又跳，年轻的心中洋溢着激情，充满对未来的憧憬。

回想当年，沈老师感慨道：“没有中国共产党，就没有我的数度梦想成真，更没有我今天的幸福生活。”他怀着满腔热情和对党的感恩之情，参与了解放后的革命工作，并于1956年加入了中国共产党，考上了南京大学历史系。

1961年，沈老师面临毕业分配，虽然未能如愿成为一名教师，但他认为：“我是革命一块砖，哪里需要哪里搬，无论到哪里，都是为党效力、为人民服务，都要学好本领。”就这样，沈老师来到了解放军总政治部。军旅生涯磨炼了他的意志，增长了见识，开阔了视野，最重要的是培养了身为一名党员必备的独立思考的习惯。

1973年，沈老师调回母校南京大学任教，至此圆了他成为人民教师的梦想。此后，在二十多年的教学生涯中，他始终怀着对党的感恩之情，带着对南大的敬仰和热爱，保持着党员的优良品质，全心全意教书育人，多次获得优秀教学奖。

二

1993 年离休以后，沈老师参与的一项重要任务就是主编南京大学离休老同志回忆录。“当时主编这本书难度极大，因为要召集 180 多位离休老同志本身就很难，而很多老同志在此书的编写过程中相继过世，更增加了难度。”

但是，沈老师坚持要编写这本书。他说，这些老同志的一生都有不凡的经历，身上有很多闪光点，每一位都经历了出生入死的艰难岁月，很多人是从抗日战争、解放战争的连天炮火中顽强地活下来的。他们身上的那段革命岁月的印记，需要有人去整理记录，让后人能够了解并感动于那个年代前辈们的付出，珍惜当下来之不易的美好生活。

“比如，有地下斗争经历的孙稚如同志，在南京解放前夕被捕，受尽了铁窗折磨，写这段经历时，她曾情不自禁地赶到雨花台向当年同时被捕而后牺牲的战友凭吊致敬……”这样的故事有很多。沈老师感到编写此书也是对自己的一次再教育。历史学的教育给予了沈老师深厚的情怀，也让他成了记录历史和叙述历史的人。回忆录《历史的足迹》最终得以完成，给南大留下了宝贵的精神财富。

三

无心插柳柳成荫，沈老师没想到自学的弹琴技能不仅充实了他的晚年生活，更让他做到了“勿以善小而不为”，为服务群众、服务社会略尽绵薄之力。

2014 年，沈老师去南京市鼓楼医院探望因病住院的老朋友，正好看到医院公开招募钢琴演奏志愿者，沈老师的心动了：“因为想到医生很辛苦，病人很痛苦，我就想为他们做点什么，于是就报了名。”沈老师成为 10 名钢琴志愿者中年龄最大的一位，时年已 82 岁。从那时起，沈老师每周三上午都会到鼓楼医院弹奏钢琴，风雨无阻，一弹就是八年。

沈老师在志愿弹奏上用足了心思，常常站在病人的立场上考虑问题，选择弹奏的曲目。听到患者表达对已故母亲的思念时，他会弹奏一曲《妈妈的吻》；遇到出院的病人，沈老师会弹奏一些欢快的曲子向他们表示祝贺。《致爱丽丝》《梁祝》《茉莉花》等，他将一首首经典曲目送给鼓楼医院的患者、家属以及医护人员，以慰藉他们疲惫或受创的心。

“要有爱祖国、爱人民的心，坚持人民至上。什么叫爱，爱就是常换位思考，设身处地地为别人着想，这样人生就会获取不竭的动力，体验到生命的价值和意义。”沈老师用行动阐述了自己对人生的理解。

（指导教师：孙江林）

江晓红：孜孜不倦育桃李　硕果满园吐芬芳

中国矿业大学　孙明锐　田皓天　邸伟杰

在中国矿业大学的三尺讲台上，活跃着一批英姿飒爽的女教授，她们巾帼不让须眉，以女性特有的独立自信、优雅睿智诠释了中国矿业大学女教师的独特风采。江晓红，就是她们中出色的代表。她是恢复高考后的首届女大学生，四十余年的教学生涯中，她以三尺讲台践行入党初心，以三十五年党龄书写爱国情怀。她牵头申报的“工程图学”荣获“首批国家级一流本科课程”认定；所在教师团队荣获第二批“全国高校黄大年式教师团队”，个人获徐州市师德先进个人、徐州市三八红旗手、学校特殊贡献奖、学校教学名师……尽管有着诸多荣誉，但她依旧坚守三尺讲台，纵使流水韶华，霜染双鬓，依旧初心不改，热情不灭……

紧跟时代，精进课程智能化

在把握时代脉搏上，江晓红是极其敏锐的。在台式电脑和 CAD 软件问世之初，她便抓住了多媒体教育的契机，从 20 世纪 90 年代初至 2018 年退休，她采用电脑绘图，独立完成了 7 部电子教案和 2 部多媒体课件，知识体系涵盖了工程图学类的全部课程，因课堂效果显著，得到了国内专家的高度评价。在三维参数化建模软件刚在国内投入使用时，她又一次敏锐地聆听到了时代的声音，利用假期时间刻苦钻研，在全校首开通识教育公选课“三维参数化建模”，并将该软件和虚拟现实技术引入传统工程图学课堂，同时，将 300 余个教研室实体模型转制为计算机虚拟模型，极大地提高了模型的使用率和防破损率，使课堂教学模型展示与使用不再受时间与空间限制。在担任工程图学课程负责人、工程图学中心主任的十余年间，她带领团队在学校率先建立了“工程图学”网络资源共享课程、“工程图学”在线开放课程，并获评国家精品课程、国家级精品资源共享课、首批国家级一流线上本科课程。

播撒大爱，甘为人梯育英才

“捧着一颗心来，不带半根草去。”是她对自己作为一名教师的要求，也是她四十余年教师生涯的真实写照。她对学生严而有爱，宽而有度，以爱执教，以心教学。她曾担任一名本科生的生活导师，这名学生由于网络贷款理财赔了很多钱，万般无奈之下找到她。她严肃地告诫他远离网贷，在学生一再保证以后坚决杜绝网贷后，考虑到他的实际困难，江老师无限期借钱给他，帮他渡过生活难关，顺利完成了博士学业。她的无私奉献，让学生们与她无比的亲近，被评为中国矿业大学首届“立德树人·最美教师”师德楷模、大学生最喜爱的教师。在她的影响下，很多学生从事了与工程图学相关的职业。

她的荣誉很多，但在她的心里，最珍视的荣誉却是她的团队。荣誉面前，她主动将更多的机会留给青年教师，鼓励他们参加教学比赛提高自身素质，带领他们参加教学改革项目。作为项目负责人，她尽自己的全力帮助青年教师成长，在教学成果的奖励分配中，从不多拿多占，让团队的每一位老师都有获得感、成就感。同事们都对她赞不绝口，工程图学中心的祁隽燕老师谈起她，心中满是感激。她说：“江老师一直鼓励我去参加讲课比赛，她耐心地给我指导和帮助，那时候，她发给我的邮件，显示时间常常是凌晨一两点钟，比赛时还去现场帮我加油鼓劲，太让我感动了！”

光荣退休，桃李芬芳情依旧

曾经，她把青春奉献给了三尺讲台；现在，她在教学育人岗位上继续发挥自己的光和热。2020 年，疫情突如其来，作为“工程图学”国家级资源共享课建设负责人，她与团队成员一起，加班加点重新规划线上课程教学各环节，在极短的时间内做到了线上授课教学环节重构有力度、教学平台资源完善有速度、线上线下混合式教学信息传播有温度，确保了疫情防控期间全校学生工程图学类课程教学顺利完成。

退休后，她变得更忙了。她不仅担任着中国图学学会理事、教育部高等学校“工程图学”课程教学指导分委员会华东地区工作委员会顾问，还担任着学校本科教学督导组专家和机电学院离退休党支部副书记。作为学校教学督导组成员，她积极协助教务部指导青年教师课堂教学及教学项目的立项、检查和验收工作，工作负责认真，受到教务部领导的高度肯定。作为学院退休党支部副书记，积极协助书记做好支部学习与建设工作，与学生党支部、教职工党支部座谈交流，积极参加学校留学归国青年教师座谈会，参加学生党员发展、学生党员工作站活动等。“责任感和热爱是激励我前进的动力，对学生负责，对教学负责，对自己负责。”潜心耕耘，她将党员的“光”与“热”以及对党性的坚守尽可能地辐射到了身边的每一个人！

心中有信仰，脚下有力量，时代眷顾奋斗者，星光不负赶路人。江老师用自己多年持之以恒的实际行动，深刻诠释着一心向党的坚定信念，诠释着共产党人熠熠生辉的高尚品格。作为青年学生，我们要向江晓红老师学习和看齐，努力将自己的一份热情、一束光芒源源不断注入这个全新的时代，始终牢记“为人民谋幸福、为民族谋复兴”的初心使命，坚定共产党员的信心、信念和信仰，在实现中华民族伟大复兴的壮举中，为“青春之我”创造新功业。

（指导教师：王　虎　曹　楠　梁佳卉）

侯玉宾：测绘山河光阴　传承地质人爱国情怀

河海大学　程林森

“烟海非一状，秋光乱众山。浮云去不息，行者能无还。”彭孙贻先生笔下壮美的汤山见证了侯玉宾老师三十三年来和他一届又一届学生地质测绘的光阴。侯老师将辛勤和汗水挥洒在地质勘探的热土上，他用真情和付出陪伴学生求学之路，培育地质学子成长成才。他的名字成为河海大学（简称“河海”）地质测绘实习的象征，他专业报国和朴素实干的精神深深烙印在河海地学院，指引着每一个河海地质学人探索地球奥秘、丈量美丽中国、建设生态家园。

知行并举　深耕测绘实地教学

1987年，侯玉宾老师从南京大学地质系毕业，进入河海大学地质系任教。工作之初，侯老师便投入“构造地质学”的授课中，第二年开始进入地质测绘实习领域。他组织数位教师，带着地质学子浩浩荡荡踏上了汤山观测分析和绘图的征程。

之所以迅速扎根于实习基地一线，是因为多年地质基础工程的研究经验和一年的授课经历，让侯老师敏锐地感受到学生在专业学习上的不平衡：理论上是巨人，实践时是矮子。侯老师觉得，地质专业离不开实践育人，少不了实地考察，只有将专业知识与实地勘测有机结合，才能真正实现知行合一，把地质勘测理论融会贯通到实际工作中。

侯老师从此开始了三十多年从未间断的实地教学。他和地质系老师对南京上百个地质点进行分析调查，对比地形地貌特点，最终选定汤山、湖山作为实习基地。他带着一支笔、一个本子和地质罗盘，走遍汤山、湖山每一个角落。躲在灌木后的背斜枢纽、立于山顶的岩浆侵入体、山体边缘的断层，都在他的潜心勘探下被描述进绘图里。之后学生们便就着这幅凝聚心血的图，开启将书本理论与实地勘测“联动起来”的神奇课堂。

三十多年来，学生们跟着侯老师野外踏勘、实测剖面、野外地质填图，他们敲下一块块标本，让书里的描述在现实中重现。有了野外的实地教学做基础，同学们综合地质观察和分析的能力显著提升，原来一头雾水的测产状、画地形图、分析地质构造也变得明晰起来，后续理论专业课的成绩也随之普遍提高。

艰苦奋斗 师生熔铸专业情怀

地质勘察和工程测量不是单靠个人力量就能完成的，而是一座团结协作共同建设的“巨塔”。“巨塔”的搭建并不容易，它需要克服不少障碍和痛点：同学抗拒和老师零距离接触，实习态度敷衍；地质专业是艰苦专业，有极高的调剂率和转专业率……但侯老师通过以真心换真心的相处，搭建起老师和同学们共同奋斗的桥梁。

地质测绘实习的过程中，侯老师和同学们真正做到了风雨同舟、同甘共苦。师生一起生活学习，起早贪黑，镰刀开路，他走在前头，同学紧随其后。由于实习都是安排在每年的9月，因此在学生的记忆里，总有侯老师陪伴他们过中秋节的温暖回忆。侯老师的学生，如今已是副教授的赵燕蓉老师说：“每年一个月的地质测绘实习，侯老师数十年如一日，带过的学生近2500名，从工作时起侯老师从未和家人过过一个中秋节，他的每个中秋节都是在实习基地和学生们一起度过的！”

多年来，侯老师就是在讲台、山林和深坑带学生、教学生的，他给每一位学生做楷模，提供力所能及的帮助。正是这份真挚、投入和责任心，熔铸成师生情谊和专业情怀。侯老师的学生很少有转专业的，他们回报以信任、感动和决心，在地质测绘实习中的标本和测绘考核中连续数十年第一。毕业后有的传承他的教育事业，成为如今河海地质学科的中流砥柱，还有遍布中国知名设计院的地质人才、中建集团的建造精英、地调局的行政人员。他们在五湖四海的工程中奉献力量，他们有着同一种精神和同一份专业情怀，用地质勘察为国家的基础设施建设贡献专业智慧，为美丽中国建设增砖添瓦。

天地之间 图绘大美和谐中国

“我的梦想是有一天我们不再局限于汤山的测绘，我们走出汤山，走出南京，走向中国的每一片土地，真正做到丈量美丽中国，探索地球奥秘。”这是侯老师一直以来的憧憬，也是所有地质人奋斗的目标。侯老师和他的学生秉持着地质人艰苦奋斗、团结协作的意志，将一代代地质科学家的精神铭记心中，爬高山，越丛林，不怕吃苦，为崇高的事业和梦想奋斗。

“天下有溺犹己溺。”侯玉宾老师还记得来河海时看到的这句校歌歌词。直到退休，他已经用三十三年的时光书写了他地质教育的故事。他将爱国报国的信念贯彻始终，撒播到学生的心中；他将探索奋斗的精神践行始终，烙印在学生的行动中。他始终和河海地质人站在一起，在他的鼓舞和引领下，丈量美丽神州大地，建设生态绿色中国。

（指导教师：程　萌　朱晓兰）

章恒全：漫漫长路　幸得与途

河海大学　李世珑

1979年7月，章恒全考入华东水利学院水利水电工程建筑专业，从此开始与河海工程管理系结缘。1983年7月，章恒全毕业留校任教。1985年9月，章老师到哈尔滨工业大学进修企业管理，后回到河海大学商学院工程经济与工程管理系工作，直至升任教授、博士生导师。任教四十载，章恒全教授用赤诚丹心献身教育，继承并体现了河海大学工程人的育人情怀和高尚品质，也书写了作为一名优秀教师让人感动的精彩诗篇。

克勤尽力细心栽　教学改革育英才

章老师在教书育人方面的贡献，体现在课程教学、指导学生学业规划等各个方面。章老师主讲"工程施工"，他说："工程管理的专业理论课学习，只有将理论知识与实践结合，才能增强学生对专业的理解。工程施工课程是一门实践性非常强的科目，需要丰富的施工经验以及课题研究经验作为支撑，在平时的教学过程中也要有新的施工案例作为补充，才能让学生们产生兴趣。"他大力进行教学改革，带领学生参观实习，为学生掌握专业知识、培养专业兴趣打下了坚实的基础。

学业规划上，2007级和2013级最具代表性。2007级学生是第一届以管理科学大类招生的学生，在面对专业分流时，不少学生感到无所适从。担任2007级班导师的章老师在开学初期就邀请管理科学大类各专业有经验的师生进行经验分享，帮助学生更早、更全面地了解未来所要选择的方向，最终章老师所带班级成功完成了首次专业分流。分流后，章老师让所带班级全体同学提交学业规划，然后逐一修改，开展一对一的深入交流，并给出针对性的建议。到毕业时，章老师带领的两个工程管理班的升学率高达34%，至今没有被超越。2013级商学院进行导师制改革，章老师所带的六名学生，一个同学出国深造，四个成功保研，并放弃保外机会，跟随章老师继续学习，另外一个同学考研成功，做到了升学全覆盖。

恪遵师诲益终身 科研严谨成果丰

章恒全在读期间，吴中如院士是其“水工建筑物安全监控理论及其应用”课程的教师，吴院士曾说：“科学研究来不得半点马虎，每一个细微之处都不能忽视，严谨是取得科研成果的基础和前提。”

受到恩师吴中如院士的影响，章老师一直以严谨的态度从事工程项目的研究工作。在其带领学生承担的“道路工程岸坡稳定性风险分析”课题中，当项目组按照理论和经验规划设定好分析断面之后，章老师要求暂不进行理论计算分析，而是坚持深入现场，亲自带领学生沿着十余公里的道路全程现场踏勘，认真识别异常区域，根据实际情况增补或调整分析断面，及时发现了一些理论规划中没有注意到的问题，成功避免了后续安全隐患和国家的损失。

章老师科研态度严谨，科研成果也相当丰富，他先后在“南水北调”“中巴水电合作开发”“拉西瓦灌溉工程”等国内外重难点水利工程项目中做出贡献，发表论文120余篇，合同履约率100%。

从河海工程专门学校，到华东水利学院，再到如今的河海大学；从陈久宇先生，到吴中如院士，再到章恒全教授。百年河海，师生三代，工程系一路走来不变的传承，是扭成一股绳的凝聚力，是治学认真严谨的态度，是全心全意教书育人的初心。

明年再有新生者 十丈龙孙绕凤池

章老师是负责任的教师，是严谨的科技工作者，也是大学生们的“忘年好友”。端午、中秋等传统节日到来时，他会组织留校的同学一起出游，和大家同吃同住，共话佳节，缓解学生们的思乡之情和寂寞之感。在一次次的集体活动中，工程系成为一个大家庭，每位同学都在这里找到了归属感。对于民族生，章老师更是格外关心他们的学习和生活。班级活动、集体聚餐，章老师强调不能落下任何一个同学，要充分尊重少数民族同学的风俗信仰；对于学习上有困难的少数民族同学，章老师让学习成绩优秀的同学和少数民族同学结成学习小组，最终所带班级无一人有挂科记录。

章老师是良师，是益友，像亲人一样关心着每位学生。执教多年，章老师还与很多毕业生保持联系，持续关心学生的成长，并对他们的职业发展给予指导。章老师有一名学生在毕业后主持乌干达的“伊辛巴水电站项目”。海外项目一般都工期紧、任务重，需要连续驻外一年才能回国处理家中事务。有一次这名学生刚回到国内，项目就出现了突发情况，需要他马上返回乌干达。学生内心十分焦急。章老师得知情况后，及时安抚学生，强调海外项目涉及当地国家的国计民生，影响面非常大，一定要从大局考虑，家里的困难会发动大家的力量帮助处理，而他应该服从组织安排及时赴海外处理突发情况。章老师的大局意识为学生指明了方向，而他无微不至的帮助成为学生积极投身国家建设的坚实后盾。

如今，年过花甲的章老师退而不休，依然奋战在教学一线，对教学保持着极高的热情，不断为祖国输送着水利人才。经过几代河海工程人的努力，工程管理专业也已经成长为国家一流本科建设专业。星霜四十，初心不改，章老师不断鼓励广大学子积极投身工程一线锻炼自己，实现人生价值。

（指导教师：潘佳莹　朱晓兰）

吴锡生：时光不改，奋斗常青

江南大学　罗佳怡　刘瑾萱

“自信人生二百年，会当水击三千里。”民族复兴的使命要靠奋斗来实现，人生理想的风帆要靠奋斗来扬起。在我们江南大学，就有这样一位老师，在他身上，有着老党员的那份坚毅、老教师的那份无私，同时，也有着一颗常青的奋斗之心。他就是吴锡生老师。

当励志点亮未来常青

吴老师出身红色家庭，在小学时曾听过老革命吴诚同志的人生经历，并深受其为民奉献思想的影响，立志加入中国共产党。高中毕业时，吴老师被分配到无锡砖瓦厂。砖瓦厂距离住所非常遥远，来回需四个小时。因此，吴老师经常住在厂里，床铺就搭在废弃的砖窑上，几乎四面透风，工作环境是日晒雨淋，条件非常艰苦。即使环境这样的艰苦，吴老师也能一丝不苟地对待自己的工作，努力出色地完成自己的任务。后来，厂里增设了制锁车间，吴老师学到了机械和电路的基础知识，提高了这方面的实践能力。

1978 年，中国恢复高考的第二年，吴老师白天和他的同事们上班，坚持在晚上复习，这样的日子异常艰苦，但对于希望进入大学的吴老师来说，非但不觉得艰苦，反而觉得充实兴奋。苦心人，天不负，经过努力学习，吴老师成功考上了无锡轻工业学院（今江南大学）。

用珍惜谱写青春乐章

对于已经有过工作经历的吴老师而言，大学和硕博研究生的学习阶段，生活是轻松又受益匪浅的。老师告诉我们，他在大学学会的最重要的人生技能就是自我学习的能力，这种能力即使在他数年的科研生涯中，也相当重要。这种自学能力在他看来，是“本”。所谓自学，一个是在学习上要有毅力，要自己主动去学习新的知识，二则是要有自己领悟的能力。有了这种

“本”，就可以在纷杂多变的社会中以不变应万变，能够随时跟上时代的发展。也正是因为吴老师的这种自学能力，在大学期间，他就制作了当时很时髦的高传真扩音机，而后还自己组装了12寸的黑白电视机，大学毕业设计作品也获得了优秀的好成绩。

大学毕业后吴老师留校，开始了自己三十七年的教学生涯。作为一名红色家庭长大的青年，老师自然对入党有着十分的期待，因此除了工作方面做得好之外，他思想上积极要求进步，政治上向党组织靠拢，在为人处世方面也被同事们高度赞誉。在工作后不久，吴老师就受到了组织上的重视，安排参加了无锡市入党积极分子培训班，并在之后光荣地加入了中国共产党。

以热爱守护职业神圣

作为一位老教师，吴老师对这份职业十分热爱，在自己近四十年的教学生涯中有着无数动人的故事。1998年，吴老师评选上了无锡市劳动模范，市里发了1500元的奖金，相当于吴老师当时三四个月的工资，但老师很坚定地把这笔钱捐给了学校的学生爱心基金，以帮助他们更好地学习。吴老师说，在当时的背景下，有很多学生是很困难的，他们当老师，学生就像自己的朋友，像家人，能帮上的忙，自然要多帮些。

吴老师后来随着行政事务和科研事项的不断增加，外出的时间也不断增多，但在教学上从来没有过一丝的马虎。为了不耽误教学周期，他会把出差的时间尽量安排在周末、节假日和暑寒假期间。对于自己所带研究生遇到的问题，几乎都能在学校及时解答，耐心指导。吴老师告诉我们，大学生很重要的一点就是自学能力，这会陪伴人的一生。第二点是学会与人打交道，怎么和同学相处，怎样和导师交流，这从某种程度上会影响我们一生的发展。

吴老师的故事给我们带来无数感触与深思，这一份记忆，无需用华丽的辞藻修饰刻画，无需用精致的语言表达陈述，就能将常青的奋斗传达给青年人。而今朝之时，共话百年奋斗，这段故事，也会如吴老师希冀的那样，激励每一代青年不断进取，以青年之我，续奋斗之歌。

（指导教师：沈　滔）

顾焕章：烟云一顾，焕然成章

南京农业大学　李俊臻

农业是中国最重要的问题

“什么是中国最重要的问题？农业。”顾焕章教授十分郑重地说着这句话。在《学者的情怀》一书里，他曾描述过他下乡的深刻记忆，不会磨灭的不只是肉体的困苦，更是亲历饥饿与贫穷后承受的心灵的炙烤。1956 年，顾焕章考入南京农学院。下乡实践中，涟水县给顾焕章留下最深的记忆就是一个“饿”字，而这个字反映出的地区发展不平衡问题，久久萦绕在他的心头，也让他深深体会到：改变农村不能一刀切，必须从中国国情出发。

1978 年，他发表文章《加速农业现代化，促进农业高速发展》，1981 年又出版图书《农业现代化》，在那个解放思想的年代，这些文章、著作就像莹莹烛火，为迷茫的前路添了一束希望的光芒。

农经学科要“顶天立地”

1981 年，顾焕章正于技术经济的领域苦心钻研。中国原本没有农业技术经济学这门学科，得从头学起，借鉴西方，开辟我们自己的学科体系。课堂上的他总会对学生说，学习方法是最重要的，“十年一过，原有的很多知识也都过时了。但是掌握了学习办法，就可以像海绵一样不断地吸水，就像拿到了一把打开知识大门的钥匙，就可以登堂入室”。当时年轻的他正是凭着这把钥匙开拓了全新的学科体系，将农经专业推向更前沿的领域。

想要让学科更加先进，就必须学会采用量化的研究方法。过去的农业调查缺乏精细的数据，缺乏对数据的具体分析，这让此后开展的更高层次研究找不到依托，举步维艰。采访中，他讲述了过去对太湖地区耕作制度的研究，讲如何运用生产函数这种数量分析模型来分析耕作制度，演示如何拿土地生产率、净产率、盈利率等指标进行具体的计算，这种量化的思维在当时的中国非常具有创新性。太湖的这项研究还证明，种植当时众人吹捧的双季稻反而有损经济效益，翔实的数据结果避免了可能犯下的错误。那个年代举国都在强调实事求是，顾焕章教授用自己的研究成果告诉学生，做学问更要如此，切莫想当然，凡事都得实践为先、数据说话。

农经学科的发展离不开一代代农经人薪火相传。1990 年，南京农业大学设立博士点，顾焕章教授也开始带博士生。博士点的成立甚至吸引了各地的博导前来进修，五湖四海的农学研究者一起奋进，将这门关乎家国社稷的学科发扬光大。顾焕章教授说："农经学科要'顶天立地'。""顶天"就是国际上最先进的理论、最新的成果，我们要了解、掌握；"立地"就是对中国的实际情况，对基层的、农村的，包括它的历史、发展脉络要了解清楚。这句"顶天立地"，需得一代又一代的农经人用一生去诠释。

他们将来的成就，肯定会在我们之上

如今顾老已年近九旬，他一生桃李满天下。在他的家里放着他与几百名学生的大合影。"我的学生中，有一些很有意思，包括已经是博士导师，还到我这里拿个博士学位。博士生蒋乃华、常向阳还获全国优博论文奖，是很难得的。"提到自己出众的学生，他欣慰而骄傲。

"我不愿意听到别人说我是'农业现代化最早研究者'之类的话，他们将来的成就，肯定会在我们之上。"他更希望人们的目光关注这一领域的年轻人，"希望他们加快成长，能多出在全国有影响力、对现实重大问题提出深刻见解的青年理论家。"

顾老曾经也是这样的青年。最初，他只不过是被苏联电影吸引，奔着成为国营农场场长、集体农庄主席、拖拉机站站长的目标报考了农经，在导师刘崧生的指点下，他才走上了学术研究的道路，决定了一生奉献的方向。在他的记忆深处，最亲切的所在是山野乡村，草滩青翠、稻垛金黄，那是动荡的早年时光里难有的童年快乐。少年时怀着纯真的幻想，成年后拽着星火般的希望，好在春风终至，未来终来，得遇良师益友，纸鸢终得上碧霄。

顾焕章教授不止是一位老学者，亦是指路人，既是照亮华夏长夜的万千烛火中明亮的一盏，也是有志青年学海中的灯塔一座。他踏过农经的百年长路，也亲历了中国的百年征程，昔日是岁月流金，未来是桃李繁华。

（指导教师：邓昭春　孔育红）

刘静涵：披肝沥胆创新药，精业济群嘱后生

中国药科大学　徐小创

刘静涵，1955 年毕业于南京药学院（今中国药科大学）生药系并留校任教，一直从事生药学、药材学的教学和科研工作。

1978 年，她被派到了上海药物研究所朱任宏教授处进修，专业也从以前的生药学转到了天然药物化学。当时刘静涵已经四十出头了，转到一个新专业开展全新科学研究，这是一个不小的挑战，但是她当时只有一个念头："为祖国医药现代化做些贡献。"

在朱教授的指导下，刘静涵开始研究乌头属的植物关白附，从关白附中提取关附甲素，她怀着"好好做些事情"的激情，每天从早上 7 点开始工作一直到晚上单位关门才回宿舍，这样两点一线式的生活在上海维持了近一年。刘静涵回忆说："那时一点都不觉得累，因为我觉得上海的条件要比学校的实验室好很多，所以我宁愿哪里都不去玩。"

从上海药物研究所回到自己的工作单位，刘静涵继续开展研究。1981 年，她从关白附中分离并鉴定了 C20 二萜生物碱关附甲素的结构。随后，刘静涵开始着手准备对从关白附中提取的关附甲素做药理活性试验。在最初的抗肿瘤试验失败后，刘静涵想起了古代本草中对关白附（白附子）的记载。"白附子主治心痛血痹，心痛血痹不就是冠心病吗？"于是她将一部分样品送给生理组的同事去做心脑血管方面的活性试验。不久后，生理组的同事给她带来了令人兴奋的消息：关附甲素可对抗多种动物模型的心律失常，是一种理想的天然产物。

要做毒性试验需要大量的样品，刘静涵和她实验室的老师、学生都是夜以继日不停地分离提取，工作量相当大。"我们首先就做毒性试验，如果'三致'（致癌、致畸、致突变）实验不过关，我想就不能做下去了。所以那时候很辛苦，每天很早就到学校来了，中午也不回家，在食堂买个包子就当午饭了。"

1986 年，刘静涵主持的"抗心律失常药盐酸关附甲素"研究被列入国家

"七五"科技重点攻关项目，凭着刻苦钻研的韧劲，凭着超凡的魄力和组织才能，仅仅用了几年时间，刘静涵便领衔课题组成功开发"盐酸关附甲素"。1995年，盐酸关附甲素及其注射液通过卫生部（2018年改为"国家卫生健康委员会"）的新药评审，进入Ⅰ期临床研究。

这个时候，刘静涵到了退休年龄，但她认为自己的任务还没有完成，没有尽到为祖国医药现代化做贡献的职责，经过一番努力，退休后的她继续出任该项目课题组组长，并挑起"九五"期间盐酸关附甲素及其注射液科技部1035工程攻关项目负责人的重任。1998年，盐酸关附甲素及其注射液通过新药Ⅰ期临床试验，并由国家药品监督管理局批准进入Ⅱ、Ⅲ期临床试验。

"十五"期间，刘静涵继续在"863"计划创新药物和中药现代化重大项目中承担盐酸关附甲素及其注射液的研究工作。2004年，三期临床试验全部完成，研发人员正式对外宣布结论：关附甲素对减慢心率、对室上性心动过速和室性心律失常具有明确疗效。2005年8月，盐酸关附甲素及其注射液获得国家SFDA颁发的"盐酸关附甲素及其注射液，原料药工艺已获知识产权专利、西药一类创新药"证书，目前该药已上市并进入Ⅳ期临床试验，临床试验效果显著，得到了专家委员会的广泛认可和好评。

盐酸关附甲素及其注射液是一种具有较好安全性的新型抗心律失常药物，盐酸关附甲素更是心血管系统第一个中药的有效成分一类创新药。它的成功，是我国药学科学家在世界医药史上又一个重大发现，对提升我国中药研究和生产的现代化水平、缩短本行业与国际前沿水平的差距、增强我国医药产品在国际市场上的竞争力、提高我国医药在国际上的地位，具有重要的意义。

宝剑锋从磨砺出，梅花香自苦寒来。从开始研发到最后成功，前后整整经历了二十五年。刘静涵教授以坚定的决心和顽强的毅力，克服经费的窘境等种种困难，披肝沥胆，心无旁骛，攻克创新路上的一道又一道难题，为减轻和消除心血管病患者的痛苦做出了重大贡献。

然而，刘静涵教授却说，成果不仅仅属于个人，没有国家和企业的大力资助，没有和谐协作团队的强有力支持，就不可能有今天的成绩。她谦逊的姿态和淡泊的情怀让人肃然起敬。

（指导教师：丁祎铭）

卓永模：以奋斗与担当写下青春诗行

浙江大学　徐霁盈

涓涓不塞，是为江河；源源不断，是为奋斗；生生不息，是为中国。

——题记

20世纪70年代前后，卓永模与团队成员研发的中高低频激光测振装置确定了振动的测量标准，这项成果对航空航天、国防等领域的安全保障都有着极为重大的意义。

接受任务——使命化作驱动力

当时，国家国防科工委（2018年改为“工业和信息化部”）给浙江大学下达了研发高中低频激光测振仪的任务。彼时，国内并没有统一的振动测量标准和设备，而在核试验、航天器发射的失误中，40%都是由零件间的共振导致的，因此，研发激光测振仪的任务迫在眉睫。接到任务后，学校从四个院系中抽调了一批精英组成了命名为“500号”的课题组。任务书中特别强调了测振仪的重要性。“当我们了解到任务的重要性之后，大家既深感责任重大，又为能为国家做贡献感到十分光荣。所以，我们参加这个课题的时候心里面感到很兴奋。”卓老的眼中闪动着激动的光芒，仿佛又回到了接到任务的瞬间。

从无到有——奋斗化作青春底色

万事开头难。尽管始于对项目的激情，但是真正做起来可以说是举步维艰，每一步都面临着困难。激光测振仪和激光密不可分，但那时，世界上第一台激光器诞生不过九年，再加上国外对我们的知识封锁，而参与研发的人员都没有学习过相关的知识，只能从零开始自学。中高低频每个频段对应着不同振幅，也对应不同的测量精度，对高频，精度难以保证；而对低频，则幅度难以保证。那时，不仅设施简陋、条件艰苦，而且缺乏参考资料……但是，在困难面前，团队里没有人畏惧退缩。大家相互鼓励，遇到难题，一起讨论。实验室里每天都有人在熬夜做实验。经过一年多时间的艰辛努力，他们终于在一间空空如也的小实验室，成功研发出我国第一台中频激光测振仪，实现了“从 0 到 1”的飞跃。

那时，由于大家的安全防护意识比较差，并不知道调试激光器要戴护目镜，而是直接裸眼调试。卓老的眼睛因受到激光灼伤而落下眼疾，以致在强光下必须佩戴墨镜。他回忆当时调试激光器的情景时说道：“激光放射的一瞬间功率很大，很亮。一次调试时，我突然感觉眼睛刺痛，当时也没有当回事，缓过来一阵之后又接着去工作了。那个时候大家都是这样的，也经常有人生病，但都不会停下手中的工作。”沉浸在回忆中的卓老，眼里仿佛有跳动的火苗，那是青春和热忱燃烧的痕迹。

合力攻坚——奇思化作催化剂

卓老在与我们的交谈中，谈得最多的词就是“团队”。他说，那时团队人员都很年轻，思维活跃，总会迸发出一些奇思妙想，而许多问题往往就是凭着这些奇思妙想迎刃而解。仪器如果放到地面上，会引起地面的振动，而导致测量结果不精准。怎么隔离地面的振动成了当时棘手的问题。一次偶然的机会，团队成员得知无锡造船厂有船用隔离器，卓老一行人就跑去无锡。在厂方的大力支持下，他们经过改装设计和反复实验，慢慢达到了理想的隔离精度。在谈到该项目斩获国家科技进步二等奖时，卓老也特别指出，这是团队每个人共同努力的结果，是整个团队的荣誉。

从一名圆梦浙大的本科生，到一名潜心钻研的研究生，再到追求卓越的老教授，卓老把青春年华和一辈子都奉献给了浙江大学。他坚守匠心，严于教学，精心打磨课堂教学内容，让晦涩的知识变得通透易懂；他工作尽心尽力，只要有需要，他从不推辞，据说，他曾担任过四个班级的班主任。他爱生如子，一言一行温暖着莘莘学子，也塑造了一方桃李满园。

李大钊在《青春》一文中写道，要“以青春之我，创建青春之国家、青春之民族”。青春是不畏困难的冲劲，是不惧挑战的勇敢，是肩挑责任的奋斗。卓老的事迹正是以青春之我的精神，为创建青春之国家而奋斗的鲜活写照。这些“做隐姓埋名人、做惊天动地事”的先辈，以天下为己任、以真理为依归，与国家发展、民族复兴同频共振。读懂了他们，就读懂了青春的意义、使命的魅力。我们要追寻他们的足迹，心怀“国之大者”，有一分热、发一分光，在攀登科学高峰中追求卓越，在肩负时代重任时行胜于言，以奋斗与担当写下青春诗行！

（指导教师：张曼华）

钟同德：被数学选中的人

厦门大学　母唯盟　邢炳萱　张　驰　高辉荣　李悦铭

因钟情数学考入厦门大学（简称“厦大”）数理系，留校任教钻研中国多复变函数论，春风化雨参与培养陈景润院士等杰出人才，钟同德教授推动厦门大学成为国际复芬斯勒几何的研究高地。

探赜索隐，深耕中国多复变函数论研究

习近平总书记在2014年6月9日召开的两院院士大会上发表重要讲话时指出：“‘两弹一星’、多复变函数论……基础科学突破……为我国经济社会发展提供了坚强支撑，为国防安全作出了历史性贡献，也为我国作为一个有世界影响的大国奠定了重要基础。”中国多复变学派，就是华罗庚带领他的三个学生——陆启铿、龚升与钟同德从零创立起来的。

1956年，为响应党中央“向科学进军”的号召，厦门大学数学系提出关于“大范围的几何与分析”的研究，按计划向外派出进修教师。26岁的钟同德作为访问学者前往中国科学院数学研究所，师从华罗庚教授学习多复变函数论。在研究中，他和陆启铿建立了具B-M核的积分表示的Plemelj公式，被写入当今世界上内容最新、最全面、水平最高的一部大型数学工具书——《数学百科全书》。

1957年，钟教授在厦门大学数学系建立多复变函数论研究组，是我国最早研究多复变函数论的三个中心之一。他负责研究的课题“多复变函数的积分表示及其应用”获中国科学院科学基金资助，是厦大数学系首次获批的两个国家基金课题之一。根据在教学科研过程中积累的成果，钟教授合著《多元复分析》，并编著出版了由华罗庚先生亲题书名的《多复变函数的积分表示与多维奇异方程》。他还译注《数学百科全书》（英文版）中大部分多复变函数论的词条，推动中国多复变函数论的研究和发展。在多复变函数论这一高深领域，提起钟教授，都称他是位响当当的“大人物”。

潜心问道，浇铸厦大数学百年长青基业

厦门大学见证了这位“大人物”的成长。从担任数学系助教、化学系高等数学教师开始，钟教授在厦门大学一教就是七十多年。

钟教授曾任陈景润院士在厦门大学就读本科时的辅导老师。好学、上进的陈景润除了做完授课老师指定要做的作业，还将一本习题集从头至尾做一遍，每天下午 5 时亲自交给钟教授批改评阅，钟教授也对陈景润悉心指导。1979 年，陈景润将发表在《中国科学》杂志上的代表性论文赠送给钟教授，并在首页左上角一笔一画地写道：“敬爱的钟老师，感谢您长期的指导。”回母校参加 60 周年校庆时，陈景润感怀在厦大的求学时光，与钟教授等数学系老师合影留念。

教学过程中，钟教授以厦门大学数学系和厦门大学科学技术情报研究室的名义油印 10 万字左右的《多复变函数论讲义》分送有关学者，推动中国多复变函数论的研究和发展。同时，他在本科高年级开设多复变函数论专门化学科，丰富学生们的知识储备。1978 年，他招收两名硕士研究生，占当年招收学生数的五分之一。在国务院批准全国首批博士、硕士学位授予单位时，厦门大学数学系基础数学、运筹学与控制论两个专业获硕士学位授予权，钟教授是学术带头人之一。

为进一步推动学科发展，72 岁的钟教授创新性涉足全新的学术领域——研究复芬斯勒几何，受到该研究方向的倡导人、著名几何学家陈省身先生的肯定。在他的努力下，厦门大学成为复芬斯勒几何研究的重要阵地。在 SCI 论文检索主题中输入“Complex Finsler manifold”，共有 120 篇数学论文，其中厦大 36 篇，排名第一位。2021 年，92 岁高龄的钟教授依然与学生共同合作在国际一流数学杂志上发表高水平文章。

悉心育人，辛苦耕耘收获满园芬芳桃李

“同堂欢庆祝寿星，德才兼备播桃李。”这是学生们送给钟教授的画上的一首藏头诗。

钟教授从教以来，培养了二十多名博士生和数十名硕士研究生，分别在国内高校和美国、瑞典等地担任教授，将教书育人的接力棒薪火相传。他也

曾两度担任厦门大学数学系分管教学的副主任，组织数学系充实教学内容、加大师资培训力度，将基础课程“解析几何”从 82 课时增加到 112 课时。当时的数学系培养出了中国工程院院士陈纯，以及获国家杰出青年科学基金的苏育才、印林生、王友德等三位教授。钟教授认为，数学水平提高了，才能在其他学科上更顺利地开展研究。秉持这个理念，他积极投身教育教学改革，亲自带领优秀教师承担公共数学教学工作，培养了许多杰出人才，厦门大学原校长、化学系教授林祖赓就是钟教授的学生。

2009 年,《中国科学：数学》(英文版) 出版专刊庆贺钟教授八十华诞。厦大百年校庆期间，1980 级校友刘晓先生捐资设立奖学金，以钟教授的名字单独设置了“同德奖教奖学金”，定向奖励数学科学学院优秀师生。2022 年 4 月 6 日，钟同德教授荣获厦门大学最高荣誉“南强杰出贡献奖”。

百年“数”人，教泽流芳。以钟同德教授为代表的科学家为国家教育科技进步、社会经济发展和厦大数学发展做出重要贡献。年逾九旬、赤心未改，他生动诠释了报效祖国、勇攀高峰的精神，激励我们新时代景润青年传承家国情怀，握紧科研接力棒，接续跑出新一代数学人的优异成绩。

（指导教师：丁昌利　华盈鑫）

刘守华：吾侪肩负千秋业，不愧前人庇后人

华中师范大学　钟高翔

未见其人，先读其书——我对刘守华先生的了解，起初是从读他的著作开始的。刘先生的《中国民间故事史》引领我初窥民间文学研究的门径。这本书旁征博引、融贯古今，给我留下了深刻印象。徜徉其中，以书度人，我猜想，刘先生一定是一位睿智博学又和蔼可亲的长者。

2017 年 9 月，我进入华中师范大学文学院中国民间文学专业学习深造，得以面见刘先生。刘先生并不是健谈的人，但无论是课堂上还是走廊里，谈起民间故事，他都满怀深情、如数家珍。这是刘先生给我留下的最直接的印象：他对民间文学研究的热爱，纯粹而深沉。

刘先生选择民间故事作为自己的研究对象并不是偶然，也非一时兴起，而是他自小的兴趣爱好推动下的必然，是他终生之所向。他多次在访谈中深情回忆自己的家乡沔阳，回忆沔阳丰富多彩的民间文艺，回忆幼时听老人讲古的沉迷。在洪湖师范读书的时候，刘先生满怀热情地投入采录革命歌谣中。六十多年后他提起当时的经历还兴致勃勃，随口背诵当时采录的歌谣。那一本本田野笔记完好地留存至今，薄脆泛黄的纸页、工整清晰的字迹是一代学术大家的来处。

1957 年留校任教后，刘先生一头扎进民间文学的海洋中，六十多年如一日，将全部时间和精力奉献给他所钟爱的民间文学事业。即使八十多的高龄，仍然坚持阅读专业图书报刊，文学院资料室里常能见到先生伏案阅读的身影。他一生著述颇丰，有十多本专著，四百多篇文章。《刘守华故事学文集》十卷本，蔚为大观，更是他一生心血的精华结晶。

对于刘先生而言，研究民间文学不仅是兴趣爱好，也不止于事业追求，还是可忘忧、忘倦、忘痛的良方！2019 年清明，刘先生扫墓时摔伤了腿，住进医院治疗。我们民间文学师生联合党支部的党员们去探望刘先生，他刚做过手术不久，精神还不错，跟我们闲聊了几句后就把话题转到专业学习上

了。刘先生靠在枕上关切地问我们论文选题方向，叮嘱我们要选择适合自己的题目，太大或太小的题目都不好写——病房变成了课堂，床边小桌上放着纸笔，随时记录，刘先生讲得兴起，完全忘记了病痛。

刘先生在民间文学领域刻苦钻研六十多年，硕果累累，但他总是对我们说，他不是天才，只是勤奋执着而已。他认为自己能取得现在的成就，得益于长时期孜孜不倦、不间断的努力。他以自己为例鼓励我们，找准方向努力坚持，一定会出成果的！他总结自己的经验是“对于所研究的问题我能够完全沉浸在里头，思绪不断，恒久琢磨，才有所领悟”。坚持是刘先生不变的初心，是他几十年如一日的坚持不懈，是他对我们的谆谆教诲，也是他自己身体力行的信条。

民间故事不仅是刘先生一辈子的研究对象，也深深浸润了他的生活和生命。刘先生常常会用生动的民间故事或俗语来给我们讲道理，如“路遥知马力，日久见人心”“但行好事莫问前程”等。在毕业一课上，刘先生送给毕业生三句话：一是“车到山前必有路，船到桥头自然直”；二是“岂能尽如人意，但求无愧于心”，人生道路中要学会自我舒缓，一张一弛方为文武之道；三是“敬业乐群，居中争上”，要在人生的马拉松中力争上游、不落下游。

刘先生对学生总是关怀备至。彼时刘先生给我们博士研究生上“中国民间文学学术史”，好些其他专业的研究生慕名而来。先生对潜心学习的同学不分内外皆悉心指导，温和严谨。课堂外他也时时关心我们的学习生活情况，在路上遇到都会问问论文写得怎样，嘱咐我们遇到困难可以找他。

2002 年，刘先生去湘西考察调研，归途中发生车祸，先生受了很严重的伤，当场休克。从昏迷中清醒之后，他第一时间关注调研的记录稿有无遗失，关心同行的受伤学生情况，在病床上还不忘指导学生的毕业论文，帮助他按期完成硕士论文顺利毕业。刘先生用一言一行为学生垂范，他宽厚慈爱的人品风貌、执着钻研的学术精神影响了一批又一批学生。

钟敬文先生曾寄语刘先生“吾侪肩负千秋业，不愧前人庇后人”，刘先生以之为座右铭，终生践行。2022 年 9 月 15 日，在第十五届中国民间文艺山花奖颁奖典礼上，获得“中国文联终身成就民间文艺家”荣誉称号的刘先生依旧清瘦矍铄。高山仰止，刘先生既是后辈学术路上的榜样，也是我们人生路上的典范。

（指导教师：孙正国）

汪海燕：用生命拯救生命

华中师范大学　钟雨庆

她携光而来，用真诚和温暖照亮生命，因热忱与忘我不改初心。在生命的长河里，她渡己渡人。她就是华中师范大学退休教师、华中师范大学大学生心理健康教育中心前主任、湖北省青少年心理健康教育中心前副主任——汪海燕教授。

命运坎坷、坚韧不拔的奋斗者

汪老师出身知识分子家庭。她16岁下乡插队，其间吃苦耐劳，比一些农民更能干，一天能插七分田秧，是村里第一个能用牛的女子，并当上了妇女队长。她18岁被招工，曾爬上两层楼高的电线杆接电线，也曾在基建中一次背两袋水泥上楼。25岁时，她考入了梦寐以求的大学，随后留校工作。当一切看似稳步前进时，命运却和她开了一个天大的玩笑。

1985年，毕业工作才三年的汪老师出现了贫血、头昏、呕吐的症状，后经医院确诊为“MDS骨髓异常增生综合征”。当时她的病情极为严重，医生说她只能活半年。汪老师非常伤心，那一年她的儿子才两岁，美好生活刚刚开始却不得不直面死亡的威胁。有时候牵着儿子一起走路，她的眼泪禁不住就淌下来。

在度过一段悲伤绝望的日子之后，她开始沉思：“这世上有多少身患绝症的人依然顽强地活着，我必须坚持工作才行。一个人只有看到自己生命的价值，才会有生存的勇气与力量。”自此，她一边坚持治疗与病魔顽强斗争，一边活跃在教学、科研岗位上。在白血球仅2700单位的情况下，她赴中国人民大学进修，并利用业余时间自学了社会学、心理学、青年学、妇女学等，也在工作、教学和专业领域等获得了国家级、省级的大大小小诸多荣誉。

退休后，她一边照顾年幼的孙女，一边面对自己早年治疗所带来的躯体疼痛后遗症，一边继续从事心理健康的宣传、教育、指导等工作。她一步一个脚印，每一步都十分努力。汪老师说："回头看走过的这些岁月，没有什么遗憾，因为我努力地生活过。"

学以致用、永不止步的学习者

汪老师是湖北省乃至全国知名的心理辅导、危机干预专家，她是中国心理学会临床心理学注册工作委员会较早的注册心理师（2008年），2010年获评注册督导师。她还同时承担多项社会兼职，如华中师范大学妇女理论研究中心副主任、中国心理卫生协会大学生心理咨询专业委员会委员、中国心理卫生协会团体心理辅导与治疗专委会常务委员等。

汪老师在团体辅导领域颇有建树。她从1995年开始接触团体辅导，2000年赴清华大学进一步深造。她是国内最早的团体辅导专家之一，尤其擅长带领和讲授结构式团体辅导。近二十年来，她在华中师范大学心理学院为广大本科生和研究生创设团体辅导课程，并带领师生一起把团体辅导、团体咨询推广到学校、医院、企业、戒毒所、监狱、社区等，帮助更多人促进自我认识、人际和谐、压力疏解、情绪管理。她的身上总有一种独特的人格魅力，她的真诚热情、温暖有力能让身边的每一个人受到感染。她的课程生动感人，反响强烈。不论在哪里，只要是她的讲座，总是场场爆满、座无虚席。

尽管汪老师已经在专业上取得了如此成就，她依然谦逊低调，坚持学习。在一些心理咨询的专业培训班上，经常能见到她的身影。她总是非常认真，即使退休之后，她的专业学习笔记还记了几大本。2020年初疫情暴发时，汪老师不顾自己身体的不适，毅然加入了教育部华中师范大学心理援助热线平台的助人工作者队伍，学习、探索线上团体咨询的新形式。

心系学生、舍身忘我的助人者

从1992年至2012年退休，汪老师以极大的热诚和耐心，挽救了不少有自杀危机的学生。在退休前，她一年都要处理几十起心理危机。一个危机电话打来，她马上放下手上所有的事情去帮助学生。其间需要与多方沟通，常常被误解，汪老师则认为："不是苦不苦、累不累、委屈不委屈，而是值不值，为了学生就值！”如今汪老师已经退休，但当她以前帮助过的学生和家长向她咨询问题时，哪怕在住院期间，她也依旧不遗余力地给予回应与指导。汪老师就像一座永不枯竭的爱的加油站，她是咨询师、老师，更像一位慈爱、无条件积极关注的母亲，与其说用她的专业能力，不如说用她的爱，点亮了这些孩子曾经灰暗、苦涩的生命。

尽管汪老师帮助、感染了很多学生，但她从不认为这是她一个人的功劳。她一直认为，让学生渡过难关的最重要的是他们自己内心深处要活下来的信念，其次是学生周围的支持系统，是包括家庭、学校、社会等很多人共同帮助的结果。

学高为师，身正为范。我想，汪老师便是对“师范”二字的极致诠释。在与生活年复一年的交手与抗争中，在对专业一遍又一遍的打磨与精进中，在对生命一次又一次的关爱与托举中，汪老师用事实证明了“爱是教育的灵魂”，用行动诠释了“行程万里，初心如一”。汪老师就像一棵饱经沧桑却依旧奋力生长的大树，栉风沐雨，向阳而生。师生们感到疲倦、迷茫、痛苦时，回到这里短暂休憩，汲取能量，而后背负青天，扶摇直上。她就一直默默伫立着、生长着、守护着，不动声色，不计回报。汪老师一直说：“感谢在酸甜苦辣的生活中陪伴我的恩师和学生们，感恩组织上多年的教育与培养，即使生病多年，党和人民从未忘记，此恩此德铭记于心，永难忘怀！”她把这份深情投注在工作、对学生的帮助中，她说奉献是享受人生，是人生的价值。她如此说，也如此做。如她自己所说：“我这一生已经很精彩了，因为帮助了这么多学生。”

（指导教师：于丽霞）

李良明：一生宣传一个人，一世照亮一代人

华中师范大学　封　裕

红色基因铸魂塑神，桂子山上培育精英。他痴迷党史，五十多年来跑遍全国各大图书馆、档案馆；他考证文献，致力于弘扬信仰的力量，使红色革命人物“活起来”；他深入青年，赓续红色血脉，将研究与传播红色革命人物精神作为一生的追求。他，就是《恽代英全集》编者李良明教授，著名中共党史专家，华中师范大学（简称“华师”）桂岳卓越教授、博士生导师，一位踔厉奋发、笃行不怠的红色革命人物精神传播者。

一句承诺，数年心血——用三十年做好一件事

恽代英是中国共产党早期领导人和中国共产主义青年团的创始人之一，周恩来总理高度评价恽代英是中国青年热爱的领袖，应成为中国青年永远学习的楷模。1985 年，恽代英夫人沈葆英表达了希望编纂《恽代英全集》的心愿。李良明教授深知这是一件非常繁难的工作，却是值得付出一辈子努力去完成的工作。“我们一定坚持去做，努力尽快实现您的心愿。”为了这句承诺，李良明教授暗下决心：“恽代英是华师的杰出校友，将恽代英的故事一直讲下去，是自己作为一名党员的职责和义务。”

刚开始的研究工作条件十分艰苦，一方面，恽代英许多著作因年代久远查找不易，部分文献流失海外；另一方面，当时各类出版物收录的恽代英著作并不完整，进行系统整理也存在困难。在复印机、照相机等设备没有普及的年代，只能通过查阅旧报刊、旧文献等资料，通过笔头摘抄、口述整理等方式，记录下恽代英与其战友的相关史实。为此，李良明教授在三十多年中先后到国家图书馆、中央档案馆、台北市中国国民党党史馆等单位广泛收集恽代英相关著述，还请日本、美国学者帮助收集流失海外的研究材料，最终《恽代英全集》面世，也为央视纪录片《永远的恽代英》《山河岁月》提供了大量珍贵的恽代英研究史料。

潜心耕耘，以身立教——坐冷板凳专注一项研究

“板凳要坐十年冷，文章不写半句空。”对于如何做学问，李良明教授坚信一定要下苦功夫，充分用好第一手资料，将所在领域研究透，才能用真实的故事打动人心。五十多年来，他致力于研究中国共产党历史人物事迹，奔走在各地搜集档案资料、旧报刊资料、党的文献资料，掌握一手资料后又要耗费三年五载全面分析，所以工作到深夜才休息是其常态。

李良明教授真正践行“用一生诠释红色基因”的信念：他64岁时，主持国家社科基金重大招标项目《中国共产党早期领导人遗著的收集、整理与研究》；71岁时，主持国家社科基金重点项目《恽代英年谱长编》；73岁时，主编《恽代英全集》荣获教育部人文社会科学研究第八届优秀成果一等奖；75岁时，受邀在《中国青年》杂志全媒体开辟专栏每周一篇“《中国青年》百年史话”。李良明教授的研究内容包含许多马克思主义中国化的早期理论成果，《湖北新民主革命史》《恽代英思想研究》等10余部专著横空出世，200余篇学术论文匠心而成，是中国共产党理论宝库中不可或缺的精神财富，真正使红色革命人物“活起来”。

老有所为，余热生辉——以赤诚初心育好一代新人

三十多年来，李良明教授将革命先辈恽代英的伟大精神根植于华师学子心中，同样也将他的坚守与信仰播种在桂子山这片沃土上，虽已76岁高龄，心脏也曾做过手术，但作为一名老党员，李良明教授一有机会就主动请缨向青年学生弘扬恽代英精神。如今，恽代英青年领袖培养班、恽代英菁英学校等学生组织在华师相继建立，恽代英精神像一粒种子，将无限的生机活力和育人潜能撒播在桂子山上。建党百年之际，由李良明教授指导的由大学生主演的沉浸式话剧《你好，恽代英》完成校内外巡演6场，真正让大学生党史学习“活起来、动起来”。

2022年，李良明教授宣讲的《中国共产党的初心与使命——以恽代英为例》，被中共湖北省委评为干部教育“好课程”，收入《全国党员教育示范基地课程汇编》；作为省委党史宣讲团专家，他走进乡村、企事业单位和大学开展宣讲50多场，先后接受中央电视台、新华社等媒体采访10余次，参与

《国家记忆》等5部纪录片拍摄。他笃定地说："一定要把恽代英等革命先辈的事迹和精神讲给更多人，讲给青年大学生，讲给下一代。"

李良明教授一生宣传一个人，一世照亮一代人，在其影响下，杰出校友恽代英的事迹和精神已成为广大青年学子心中的红色灯塔，青年学子纷纷争做有理想、敢担当、能吃苦、肯奋斗的新时代好青年，我们正接过时代"接力棒"，让青春在全面建设社会主义现代化国家的火热实践中绽放绚丽之花。

（指导教师：邵莉莉）

周骏：学术泰斗，大家之道

中南财经政法大学　黄恒颖　张　戈　朱诚蕾　王秀景

他不忘初心，在艰苦卓绝的年代躬身实践，潜心学习；他心系祖国，随时代潮流进步，掌握国情，探索研究；他无私无畏，投身杏坛为祖国培养优秀学子，壮大金融建设队伍……

他是有金融学界“南周”之称的周骏教授，一生投身金融，一生奉献祖国。

筚路蓝缕，玉汝于成

1949 年 5 月，武汉解放后不久，21 岁的周骏进入中原大学学习，两年后作为青年教师培养对象被派往中国人民大学研究生班学习，系统地接受了马克思列宁主义的教育，精读了马克思、恩格斯、列宁的经济著作。在 20 世纪 50 年代，社会风气良好，国家经济建设取得巨大成就，周骏坚定共产主义信念，立志为祖国的社会主义建设添砖加瓦。

1953 年，中南六省的教学力量调整后，周骏任教中南财经学院（中南财经政法大学前身）财政信贷系，在艰苦卓绝的条件下，仍然带领学生生产实习，实践摸索，一步步掌握中国经济金融的具体情况。随着研究的深入，周骏开始在报纸杂志上发表文章，针对金融学科领域的一些问题发表观点。其后二十年间，周骏探索创立中国金融理论体系，取得了丰硕的学术成果。

桃李不言，下自成蹊

1953 年秋，周骏放弃了一切行政职务，走上讲台，全心投入金融学教育事业，致力于培养优秀金融学子。在培养过程中，周骏要求学生们稳定求学心态，求实刻苦攻读，注重学生研究成果发表情况及前途远景发展状况，即使在卸任导师职务后仍坚持为学生开办讲座，传授知识。

周骏教授曾寄语莘莘学子：人类进入共产主义社会的形式与道路多样，

要勇于探索；马克思主义是科学，是真理，不是宗教信仰。宗教信仰是绝对的，科学的信仰是要发展的，时代在不断进步，思想也要与时俱进，希望学子继承发展马克思主义。中华民族是一个吃苦耐劳的民族，前辈们即使饿着肚子，也不动摇，不抱怨，实实在在地为国家做贡献，愿后辈们比前辈们干得更好！

云程发轫，踵事增华

20 世纪 80 年代，中国人口众多，人均 GDP 较低，国内市场潜力巨大，中国金融业开始酝酿改革。周骏提出，应当主张“稳定币值和发展经济双重目标”的货币政策，加强银行的宏观调控作用。1989 年，周骏出版《马克思货币金融论与四化建设》，以马克思货币金融理论的基本原理为指导，研究中国金融体制改革和金融工作，为如何解决马克思主义在中国的适应性问题提供理论指导和实际意义。1997 年，东南亚金融危机爆发，通货紧缩风险加大，在新的经济形势下，周骏主张实行松紧适度的货币政策，加大财政干预经济的力度，通过发行国债进行基础设施建设以拉动经济增长。2002 年，周骏带领中南财经政法大学金融学院的研究团队，持续推动每年一部《中国金融与投资发展报告》的编写，为决策层提供大量有益的政策建议。2008 年，美国次贷危机演化为全球金融危机。周骏教授高度关注中国面临的国内外经济金融形势和可能实施的宏观政策，认为尽管暂时受到国际金融危机的不利影响，但中国未来经济发展的前景还是向好而生。

朝乾夕惕，功不唐捐。六十余载金融研究路，周骏在货币流通理论、马克思主义货币金融理论、货币政策与金融调控、金融风险管理、资本市场等领域，均做出了重要原创性贡献。

弦歌不辍，薪火相传

青衿之志，白首方坚。如今，已过鲐背之年的周骏仍然牵挂着中国金融建设的未来，他表示目前取得的成绩距离时代的要求还有差距，我国在金融理论层面的研究远远落后于金融实践。我们的成绩不仅在马克思的著作上找不到现成榜样，在西方经济理论著作中也找不到现成答案。我们应当建设基于国情的、属于中国自己的金融理论体系，中国金融理论界的未来任重而道远。

老人的眼周已刻满岁月的痕迹，但眼底仍闪烁着希冀的光芒。新竹高于旧竹枝，全凭老干为扶持。周骏对青年一代充满希望：要挺起腰杆，相信自己！照搬西方理论不能解决我们自己的问题，应该形成中国自己的金融理论体系，完成老一辈人未竟的事业！

岁月缱绻，葳蕤生香。周骏以匠心致初心，以初心致未来，为中国金融界铸起一座坚实丰碑，引领一条康庄大道。

（指导教师：汪 平 李 沛）

陈飞虎：逐梦不怠　育人不倦

湖南大学　刘彧冰

一身整齐得体的西装，两把面向观众的黑色靠椅，时不时雷鸣般的掌声……每周三晚上，湖南大学逸夫楼报告厅，总有一个熟悉的身影登上舞台，与国内美术、文学、音乐、舞蹈、戏剧等艺术界名师大家一起，为几百名湖南大学师生带来一场精彩的艺术与人生讲座。

他，就是湖南大学建筑与规划学院教授陈飞虎，一位追寻艺术的逐梦人，心怀家国的艺术者，育人不倦的筑梦师。

追寻艺术满腔热忱，艰难困苦玉汝于成

陈飞虎出生在湖南安化，在母亲的影响下，他从小就对音乐、绘画产生了浓厚的兴趣。20 世纪 60 年代生活条件艰苦，物质资源匮乏，学习绘画并不容易。陈飞虎感慨："小县城里基本买不到绘画用纸，也接触不到各式各样的颜料。"

艰苦的条件并不能阻挡追求艺术的心，年幼的他不放过任何学习、接触艺术的机会。"只要看到书上任何一页出现了'画画''艺术'的字眼，不管书有多厚也一定要看完。"上一所可以学习艺术的大学，成了他的目标与梦想。

1971 年前后，16 岁的陈飞虎作为工农兵作者有了更多学习艺术的机会，在各类学习班、艺术展览中开阔眼界，更在实践中锻炼自己。

"当时承担了很多红色绘画宣传的工作，经常绘制宣传社会主义、毛泽东思想的展板，一画就是几十上百张。"几年时间里，他绘制了几百幅展板用于巡回展览，帮助老百姓学习、理解红色理论和国家政策。

1977 年，当陈飞虎听到恢复高考的消息时，激动不已。为了考上大学，他每天骑车到离家 20 公里的复习班学习，面对家人的担忧劝阻，他坚定回复："我一定会考上，我一定要考上。"最终，陈飞虎在 1978 年以高分考取

了他心目中的湖南最高学府——湖南大学，并在毕业后留校任教至今。

心系家国育人不倦，栉风沐雨薪火相传

出生于20世纪50年代中期的陈飞虎，亲历了新中国的每一个发展阶段，见证了国家在各个领域取得的卓越成就，浓厚的家国情怀深深影响着他的教育理念。

自1982年留校任教至今，陈飞虎始终坚持“育才先育人，育人先育德”，要提高学生对集体的奉献意识，培养家国情怀，塑造完美人格，培养国家和人民需要的复合型人才。“民族和国家是由无数个小集体组成的，一个不热爱集体的人，又怎么会热爱民族和国家?”

在一次带队水彩实习时，陈飞虎发现学生乘车时抢座、占座，在农村写生对村民充满了戒备，种种现象让他深感痛心。第二天，他一一列举村民淳朴友善的行为，如平日八九点钟熄灯的村庄，为了给师生照明，家家户户三更半夜还亮着灯；为了请200名师生喝茶，村民挨家挨户借出水杯、饭碗等。“很多学生听完这些事情，当场就哭了。”同样是这一队学生，返程的路途已成熟了很多。

浓郁的家国情怀还融入在他的建筑设计、绘画创作理念中。为了发掘、保护、传承安化梅山文化，他带领学生深入安化大山，在2800亩的梅山文化园中设计古烽火台、古戏台、吊脚楼等52处景点，展现梅山古峒国风貌。这个建筑设计作品也是当时湖南省唯一入选第十三届全国美术作品展览的作品。

担任湖南省美术家协会副主席、湖南省美协水彩画研究会会长等职务的他，带领省内画家创作作品记录祖国的绿水青山与进步发展。2021年，他创作水彩画《板仓风雨》献礼建党百年，“担任职务是组织上对我的信任，我有责任、有义务带领大家交流研讨，组织艺术创作”。

岳麓讲坛二十六载，见证进步助力发展

少年时期的学习经历让陈飞虎深感学习机会的珍贵和开阔眼界的重要，因此当学校领导找到他举办岳麓讲坛时，他毫不犹豫。“那是1996年，学校问我能不能办一个讲坛邀请各界艺术家来为同学们做讲座。”

在 20 世纪 90 年代，每一张讲坛的宣传海报都由陈飞虎亲手绘制而成，提前张贴在学校的公告栏，“学校给予我信任支持，我更要对师生负责，邀请人民选出来的德艺双馨的艺术家肯定不会错”。

第一期讲坛在中楼一楼教室举办，邀请了著名花鼓戏演员、《补锅》中“刘大娘”的扮演者钟宜淳。尽管教室没有话筒和多媒体设备，但是坐满了慕名而来的师生，讲座轰动校园，十分成功。

“我也没想到，这一做就是二十六年。”从 1996 年至今，陈飞虎陆续邀请中央音乐学院学科带头人、上海戏剧学院艺术家、获得梅花奖的戏曲大师等国内高水平一流艺术家，举办艺术与人生讲坛 860 余场。

讲坛不仅见证了湖南大学发展，更是国家社会进步的缩影。嘉宾的交通方式从“绿皮”火车变成动车、飞机，讲坛地点从普通教室变成宽敞明亮的报告厅，宣传海报从手绘张贴变成电子设计发布，更随着技术进步可以跨越空间开展线上讲座。“我们国家这几十年来真的变化太大了。”陈飞虎深为国家发展进步自豪骄傲。

如今，陈飞虎仍在为维护湖南大学美术学科优良品牌、提升建筑规划学科地位而不断努力。他希望青年人能坚定信念不断奋斗，积极主动迎接社会发展、学科发展带来的挑战，以一颗赤诚热爱之心，助力学科建设，服务祖国发展。

（指导教师：贺　琛）

汤美安：鹤发银丝映日月　丹心热血沃新花

中山大学　旦有洪　苏竹敏　任明星

身着一袭白衣，挂着慈祥微笑的汤美安教授，迈着沉稳的步子，怀抱一摞高 5 厘米有余的资料，缓缓走向我们。她梳着头发整齐，眼睛深邃又明亮，说起话来清脆又好听，不知不觉采访便开始了。

“为医学事业奋斗终身”——奋斗初心源于“传承”

汤老师回忆说，她立志学医，是源于同为医生的父亲。她的父亲汤泽光在孙逸仙纪念医院工作时，发现一种不明原因的黄疸病，经过长时间的刻苦研究，成为中国第一个发现“钩端螺旋体病”的人，揭开了黄疸之谜。从小耳濡目染，加上父亲的言传身教，让她对医学产生了浓厚的兴趣。年少的她已决心为医学事业的发展贡献自己的一份力量。

“乐于吃苦，甘于奉献”——奋斗中的“开荒牛”

1964 年，毕业于中山医学院的她，机缘巧合下被自己的老师邀请一起建设三院，兢兢业业的她成为“三院人”口中的“开荒牛”。她随余步云教授参与风湿科的临床与科研工作，始终践行“医者仁心，为患者排忧解难”，对类风湿性关节炎、系统性红斑狼疮等疾病有着丰富的诊治经验。汤老师通过个体化分析，为许多患有风湿疾病的患者带来了怀孕的希望，通过多学科合作指导最终顺利生下健康的小宝宝。此外，汤美安老师建立健全了三院的教学规章制度、教学运行等机制，为三院“医学教育”方面的发展做出了巨大的贡献。

“虎头、凤尾、豹子身”——奋斗的诊断学名师

多年的教学工作让汤老师对授课有着独特的见解——“虎头、凤尾、豹子身”。

如何做到“虎头”呢？就是用吸引眼球的问题引出主题，首先让同学们产生兴趣，再根据同学们的反应进一步深入讲解和发散思维。她举例说道：“我会问学生们大叶性肺炎为什么咳铁锈样痰，为什么临床上不以镇咳为主，随后通过微生物学所教的肺炎链球菌，病理学所教的分期，再引入诊断学中相关症状和体征等知识点，进而过渡到今天所讲的临床表现。”

什么是“凤尾”？“凤尾”就是留点悬念、留点问题，让学生有进一步学习探究的热情，加深学生对课堂内容的印象。比如，在诊断学绪论结束时，汤老师为同学们展示了30多张世界各地著名的桥，形象生动地让同学们了解到诊断学作为桥梁学科，对连接基础学科与临床学科的意义。

什么是“豹子身”？那就是在丰富的内容中抓重点，包括临床思维的启发、人文沟通、医德医风等，就像在豹子身上找到很多美丽的斑点一样。诊断学总论问诊的内容很多，汤老师希望通过自己的着重讲解让同学们思考领悟为什么需要这些问诊技巧。汤老师举了例子：“面对跛行的肢体残疾者，医生说‘啊！你是瘸子’就会伤害病人的自尊心。但如果你上前扶着他坐到椅子上再问‘您走路不方便，是先天的还是因为受过伤’，病人会感到你对他的关心与尊重，会更加地信任你。面对聋哑人，可能需要学几个简单的手势；面对语速较慢的老人，则需要更耐心地倾听。”

“教学相长，知行合一”——奋斗的学生“带路人”

汤老师说医学是一个非常特别的学科，不仅要求扎实的理论基础，更需要强大的动手能力，“开眼界”的活动便是她将诊断学理论与实践相结合的最好例子。她鼓励学生和老师参加“三早”“三新”“三赛”，让老师和学生共同进步、教学相长。实习带教中，她注重让同学参与临床诊治，多与患者进行床边接触。有一个令她印象深刻的案例，曾经有位实习生面对一名高血压患者，发现患者不同时间的血压出现高血压与低血压交替的情况，就向她提出疑问是否考虑肾上腺的疾病。后面经过相关检查，果然发现了肾上腺相关疾病——嗜铬细胞瘤。汤老师对这位实习生的想法做法表示了高度肯定，也让这位学生备受鼓舞。

“学无止境，大爱无疆”——奋斗的座右铭

汤老师说，近六十年的教学和医学实践，“学无止境，大爱无疆”是她一直奉行的座右铭。“学”是指要与时俱进，不断学习，同时积极学习其他老师教学中的优点，并运用到自己的教学过程中。汤老师说，有一次她作为督导参与妇产科教学查房，一名学生对腹部包块患者的触诊明显不规范，这个时候带教老师并非如想象中那样雷霆大怒地责怪学生，而是说：“好的，你再看我做一遍，对比一下。”出了病房才指出学生的错误。这名带教老师让汤老师非常敬佩，设想如果在病人面前就训诫学生，不仅让学生自责，更会加深患者对他的不信任。采用回避患者训诫学生的方式既做到了对学生的保护，也通过亲自示范让学生意识到自己的错误。从此，汤老师便决心将此方法运用到今后的教学中。

所谓“大爱”，指的是爱患者、爱患者家属、爱学生，诊疗过程的每个参与者都值得被爱、被关注。汤老师的“大爱”深深地感染着身边的每一个人。她常用古今中外教育名师共有的相似之处“爱心、谦卑、乐观、担当、耐心、勇气、果断、慎言、读书”十八个字与大家共勉。

百年征程，汤老师把每一件“分内事”都做到了“极致好”，培根铸魂、立德树人，为医学事业奋斗终身。青春正当时的我们，必当引以为傲，继续前行！

（指导教师：陈月英　黄雨薇　王冰瑾　谢敏曦　吴京洪）

苏达根：奋进不止才是无悔的人生

华南理工大学　陶羽宣　庄祖琳

走在华南理工大学校园里，我们经常会遇见一位行路匆匆的老人，他就是材料学院的苏达根教授。苏教授是享受国务院政府特殊津贴的二级教授，几十年来倾情于教书育人，关心下一代健康成长。他常寄语年轻学子："奋进不止才是无悔的人生。"

岁寒不凋长青柏，学海无涯苦作舟

1948 年出生的苏达根与许多同龄人一样，曾走过一段曲折坎坷的求学之路。1968 年，苏达根来到了增城县三江公社元岗大队插队落户。在艰苦的岁月里，他时常想起中学时代曾来学校做过报告的华罗庚，这位自学成才的数学家就像一盏明灯照亮了他的求学梦。尽管劳作一天非常疲惫，但苏达根仍坚持在晚上读书，他不但自学了高中未学完的数理化课程，还试着学了些高等数学。每当苦思冥想不得其解时，他十分渴望能有老师指点一下。1973 年，劳动积极、热心做好事的苏达根被推荐到县里参加工农兵大学生的文化课考试。尽管成绩优异，他却未能如愿，并因此大病一场。党员老队长语重心长地对他说："人走路总会碰到坑洼，大步迈过去就好了。"渴时滴水似甘露，党的阳光温暖了他的心。此后，他被招工到广州市政工程公司，成为一名工人。

1977 年国家恢复高考，苏达根终于梦想成真考入了华南工学院（1988 年改名为华南理工大学），当年自己双手颤抖地捧着录取通知书的情景至今记忆犹新。他感慨道："祖国与个人命运真是紧密相连。当年上大学已经不仅仅是为了求知，更是感受到了肩负着振兴中华的历史使命。"那时的他和同学们都把星期天作为星期七，废寝忘食地学习着，如饥似渴地畅游在知识的海洋中。功夫不负有心人，苏达根本科和研究生的毕业论文不但均以自选研究课题的形式完成，而且还被评为"三好学生"。为鼓励更多的农村孩子实现大学梦，苏达根还与当年一道下乡的知青们在增城这个“第二故乡”建起了“广州知青图书室”。

科研实践争朝夕，奋进不止笃志行

苏达根毕业后留校做了一名教师，并光荣地加入了中国共产党。近十年的农村知青和工厂工人生涯不但锤炼了他自强不息的精神和务实的作风，而且在此期间所积累的生产实践经验还对他的科研与教学工作带来了启发。他回想起下乡时见到的砖窑场因浓烟污染环境导致附近荔枝树不能结果的现象，就决定把材料与环境交叉学科作为其科研主攻方向。苏达根经常深入企业一线研究急需解决的技术难题，他认为科研工作一定要与祖国需要同频共振，把论文写在祖国大地上。为了研究广州市海印桥拉索失效的原因，他赶赴现场检测，带领学生夜以继日地做试验分析，终于发现斜拉索内水泥浆体六年多未凝结硬化的原因，并提出了有效解决的技术方案。他先后作为第一完成人获得省部级科技进步奖、优秀教学成果奖 5 项，并荣获广东省丁颖科技奖、广州市科学技术突出贡献金鼎奖等。

为党育人守初心，桑榆未晚霞满天

作为广东省高教系统教书育人先进个人的苏达根，是一名优秀的教育工作者，他曾主编 6 本教材，其中《土木工程材料（第 2 版）》被评选为普通高等教育国家级精品教材，为一百多所高校所选用；他所指导的 50 名硕士、博士研究生和博士后大都成为栋梁之材。现已成为博士生导师的张志杰教授感慨地说：“苏老师不仅是我的导师，还是我的入党介绍人，我非常感谢他一直以来对自己思想和学业的教导和帮助。”毕业后的学生常去导师家中拜访，并建起了“达地知根一家人”微信群。苏达根以此为平台，既向后辈传授教学科研经验，关心其思想动态，还虚心向学生请教，与时俱进地修订教材。比如他主编的《土木工程材料》教材尽管已被广泛使用二十年，至今仍在精益求精地修订第 5 版，这一版不仅把纸质教材与数字资源有机结合，还把思政教育融入专业知识中，细心的他还会在书中留下邮箱地址以便解答读者疑难。

退休后的苏达根积极发挥余热，现任学校离退休教工党委委员、无机材料系退休教工党支部书记和学院关工委常务副主任、特邀党建组织员等职。他所在的党支部连续六年以多种形式开展的老少党支部结对共建活动为青年师生所喜爱。如组织老少党员与杰出校友、抗疫英雄交流座谈，老少党员共同参观爱国主义教育基地，与企业党组织联合开展主题党日活动等。青年党员为此动情地说："结对共建活动生动活泼且讲求实效，我们终身受益。我们一定要好好向老同志学习，不忘初心、牢记使命。"因表现突出，苏达根获得学校优秀共产党员、优秀党支部书记和学校关心下一代先进工作者等荣誉称号，他所在的党支部则连续三年被学校评选为先进基层党组织。苏达根每年在给新党员们讲党课的时候，常结合自己的人生经历鼓励同学们为建设繁荣富强的祖国而努力学习，要有为国争光的使命感。

（指导教师：郭瑞玉　崔　熙）

张肇达：悬壶济世医苍生，又乘骏马续医途

四川大学　陈娇婷　宋国姣

红旗已指先锋路

作为中国现代高等医学教育的发源地之一——华西坝，曾有太多的医学巨匠从这里走出。百年岁月流转，当年那棵小小的银杏树早已长成参天大树，见证一代代的华西学子成长为各领域的专家精英。我国肝胆胰外科专家张肇达也是从华西坝的钟声里走出，并作为原华西医科大学校长和同志们一道推进了华西临床医学院（华西医院）走向新的世纪、新的发展历程。

张肇达和医学的结缘实属巧合，少年时期的张肇达在填报志愿时，父亲专程骑车赶到学校要他一定要学医。彼时的中国也正面临着巨大的外科医生缺口，在张父的嘱咐与希望下，他逐渐坚定了学医的初心并就此开启了他与华西半个多世纪的情缘。随着医学知识的渐渐积累与拓展，青年张肇达逐渐感受到了医学的趣味与魅力，产生了浓厚的兴趣并被深深地吸引着，在热爱与坚定的鼓舞下，努力攻克了一个又一个的医学高峰，为国家外科学发展贡献力量。

“胰”心仁术有专攻

过去在临床上有一个亟待解决的重难题——急性坏死性胰腺炎，这种病病理情况复杂，手术治疗效果不理想，患病的死亡率极高，这些都成为萦绕在张肇达心头上的几朵乌云。张肇达深知这种病的凶险，可是看着痛苦的患者和绝望的家属，他毅然选择下决心、克难关，带领团队广泛查找阅读相关的文献，拜访全国各地的医生交流救治经验，反复琢磨，多番请教，终于设计出了胰腺炎的新型引流技术。这项凝聚着他孜孜以求和艰辛付出的技术不仅在全国范围内属于首创，更是将中医与西医结合应用其中，取得了较为理想的治疗效果，挽救了数不清的患者和家庭。就这样，张肇达教授在一步

一步的探索中为我国肝胆胰外科的发展贡献自己的力量。每当谈及研究心得时，张肇达教授总是说面对临床难题，要有勇气和毅力去挑战医学的高峰，将华西工匠精神继承发扬。

张肇达教授秉承对病人始终怀有爱与理解的宗旨，他总是说，爱是双向的，但只有同情还不够，为医者要苦练基本功，以过硬的专业技能做保障关心病人。在张肇达教授的带领下，华西医院完成西部医院首例胰肾联合移植的高难度手术。

从医执教桃李妍

桃李不言，下自成蹊。张肇达教授从医执教已然度过了五十九个春秋。他早已将自己融入华西，奉献给祖国医药卫生事业的发展和未来医学人才的培养。张教授以润物无声的“慈父精神”感染着身边的每一位学子，春风化雨，言传身教。“仁智忠勇，清慎勤和。”古老的校训在一代代华西人的心中、在一次次生动的实践中熠熠生辉。桃李争妍，前赴后继。如今，张教授的学生们也早已在各自的岗位上奉献着自己的一份光和热。在与后辈学生的交流中，他多次引用裘法祖的一句名言教导学生：“做人要知足，做事要不知足，做学问要知不足。”他总是殷切地勉励年轻一代的医学生：应当练就扎实的基本功，传承华西的工匠精神，守护华西的百年声誉，为华西增光添彩。张教授始终关怀着青年学生的成长，多次组织热心关心后辈的离退休老同志举办活动，向青年学生分享亲身经历与经验，支持帮助一批又一批青年学子成长成才，为关心下一代工作做出积极卓越的贡献。

牢记初心使命　引领事业发展

华西医学百年来的发展路，从当年的一所教会医院发展成为如今享誉全国的一流医院，多年坎坷与曲折的探索，华西人始终不忘初心，砥砺奋进。张肇达教授把自己的一生奉献给华西医学事业，在21世纪之初，推动华西医大与四川大学强强合并。也正是在这种综合性大学的氛围中，医学生们更加全面地发展，促进医学与其他学科的交叉融合，张教授的教育理念又一次实践并收获成功，华西医学事业的发展也由此翻开新的历史篇章。合校后，张肇达教授在负责的医学教育与外事工作的实际开展经验中，更加深刻地理解到医学教育与医学研究走向国际化的意义。他致力于教学改革，注重教育国际化，从国外引进先进教育理念，极大地促进了医学教育质量，培养出了大量应祖国和人民之需的优秀医学人才。

如今，张肇达教授虽已近耄耋之年，但始终心系病患，坚持出诊，参与义诊。张肇达教授驱逐病魔，也温暖人心，古稀之年仍怀秉烛之明的崇高精神，为祖国医疗事业的发展奉献余热！张教授亦是无数华西学子心中的一盏明灯，激励着新一代华西人不负使命，在新的时代谱写华丽的乐章。

（指导教师：王　涵）

成建波：追光逐电　不负成电

电子科技大学　陈浩亮　陈思芹

曾经科海逐浪高，如今青城寻常翁。成建波老人就在青城山青城人家小住，空气中、小院旁，处处弥漫着道教文化的气息，曾经的光环化为而今的平平淡淡，从容淡定。他不时也转转街，买买菜，与当地的农民微笑打招呼，而他们根本想不到眼前的这位老人就是全国先进工作者、国家科技发明奖二等奖的获得者。2022 年 6 月 30 日，四川省副省长罗强、四川省教育工委书记李建勤、四川省政府副秘书长刘全胜一行，在学校党委书记王亚非、副校长胡皓全的陪同下，亲切看望慰问成建波教授并为他佩戴“光荣在党 50 年”纪念章。

微光摄像管　试剑露锋芒

1936 年，成建波出生于山西临县。面对日寇的侵略，成建波的父亲和一大批热血男儿积极参加地下游击队，英勇抗击日寇。父亲从小就嘱咐他学好知识本领，等赶跑了侵略者，把祖国建设强大，不再受外敌欺辱。他牢牢记住了父亲的话，努力学习，成绩一直名列前茅。1956 年，成建波考入成都电讯工程学院，他科技报国的梦想从此起航。

1960 年 3 月，成建波等一批出类拔萃的同学经选拔提前毕业留校，他被分配在 502 教研室。他一心扑在教学科研工作中，一方面在为学生课程答疑的过程中巩固自己的知识体系，另一方面他在教研室资深教师的指导和带领下逐步进入科研状态。1972 年，当时中美关系刚刚破冰不久，但是中国驻美国的联络处却常常遭受情报泄密的情况，经过仔细检查，终于发现房顶隔层有一个摄像头通过一个细小缝隙成像。鉴于成建波的研究方向，他接到破解摄像头成像机理和研制的任务。接到任务，成建波夜不能寐，他想早一天研制成功，为国立功。为了研制微光摄像管，以成建波为总负责人的项目组，20 多人分为四个研制组开始了这次科研攻关之旅。在当时还没有电子计算机的艰苦条件下，他们以惊人的毅力通过手摇式计算机花了整整三个月时间计算出了所需要的电子光学数据。成建波几乎是把实验室当成自己的家，经常吃住都在实验室，一个星期的工作时间竟然达到了140个小时！经历了无数次失败，最终研制出了国际领先水平的光电子发射阴极。历时三年的日夜奋战，微光摄像管和硅靶摄像管同时研制成功！两种管子在当时国内都属于重大开创性成果，并且实现了批量生产和商用。

光电阴极闯新路 投影电视谱新篇

首战成功，成建波信心倍增。他迅速将目光聚焦在六硼化镧阴极上，成功申请到国家级项目——电子束曝光机的六硼化镧研究。经过八年的奋力拼搏，项目通过验收并获得了电子部和四川省科技进步奖一等奖、国家科技进步三等奖。

成建波具有敏锐的科研嗅觉，他紧跟前沿，把目光聚焦到国际上刚露苗头的液晶研制，顺利拿到了“九五”国家重点科技攻关项目“新型投影电视机正样研制”。1998年7月，该项目正式通过了国家鉴定与验收，并获得三项国家发明专利。这是我国在显示技术领域取得的一项具有自主知识产权的重大科技成果，它为发展我国高亮度、高清晰度显示技术产业奠定了重要的技术基础。2000年，成建波荣获“全国先进工作者”称号，受到了党和国家领导人的亲切接见。虽然科技进步日新月异，投影电视随后被更新的技术取代，但是成建波不断创新、勇攀高峰的精神成为一代代成电科研工作者的缩影。

在成建波长期的科研生涯中，他先后主持和完成了国家、省部级科研项目20多项，科研总经费达到4000万元，获得国家级和省部级科技成果奖14项，其中作为第一主研和第一发明人获国家发明二等奖1项、国家科技进步奖三等奖1项、国家技术开发优秀成果奖1项、省部级科技进步奖一等奖3项、光华一等奖1项，获国家发明专利3项。主持的“高亮度、高分辨率YAG投影显示管及其新型投影电视机”项目入选1999年中国高等学校十大科技进展。

育人著书东篱下 闲云野鹤青城家

回顾自己数十年的科研教学生涯，成建波颇感欣慰。他先后发表论文70

余篇，著书两部，培养博士研究生、硕士研究生数十名，荣获全国先进工作者、全国优秀教师、全国高校先进科技工作者、四川省先进工作者、四川省科学与技术带头人、成都市劳动模范等一系列荣誉称号。但他却毫不看重自己的荣誉，一直把学生放在第一位，看成是自己的孩子。几个项目成果转化后，成建波把转化产出的一部分收益用于帮助最有需要的十几个学生安置住处，让他们可以安心学习和工作，大部分收益则上交学校支持学校的事业发展。在成建波看来，只有对学生真心实意、诚心诚意，师生才能真正团结一致；作为老师，既要给学生传授专业知识、培养专业技能，更要做到立德树人，让他们在科研的道路上走得更稳、更远。

成教授寄语新一代成电学子：大学不是终点，而是人生一个新的驿站，要时刻保持冲劲与闯劲，培养创新意识和创新能力，为国富民强做出自己的贡献。在成建波教授的身上，我们更加深刻理解了作为一名成电人的涵义和作为一名中国知识分子的初心与责任担当！

（指导教师：长　江）

龚耀寰：殷殷育桃李　拳拳报国心

电子科技大学　刘　畅　刘星遥

艰难困苦　玉汝于成

1956年，是具有特殊意义的一年，第一个五年计划如火如荼，国家提出了“向科学进军”的口号。这一年，在周恩来总理的亲自部署下，新中国第一所无线电大学——成都电讯工程学院创立。这一年，18岁的龚耀寰怀揣着科技强国的梦想来到成都电讯工程学院，成为建校的第一批学生。

由于建校时间紧迫，开学时学校尚未竣工。龚耀寰仍记得进校那天下着雨，路上布满了泥浆。上课第一天，没有桌椅板凳，就连教室门都没有修好，老师和同学们搭了块木板从窗户翻进教室，立身听讲，伏地笔书。就是在这样的环境下，龚耀寰更加坚定了求学的意志和决心。当时的课程完全按照苏联莫洛托夫动力学院的大纲来安排，课程多、理论性强，同学们基础薄弱又缺乏实践，学起来非常吃力，但同学们求知的渴望无比坚定。龚耀寰经常和同学们通宵达旦在教室学习，他说：“当时的环境虽然艰苦，但大家一心想着学有所成、报效祖国，都甘之如饴。”

1960年，龚耀寰从雷达专业毕业并留校，不久后被暂派到成都锦江电机厂设计所工作。1962年，在顾德仁教授的支持下，龚耀寰回到成电给学生讲授“雷达原理”课，他对三尺讲台的热爱从此就伴随他的一生。

1966年，龚耀寰所在的科研室承担了一项火箭遥测系统研制任务。当时条件艰苦，晶体管和集成电路技术都不成熟，只能使用电子管，还要确保火箭飞行过程中弹上信号可靠发射、地面完成接收各项处理并达到要求。他们反复修改电路和机械设计，经过无数次在成都和靶场的联合调试，终于在1970年达到了指标要求，研制出了我国第一套火箭遥测系统，为我国火箭事业做出了重要贡献。

炽热之爱 只为祖国

1979 年，邓小平同志提出派遣学生出国留学，龚耀寰响应号召参加了首批新中国公派留学生的选拔。为突破语言关，他借来留声机日夜练习听力、模仿发音，最终通过英语口语考试，成为 70 余名留学生中的一员。当时没有互联网，为了选择留学院校，在北京炎热的 6 月里，他跑遍了中关村所有图书馆，终于在一份国际信号处理会议的资料中找到了心仪的学校——英国拉夫堡大学。

龚耀寰抵达英国后，开启了漫漫的异国求学路。为尽快融入学习，每月只有 158 英镑津贴的龚耀寰住进了月租 70 多英镑的学生宿舍。他省吃俭用，每天只花约 1 英镑吃饭，把所有的时间都花在学习上，时刻牢记求学的初心——学有所成、报效祖国。

导师格里菲斯教授是著名的自适应信号处理专家，龚耀寰也因此对自适应领域产生了极大的兴趣。为了方便使用仪器进行研究，龚耀寰申请以当时最新的 Intel-8085CPU 芯片为中心研发一个软硬件结合的自适应处理系统。当时微处理器刚刚出现，还没有相应的 EDA 编程软件，他只好用汇编语言一条条编程，在硬件系统上一遍遍实验。经过四个月的努力，终于将系统调试成功。格里菲斯教授看到实验结果后非常惊奇，当即邀请这个自己原本不太看好的学生留下来攻读博士，并承诺为他提供资助和一切研究条件。面对如此优厚的学习条件，怎能不心动？但当时正是国家用人之际，龚耀寰坚定地选择回到祖国，立志在开拓中国自适应信号处理领域做出贡献。

桃李满天下 初心未改

1981 年 10 月，龚耀寰回到成电，为研究生开设了“自适应信号处理”“微处理器原理和应用”“专业英语”等课程。从 20 世纪 90 年代起，他在雷达自适应信号处理和智能天线领域先后承担了 20 多项国家五年计划重点科研项目的研究，编著《自适应滤波》《微计算机在实时控制和处理中的应用》等著作 4 本，合作译著的《自适应天线》《自适应滤波》获电子工业部优秀教材一等奖，发表论文 120 余篇，获国家发明专利 5 项、电子工业部科技进步二等奖等 8 项科技奖励，培养了众多品学兼优的成电学子。

从1982年到2010年，他坚持近三十年为研究生授课，“自适应信号处理”每年都被评为优秀课程。英国留学经历让他对印度人爱提问、国人有问题却不发声的状况有了深刻反思；五次访问德国，他对德国人严谨不苟的科研传统有了切身体会。因此，他鼓励学生积极提问，课间、身边总是围满了想请教的学生。有一次，他为同学们解答问题忘记了时间，上课铃响便匆忙跑去卫生间，不小心被台阶绊倒，肩部留下了永久性创伤。

从成电建校的首批学生，到如今84岁的老教授，龚耀寰依然紧跟时代步伐不断学习，关心家国大事，关心成电发展。无论是求学奋斗，还是潜心教学科研，或是退休后担任成电老科协会长，抑或是如今在密码学领域进行相关研究，他始终将爱国之情、强国之志、报国之行统一起来，把自己的梦想融入实现中国梦的时代洪流。

龚耀寰教授还积极参加“成电故事”讲师团，为电子科大新生讲述老一辈成电人爱国奉献、筚路蓝缕的故事，传承成电薪火。回想起过去的点滴，他鼓励学子生逢伟大时代，更要心系国家事、肩扛时代责，齐心协力、薪火相传，谱写中国信息与通信事业的崭新篇章。

（指导教师：徐　展）

马知恩：弘扬西迁精神　坚守育人初心

西安交通大学　王莲丽

1956年，交通大学几千名师生为响应党和国家的号召，乘坐挂着“向科学进军，建设大西北”横幅的绿皮火车一路西行，告别繁华的黄浦江畔，奉行“党让我们去哪里，我们背上行囊就去哪里”的坚定信念，投身祖国大西北建设。交大西迁改变了整个中国西部高等教育的格局，改变了西部没有规模宏大的多科性工业大学的面貌。他们也有了一个响亮的名字——西迁人。我们采访的就是一位爱国一生、奋斗一生、奉献一生的老者、国家级教学名师、西安交通大学“西迁”老教授马知恩爷爷。

爱国奋斗，传承弘扬西迁精神

伴随着采访的深入，马爷爷跟我们讲起了当年那段西迁岁月。马爷爷说，当时的交大，流传着这样一句话：“哪里有事业，哪里有爱，哪里就是家。”很多老教师放弃了在上海的优越生活，拖家带口，举家西迁；也有很多像他一样的年轻教师，毅然决然地来到西安建设祖国大西北。他说：“作为新中国成立之初培养的大学生，到祖国需要的地方去，到条件最艰苦的地方去，是我们这一代人共同的选择。”

回忆起当时的艰苦条件，马知恩爷爷说，当时西安的条件很苦，没有大米吃，面粉都是限供的，平时只有杂粮。但对于交大西迁的师生，西安市政府专门供应大米和面粉。除了政府，老百姓在日常接触交大师生时，都给予了极大的热情与尊重。这份支持更加坚定了他们想要把交大、把西安、把祖国西北建设得更加富强、美好的决心。

如今已是耄耋老人的马知恩爷爷，仍时时抓住机会，把西迁人的经历、故事讲给一代代青年人听。马爷爷曾走进人民大会堂，应邀出席“科技中国梦、建功新时代”专题报告会等，讲述“西迁人”爱国奋斗的先进事迹，激励青年知识分子弘扬西迁精神，建功立业新时代。他说：“交大先辈们奋斗奉献的身影常在脑海中萦绕，激励着我总想在还能走动的时候，将老一辈师长们的爱国奋斗精神、教学经验和自己的体会传递给更多的青年师生，让西迁精神的旗帜永远飘扬。”

三尺讲台，坚守教书育人初心

由于南北环境差异引起的水土不服，初到西安时，马知恩爷爷就病倒了。但是当时数学教师人手极度紧张，为了不耽误学生一堂课，马爷爷克服身体不适，全身心投入备课和教学工作中，第一次讲课就上了一堂210人的大课，这一站就是六十多个春秋。马爷爷曾多次被评为“学生最满意的教师”，荣获全国优秀教师称号和国家首届教学名师奖。

“课堂上，学生专注认真的神情、恍然大悟的喜悦，都让我感到无比振奋和欣慰。”马知恩爷爷说，他把教学作为一门艺术，不断探索，追求完美。为了给学生上好课，他结合课程内容博览群书，精心钻研设计每一个教学环节，无论讲过多少遍，每次上课前他都会重新备课。而且，马爷爷始终站在教学改革的前沿，与时俱进，将教学思想代代相传。他曾多次参与教育部改革项目，精心撰写课本、专著，为推动我国工科数学发展做出了重要贡献。

严谨治学，致力青年教师培养

谈及西迁对自己人生的影响，马知恩爷爷说：“听党指挥跟党走，是国家和人民培养了我，我这一辈子应该奉献给教育事业。”在人才培养上，马爷爷治学严谨、学识渊博、哲思独运，是青年教师教育事业的领路人。他对青年教师的成长与培养尽心尽力，将自己多年来的教学经验毫无保留地传授给他们，帮助青年教师适应教学岗位，促进青年教师的专业成长。任何时候只要有人前来探讨问题，马爷爷都会耐心沟通、认真解答，这样无私的师者情怀深深感染着每一位年轻教师。

胸怀大局、无私奉献、弘扬传统、艰苦创业，马知恩爷爷用他的人生经历向我们诠释了什么是真正的西迁精神。马爷爷最后还教导我们说，将永不忘怀迁校时矢志支援大西北的初心，牢记培养担当民族复兴大任的时代新人的重大使命，做一个党和人民满意的、广受学生爱戴的好老师，以实际行动践行对党和国家的庄严承诺。

（指导教师：海霖霏）

王性炎：一生积淀，百年回响

西北农林科技大学　景若楠

每每提起往事，王性炎教授总是动情地说："我是党培养出来的，可以说我这一路走来，是党一直在帮助我支持我。没有党的支持，也没有今天的我。"

1933年12月，王性炎出生在四川成都，1950年成都解放后，16岁的王性炎参加了新民主主义青年团，被保送到部队做机要员。1952年改造旧大学，他又被保送到西北农学院林学系就读。王性炎一直说："没有党的培养，我就根本没有读大学的机会。我感恩党，也想报答党。"1954年，他终于如愿成为一名光荣的中国共产党党员。大学毕业时，由于他表现优异，被评为"优等生"，留校当了老师。

红日初升，其道大光

同大多数学者一样，王性炎的学术生涯也是追随国家的发展步伐，从改革开放开始真正进入"快车道"。改革开放前，我国经济困难，社会发展缓慢，老百姓也因缺粮少油，生活水平不高。王性炎看在眼里，急在心中，迫切地想帮助老百姓缓解这种困境。当时他在西北农学院林学系任教，通过查阅大量的资料，他和团队对核桃、侧柏、元宝枫等不同品种的木本油料进行研究分析，惊喜地发现元宝枫种子相较于其他木本油料，含油量高且潜力巨大。于是，在陕西省政府和学校的支持下，1971年1月，王性炎和他的团队首次用元宝枫的种子在当地的老油坊榨取了食用油，同时将榨油所剩的油粕在杨陵酱醋厂制成酱油。这次尝试，不仅打开了元宝枫油作为食用油料的新天地，也解决了当时不少人吃不上油、无油可吃的难题，获得了陕西省政府的高度评价。在陕西省政府的支持下，"元宝枫开发利用与研究"被列入陕西省"八五"科技攻关项目，王性炎被委任主持该项目，并完成了一系列应用与研究。该项研究于1996年获陕西省林业科技进步奖一等奖，1998年获陕西省科技进步二等奖。王性炎还在 1996 年出版了《元宝枫开发利用研究》专著，从此打开了元宝枫产业的新世界。

天道酬勤，功不唐捐

1973 年至 1990 年，由于种种原因，王性炎的元宝枫研究与开发利用停滞了十七年之久。但在这十七年间，他未曾停下科学研究的脚步。怀揣着一颗为祖国经济建设贡献力量的赤诚之心，他在漆树研究和生产实践中度过了十多个春秋。20 世纪 70 年代，王性炎来到陕西省平利县、岚皋县进行采割生漆的生产实践。“百里千刀一斤漆”，非常形象地描绘了漆工的辛苦劳作场景。每天凌晨 3 点进入漆林采割生漆，直到太阳升起，树皮伤流慢慢停止时才能收刀，有时一不小心还容易中漆毒。看到这种艰苦落后的生产状态，王性炎萌生了改进技术、提高生产力的念头。后来有一次去海南岛考察，他对于提高生漆提取效率方面有了新的想法。功夫不负有心人，通过多部门齐心协力的研究和实践，他研究出了利用乙烯利刺激生漆增产的技术，使得生漆产量至少提高了 20%。王性炎带领他的团队制订出的“利用乙烯利刺激割漆简明技术要点”在全国得到推广，从此生漆采割技术有了跨时代的改变。之后该研究成果获 1978 年全国科学大会奖和陕西省科学大会奖。在改进割漆技术过程中，王性炎还参与培养了“中国第一代女漆农”，出版了《中国漆树》，完成了“国漆在国民经济中重要作用”的调研报告。其中，《漆树综合研究》于 1980 年获得陕西省人民政府科技成果一等奖。《中国漆树》更是王性炎从事漆树研究十余年历程的记录，凝聚着他寻寻觅觅的科学实践的艰辛，亦珍藏着他对漆树科学研究的深深足迹。

老骥伏枥，志在千里

从岚皋县回到学校以后，王性炎就退居教学科研二线，转战教务岗位，致力于治学育人，培育桃李。一直到退休以后，他才重新拾起自己一直所热爱的元宝枫事业。2000 年 12 月，他主持的元宝枫产业项目通过国家科技部专家组验收，被评定为“九五”国家重点科技攻关林业项目重大成果之一。由于王性炎当时已经退休，继续科研将不再有经费支持，但这并没有阻止他的研究努力，他依靠着自己和妻子的工资，走南闯北地继续着元宝枫研究开发事业。在他的不懈努力下，2011 年 3 月 22 日，卫生部第 9 号文件公告批准元宝枫油作为新资源食品，为元宝枫油正式进入我国食用油大家庭签发了准入证。他和别人合作发现的元宝枫油特有的神经酸，也引起了国际学术界的广泛关注。2018 年 5 月，元宝枫油获得国家临床试验登记号，国家批准临床试验，使元宝枫神经酸油进入医药应用的新时代。之后不久，美国和日本也纷纷开始从中国进口元宝枫油。

生如芥子，心藏须弥

提到未来，89 岁高龄的王性炎眼里满是新鲜的喜悦和童真的光亮。老先生说："我还能在元宝枫事业上干上三五年，元宝枫产业经历了不止一次的起步和等待，我相信未来它一定会是一个不同一般的生态和健康的产业。我这棵元宝枫已经老了，未来是属于你们这些小元宝枫的……"

"一代人终将老去，但总有人正年轻。"新时代的我们责任在肩、使命在肩，更应该向王性炎教授这样的老党员学习，走好新时代的长征路。

（指导教师：王学锋）

徐光辉：百年奋斗百年魂　时代新人新征程

长安大学　宋奥齐

世变沧桑，中更蹉跌。年近百岁的长安大学退休教师徐光辉教授，俭静清和，人生如茶，他的奋斗历程给我们留下了平凡的气和动人的魂。

欲成志士赴国难　岂肯贪生惧刀兵

1950年，朝鲜战争爆发。已在东北公路总局工作的徐光辉每日都会阅读《东北日报》，每当读到美军飞机侵入中国，轰炸丹东地区时，他都义愤填膺。中国人民志愿军入朝参战后，东北公路总局被编入志愿军公路工程大队，开赴朝鲜前线作战。当得知自己被安排留守后方时，徐光辉心中默思，虽然战争残酷，但是个人的生死与祖国和民族的存亡，孰轻孰重？于是他迫不及待地对领导说："我作为工委里唯一的青年团团员，应当发挥团员带头作用，奔赴前线，为祖国和人民的尊严而奋斗。"就这样，徐光辉如愿以偿奔赴抗美援朝、保家卫国的战场。

白天，美军飞机在志愿军运输后勤物资的"生命线"上，炸出数不清的大坑。为保证车辆的正常通行，徐光辉等人只能在晚上用碎土填充。12月的朝鲜，天寒地冻，填坑的土块冻结在一起，沉重坚硬。徐光辉手持铁锤，一下接一下地锤裂冻土，然后将碎土填入深坑，最后将洞口修葺平整。日复一日，虽危如朝露，但他奋不顾身，只为祖国能打赢这场战争……

开路架桥丹心照　炬火相传赤子心

1965年，我国决定派出工程兵部队帮助越南修建公路以支援越南人民的抗美救国斗争。此时的徐光辉已经是西安公路学院（长安大学前身之一）的一名教师，在教学和科研方面已经取得了一些成绩，并参与了多条道路和桥梁的修建。根据上级指示，西安公路学院决定委派徐光辉等14名老师和38名路桥专业学生秘密开赴越南。由于他在路桥建设方面经验丰富，被任命为公路勘测设计队队长，参与“胡志明小道”的修建战斗。

越南北部闷热潮湿，山洪频发，虫兽遍地。有时食物匮乏，十几天无新鲜果蔬。恶劣的环境和艰苦的生活侵蚀着工程队员的意志，徐光辉鼓励大家：“虽然生活条件艰苦，但是我们应该相信没有克服不了的困难。”同时他也用实际行动鼓舞着学生。他对勘测数据精准把控，对设计细节精益求精，对施工力求质量。历经三年，他们按时完成了一百公里道路、桥梁的勘探、设计和施工任务，为长安大学奋斗历史增添了光荣的一页。

鞠躬尽瘁植桃李 辛勤耕耘播春晖

2022 年，年近百岁的徐光辉在谈及自己教书育人生涯的时候总是谦逊地说：“我做的事不多，只不过做了一些应做的小事。”师业半生，桃李天下。自从 1958 年来到长安大学任教开始，他倾注毕生心血，倾囊传授毕生所学，尤其是将在朝鲜和越南前线积累的开路架桥经验进行总结，传承给后辈。他为国家道桥建设培养的一批又一批优秀的接力者，正在新时代的舞台上发光发热，港珠澳大桥总工程师苏权科就是其中的佼佼者。

授课之余，徐光辉就坐在桌案旁，将所学所想写下，编著了《公路桥涵设计手册》《预应力技术及教材设备》等书。作为道路桥梁教学科研领域的“开路先锋”之一，徐光辉在 1986 年和 1989 年分别获交通部先进教师和优秀教师称号，享受国务院政府特殊津贴。他半生戎马远征，半生润物无声，毕生奉献光辉，始终默默无闻。徐光辉教授的故事是老一代革命家的故事，也是老一辈“长大”人的故事。

岁月峥嵘，山河依旧。当代青年应承前人之志，在时代洪流之中找准自己的位置，把个人的理想与伟大中国梦紧紧相连，在新时代喊出自己的声音；当代青年应承前人之忠，热爱国家，犹如萤火，发一分光热，担当家国责任；当代青年应承前人之德，历尽沧桑而初心不改，饱经风霜而本色依旧。

（指导教师：曾乐元）